韩国生活文化语言学

本书的出版得到以下项目的资助：

1. 山东师范大学人文社会科学预研项目《韩国文化语言学》

2. 国家社科基金后期资助项目《认知语言学视域下的韩国语研究》
   （20FYYB045）

韩国生活文化语言学

王芳·王波

역락

前言

　　文化语言学通俗地说就是将文化与语言结合起来进行研究的科学，此类研究在西方最著名的当属19世纪前期德国的洪堡特，20世纪初的美国人类学家Franz Boas、萨丕尔、沃尔夫，并且有了萨丕尔——沃尔夫假说，欧洲则有马林诺夫斯基，不过西方人的研究更多的属于人类语言学，因为他们的主要研究对象是没有文字传统的民族语言。

　　中国的文化语言学源远流长，最初的专著有罗常培的《语言与文化》，这是中国文化语言学的开山之作(游汝杰　1995:11)，但是文化语言学在中国作为一门相对独立的分支学科主要起源于20世纪后期，并形成了三大流派，其中之一是以游汝杰为代表的"双向交叉文化语言学"，强调语言与文化的双向研究，以及历时与共时研究；其二是以陈建民为代表的"社会交际文化语言学"；第三派是以申小龙为代表的"全面认同文化语言学"，认为语言是一个民族看待世界的样式，是对该民族具有根本意义的价值系统的意义系统(邵敬敏　1995:2)。关于文化语言学，虽然各个流派的观点有的分歧较大，但在文化语言学是立足于描写语言基础之上的解释性语言学(游汝杰1995:12)这一点上比较统一。

　　语言文化研究最终要上升到思想研究，纳日碧力戈在《地方知识》的代译序中提到"对现代思想作描述，是一项庞杂繁纷的工作，要涉及'爬虫类动物学、亲属关系理论、小说写作、心理分析、微分拓扑学(differential topology)、流体力学、图像学与数量经济等一切可以对我们构成起码范畴的东西'，这些都是我们这个生活世界中的社会活动"。文化囊括了整个社会的方方面面，文化还是一个自古延续至今的传承过程，对这样一个庞大的内容，要想面面俱到、保证正确无误，其难度之大可想而知。要想对一个民族社会的思想作描述是多么遥远的事情，这需要无数学科的共同努力，而文化语言学则要主动借用社会学、历史学、人类学、心理学、生态学尤其是哲学等学科的知识进行研究。

"文化的分析不是一种寻求规律的实验科学，而是一种探求意义的解释科学"（格尔茨 2014/2017:5）。正因为文化分析的这种特点，所以纳日碧力戈在格尔茨(2014)的代译序中说"这是一门奇怪的学问，最有说服力，也最脆弱。"但"正是这样一项工作，不仅可以使我们熟悉一个国家的历史、文学和思维方式，而且将会照亮人类心灵中朦胧昏暗的领域"（赫尔德 2011:64）。

洪堡特(2011:28)曾说"每一种特定的语言实际上都是三种不同的力量会同作用的结果，其一是客体实在性质的作用，这种性质在心灵中造成印象；其二是一个民族的主观作用；其三是语言自身特性的作用。"这里所说的客体实在与民族的主观作用都是文化，换句话说，一种语言是文化和语言内在特性的有机合成，所以借助文化语言学，我们可以通过语言来反观一个民族的客体文化、主观文化的投影，来探讨一个民族的思维和认知，也可探讨三种力量对语言影响作用的大小和程度以及语言的演变。

本研究共分五部，分别是《韩国自然文化语言学》《韩国生活文化语言学》《韩国精神文化语言学》《韩国文化语言学综论》以及《语言与文化》。

《韩国生活文化语言学》主要涉及与韩国人日常生活息息相关的文化和语言内容，共十章，分别为饮食与语言、服饰与语言、住居与语言、出行与语言、农业与语言、政治法律与语言、经济与语言、军事与语言、医学与语言、教育与语言。

其中与"食、衣、住、行"有关的内容是耳熟能详的文化，因为这四类文化是人类生存最基本、历史最悠久的要素，因此民族性非常强。

韩国饮食的分类、器具、烹饪方式、食用习惯等都蕴涵了丰富的文化，而这最终都借助语言表现了出来。韩国服饰文化的历史变迁性非常强，具有强烈的历史和时代特色，服饰的各个下层分类词也都蕴涵了各自的文化意义，并且很多服饰是人的阶层、身份的象征；当然，与服饰有关的材料、穿戴动作、制作行为等内容有关的语言也具有丰富的文化内涵。与韩国住居有关，基本的建筑类型、内部分类都与其基本用途、居住者或相关者的身份有关，而普通住宅的内部构造、建筑原材料等的相关语言也都产生了很多文化比喻意义。韩国人的出行文化也具有很强的文化特色，因为受周围的地理环境、时代的影响而产生了不同的出行工具，这些出行工具最终都被赋予了文化意义。

"农业、政治法律、经济、军事、医学、教育"虽然在一般的文化研究中有时被忽略，但是根据我们的研究发现，这些也都具有强烈的韩国文化特色，虽然有很多相关事物随着社会的发展已经退出了历史舞台，但是这些事物的语言符号——词汇、惯用语、俗语却依然被保留了下来，与这些事物的物质意义相比，其文化意义更突出。

生活文化所涉及的虽然都是日常生活中的细节，但正是这些细节凝聚成了文化，所涉及的具体器物、工具、动作等虽然物质性很强，但它们却与抽象的精神文化有不可分离的关系，离开这些具体的载体，抽象的精神则无处安身。

本书主要研究韩国语言这种媒介与韩国生活文化的关系，研究语料主要为韩国《표준국어대사전》收录的词条释义、惯用语和俗语。为探讨语言是如何与文化交融在一起的，本研究还借用了大量的电视剧剧本语料、新闻文本、小说文本、语料库、现行韩国语教科书等。借此，可以检验惯用语、俗语的时效性以及它们在人们的日常文化生活中是如何得以具体运用的，也可对大量的文化现象进行更细致具体的分析。例句都标明了出处，如未标明出处，则来自《표준국어대사전》。本书例句只是为了例证相关语言现象的用法，不代表任何政治立场。

另外，关于本书中的标点符号，原则上采用汉语标识，与英语有关的采用英语标识，与韩国语有关的采用韩国语标识。关于作者的引用，为便于与参考文献统一，如果引文是外文原文，作者姓名则使用外文；如果引文是外文译文，作者则使用译著中所标出的中文译名；韩译日本文献的作者姓名因为要与参考文献一致，所以在文中引用时也使用韩译日语姓名。例句、图表序号以每章为单位编号。

目录

第十章　　教育与语言

图表目录

第九章　　医学与语言

第十章　　教育与语言

第一章

饮食与语言

1.1 引论

在人类历史上，虽然最初饮食只是为了填饱肚子，但随着时间的推移，人类发展出和食物相关的规范和习惯，运用工具和知识创造风味，是最早的文化火花(麦奎德 2017:55)。所以，很早以来人们就把特定种类的食物当作族群认同的标志(本迪纳 2016:引言Ⅲ)。

就饮食本身来说，"人类的饮食行为绝对不是'纯粹生物性'的行为。入口的食物，都包含了吃下它的人的种种过去；而用来取得、处理、烹调、上桌、消耗食物的技术，也全因文化而异，背后各有一段历史。食物不只是供人食用的东西而已；进食总是有约定俗成的意义。这些意义都有象征内涵，并以象征的方式传达思想；这些意义也都各有历史"(西敏司 2015:7)。简单地说，饮食即文化、思想、历史。正因为如此，所以饮食不只被用于满足营养需求这一纯粹目的，在很多情况下它们还被用于某一种庆祝仪式或宗教活动(哈维兰等 2014:27)，此时食物建立了"给予——获取、合作、分享"这样的关系，建立了普遍的情感纽带。

饮食文化的民族性不仅仅局限于不同民族和国家有不同的饮食，还表现在饮食是民族文化的一个重要组成部分。所以研究韩国历史、文化的一个切入点可以是饮食。韩国的饮食文化与中国有很大的不同。

本章将从语言与文化的角度来探索饮食给语言所带来的变化，尤其是其中所蕴含的韩国人对饮食的理解和思考，兼顾与中国文化和汉语的对比。主要分析"饮食分类、饮食器具、烹饪方式、饮食习惯、进食动词"等五个方面，以此来探讨表现在饮食语言中的具有韩国特色的文化与美学。

1.2 饮食分类

饮食可以分为多种，但一般的分类方法是分为主食、副食、成品干菜、汤、调味品、酒类等。韩国的传统饮食具有非常悠久的历史，且与人们的生活息息相关，所以这些传统饮食也多产生了与其他民族不同的比喻和象征意义，具有了极强的民族性。此外，还有一些西方传入韩国的饮食，在日常生活中也产生了一些比喻意义，但还属于新词，未被收录到词典。

1.2.1 主食

韩国的主食是大米，所以朝鲜王朝时代官员的俸禄一般都是发放大米。中国古代官员一般也有禄米，但那时的禄米，不一定是大米，因为汉语"米"是谷类或其他植物的子实去了皮的名称。因此陶渊明"不为五斗米折腰",还有俗语"巧妇难为无米之炊"等里的"米"用的都是统称义。不过现代汉语里,一般说"米饭"多指大米饭,如果指小米做的饭,一般会在前面加上"小",即"小米饭"。也就是说,现代汉语里"米"的语义出现了语义缩小的情况。

韩国语里的"쌀"不但指稻米,也统称属于禾本科的各种米,如"보리쌀、좁쌀"等,"짚"指稻草,也指各种谷类的秸秆,但在"짚푸라기라도 잡고 싶은 심정이다 哪怕是根稻草也想抓住"中,与汉语"救命的稻草"一样,一般都指稻草。

1.2.1.1 饭

韩国人的主食是大米,用大米做成的饭称作"밥"。韩国人对米饭的重视从语言学的角度去分析的话,表现为"밥"语义的丰富、惯用语和俗语(《표준국어대사전》收录有18条惯用语与俗语)[01]的丰富之上。在这里,主要分析"밥"的词典意义、做饭的过程、各种饭的意义。

1) 饭的涵义

与汉语"米"相比,韩国语"밥"的语义发生了泛化,具体如下:

01　韩国的《속담사전(俗語辭典)》(이기문1962)中收录的与米饭有关的俗语多达一百余条。

[表1] "밥"的意义

	意义	例句	汉语
1	米饭	밥을 짓다 做饭	饭
2	作为主食的饭	밥을 굶다 饿肚子不吃饭；밥을 차려 주다 给收拾饭吃。	
3	动物的吃食	고양이 밥 갖다 줘라. 拿点猫食来；식당에서 남은 음식은 돼지 밥으로 썼다. 饭店的剩饭当作了猪食。	猫食/猪食
4	要分发物品中各自的那一部分	제 밥은 제가 찾아 먹어야지 남이 어떻게 챙겨 주니? 自己的食儿得自己找来吃啊，别人谁管你啊？	食儿
5	比喻被别人压制或只是被别人利用的人。	그는 그녀 앞에선 꼼짝 못하는 그녀의 밥이었다. 在那女人面前，他就是案板上的肉——任人宰割；그는 한참 기세가 등등하더니 하루아침에 권력의 밥이 되고 말았다. 他曾经气焰万丈，但忽然有一天成了权利的牺牲羊；나처럼… 산전수전 다 겪은 독종들한테는 밥이지뭐. 《사랑이 오네요, 22회》 对我这种经历了世事风波的毒物来说，（她）不过是待宰的羔羊而已。	肉牺牲羊羔羊

如上表所示，"밥"有五个意义，第一个意义是基本义，而第二个意义是统称义，如"밥 먹으로 가요 去吃饭"，这里的吃饭不一定就是吃米饭，也可以是面食或其他。"밥"第三个意义指动物的吃食，汉语用"动物+食"，而不用"饭"。"밥"的第四个意义则扩大指物品，此时汉语也用"食儿"。"밥"的第五个意义比喻人，是消极意义，汉语多用"肉、牺牲羊、羔羊"等。因此，与汉语"饭"相比，韩国语"밥"的语义更加泛化，更加模糊。

韩国语里还有很多与"밥"有关的词语，具体分类如下：

2) 小米干饭与米饭

"조밥"指用纯小米或小米与少量大米做出的米饭，也称作"속반(粟飯)、좁쌀밥、황량반(黃粱飯)"，纯小米的干饭也称作"강조밥"，如(1)，对韩国人来讲，小米干饭不好吃，并且只是维持生命的不得已的手段。因此就产生了俗语，如"조밥도 많이 먹으면 배부르다"，意思是即使是不像样的东西，只要数量足够也能捞一把，而"조밥에도 큰 덩이 작은 덩이가 있다"指不论是什么东西，都会有大有小。

    (1) 당시 사람들은 가난하여 흰쌀밥은커녕 조밥에 채소로 연명했다. 当时的人太穷了，别说白米饭了，维持生命都是靠小米干饭和蔬菜叶。

对韩国人来说，小米不是什么非常好的粮食，是因为口感的问题，韩国人认为小米的味道是"깔깔한 조밥 干燥的小米干饭"。但对中国人来说，小米古称"稷"，是中国相当长的历史时期内最重要的粮食，是五谷之长，古代称国家为"社稷"，可见小米对中国人的重要性(许嘉璐 2011/2016:66)。汉语中的"黄粱美梦"提到的黄粱就是小米中的上品，发展到现代社会，小米甚至是补品级别的，在北方女人坐月子都要喝小米饭(粥)。

在韩国人眼里白米饭是最好的主食，[02] 称作"입쌀밥、쌀밥、흰밥、이밥、백반(白飯)"，米饭的饭粒称作"이알"。过去白米饭比较珍贵，平日里很难吃到，但祭祀的时候一般都会用白米饭来祭祀，

---

02   这与西方"黑面包代表艰难，白面包代表富足"是相通的。17世纪的荷兰共和国，人们把宠坏了的富家子弟称作"白面包孩子"(本迪纳 2016:120)。

所以有了俗语 "이밥이면 다 젯밥인가", 意思是白米饭都是用来祭祀的吗？比喻同一事物根据用途不同会有不同的效果。此外, 还有俗语 "이알이 곤두선다", 意思是白米粒子都竖起来了, 嘲笑那些过去贫穷的人大话连篇说自己过上好日子了, 或因此而十分傲慢的人。

3) 凉饭、热饭

韩国语里还有 "찬밥、더운밥、식은 밥" 等, 语义都发生了变化。

首先, "찬밥、더운밥" 可以一起对比使用, 如(2a), 汉语可以用与饮食有关的 "挑肥拣瘦", 再看(2b), 汉语有时用动作 "挑挑拣拣"。其次, 很多情况下 "찬밥" 可以单用, 指不受欢迎、不重要的东西或人, 如(2c), 汉语可以用与动物有关的 "臭狗屎", 但这个词贬义性很强, 所以汉语一般用 "被冷落/忽视/边缘化" 等, 如(2d)。

(2) a. 너 지금 더운 밥 찬밥 따질 처지냐? 你现在是挑肥拣瘦的时候吗？

b. 찬밥 더운밥 가리다간 나 시집 못 가.《연인, 1회》我要是挑挑拣拣的, 就嫁不出去了。

c. 어쨰거나 내가 우리 아버지 장남인데 어떻게 이렇게 찬밥 취급인지?《폼나게 살 거야, 34회》不管怎样我是咱爸的长子啊, 怎么能这样把我当臭狗屎啊？

d. 초대받지 않은 모임에 참석했던 나는 서럽게 찬밥 취급을 당하였다. 因没收到邀请就去参加了聚会, 结果悲惨的是完全被冷落/忽视/边缘化了。

"찬밥"有时同时具有两种意义，如俗语"찬밥 두고 잠 아니 온다"，这里"찬밥"有两个意义，可以指不重要的东西，也指自己不喜欢的东西，当用于第一个意义时，俗语比喻留恋不重要的东西，放心不下；当用于第二个意义时，意思是即使是凉饭，也有人喜欢，比喻自己喜欢的东西无法忘怀。

"찬밥"也比喻穷日子，俗语"찬밥에 국 적은 줄만 안다"比喻过穷日子肯定是缺这少那的，但自己却不知道，总说什么东西不够，让人不舒服，当然也有相反的"찬밥에 국 적은 줄 모른다"，意思是穷日子缺少的东西多了，反而不觉得不方便。从这两个俗语可以看出，韩国人是比较喜欢喝汤的，所以会用"吃凉饭、没汤喝"来比喻穷日子。而汉语多用"吃糠咽菜、凉水都喝不上"来比喻穷日子。

与"찬밥"同义的是"식은 밥"，"식은 밥이 되다"指没用的、没效的。

4) 闲饭

韩国语里还有"공밥(空-)"，指不付钱或不干活白吃的饭，相当于汉语的"吃霸王餐"或"吃闲饭"。"공밥이 생기다"指不花钱的饭。惯用语"공밥(을) 먹다"指不干活或活干的不好，白拿钱。不干活只吃饭的人，韩国语还称作"밥벌레、밥버러지、음식지인(飲食之人)、밥쇠、식충(食蟲)、식충이(食蟲-)"，济州岛方言为"밥푸데"。而干活不中用的人称作"밥병신(-病身)"。与"식충"相关，现在还出现了"급식충(給食蟲)"，用来指还在上学的孩子，如(3a)，因为韩国学生午饭都是在学校吃食堂，称作"급식(給食)"。汉语类似的有"米虫"。

韩国语里还有"밥자루",指乞丐用来盛放乞食的袋子,也贬称那些只会吃饭,却没有实际能力的人。类似的还有"밥주머니、반낭(飯囊)",都指盛饭的袋子,也都贬称光知道吃饭但啥活也不干的无用之人,如(3b)。"밥주머니"也可俗指人的胃。光吃饭不干活的人有时还会惹祸生事,此时称作"밥지랄",意思是就像吃了饭没有好好咽下去而发疯一样,如(3c)。

(3) a. 이 자식이야말로 급식충이었음.《혼술남녀, 5회》这小子才真正是个饭桶。

b. 밥주머니 왔니. 냄새는 잘도 맡는다.《김유정, 떡》饭囊来了啊。鼻子挺灵的。

c. 운동은 쓸데없는 장난도 아니고 밥지랄도 아닙니다.《이기영, 봄》运动不是没用的玩笑, 也不是吃饱了撑的。

如上,与吃闲饭有关的各种各样的语言形式反映了韩国人对这类人的否定和谴责态度,隐藏的是"要吃饭就必须干活,能干活才是有用之人"这种思想。

5) 公家饭等

对韩国人来说,"밥"已成了抽象名词,不再单纯指具体的物,而是可以比喻工作、事情等,"밥걱정"指对衣食的担忧;"밥거리"除了指做饭的粮食,也可比喻生存所需的工作,如(4a)。表示工作时还用"밥그릇、밥바가지、밥자리、밥줄。"밥벌이"可以指为生活而工作,也指挣的钱勉强能够维持生活的那种工作,如(4b)。

(4) a.번듯한 일자리는커녕 변변한 밥거리도 찾기 어려웠다.

别说像模像样的工作了，连挣碗饭吃的活都很难找到。

b.밥벌이도 안 되다 连吃饭都不够/连生活都无法维持的工作。

　　根据工作的不同，韩国的职业用“밥”来表示的话，有“나랏밥、법무부밥、공무원밥、병원밥、감옥밥(옥박、콩밥)、기름밥、짬밥、운전밥、글밥”等，多与动词“먹다”结合，表示干什么事情的人，分别意为“吃国库粮的、在法务部工作的、吃公家饭的、当医生的、吃牢饭的、工厂干活的、当兵的、开车的、写书的”，[03] 如(5a-d)，“짬밥”多用于军队、职场、学校等地方指经历，如(5e)，对应的汉语是“咸盐”。韩国语结构为“~+밥”，具有形态上的相似性，汉语相似的只有“吃国库粮的、吃公家饭的、吃牢饭的”。

(5) a. 나랏밥 드시던 분이들이구나.《피고인, 17회》原来都是人民公仆啊！

b. 얼마 전까지 법무부 밥을 좀 먹었습니다.《피고인, 17회》不久前我们还在法务部工作呢。

c. 전 기름밥만 한 20년이 됩니다.《도깨비, 16회》我干（修理工）这一行有20年了。

d. 거기서 운전밥 먹고 산지 몇 년인데.《이름없는 여자, 86회》我靠给他们开车吃饭都多少年了啊？

03　汉语里，“吃国库粮”的必须是城市户口，所以能吃国库粮意味着成为城里人，但现在已经不再使用。“吃公家饭”通俗点讲就是国家发工资，如公务员、教师等。

e. 내가 인생 짬밥을 먹어도 너보다 십 년은 더 먹었다.我吃咸盐也比你们多吃了十年。

韩国语 "~+밥" 类词语中，大部分都可以从字面上推测意义是什么，但是 "콩밥" 的字面意义与实际意义不同，一般多指牢饭，如(6a)。"콩밥 먹다" 之所以产生 "吃牢饭" 意义，是因为以前牢饭中会有豆子出现，并且有使动形式 "콩밥 먹이다"，如(6b)。

(6) a. 어차피 걔가 콩밥 먹게 돼 있으니까.《최고의 연인, 70회》反正那孩子要吃牢饭的。

　　b. 억울하게 저한테 콩밥을 먹여주었으니 공평하게 고대표님도 드셔야 하는 것 아니에요?《최고의 연인, 90회》您让我平白无故地蹲了一次监狱，那么高代表您也得蹲一次才公平，不是吗？

但现在韩国的牢饭中有时并没有豆子，一般只是纯米饭，如下面的对话所示：

(7) 고복동: 밥은 잘 먹고 있지? 형은 입 짧아서 콩 싫어하잖아? 그래도 콩 골라내지 말고 다 먹어. 饭吃的怎么样？哥你嘴很尖，不是不喜欢豆子吗？但是也不要把豆子挑出来，都要吃了。

　　복동형: 콩밥이 아니야, 자식아. 맨밥 나와. 不给豆饭。你小子，就是白米饭。

　　고복동: 그래? 빵을 가봤어야 알지. 是吗？（我又没去过）去过监狱的才能知道啊。

복동형: 오면 큰일이지.《앵그리 엄마, 11회》这里可不
能来。

虽然现在监狱里不给豆饭吃，但是"콩밥"蹲监牢的意义却固
定下来，随之也产生了"콩밥맛"，如(8)。

(8) 이 영감탱이가 콩밥맛을 봐야 정신을 차리려는 건가?
《내딸 금사월, 17회》这老头子想尝点牢饭的滋味，才
会清醒过来吗？[04]

6) 看眼色、说坏话的对象

韩国语的"밥"还可以与"눈치、말"等结合，形成"눈칫
밥、말밥"，有惯用语"눈칫밥을 먹다"，比喻看着别人的脸色、
谨小慎微地生活，汉语有"吃白眼饭"，山东方言中还有"喝眼皮
汤"，如(9a-c)。有时"눈칫밥"单用也表达同样的意义，如(9d)。

"말밥"比喻成为被说坏话的对象，多与"얹다、오르다"等
连用形成惯用语"말밥에 오르다"，如(10a)；而"말밥에 얹다"
指把某人当做嚼舌头的对象，如(10b)。这反映的是将人食物化的
思想，而将人视作可以被咀嚼的食物的这种语言形式是一种极端表
达。此时汉语一般不用与吃饭有关的表达。

(9) a. 며느리 눈칫밥 먹으면서 살래?《부탁해요 엄마, 45
회》你想看着儿媳妇的脸色过活啊？

---

04 死刑犯在执行死刑前吃的最后一顿饭，汉语为"断头饭"，因为以前都是砍头，而韩
国语里罪犯们的隐语为"돌밥"。

b. 눈칫밥 좀 먹어봐야 정신 차리지. 《아이가 다섯, 10 회》她得吃点白眼饭才会振作起来。

c. 그는 조실부모하여 큰댁에서 눈칫밥으로 자랐다. 他很小就失去了父母，是在伯父家喝着眼皮汤长大的。

d. 눈칫밥 많이 늘었다. 《폼나게 살 거야, 50회》长眼力了啊。

(10) a. 점잖은 사람을 남의 말밥에 오르게 하지 마시오. 不要让那个老实人成为别人议论的对象。

b. 그 사람이 무슨 잘못이 있다고 말밥에 얹어 헐뜯느냐? 他有什么错啊？你们竟然这样议论、诋毁他。

7）宵夜

韩国语还有"밤밥"，指吃晚饭后到深夜又吃的宵夜，近义词有"밤참、야참、야식(夜食)、야찬(夜餐)"，这些丰富的表达反映了韩国人吃宵夜的生活习惯。俗语"밤밥 먹었다"比喻半夜偷偷逃跑，类似的还有"저녁 두 번 먹었다"。

8）其他饭

韩国语里，为了让很多人一起吃而盛的饭称作"모둠밥"。盛饭时冒尖的一大碗称作"머슴밥"，这里的"머슴"指下人、干体力活的人，因为只有下力干活的人才会吃得多。吃剩的饭称作"걸밥(乞-)"，因为乞丐都是乞讨别人的剩饭，所以"걸밥"是隐语，指吃剩下的饭。

9）与饭无关的"밥"

韩国语还有很多"밥"，但与饭没有关系，其命名方式可分为如

下六类:

第一类指鱼吃的食物，如"낚싯밥、밑밥、떡밥"等都指钓鱼时的诱饵。"낚싯밥"还比喻为获得利益或得到想要的东西而骗人时抛出的诱饵般的东西或者话语，如(11a)。"떡밥"在词典里虽然没有标注比喻意义，但日常生活中比喻"盘中餐"，如(11b)。"밑밥"有语境义，一般指做好铺垫、准备等，如(11cd)。

(11) a. 그 후보는 순진한 사람들에게 낚싯밥을 던져서 표를
         낚으려 한다. 那个候选人给纯真的人们一点诱饵，
         想借此来拉选票。

    b. 우릴 망치려고 작정하고 온 여자 떡밥 될 수 없
       어.《사랑이 오네요, 59회》那个女人一心想把我们
       毁了，我可不想成为她的盘中餐，(让她得逞)。

    c. 어쨌든 이제부터라도 우리 일주씨 밑밥 깔아서 이미
       지 쇄신시킬 거란 말이에요.《최고의 연인, 40회》
       不管怎样，现在我要给我们日珠做好铺垫/准备，让
       你的形象大变样。

    d. 가서 고대표님 밑밥 많이 깔아드릴게요.《최고의 연
       인, 96회》我去了会为高代表多美言几句的。

第二类指某种东西的条件，如"꽃밥"指花粉囊，是花盛开的条件；"연밥"指莲子，是莲花盛开的条件，有惯用语"연밥(을) 먹이다"，意思是慢慢地哄骗。"시계밥"指给表上弦，是表走动的条件；"도장밥"指印泥，是图章能够印清楚的条件。

第三类指利用某种工具工作时的产物，如"톱밥、대팻밥、까뀟밥、도낏밥、자귓밥、끌밥、쟁깃밥、줄밥、가윗밥、바늘밥、실

饭”等，分别指使用前面的"톱(锯)、대패(刨子)、까뀌(手锛)、도끼(斧头)、자귀(锛子)、끌(凿子)、쟁기(犁)、줄(锉刀)、가위(剪子)、바늘(针)、실(线)"等工具进行工作时所产生的"碎屑、线头"等。而"나뭇밥"是利用木头作业时所产生的碎屑，多指"톱밥、대팻밥"等。

"가랫밥"指用锹挖起的土，"먼가랫밥"指用锹挖起来扔到远处的土，"갈큇밥"指用耙子搂起来的草叶等东西，"대포밥"指战场上死亡的士兵，汉语为"炮灰"。

第四类比较特殊，"귓밥"指耳垂；"널밥"指跷跷板从中间到两头的长度。

第五类：植物名，如"고사리밥"指新长出的叶子，"괭이밥"为酢浆草。

第六类：挠痒痒，如"간질밥"指挠别人的痒痒，多与"먹이다"结合，如(12)，汉语一般用动词"挠痒痒"。

(12) 바다는 바위를 간질밥 먹이려는 듯 끊임없이 달려든다.

　　　大海就像要给岩石挠痒痒一样，反复地打着岩石。

如上，韩国语的"밥"语义已经非常泛化，很多情况无法与汉语"饭"对应。

1.2.1.2 粥

粥在过去粮食紧缺的时代几乎是所有人类用来果腹的食物，不仅如此，"当时的炊具是粗陶，煮煮东西还凑合，但绝对不耐干烤，用其焖饭，只有炸锅"(汪郎 2006:35)，也就是说，喝粥不仅仅是因为粮食短缺，也受当时的炊具所限。不仅东方人如此，西方人古时也是靠喝粥为生，本迪纳（2016:42）曾提到"糖和烟草成了18、19世纪的大众鸦片。随着具有药效的糖的普及，下层阶级的整个饮食结构改变了。面包和果酱代替粥成为英格兰人的主食"，从这句话里，我们可以得知在18、19世纪以前，英格兰人的主食也曾是粥，后来饮食结构才发生了改变。

这里主要分析中韩两国人对粥的喜好度、粥的种类、粥的制作以及粥的食用等四类内容。

1）对粥的喜好

中韩两国粥的种类都非常多，韩国粥的材料基本都是大米外加其他食料，如谷类、豆类、蔬菜、水果、中药材、水产品等，中国的粥也不外乎这些材料，不过与韩国人相比，中国人对粥更偏爱一些，因为在韩国人眼里，多是患者或体弱者才食粥，如(13)。在韩国粥也是牙齿不好的老人经常食用的食物，所以有了"팥죽할멈"，多用来戏谑地称呼牙齿都掉了的老婆婆。但韩国语里没有相应的称呼老爷爷的词语。

(13) a. 누군가 아픈 나를 위해 죽 사다 주는 건 상상만 했지. 이렇게 진짜 사다 준 사람 차과장님 처음이에요.《내 사위의 여자, 51회》我想象过当我生病时会有谁给我买粥喝？但真正这样给我买粥喝的人车课长是第一个啊。

　　 b. 속도 안 아픈데 무슨 죽이야?《그래 그런 거야, 23회》我又不是胃不舒服，喝什么粥啊？

对中国人来说，粥是各种主食中的一种，酒店自助式早餐中几乎无一例外地都会提供各种粥。在以前，对经济困难的人来说，粥是糊口的手段，所以汉语里有"穷得连粥都喝不上了"，而在遇到饥荒时，就会有政府、团体或个人施粥赈济。当然在现代社会除了施粥，也有免费发放馒头、包子的。在韩国也有专门针对老人或无家可归之人进行的免费供饭的善举，但一般都是供应米饭和菜，好像粥不是正儿八经的饭。

中国人喜欢喝粥表现在方方面面，当然粥由于"性味平，有益气、养阴、润燥等功能。……某些场合，米汤的作用甚至超过米饭"（汪郎 2006:36)，所以可用来给病人食用，正因为米汤的这种功效，所以过去用甜言蜜语奉承、迷惑人被叫作"灌米汤、灌迷魂汤"，而曾国潘还将别人给自己的贺信汇编成了"米汤大全"以戒之。[05]

2）粥的种类

关于韩国粥的种类，박갑수(2014(하)a:250)曾提到韩国语辞典里收录的粥名有40多种，而日常生活中实际存在的有80多种。在这里我们主要分析一下几种有特殊意义的粥。

（1）红豆粥

中国阴历十二月八日吃腊八粥，阴历十二月二十五日这一天食

---

05   在中国关于粥好像有很多说法，如"米汤、稀饭、稀粥"等，其中"米汤"比较好
    理解，即水多米少，但是对"稀饭"和"稀粥"的区别却不知所以。笔者家中有一
    个苏泊尔电饭煲，其中有两个按键分别是稀饭和稀粥，烹煮时间分别是一个小时和
    一个半小时，从烹饪时间来看两者是有区别的。但是当询问周围的人是否知道两者
    的区别时，大家却众说纷纭，看来一般人是不分"稀饭"和"稀粥"的，而是将两
    者模糊地看作一种东西。

用红豆粥，中国叫作"口数粥"，意为人人要吃的粥，以避瘟气。韩国叫作"팥죽"或"동지팥죽"，多在冬至这一天食用，这一天孩子们甚至还穿紫红色的衣服，称作"팥죽동옷"。韩国人还有把煮红豆的水撒在大门或酱缸等处以辟邪的风俗，发展到现在，韩国人搬家或盖了新房后也都还有撒红豆粥或者把红豆粥分给邻居们吃的习俗。

例如，电视剧《사랑이 오네요, 118회》中，当母亲和女儿都搬到自己婆家来的第一天，이은희对妈妈说：

> (14) 엄마, 가방 내려놓고 안채로 가자. 내가 이사팥죽 쒀났
> 어. 妈，把包放下，我们去里院吧。我已经熬好搬家喝
> 的红豆粥了。

人们认为红豆粥有辟邪功能，与此相关，有"사람 죽은 줄 모르고 팥죽 생각만 한다"，意思是他人死了，但自己心里却只想着喝豆粥，比喻不看情况只顾着想吃的。类似的还有"초상난 집에서 송장은 안 치고 팥죽 들어오는 것만 친다"，意思是心思都放在了别人给做的红豆粥上而忘了要处理尸体，比喻只忙着填补私欲而忘了自己的本分和工作。"신주 싸움에 팥죽을 놓지"意思是当饥饿的祖先互相吵架时为他们献上红豆粥就万事大吉了，多在劝架时说这样的话，也比喻人们在吵架时，只要给他们吃的争吵就会结束。

（2）大豆粥

韩国的大豆粥叫作"콩죽(-粥)"，是把泡好的豆子磨碎后与大米一起煮的粥，也称作"두죽(豆粥)"，不过"두죽"也指红豆粥。有俗语"콩죽은 내가 먹고 배는 남이 앓는다"，比喻虽然我干了不

好的事情，但别人却因此而受到责难，类似的还有"김 씨가 먹고 이 씨가 취한다"。而"언제는 외조할미 콩죽으로 살았나、외갓집 콩죽에 잔뼈가 굵었겠나"意思是我什么时候是靠外婆的大豆粥活下来的啊，所以现在我也不希望别人来帮助我。

红豆粥与大豆粥到底哪一种好呢，从俗语"자기 자식에겐 팥죽 주고 의붓자식에겐 콩죽 준다"中，可以看出好像红豆粥更好吧，因为这个俗语意思是给自己孩子喝红豆粥，给非亲生的孩子喝大豆粥。当然这个俗语也比喻根据关系远近的不同对待方式也不同。

（3）绿豆粥

韩国人还喜欢用绿豆来做粥，不过方式与中国不同，韩国有两种方式，一种是将绿豆泡好后磨成汁，用沉淀好的淀粉汁或干燥好的淀粉熬制而成，称作"녹두응이(綠豆--)"。还有一种是把绿豆煮熟粉碎沉淀，将上面的绿豆水与大米一起熬，最后再放入沉淀好的绿豆汁熬制，这样制作出的粥称作"녹두죽(綠豆粥)"。与绿豆粥有关，有俗语"한강이 녹두죽이라도 쪽박이 없어 못 먹겠다"，意思是即使汉江是绿豆粥，却说没有瓢子所以喝不着，用来嘲笑那些极其懒惰、没有神经的人。

（4）其他粥

中韩两国也都有梅粥，宋林洪《山家清供》记载说"梅落英净洗，用雪水煮，候白粥熟同煮"（杨荫深 2014/2015a:44）。在韩国梅花粥被视作药粥。

韩国语里还有一种粥为"꿀꿀이죽"，从结构来看是"꿀꿀이"与"죽"结合形成的合成词，因为"꿀꿀이"意为猪，根据合成词是构词成分语义之和的原则，"꿀꿀이죽"即"猪食"，但词典解释为各

种剩饭掺在一起煮成的粥。实际上说的是这种粥质量不好，因为中国人在嫌弃饭菜不好时会说："这是喂猪呢？"

韩国语还有"보리죽 大麦粥"，俗语"보리죽에 물 탄 것 같다"比喻事情没有一点意思。此外还有"진잎죽 菜粥""잣죽 松子粥"等，"진잎죽 먹고 잣죽 트림 한다"意思是喝了菜粥就像喝了松子粥一样打嗝。可见，菜粥是不好的象征，而松子粥是好的象征。

3) 粥的制作

对韩国人来说，做粥有两种方式，一种是做米饭误做成了粥，一种是专门煮粥。此外，还有一种比喻，即人熬成了粥。

(1) 饭成了粥

韩国语里把做得水分少的饭称作"된밥"，水分太多的饭称作"진밥"，如果水分还很多，就成了"곤죽(-粥)"，相当于中国的稠粥，也指泥泞的土地，还比喻事情搞砸找不到思绪的困难状态，如(15a)；也比喻身体非常累或沉迷于酒色而瘫软的样子，如(15b)。惯用语"곤죽을 만들다"指把事情搞砸。因为韩国人的主食是米饭，粥一般是生病时为防止不消化才吃，因此平时是不做粥吃的，所以如果做米饭水放多了，就成了熬粥，也就是做米饭失败了，因此韩国语里还有惯用语"죽을 쑤다"，也比喻将事情搞砸或失败，如(16)，汉语需要意译。

(15) a. 일을 곤죽으로 만들었다. 把事情搞砸了。

　　　b. 곤죽이 되도록 술을 마시다 喝得烂醉如泥。

(16) a. 니 언니 죽 쒔으면 되지 너까지 죽 쑤려고?《그래 그런 거야, 31회》你姐姐（的婚事）弄成那个样也就

罢了，连你也要找个那样的人吗？

    b. 다 된 밥 죽 쑤지 마. 입 조심해.《우리 갑순이, 14
    회》煮熟的鸭子别让他跑了，小心别说漏了嘴。

    有时"죽을 쑤다"可用来作双关语，如电视剧《우리 갑순이, 8회》中갑순이和男朋友未婚先孕并同居，父亲被气得躺在了床上，根据韩国的饮食文化，生病的人要喝粥，所以갑순在厨房里给父亲熬粥，这时母亲进来问她干什么，一旁的姑姑说道：

(17) 지 아빠 준다고 죽 쑨대요. 요새 갑순이 죽 겁나게 쑤네.
    언니 얼굴도 다 죽게 생겼슈. 她说给爸爸熬粥呢。最近
    甲顺熬粥熬得（光出坏事）让人害怕啊。嫂子你的脸
    色也不是很好看啊。

    这句话用了两次"죽을 쑤다"，第一个是具体意义，第二个是比喻意义，指把事搞砸。并且前面的名词"죽 粥"与后面的动词"죽다 死"是谐音。

    "죽을 쑤다"用于自身时，一般表达自嘲意义，如(18)出现了两个"죽을 쑤다"，其中第一个用的是比喻意义，第二个用的是具体意义。

(18) 제가 원래 인생을 죽쑤는 사람이라 죽을 잘 쒀요.《우리
    갑순이, 41회》我本来就是把人生都煮成一锅粥的人，
    所以很会熬粥。

    饭可以做成粥，但粥不能再做成饭，所以俗语"쑨 죽이 밥 될

까" 比喻事情做错了后悔也没用，类似的还有 "익은 밥이 날로 돌아갈 수 없다"，相当于汉语的 "生米煮成熟饭"。有时还会出现既不是粥也不是饭的情况，所以 "죽도 밥도 안 되다" 比喻什么也不是，如(19a)。有时也用 "죽이 끓는지 밥이 끓는지 모른다"，指不知是在熬粥还是在煮饭，比喻完全不知事情进展如何。"뉘 집에 죽이 끓는지 밥이 끓는지 아나" 意思是不知道别人家是熬粥还是做饭，比喻不可能了解所有人的情况，从另外一个角度看，熬粥还是做饭一眼就能看清，所以也比喻不懂人情世故。"죽이 되든 밥이 되든 모르겠다" 比喻不管怎样，无论如何，不管事情进展如何，有时可直译，如(19b)；有时需意译，如(19c)。

(19) a. 그래가지고 죽도 밥도 안 돼. 우린 일주일 돌아다녔
　　　는데 아직도 백수야.《그래 그런 거야, 37회》这样
　　　的话，我们什么也干不成。我们已经转了一周了，
　　　不是也没找到工作嘛。

　　b. 니들이 죽이 되든 밥이 되든 알아서 해먹어 봐.《왕
　　　가네 식구들, 9회》不管是做饭还是熬粥，你们自己
　　　弄着吃吧。

　　c. 왜 같이 못 살아? 가서 죽이 되든 밥이 되든 살면 되
　　　잖아.《우리집 꿀단지, 19회》为什么不能一起过？
　　　不管怎么样，一起过就是了。

　　韩国语还有对粥饭进行选择的词语 "죽밥간(粥-間)、죽밥간에(粥-飯間-)、죽식간(粥食間)、죽식간-에(粥食間-)"，意思是不管干什么，如(20)。

(20) 죽식간에 나는 이 일에 상관하고 싶지 않다. 不管怎么
样，我不想管这事。

(2) 东西或人成了粥

如果不是米饭而是其他的东西弄烂了，也说熬成粥了，如
(21a)；如果主体不是食物，而是人，则比喻人不成器，如(21b)。

(21) a. 호박이 죽 됐어.《그래 그런 거야, 42회》小南瓜都
炒烂了。
b. 이런 죽 같은 놈.《월계수 양복점 신사들, 12회》这
种不成器的东西。

(3) 专门做粥

专门做粥时，一般要放较多的水，粥煮沸时，上下翻滚，变化
无常，所以"죽 끓다"就有了变化无常的意思，如(22ab)。表示变
化无常时也用"팥죽 끓다"，如(22c)，有时"팥죽"还可以单独使
用，如(22d)，这种句子结构译成汉语时为"变化是红豆粥"，合乎语
法但语义不通，需意译。汉语里的"粥"没有此类联想意义。

(22) a. 니 엄마 원래 웃었다 울었다 변덕이 죽 끓었어.《폼
나게 살 거야, 5회》你妈本来就是一会儿笑一会儿
哭，变化无常。
b. 무슨 변덕이 죽 끓듯 해?《내 사위의 여자, 115회》
怎么这么变化无常的啊？
c. 그래 나 팥죽 끓였어요.《그래 그런 거야, 22회》
对，我就是变化无常。

d. 변덕이 팥죽이야.《그래 그런 거야, 22회》你真是变
　　　化无常啊。

　　粥煮沸时伴随翻滚的动作还有四散的热气，韩国将其与人着急
时的心理活动相联系，所以"죽 끓듯 하다"还比喻非常着急，而中
国人却将这种心理活动与"火"相联系，所以有了"心急如焚"，韩
国语也有类似的"속이 타다"。
　　韩国人做粥一般比较稠，所以也可以作比喻，如"죽과 병은
되어야 한다"，意思是就像熬粥时要熬稠一点一样，生病与其病快快
地拖很长时间，还不如得一场大病好。与粥有关还有"죽이 풀려도
솥 안에 있다、팥이 풀어져도 솥 안에 있다"，指粥散了还在锅里。
"밥 빌어다가 죽을 쑤어 먹을 놈[자식]"意思是把讨来的饭做成粥
喝的人，比喻太懒了或者太笨了。

　　4）吃粥
　　因为做粥是为了自己吃，如果做了让狗吃了，就是白费功夫
了，所以"죽 쑤어 개 좋은 일 하였다、죽 쑤어 개 바라지한다、
죽 쑤어 개 준다、풀 쑤어 개 좋은 일 하다"等都比喻费尽心力做
的事情被别人抢去，或给无关的人带来了利益，如（23a）。
　　刚做好的热粥叫作"더운죽(--粥)"，有俗语"더운죽에 파리
날아들듯"，比喻冒冒失失进入困境，"더운죽에 혀 데기"意思是明
明知道热粥会烫舌头但却仍然拿舌头去碰，比喻明明是错误的事情
还去做，也比喻因为小事而遭到失败并且短时间内不知所措。"죽
쑤어 식힐 동안이 급하다"指熬粥后，等粥凉下来更令人心急，
比喻做事情时，到眼前的最后时期让人更是坐立不安。粥一旦凉下
来，那么喝起来就非常轻松，所以"식은 죽 먹기"比喻事情非常容

易，如(23b)。"식은 죽 먹듯"比喻没有任何顾忌地、非常平常的样子，如(23c)。"식은 죽도 불어[쉬어] 가며 먹어라"告诫人们不管多么容易的事情也要确认好了再做比较安全。

> (23) a. 너 만약 이번 일 어그러지면 죽 쒀서 개 주는 꼴이 되는 거야.《최고의 연인, 47회》你这次如果把事情搞砸了，那就成了肉包子打狗——有去无回/偷鸡不成蚀把米了。
> b. 이 정도는 식은 죽 먹기죠.《우리집 꿀단지, 23회》这是小菜一碟啊。
> c. 거짓말을 식은 죽 먹듯 하는 사람과는 상종할 수 없다. 撒谎就跟喝凉粥一样平常的人，不能交往。

韩国人喝粥一般都用大的粥碗，盛粥时要反复地用勺子舀多次，所以"죽 떠먹듯"比喻反复做某事。而用勺子舀粥的痕迹马上就会消失，所以"죽 떠먹은 자리"比喻不显眼、不起眼。

1.2.1.3 面食

韩国人也吃很多面食，其中代表性的有面条、片汤、饺子。西方饮食有三明治。

1) 面条类

面条是韩国面食的主要类型，面条根据制作方式又分为很多种。首先，韩国语里挂面为"국수"。因为韩国人结婚招待客人的婚宴最后都会上一碗面条，所以挂面可以转喻结婚，如"국수는 언제 먹이냐?"或"잔치국수는 언제 먹이냐?"表示询问对方什么时候结

婚，如(24a)；有时，喝面条也转喻自己的婚礼，如(24b)。

(24) a. 그나저나 팀장님이랑 최팀장님의 국수를 먼저 먹어
　　야 할 텐데요. 언제쯤 먹여주실 겁니까?《우리집 꿀
　　단지, 44회》话说回来，得先喝我们系长和崔系长
　　的喜酒了啊。什么时候请我们喝啊？
　　b. 그냥 변두리 예식장 잡아서 국수나 말아먹고 말아야
　　지.《천상의 약속, 93회》找个偏僻的婚庆宾馆，喝
　　碗面条就行了。

　　婚宴上喝的面条都是热面，也称作"온면(溫麵)"，是"냉면
(冷麵)"的反义词。因为喝面条意味着结婚，所以"온면 먹을 제부
터 그르다"意为从喝面条结婚的当天就出问题了，比喻事情开始就
出了问题。
　　由于面条在锅里煮的时间长了，就会断掉，根据这个特点，有
时也会用来比喻说话吞吞吐吐，如(25)。而汉语在表达说话吞吞吐
吐时，一般用"像挤牙膏似的"。

(25) 말씀을 툭! 툭! 꼭 물에 불어 끊어진 면발 같아서요.《그
　　래 그런 거야, 8회》您说话，就像在水里泡囊了的面条
　　一样，一节一节的。

　　面条喝了后马上就能饱肚子，但不久就会产生饥饿的感觉，所
以"국수 먹은 배"比喻食物不太抗饿的情况，也可比喻没有实际
内容、很松散。此外"국수"还作普通绳子的隐语，或作绑绳的隐
语。

韩国还有一种饮食，叫"짬뽕"，是中式料理的一种，是将面条与各种海鲜、蔬菜一起炒制后再倒上用猪骨、牛骨、鸡骨等熬制的肉汤做成的。因为这种饭是由各种材料混做而成，所以"짬뽕"可以比喻互不相同的东西混在一起，如(26)。汉语里类似的饭菜是"杂烩、拼盘"，[06] 虽然有时可以译成"大杂烩"，但一般需要意译。韩国语还有动词"짬뽕하다"，指不同东西混杂，如(27)，汉语一般译成"掺"。

(26) a. 그녀는 내 삶을 기쁨과 슬픔, 그리고 고달픔이 하나로 뒤엉킨 짬뽕 인생으로 만들어 버렸다. 她将我的人生弄得一团糟，除了喜悦，还充斥着悲伤和劳累。

b. 맥주에 소주에 양주까지 짬뽕으로 마셔 댄 나는 곧 정신을 잃었다. 我不断将啤酒、烧酒甚至洋酒掺在一起喝，不久我就不省人事了。

c. 여긴 분위기가 짬뽕이로군요, 식당에 술집에 디스코홀에….《윤후명, 별보다 멀리》这儿的氛围完全是大杂烩，饭店、酒馆还有迪斯科舞厅……

d. 그 계집애 아주 웃기는 짬뽕이야. 내가 뭘 그렇게 잘못했다구!《내조의 여왕, 5회》那个丫头片子简直/真搞笑，我做错什么了啊？

(27) a. 우리는 저녁으로 남은 반찬을 김치든 나물이든 짬뽕

06　如"几经改制，计经委变成了大杂烩，既有机关建制，又有事业编制，还有企业人员。《北大中文语料库》""在资金上加强宏观调控，规定建设项目安排的各种拼盘资金必须按比例到位。《北大中文语料库》""我们不能简单地把这些专业学科把它放在一起做一个拼盘。《北大中文语料库》"。

하여 비벼 먹었다. 我们将剩下的泡菜、蔬菜等掺拌在一起当晚饭吃了。

b. 친구는 소주고 막걸리고 가리지 않고 짬뽕해서 마시고 있었다. 朋友也不分是烧酒还是马格利酒都掺在一起喝。

韩国人还吃一种叫作"우동사리"的宽面条，粗度类似中国的拉面或手擀面，因为团成一团的面条看起来像人的大脑，所以韩国语里经常有"뇌에 우동사리"类表达，如(28)，汉语却多用"浆糊"。真正指称食物时多用"라면사리、우동면발"等，除非是专门卖"우동"的面店，一般用"우동사리"时都是比喻意义。有时也用"뚝배기 우동"来嘲笑那些想法蠢笨的人，[07] 表达此意的食物语言汉语有"豆渣脑筋"。

(28) 머리통에 뇌 대신 우동사리 들었니?《불야성, 6회》你脑袋里装的不是脑子/浆，是浆糊/豆渣吗？

2) 片汤

韩国语里片汤为"수제비"，也称作"밀수제비、박탁(餺飥)"。片汤的制作方式是把和好的面一块一块地揪下来放到开水里煮，这个动作就形成了惯用语"수제비(를) 뜨다"，这个惯用语和"물수제비를 뜨다"也可用来比喻拿着薄薄的石片在水上打水漂。

因为面条与片汤是韩国典型的面食，所以就有了俗语"수제비 잘하는 사람이 국수도 잘한다、국수 잘하는 솜씨가 수제비 못하

---

07 https://namu.wiki/w/우동사리

라"意思是会一种事情的人，类似的事情也会干得很好。不过片汤对韩国人来说只是非常普通的食物，所以就有了"먹다가 보니 개떡[수제비]"，指不知道是什么东西正高兴呢，结果发现竟然是很不起眼的东西而非常失望，也就是说"개떡、수제비"都是些不起眼的东西。

3) 饺子、包子

韩国人也吃饺子、包子，韩国语都叫作"만두(饅頭)"，因为饺子、包子鼓鼓的，所以就有了"두 볼이 만두처럼 부풀어오릅니다"，意思是"两颊鼓鼓的，像含了饺子似的"。根据包子鼓鼓的样子，汉语里可用"包子脸"来比喻人长得丑。但韩国语里却将视角放在了饺子的外表非常光滑这一点上，所以用"밀만두(-饅頭)"来嘲笑那些油滑的人。

对包子(饺子)来说，最重要的就是里面的馅儿，而包包子就是把馅儿填在包子皮里，样子就像掉在陷阱里被包住无法出来一样，所以汉语"填馅"比喻白白充当牺牲品或代人受过，如(29a)，有时也写作"填限"，如(29b)。

(29) a. 客至则递茶递水，斟酒下菜，到晚来背地来掇箱
     子，拿他解馋填馅(《金瓶梅词话》八十四回)

   b. 平儿笑道："依我说，你竟不去罢。合家子连太太
     宝玉都有了不是，这会子你又填限去了。"(《红楼
     梦》四十七回)

但韩国人却着眼于包子皮会破这一常见现象，电视剧《천상의 약속, 28회》中，当양말숙打电话要求还钱时，오만정说道：

(30) 뭐? 갑자기 무슨 만두 속 터지는 소리야? 뭔돈? 什么？

没头没脑地说什么让人心烦的话啊？什么钱啊？

这里用了"만두 속 터지는 소리"，因为韩国人多吃"만두국"，如果水饺破了，馅子就全到汤里去了，让人心烦，而心烦韩国语用"속 터지는 소리"，这里两者连用，是双关用法。

4）三明治

三明治属于西方饮食，其制作方式的典型特点就是在两片面包中间加上材料，于是韩国语里"샌드위치"产生了比喻意义，比喻被夹在什么中间的状态，如(31a)；也有了"샌드위치 신세"，比喻进退两难的处境，如(31b)。根据三明治的形态特征，二对一的约会也被称作"샌드위치 데이트"，早期产生的广告宣传办法之一有"샌드위치맨"，汉语也可译成"三明治人"，但一般要加双引号。

(31) a. 제조업 전체가 품질은 일본에 뒤지고 가격 경쟁력은 중국에 뒤지는 '샌드위치 현상'에서 허덕이다 …《동아일보, 2016.10.12》整个制造业在夹缝中苟延残喘着，质量上落后于日本，而价格竞争力又不如中国。

    b. 한국은 이러지도 저러지도 못하는 샌드위치 상황에 빠져들고 있다.韩国正逐渐陷入进退维谷的境地。

根据上面的分析可以发现，对韩国人来说，面条、片汤、饺子等都有了特殊的意义，而西方饮食只有"三明治"产生了比较常用的比喻意义。这与饮食特点有关，也与不同饮食的传入时间以及与人们生活的密切程度有关系。从这个角度来看，随着西方饮食逐渐在韩国生根发芽，说不定将来韩国人也会赋予更多西方饮食以特殊的意义。

1.2.1.4 米饭、面食与韩国人

前面已经分析过韩国人的主食是大米，所以韩国人经常说"사람은 밥심으로 산다"，这里的"밥심"指吃米饭后产生的力量，上面这句话可以意译成"人是铁饭是钢"。因为大米是主食，所以韩国人逢年过节多吃大米及其加工产品。

尽管大米对韩国人具有非常重要的意义，但根据前面的分析可以发现韩国人在人生第一大仪式——婚宴上必须给来宾准备面条吃，而不是米饭。这与面条代表长寿、长远的意义有关，如(32)。与韩国人结婚让来宾喝挂面相反，在中国汉族传统婚礼中一般是要新人喝"宽心面"，意为宽宽心心、长长久久地过幸福生活。至于挂面，中国人一般是过生日时吃，叫作"长寿面"。[08]

> (32) 원래 결혼식에 편안하게 오래 살라고 국수 먹는 거
> 야.《우리집 꿀단지, 39회》结婚时吃面条是为了让新
> 婚夫妇过的长长久久。

---

08 中国人吃长寿面与面相说有关，面相说认为人中越长表示寿命越长，一寸就是一百岁，因此古人就将脸的长瘦与寿命的长寿结合为一体，从而形成了过生日吃长寿面的风俗。并且中国面条出现的明确记载是北魏时期的《齐民要术》（马未都2017(3)：21）。

金慧媛(2013:17)认为婚宴上吃面条也与韩国以前面粉很珍贵有关。这种说法是有道理的，因为结婚是大喜事，所以婚宴准备一些平时吃不上的珍贵食物也是很正常的。对小麦产量非常低的韩国人来说，面食自然是珍贵食物，所以韩国人将这种宴席上会吃到的面条叫作"잔치국수"，即宴席面条。面食对韩国人的珍贵性还表现在其他方面，例如韩国人搬家时一般都会叫外卖，而炸酱面则是韩国人搬家的"국민음식"，而有什么庆典，如孩子的毕业典礼需要在外面吃饭时，一般也都是去吃炸酱面，这一方面是因为平时吃不到，另外也因为炸酱面的价钱比较低廉。所以炸酱面对现代韩国人来说已经具有了"纪念"意义，如电视剧《사랑이 오네요, 24회》中，当나민수为了庆祝合作成功，要去高级饭店吃饭，而이은희却去汉江边叫了炸酱面外卖，并说：

(33) 원래 기념으로는 자짱면인데. 本来要想有纪念意义的话，就是吃炸酱面的。

1.2.2 副食

韩国人的副食这里主要分析代表性的糕、麦芽糖以及其他点心和零嘴。其中与糕、麦芽糖有关的词语、惯用语和俗语非常丰富，一部分反映了食物本身的特点，另外一部分则反映了韩国人对这两种饮食的思考，也说明这两种食物在韩国人生活占据了很重要的位置。相反与其他点心有关都只有一两个语言形式，反映的主要是食物的特点。

1.2.2.1 糕类

糕是韩国人重要的副食，表现在语言上，产生了与糕有关的多达几十条的惯用语、俗语，并且"떡"本身也产生了丰富且具有特色的文化比喻意义。

1) 糕与韩国人的生活

在中国过年要吃水饺，关于过年的谚语有"二十四扫房日，二十五窟窿堵，二十六炖大肉，二十七宰公鸡，二十八白面发，二十九贴倒有，三十晚上坐一宿。初一的饺子，初二的面，初三的盒子往家转……"，其中就反复提到饺子和面食。让外国人体验中国文化的保留节目就是包水饺，并且每年的央视春晚都会出现包饺子、吃饺子的场面。

现在一提起水饺，全世界的人都知道这是中国文化，但提起糕来，却没有这样的文化效应。水饺是面食，是麦子的加工产品。中国共青团的团徽、人民币上所显示出的农民的标志都与麦穗有关，而不是稻穗，而麦穗是北方农产品的代表。之所以出现这种情形，想必是因为中国古代王朝多建都于北方，文化的正统源于北方，并且现代汉语的基础也是北方方言，所以人们就将北方的东西认为是中国的东西了，很多南方的东西就进入不了人们的眼帘了。而从另外一点来看，也是"国太大"造成的(梁漱溟 2011/2015:11)。

相对于水饺来说，中国北方人吃糕吃得较少，所以北方人都将糕称作"年糕"，也就是说平时不太吃，过年的时候才会特意做一些，所以糕就成了年糕。与北方人相比，南方人则多吃糕。虽说汉语里糕的种类不是很多，但有一种"切糕"，因为制作材料多、制作工艺复杂，价格比较贵，这种特点被利用起来并产生了比喻表达，如"到了国外漫游上网，流量像切糕一样贵"（朱跃等 2015:91）。

与中国相反，以大米为基础加工而成的糕是韩国特有的饮食，韩国人吃糕主要分为以下六种情况：

第一，韩国新年一定要吃"떡국"。韩国朝鲜王朝时期的王宫——景福宫有时会举行民俗体验，出现的多是用大木槌打年糕的场面。对韩国人来说，糕的地位就像水饺在中国人心目中的地位。如果不仅能吃到米饭，还能吃上糕，那则是非常美满的，所以"밥 위에 떡 米饭上摞上糕"意为锦上添花。

第二，韩国人搬家或新开张都要挨家挨户地送年糕，搬家的糕叫作"이사떡"，开业的糕称作"개업떡"，都是通过送糕的方式传递给大家一个信息：我来了，以寻求大家的支持和帮助。实际这种文化还可追溯到过去，历史上在首尔官厅里如果有新的下人或班头来报到，那么先要请原有的人吃饭，称作"해자(解座)"。也就是汉语里所说的"拿见面礼"。而这种习惯还扩散到了民间，指没有什么特别的事情而白白地吃别人的请。发展到现代社会，尤其是开业时请大家吃糕，是为了追求吉利，并且还认为"개업떡이 맛있으면 재수 좋단다.《폼나게 살 거야, 50회》"，即开业时做的糕如果好吃的话，就一定会财运亨通。

第三，韩国人如果新入学、就业、升迁或遇到其他喜事等时也都要分发年糕，如电视剧《Oh My Venus》第14集，当强주은看到김영호治好了腿伤健康地回来的样子，激动地说了(34)中的话，也就是说，分发年糕是韩国人分享喜悦与感谢的非常重要的手段。

(34) 돈을 많이 벌어놓을 걸. 태어나서 가장 고마운 날이라
이 세상 사람들한테 떡이라도 돌리고 싶은데. 要知道这

51

样我就多挣下点钱了。今天是我有生以来最高兴的一
天，真想给世界上所有的人都送一块糕(来表达这种高
兴的心情)。

　　韩国人送糕时，有时也会附带其他东西(例如毛巾)，如(35a)。
随着社会的发展，有时其他东西也会取代糕的地位，如(35b)，句中
提到送给邻居的不是糕，而是点心。

(35) a. 이사장님 취임떡하고 수건이에요.《닥터스, 12회》
　　　　这是理事长就职的祝贺年糕和毛巾。
　　 b. 그 집 여자가, 자기 남편이 차장으로 승진했다면서
　　　　과자 상자 하나씩을 이웃에 돌렸던 것이다.那家女主
　　　　人说自己的丈夫(晋)升成了次长，所以给每家邻居
　　　　送了一盒点心。

　　如第二、第三，韩国人给他人送年糕的行为背后反映的是韩国
人的人际关系文化。
　　第四，韩国人在举行重要活动如祭祀时，一般必不可少的也是
"떡"，所以才会产生"떡 본 김에 제사를 지낸다"这样的俗语，日
常生活中经常使用，如(36)。祭祀后分食年糕称作"음복(飮福)"。

(36) 그래. 까지것, 떡 본 김에 제사 지낸다고 고기 본 김에
　　 구워먹자.《왕가네 식구들, 11회》好吧。不管了。都
　　 说有年糕就祭祀，现在既然有肉了，我们就烤着吃吧。

　　第五，韩国人请巫师来跳大神时都要准备年糕，所以有了"떡

본 김에 굿한다", 指看见年糕赶快跳大神，有这么好的机会，顺便把打算干的事情都干了。而跳神仪式结束后，会将年糕分发给围观的人，所以才有了"굿이나 보고 떡이나 먹지、굿 구경 간 어미 기다리듯"等俗语，并且经常用于日常生活中，如(37)。

> (37) a. 너 입 다물고 구경하다가 떡이나 얻어먹어.《아이가 다섯, 8회》你别说话，就等着看好戏，坐收鱼翁之利吧。
>
> b. 엄마 다 생각이 있어요. 아무렴 아무 생각없이 그런 막중한 인물을 한아름한테 맡겼겠니?너 굿이나 보고 떡이나 먹어.《최고의 연인, 44회》你妈我自有打算。我总不能一点想法都没有就把那么重要的人物交给韩雅凛吧。你就等着看好戏、吃好饭吧。

第六，韩国人在发生不吉利的事情时一般会举行"고사(告祀)"来驱邪，所以就有了"떡 해 먹을 세상、떡 해 먹을 집안"类的俗语，意思是家里总要做糕跳大神，言外之意是社会或家庭里总是祸事不断。这些俗语有时会发生变形成为"떡 해 먹을 팔자"，如(38)。

> (38) 이젠 내가 대신 죽으러 나가게 생겼지만. 내 팔자는 좌우간 떡 해 먹을 팔자야. 편하면 안 돼.《그래 그런 거야, 41회》现在是我要陷入水深火热之中了。我的命就是这么不顺啊。就是过不上舒坦日子。

即便是现代社会，韩国人也经常举行"고사(告祀)"，例如新

买了私家车，也会准备一些祭品去路上祭奠一下以求保平安，这与中国的"祭路"有共同之处，不同的是韩国人的祭品中肯定会有"떡"，叫做"고사떡"，而中国人准备的祭品中一般都有"苹果"，寓意"平安"。

正因为韩国不论是婚丧嫁娶，还是逢年过节，抑或是跳大神的时候，都会摆放年糕，因此活动结束后都会分年糕吃，因此就有了下面(39)类表达，在这里"떡"指的是好事，"떡이나 먹다"也可译成"坐享其成"。

(39) 너 그냥 우아하게 앉아서 엄마가 주는 떡이나 먹어.《별이 되어 빛나리, 49회》你就那样优雅地坐着，吃妈妈给你的年糕就行。

2) 糕的制作

(1) 材料和种类

第一，制作糕最重要的就是糕粉，韩国语称作"떡가루"，因为糕粉是白色的、粉状的，根据这两个特点，所以可以比喻雪，如(40a)，而这种比喻在汉语里很少见到，因为糕粉不是常见事物。韩国语里还有"떡칠"，指化妆品、胶水、油漆等抹得很厚，汉语一般用"面"，如(40b)，或者意译，如(40c)；"떡칠"有时也可用来比喻造假，如(40d)，汉语一般用"粉饰"。

(40) a. 눈은 떡가루와 같이 잘게 내리다 雪下得很小，像糕粉一样。

b. 소문 다 났어. 면상에 떡칠하고 댕기며…《천상의

약속, 10회》都已经传开了，说你把脸抹得像面瓜一样到处逛。

c. 아이가 크레파스로 방바닥에다 떡칠을 해 놓았다. 孩子用蜡笔把地板涂了厚厚一层。

d. 현재 자산으로 떡칠하기엔 너무 무리가 큽니다. 《김과장, 16회》用现有的资产来进行填补/粉饰非常吃力。

　　第二，糕有不同的类型。例如"찰떡"是用黏米做的糕，也称作"나병(糯餅)、점병(粘餅)"，因为糯米糕非常粘，所以就有了粘住之意，如(41)。此外，"찰떡"还多用于副词形式"찰떡같이"，比喻感情、信任、关系等非常紧密、实实在在的，如(42)。

(41) 계집애야, 너 입에 찰떡 붙었어? 왜 이렇게 살짝 눈치봐가면서 말을 못해? 《밥상 차리는 남자, 17회》你这丫头，你的嘴被年糕粘住了吗？怎么光看脸色，不说话啊？

(42) a. 작고로 봉치떡은 신랑 신부는 액을 면하고 부부 금슬이 찰떡처럼 좋아지는 의미에서 정성들여 만든 거라 애미 손으로 만드는 게 제일이지. 《월계수 양복점 신사들, 44회》自古以来花大功夫做的喜糕是为了帮助新郎与新娘子免除厄运，让夫妻感情好得像年糕一样亲密，所以妈妈亲自做的是最好的。

b. 아버지랑 찰떡같이 약속했어. 《그래 그런 거야, 22회》我和你爸已经约好了。

c. 공문도 없었지만 각 협회는 찰떡같이 알아들었

다.《동아일보, 2016.09.28》虽然连公文都没有，但是各协会却都明白得很。

　　"개떡"是质量不好的年糕，有时"찰떡"还与"개떡"一起对比使用，如(43a)。韩国语里还有"보리떡"，是用大麦粉做的糕，这种糕味道不好，有俗语"보리떡을 떡이라 하며 의붓아비를 아비라 하랴"，意思是大麦糕也是糕吗？义父也是父亲吗？比喻大麦糕和义父都不好。"보리"与"개떡"结合形成的"보리개떡"的语义更加强烈，可比喻人，如(43b)。"옥수수떡"是玉米粉做成的糕，有俗语"떡도 떡 같지 않은 옥수수떡이 배 속을 괴롭힌다"，意思是不起眼的小事反而惹麻烦。韩国还有一种糕是"콩떡"，是在年糕里掺了豆子做成的，因为掺了豆子的年糕很容易掰开，所以就有了"만만한 콩떡"，如(43c)。类似的还有"메떡"，指用粳米做的糕，经常与"찰떡"一起使用，作对比，如(43d)。韩国语的这些年糕所表达的意义文化性很强，译成汉语时一般多需要意译。

(43) a. 개떡 같이 말해도 찰떡 같이 알아듣긴.《당신은 선물, 45회》虽然他话说的不明白，但是你却一点就透啊。

　　b. 지 엄마를 쉰 보리개떡 취급하고 걸핏하면 하얀 눈알로 휘날리고 짓밟고.《그래 그런 거야, 9회》把你妈当残羹剩饭，动不动就翻着白眼训我。

　　c. 나 세상 무서운 것 없는 여자야. 날 나선영 같이 만만한 콩떡으로 봤다간 이판사판 자폭해버릴 수 있어.《사랑이 오네요, 38회》我可是天不怕地不怕，如果你把我当成罗善英那种蠢女人，我就不管那么

多了，可能会破罐子破摔啊。[09]

d. 결혼 전에 찰떡 같이 약속해도 메떡같이 흐지부지
　다.《김경일, 중국인은 화가 날수록 웃는다》结婚之
　前信誓旦旦说的很好，最后却和稀泥不了了之。

　　韩国人还吃几种糕，如"흰떡、산병(散餅)、쑥떡、송편、수수
팥떡、오향고(五香糕)"等。其中"산병"是以白糕为基础材料做出
的半月形带馅的糕，俗语"흰떡 집에 산병(散餅) 맞추듯"比喻绝
对没错的样子。"쑥떡"是用艾草做的糕，味道发苦，有俗语"쑥떡
먹고 쓴소리한다"，用来批评别人说话不中听。再看"송편"，有的
直接用一般的大米粉做成白色的，有时还会掺入艾草汁，这有点类
似中国清明节客家人吃的"艾粄"、泰宁人吃的"暖菇包"或江南一
带吃的"青团子"，不过韩国的松糕一般是中秋节饮食的象征，呈半
圆形，类似中国的饺子，弧线像刀刃一样，所以就有了俗语"송편
으로 목을 따 죽지"，意思是被松糕砍了脖子，比喻遭遇了不可理喻
的事情而非常冤屈、悲痛。因为吃松糕时会咬出一道沟痕，所以惯
用语"송편을 물다"比喻沟状模样。"수수팥떡"指用高粱粉掺上红
豆沙做成的糕，因为里外都变成了红色，难以区分里外，所以俗语
"수수팥떡 안팎이 없다"比喻难以区分里外的情况。"오향고(五香
糕)"是用粳米粉和糯米饭掺上五香粉、白糖后，用热水和面然后上

09　韩国语里还有"천만의 말씀 만만의 콩떡이다"，表示对什么事情或话表示怀疑，如
　　"박사장 얘기 들었어요. 그 착하고 곧은 사람 무슨 뇌물이에요?천만의 말씀 만만
　　의 콩떡이지.《천상의 약속,86회》朴社长的事情我听说了。他那么善良正直的人
　　怎么会受贿啊？纯粹是胡说八道嘛"。这里的"콩떡"不是用豆子做的糕，而是"空
　　糕"，"콩"是"공"的强音，意思是空手做出让别人吃的动作，让他吃了糕不要乱
　　说话。

笼蒸熟，类似做法都称作"시루떡"，因为都要用蒸笼，如(44a)，有时干脆直接用"생일떡"，如(44b)。

(44) a. 근데 시루떡은 한 건 보니 누구 생일이야?《아버지가 이상해, 28회》看你做蒸糕，今天是谁的生日吗？

b. 세상에 며느리 생일이라고 생일떡을 쪄주시는 시아버지는 우리 사돈어른밖에 없을 거야.《돌아온 복단지, 15회》天呢，儿媳妇生日时给蒸年糕的公公可能只有我们亲家了吧。

如上，韩国有各种各样的糕，所以有了俗语"떡이 별 떡 있지 사람은 별사람 없다"，意思是虽然年糕有多种，但人却都一样。而上述糕的用法和俗语都是根据各自的特点产生的。

第三，馅料。在包松糕、饺子时的馅料以及腌泡菜时添加的各种材料，韩国语都称作"소"，与此相关有俗语"금방 먹을 떡에도 소를[살을] 박는다"，比喻再紧急的事情也要按照顺序来做，也要有一定的形式。

第四，豆粉。做"인절미、경단"或"시루떡"等年糕时，因为糕本身很黏，所以会在表面或在层与层之间撒上豆粉或芝麻粉，这些东西被称作"고물"。因为这些材料不是主要原料，是附属品，所以"고물"也比喻不起眼的利益。因为"떡"可比喻财物，所以与"고물"结合形成的"떡고물"比喻通过不正当手段为别人帮忙后而得到的金钱，如(45)。

(45) 그는 이번 일을 처리한 대가로 자기에게 떡고물이라도

떨어질까 기대하는 눈치이다. 看他的样子，好像盼望
通过处理这件事能得到一点好处。

豆粉多是黄豆粉、红豆粉等，电视剧《월계수 양복점 신사
들, 3회》中，看到儿媳妇나연실在葡萄地里干活干的不好，还把葡
萄都弄碎了时，婆婆정경순不满地说道：

(46) 무슨 애가 콩인지 팥인지 떡인지조차 못 가려? 你这孩子
    怎么连什么是大豆、红豆，什么是年糕都分不开啊？

因为韩国的一些年糕外面包一层豆粉，所以产生了俗语"인절
미 팥고물 묻히듯이"，比喻被弄得满身、满头的样子。与此相关还
有俗语"떡 먹은 입 쓸어 치듯"，意思是像吃年糕把嘴一抹一样，
真会装。而豆粉也可称作"콩가루"，有俗语"토끼 입에 콩가루 먹
은 것 같다、언청이 아가리에 콩가루"比喻做事留下痕迹，"벙거지
조각에 콩가루 묻혀 먹을 놈"比喻剥削人。"콩가루"还多形成"콩
가루 되다、콩가루 집안"等结构，前者比喻某物粉碎了或瓦解了，
后者多比喻家风不正。

(2) 蒸糕

糕要蒸熟了吃，如果不熟就是"선떡"，因为不熟，所以很松
散，容易散开，根据这一特点，有了俗语"선떡이 부스러진다"，比
喻做事轻率肯定招来不好的后果。而如果把不熟的糕给别人，作为
接受者来说肯定不高兴，所以"선떡 받듯이"比喻不高兴、不满意
的态度，而"선떡 가지고 친정에 간다"有两个意义，第一个意义
与"선떡"的意义有关，比喻没有诚意的不好的礼物，而第二个意

义与娘家有关，因为是回娘家，即使礼物不好也不要紧，比喻亲近的人之间即使带着不好的礼物也不会被笑话。此外，还有"싫은데 선떡"意思是本来不喜欢吃，又因为不熟(更不喜欢吃了)，用来比喻非常不愿意；此外，还有一个意思是本来不喜欢吃，又因为给的是不熟的，所以更有理由拒绝了，比喻有了拒绝的理由所以可以理直气壮地拒绝。

从吃的角度来看，"선떡"是不熟的糕，吃了容易噎住，所以俗语"선떡 먹고 체하였나 웃기는 왜 웃나"用来批评那些因不可笑的事情而笑个不停的人。

蒸熟的年糕是黏贴在年糕盘上的，这种糕很黏无法用盛米饭的匙子去往外拿，因此"떡에 밥주걱"意思是拿着盛米饭的匙子奔向年糕笼，比喻什么都不懂。根据蒸糕的这种样子，还有"떡실신"，是"떡"与"실신"结合形成的合成词，意思是就像年糕紧紧贴在年糕盘上一样没有了知觉，比喻惊得要晕过去了；或者指受到侮辱，气得快要晕过去(《대중문화사전》)；有时也指喝酒喝大了，如(47)。年糕形容人醉酒还被用于广告，如"광동헛개차"广告中就有"떡은 사람이 될 수 없지만 사람은 떡이 될 수 있다. 糕虽然成不了人，但人却可以成糕。"

（47）a. 술 먹고 떡실신한 것 오히려 여자들이야.《그래 그런 거야, 4회》喝酒喝成一团泥的反而都是些女人。

b. 대문앞에서 떡실신 돼 있더라구요.《빛나라 은수, 13회》刚才醉得瘫坐在大门口了。

（3）打糕

做年糕时，除了用年糕粉直接蒸制之外，还有一种最重要的

方法就是打糕，是将蒸好的米用打制工具来打制，所用的工具称作"떡메"，汉语叫作"打糕槌、舂锤棒"，有俗语"제 자루 떡메"，比喻事情凑巧非常相合、变得非常容易。

　　韩国语里表示打年糕的惯用语是"떡을 치다"，在过去，韩国人的大米主要是做主食，只有有剩余时，才会用来继续深加工，做成年糕，所以惯用语"떡을 치다"指量或程度非常充分，如(48a)。打糕时用"舂锤棒"捶打石臼里的米饭，根据形象意义，俗指男女性交，如(48b)。因为年糕是将好好的米做成黏在一起的东西，所以"떡을 치다"也可比喻将事情搞坏，如(48c)。类似的还有"죽을 쑤다/만들다"。从这两个惯用语也可以发现，对韩国人来说，正儿八经的饭就是米饭，如果把米饭捶打成糕或者做成粥，都是不太理想的情况。

(48) a. 이만큼이면 우리 식구 모두가 다 먹고도 떡을 치겠다. 这程度的话，我们一家人不仅够吃饭还可以做糕吃了。

　　 b. 마누라가 있어야 안방에서 떡을 치죠.《윤흥길, 완장》那也得有老婆才能在卧室里打糕啊。

　　 c. 내 살림 내가 떡을 치는데 말할 사람이 어디 있겠소.《박경리, 토지》我的日子是我自己搞坏的，谁能说什么呢？

　　制作年糕，需要反复地长时间捶打，所以"떡(이) 되다"产生了比喻意义，比喻遭受屈辱或挨打挨得很厉害，如(49a)，汉语多用"打得稀巴烂"。打制好的年糕非常柔软，根据这个特点，"떡이 되도록"还比喻喝酒喝多了的状态，如(49bc)，汉语一般用"喝

成面条"或"烂醉如泥"作喻。汉语中的"泥"是传说中的一种动物，据说，这种动物生于南海，无骨，"在水中则活，失水则醉，如一堆泥然"《咬文嚼字 2005(2)：47》。也就是说这种动物之所以称作"泥"，也是借用了与事物"泥"的相似性。所以韩国语"떡이 되도록"与汉语的"烂醉如泥"两种比喻归根结底都是基于"年糕"与"泥"的特点是"很软，直不起来"这种特点。

因为喝酒之后，肯定是精神模糊，甚至不省人事，所以"떡이 되다"还可比喻不清醒，如(49d)，汉语用"成浆糊"来作喻。

(49) a. 그는 밤늦게 돌아다니다 깡패들에게 떡이 되도록 맞았다. 他晚上很晚还在外面转悠的时候，被小混混打了个半死/稀巴烂。

b. 어제 밤에 술이 떡이 돼가지고 로비에서 쓰러졌던 것 기억 안 나요?《내 사위의 여자, 46회》昨天晚上你喝酒喝得像面条似的倒在了走廊里，想不起来了啊？

c. 새벽에 떡이 돼서 들어왔어.《내 사위의 여자, 21회》喝得烂醉如泥的，凌晨才回来。

d. 머리가 떡이 되었다. 脑袋成浆糊了。

年糕打好后要从石臼里拿出来，俗语"떡 다 건지는 며느리 없다"意思是没有一个儿媳妇会把年糕都从石臼里捞出来，比喻儿媳妇中饱私囊、人都有很自私的一面。这里之所以出现儿媳妇的身影，是因为一般家庭打糕时，多是男人抡大槌，女人用手在下面翻，并且女人善后。

年糕从石臼里拿出来后还要揉制，所以"떡 주무르듯 하다、

개떡같이 주무르다"意思是像揉年糕一样，随心所欲，如(50)。

(50) a. 인사 관계를 떡 주무르듯 하다 他在人事关系上随心
所欲。

b. 짐꾼한테 맡겼더니 짐을 개떡같이 주물러 놓았지 뭐
야. 把行李托付给运行李的人了，结果他们把东西
弄得乱七八糟。

因为制作年糕也会出现问题，有了俗语"떡도 떡같이 못 해 먹
고 생떡국[10]으로 망한다"，意思是做糕做成了大米疙瘩汤，比喻事情
都没有干完就失败了。而"떡도 떡같이 못 해 먹고 찹쌀 한 섬만
다 없어졌다"意思是年糕没做成，还损失了一石(十斗)的糯米，比
喻辛辛苦苦地花了很多钱做了，但没有任何效果或利益。

蒸煮年糕的水可以继续利用，俗语"떡 삶은 물에 중의(中衣)
데치기"意思是用煮年糕的水来烫一下裤子，"떡 삶은 물에 풀한
다"意思是用煮年糕的水做浆糊，都比喻变废为宝。

3) 糕的装饰

年糕有时还要抠上花纹，这种糕饼模子或模板称作"떡살"，根
据这种特点，有时也会用于比喻，如(51)是用"떡살단골집"来比喻
模仿。有时年糕做好后会在上面添加一些装饰，称作"떡에 웃기"，
意为年糕上的装饰品，比喻虽然很华丽但不过是配角而已。

10　"생떡국(生--)" 指用糯米粉和粳米粉加水混合搓制成丸子大小放在酱汤里做成的
汤。也叫作"생병탕(生餅湯)"。

(51) 소원이가 막 이혼했는데 우리 또 이혼해 봐. 남들이 뭐
　　라고 하겠어? 완전 떡살단골집이 되는 거야.《밥상 차
　　리는 남자, 22회》邵元才离婚，我们再离婚的话，别
　　人会说什么啊？我们家不就成做糕饼模板的了啊？

　　作为外包装，有时还用盒子，俗语 "떡도 떡이려니와 합(盒)이
더 좋다" 意思是年糕虽然是年糕，但盒子更好。比喻内容虽然也很
好，但形式更好。

4) 吃年糕

　　对韩国人来说，年糕是非常普遍的零食，所以 "떡 먹듯" 指像
吃年糕一样，稀松平常，如(52)。因为吃零食是件好事，所以 "개떡
먹기、약과(를) 먹기(라)、기름떡 먹기、깨떡 먹기" 比喻做起来容
易并且很愉快的事情。

(52) 그는 거짓말을 떡 먹듯 한다. 他撒谎就像吃年糕一样，
　　习惯了。

　　极其喜欢吃年糕的人叫作 "떡보"。与想吃糕有关，有俗语 "떡
줄 사람은 꿈도 안 꾸는데 김칫국부터 마신다、떡방아 소리 듣고
김칫국 찾는다、앞집 떡 치는 소리 듣고 김칫국부터 마신다"，意
思是别人还没想到给自己年糕呢，自己就先喝碗泡菜汤等着了，因
为韩国人吃了糕后会喝泡菜汤，所以比喻自作多情、做美梦。[11] 有时
干脆直接用 "김칫국부터 마신다 喝泡菜汤" 来表达做白日梦，如电

11　类似意义汉语用 "八字没一撇"。

视剧《당신은 선물, 106회》中，看到满桌子的饭菜都是自己喜欢的，공을숙非常高兴，但最后却发现不是为自己准备的，对此，嫂子복순이笑着说道：

(53) 하하하, 우리고모 김치국 마셨다. 어머니가 윤호 먹으라
　　　고 준비해 주신 건데. 他姑白高兴了一场。这是咱妈为
　　　允浩准备的。

　　有时还会扩展使用，如"김치국부터 한 사발씩 먹는다. 先喝一大碗泡菜汤。"

　　如果是吃不到的年糕，韩国语叫作"그림의 떡"，比喻画饼充饥。有时还用"개 그림 떡 바라듯"，意思是就像狗看画中饼一样，比喻看多长时间也没有，所以不要抱无谓的期待，因为都是无用之功。吃不到那就算计着吃，韩国人用"떡 친 데 엎드러졌다、떡판에 엎드러지듯"，意思是算计着怎么才能吃上年糕，所以故意摔倒在年糕板上，比喻一心考虑某件事情不能忘怀。

　　因为有的年糕很黏，所以有了俗语"떡 떼어 먹듯"，意思是要像撕年糕吃一样，不能犹豫。不管怎样，年糕因为是固体，所以躺着吃也可以，因此"누워서 떡 먹기"比喻轻松，如(54)。类似的汉语为"小菜一碟"，虽然都表示轻松，但汉语强调因量少而能轻松吃掉。

(54) 일차 테스트야 누워서 떡 먹는 거지.《월계수 양복점
　　　신사들, 18회》对你来说，初试还不是小菜一碟/小事
　　　一桩啊。

年糕要味道好才能吃，所以有了"내 입에 딱 맞는 떡"，比喻适合自己的，可以指工作，如(55a)；也可以指人，如(55b)。

(55) a. 아무리 안 맞아도 어떻게 그만둬? 애 셋이 달린 사람이. 학원 간지 얼마 됐다고 그것 못 버티고 그만둬? 내 입에 딱 맞는 떡이 어디서? 맞춰 가야!《폼나게 살 거야, 30회》不管怎么不适合自己，怎么能就那样辞职啊？你可是有三个孩子啊。你去补习学校干了才多久啊，就忍不了辞职？哪有正合我口味的年糕啊？你得去适应单位啊。

b. 내 입에 딱 맞는 떡 같은 것 원래 없는 법이야. 좋아서 짝이 됐으면 그런 사람이려니 환상을 접고.《그래 그런 거야, 20회》这个世界上完全合我心意的人是没有的，既然喜欢并结婚成了一对，就要劝自己原来他是这样的人啊，丢掉自己的幻想。

韩国人在吃年糕时，有时还会蘸着蜂蜜吃，就像我们中国人吃年糕有时蘸糖吃一样，所以"인절미에 조청(造清) 찍은 맛"比喻正合口味，很满意。但与蘸糖吃相比，蘸蜂蜜更好吃，尤其是在以前物质极度缺乏的年代，"꿀떡"算的上是非常珍贵的食品，所以惯用语"생각이 꿀떡 같다"用来比喻想做某件事的心情就像想吃蜂蜜年糕那样迫切，如(56)。

(56) 아침을 굶었더니 점심시간이 아직 멀었는데도 밥 생각이 꿀떡 같다. 早晨没吃饭饿了肚子，所以虽然午饭时间还早着呢，但心里却一直想着吃饭的事。

现代人吃蛋糕，蛋糕越大越贵，而年糕也是越大越贵，有俗语"돈 한 푼 없는 놈이 자두치떡만 즐긴다"，这里的"자두치떡"指一尺二寸的大年糕，意思是穷得一分钱没有还只吃大年糕，比喻没资格的人反而更猖狂，类似的还有"돈 없는 놈이 큰 떡 먼저 든다"。

1.2.2.2 麦芽糖

中国人虽然也吃麦芽糖，但关注更多的是麦芽糖的"甜"。相反，韩国语里却有异常丰富的语言形式，分别与麦芽糖的原料、制作、粘、软、遇热即化、甜等特点有关。汉语里麦芽糖多称作"饴糖"，但口语里一般多用上义词"糖"，如(57)。

(57) 그리고 이것 내가 엿을 바꿔먹든 봄이한테 전해주든 알아서 할테니까.《우리집 꿀단지, 22회》另外，这个我是拿着换糖吃，还是转给春儿，我自己看着办。

1) 麦芽糖的原料与制作

韩国语里麦芽糖为"엿"，有各种形状的，其中长条状的与中国的"糖葱"[12]很相似。麦芽糖的基本原料是麦芽和米，麦芽韩国语为"엿기름"。煮熟的米与切碎的麦芽搅拌均匀，在这一过程中，麦芽糖起到了发酵剂的作用，将米发酵转化成汁液，为"엿물"。根据这一过程，惯用语"엿기름을 넣다"产生了比喻意义，比喻把别人的东西藏起来据为己有。

12　糖葱又名白糖葱，以糖制成，颜色呈乳白色，含有细致的纹路，颜色有如大蒜、白葱一般，且形状像葱，因而得名，咀嚼起来清脆香甜。现在是汕头市、汕尾市以及揭阳市特产。(360百科)

麦芽与米发酵滤出的汁液用大火煎熬成糊状，完全冷却后即成琥珀状糖块。如果没有凉透，淌了，就做不成麦芽糖，所以就要遭罪费劲，因此"엿물을 흘렸다"比喻遭遇了很多困难，累坏了。

块状的麦芽糖食用时再将其加热，然后用两根木棒搅出，如拉面般将糖块拉至银白色即可。这种木棒韩国语里称作"엿죽방망이"，因为用木棒搅的过程非常轻松，所以"엿죽방망이"开玩笑地指容易做的事情，也可用"엿죽"来表达。

2）麦芽糖的特点

麦芽糖有三个突出特点，即粘、软、甜，但韩国人多关注前两个特点。

（1）粘

麦芽糖很粘，有俗语"엿을 물고 개잘량에 엎드러졌나"，意为你是嘴里含着麦芽糖摔到狗毛垫子上了吗，用来嘲笑那些体毛多的人。根据麦芽糖粘的特点，韩国人还用麦芽糖来比喻人黏在一起，如(58)。

(58) 그런 것 아니면 왜 호박엿처럼 딱 붙어서 뭘 하고 있는
거예요.《우리집 꿀단지, 108회》如果不是的话，你们
像南瓜麦芽糖一样贴在一起干什么来？

根据麦芽糖的这种特点，韩国人重要考试前都会送"엿、찹쌀떡"等礼物给考生们，以祈求让其考试合格，之所以会选用这两种食物，是因为韩国语考试合格是"시험에 붙다"，而这两种食物的特点是粘度高，容易粘住，而"粘住"在韩国语里是"붙다"，与考试

合格的动词"붙다"同形，所以产生了这种寄托意义。

因为麦芽糖很粘，互相连在一起，所以韩国语里还用"엿 같은 사이"比喻关系紧密。"엿 같은 궁합"则比喻非常合拍。

韩国语还有惯用语"엿 먹어라"，意思是偷偷地给别人好看或者骗人时说的话，如(59)。"엿 먹이다"也是俚俗语，指故意让别人上火或骗人，如(60)。

(59) 엿 먹어라 이 새끼야, 죽는 마당에도 군법 회의만 찾을 생각이냐?《홍성원, 육이오》闭上嘴吧。你小子，都要死了，还只找军法法庭啊？

(60) 한혜경(며느리): 이것 어머니 잘못하신 거예요. 저 엿 먹이는 거라구요. 这次是妈您做错了。您这是让我上火啊！

김숙자(시어머니): 엿은 너한테 누가 엿을 멕여? 谁让你上火啊？

한혜경: 어머니잖아요? 不就是妈您嘛。

김숙사: 날 그렇게 몰라? 내가 너한테 엿이나 먹이는 사람 같아?《그래 그런 거야, 21회》你就这么不了解我啊？我是让你上火的人吗？

(60)是剧中公婆宣布打算搬出去单过之后，婆媳两人的对话，其中"엿 먹이다"意为使人上火、叫人难受。

"엿 먹어라、엿 먹이다"这两种表达在具体运用时还会有一些活用用法，如电视剧《이름없는 여자, 19회》中，한소라给홍지원打电话说道：

(61) 홍지원 사모님, 이대로 끝낼 줄 알았나요?...지금 TV를 켜세요. 제가 사모님께 마지막으로 드리는 엿이니까 달콤하게 드세요. 洪志媛夫人，您以为事情就这样结束了吗？……现在打开电视看一下吧。这是我给您的最后一块"糖"，请好好品尝一下吧。

而剧中，电视里播出的正是洪志远最不想看到的画面，所使用的语言形式是变形的"제가 사모님께 마지막으로 드리는 엿이니까 달콤하게 드세요"。

关于"엿 먹어라、엿 먹이다"这类意义的产生，김미형等(2005:68)认为这源于韩国1964年12月7日发生的与麦芽糖有关的中学入学考试题事件，当时有一道题是"엿기름 대신 넣어서 엿을 만들 수 있는 것은 무엇인가?"标准答案是"디아스타제"，但是答案选项中还有"무즙"，选择此选项且落榜的学生家长于是用萝卜汁制作了麦芽糖到文教部、教育厅示威，并且喊着"엿 먹어! 이게 무로 쑨 엿이야, 이 엿 한번 먹어봐라! 엿 먹어라!"不过笔者认为这种消极意义的产生也与麦芽糖的"粘"性有关，因为麦芽糖尤其是固体的麦芽糖吃起来会粘牙，让人难受。

如上，与"엿"有关的惯用语、俚俗语或变形用法，已经不再指具体的麦芽糖，而是表达抽象化的消极意义。

(2) 软

麦芽糖不仅很粘，而且很软，可以自由地拉伸，所以就有了惯用语"엿장수 마음대로[맘대로]"或"엿장수 마음"，比喻就像卖麦芽糖的商人随便摆弄麦芽糖一样，处理事情时随自己的性子一会儿这样，一会儿那样，如(62a)。因为麦芽糖太软，不成形，所以

韩国语还用麦芽糖比喻命运不好，如(62bc)；有时也用来骂人，如
(62de)。

(62) a. 아무리 엿장수 마음대로지만 경고는 그렇게 남발하
면 안 돼. 누나.《우리집 꿀단지, 121회》虽然说麦
芽糖怎么卖，是卖的人说了算，但是你这样随便警
告别人可不行啊，姐！
b. 엿 같은 내 팔자야.《그래 그런 거야, 2회》我这命真
苦啊。
c. 엿 같은 내 인생.我这命啊！
d. 엿 같은 시어머니 该死的婆婆
e. 엿 같은 인상 极差的印象

因为麦芽糖可以自由拉伸的特点，所以惯用语"엿가락(을) 늘
이다"也俗指唠唠叨叨地说话，也比喻装斯文而等很长时间，如
(63a)。麦芽糖尤其是温度高的时候更容易拉伸，所以就有了俗语
"오뉴월 엿가락"，指行动或说话变慢、拖延，如(63b)。俗语"촌
놈 엿가락 빼듯"意思是就像村夫拽麦芽糖一样，比喻某事拖着不抓
紧允诺。这些惯用语和俗语意义的产生都是用"空间长度"来隐喻
"时间长度"。

(63) a. 그렇게 엿가락 늘이고 앉아 있지 말고 어서 서둘러
라. 不要坐着在那儿啰里啰嗦的，抓紧吧。
b. 노파는 다급하게 만수를 깨우고 있으나 그는 늘어
지기가 오뉴월 엿가락이다.《유주현, 하오의 연가》
老太太赶紧去叫万秀起床，但他却伸着懒腰磨蹭。

因为麦芽糖易拉伸但不易拉断这一特点，所以卖糖时都用剪子来剪断，韩国的麦芽糖商人还会晃动剪子来吆喝买卖，因此有了惯用语"엿장수 가위질 소리"，比喻反复说话，如(64)。

(64) 또 그소리야? 무슨 엿장수 가위질 소리도 아니고 질리지도 않니? 증거 있으면 내놔봐. 그 놈의 살인자 소리는 지겨워 죽겠네.《언니는 살아있다, 67회》又是这话啊？这又不是卖麦芽糖的耍剪子，你还有完没完啊？要是有证据，你倒是拿出来啊！天天说我是杀人犯，烦死了！

(3) 遇热易化

麦芽糖还有一个特点就是遇热即化，所以"화롯가에 엿을 붙이고 왔나. 你是把麦芽糖贴在火炉上了吗?""솥뚜껑에 엿을 놓았나 你把麦芽糖贴在锅盖上了吗?""노구 전에 엿을 붙였나. 你把麦芽糖放在锅沿上了吗?""이불 밑에 엿 묻었나. 把麦芽糖放被窝里了吗?"这些俗语都被韩国人用来嘲笑那些急着回家的人。

(4) 甜

麦芽糖还有一个特点是甜，所以韩国人喜欢拿蜂蜜与麦芽糖进行比较，如"나중 꿀 한 식기 먹기보다 당장의 엿 한 가락이 더 달다、나중에 꿀 한 식기 먹으려고 당장 엿 한 가락 안 먹을까"意思是与其过一会儿吃蜂蜜不如现在先把麦芽糖吃了，相当于汉语的"百鸟在林不如一鸟在手"。

与"甜"这个特点有关，还有"달기는 엿집 할머니 손가락이라"，意思是因为麦芽糖很甜，所以认为连卖麦芽糖的老奶奶的手

指头都是甜的，比喻对某事很满意只看到好的一面而看不到坏的一面，也比喻因为喜欢某种食物，所以会将那些看起来相似但却不能吃的东西也误以为是吃的东西。

中国人一般也多注重麦芽糖很甜这一特点，如中国有的地方每到腊月二十三或二十四，就会把麦芽糖黏在炉子上，祭灶王爷，好让灶王爷嘴巴甜一点，上天作报告时，多讲一些这家人的好处(蒋勋 2014/2015(五):38)，也有很多成语都与"甜"有关，如"甘之若饴、含饴弄孙"等。

1.2.2.3 点心、零嘴类

"点心"在韩国语里有汉字词"점심(點心)"，有三个意义，第一个意为午饭；第二个意义是巫俗用语，指巫师供奉给三神的年糕、水果等，用来祈祷婴儿有充足的奶水或者为死者祈祷有冥福；第三个意义为佛教用语，指寺院里人们饥饿时吃的一点食物。

汉语"点心"意为饥饿时暂时充饥的食物，在山东泰安方言里还可重叠用作动词，如"你先吃点饼干，点心点心。"所以，汉语"点心"应该是佛教用语语义发生扩大而用于日常生活的一个例子。不过现在"点心"多用来统称各种小吃。

韩国也有各种小吃，有的与中国小吃类似，有的也有较大不同。

1) 蜜饯

韩国语里蜜饯为"약과(藥果)"，比喻情况已经不错了，或者这种程度什么也不是。例如电视剧《사랑이 오네요, 58회》中，看到手下员工김대리专门在中秋节带了很多好吃的来看自己，신다희高兴地表示感谢，而김대리拿起一个"약과"说：

(65) 이 정도는 약과죠.

这句话中的"약과"虽然好像指的是蜜饯，但用的却是"약과"的比喻意义，即"这是小事一桩，不值一提"，所以这里的"약과"是双关意义。类似的还有下面的(66)，这句话里的"약과"用的是比喻意义，译成汉语为"小意思"。

(66) 사장님의 성화치고 그 정도는 약과인 줄 알게. 要说老板的火气啊，你要知道这是小意思了。

与蜜饯有关还有俗语"약과(를) 먹기 (라)"，比喻做起来非常容易、愉悦的事情，类似的俗语还有"개떡 먹기、기름떡 먹기、깨떡 먹기"。

2) 麻花

韩国语麻花为"꽈배기"，因为麻花是用两条长长的面拧在一起做成的，根据这个特点，"꽈배기"就有了比喻意义，比喻那些总喜欢说反话、对着干的人，如(67)。

(67) a. 아이구, 저 여자말이야 맨날 꽈배기를 잡아먹나? 어떻게 속은 뱅뱅 꼬여 그래?《별난 가족, 24회》哎呦，那个女人啊，她是不是天天吃麻花，要不怎么心理这么扭曲啊？

b. 일이 왜 이렇게 꼬여? 꽈배기도 아닌데.《옥중화, 44회》事情怎么这么不顺啊？又不是麻花。

因为韩国语里表达这类意义的动词是"꼬이다02",而表示被缠、被拧的动词是"꼬이다01",两者是同音异义词,然后又根据麻花的制作和形态特点,从而使三者发生联系,最终使"꽈배기"产生了比喻义。所以这里的用法既与同音异义词有关,也是一种语义双关,这也是韩国人语言艺术的一种方式。

3) 爆米花

爆米花为"뻥튀기",原料除了常用的大米、玉米外,还有土豆。"뻥튀기"经常用于比喻,主要与数字有关,如(68a),此时可以译成汉语"爆米花";但有时译成汉语是"爆米花似的",如(68b)。有时,"뻥튀기"也可用于动词形式,如(68c),这种情况下,不能译成"爆米花",汉语多说"高回报、暴利"等。(68d)中的"뻥튀기되다"可译成"大赚一笔"。

"뻥튀기"还比喻无限夸大某种事实或东西,如(69),多译成"夸张、夸大其实"等。

(68) a. 무조건 두배. 뻥튀기도 이런 뻥튀기 없어.《왕가네 식구들, 38회》全都是两倍(的利润),就是爆米花也没有这样的爆米花啊。

b. 뭐 이런 뻥튀기 계산법 다 있어?《최고의 연인, 37회》怎么还有这种爆米花似的计数法啊。

c. 한달이 있으면 1200이고, 다음달 두달 지나고 뻥튀기하면 6천.《우리집 꿀단지, 35회》一个月是1200(万韩币),下个月,两个月后到6000,真是高回报/暴利啊。

d. 그래서 돈이라도 뻥튀기돼서 당신 앞에서 당신처럼

잘났다고 당신한테 칭찬 듣고 싶었던 말이야. 《최고
의 연인, 34회》所以我想大赚一笔，想让你称赞我
说我和你一样厉害。

(69) a. 좋지 않은 소문일수록 꼭 잔뜩 뻥튀기가 되기 마련이
다. 越是不好的传闻，越是夸张得厉害。

b. 조그마한 일을 그렇게 뻥튀기해서 말하면 남들이 놀
라잖니? 拿那么点小事，却夸大其实地说话，别人
会吓一跳的。

4）中空的大米点心块

“강정”是一种用大米粉做成的点心，酥脆且是中空的，所以
就有了“속 빈 강정(의 잉어등 같다)”类的惯用语，意为华而不
实、空心萝卜，如(70)。类似的还有“사탕붕어 경둥경둥이라”，
其中“사탕붕어(沙糖▽一)”指做成的鲫鱼模样的中空的江米点心，
因为这种点心是空的，并且非常轻，所以用来比喻华而不实。

(70) a. 그들이야말로 外華로 內貧을 감추려는 속빈 강정 같
은 인사들일 것이다. 他们才真是些金絮其外败絮其
中的外强中干的家伙/都是些空心萝卜。

b. 겉으로만 그렇지. 알맹이 없는 속 빈 강정인데
뭐.《빛나라 은수, 119회》只是表面上好啊，(这些
孩子个个让人操心)，我就是图了个虚名而已。

5）鲫鱼饼、菊花饼、식빵

韩国人喜欢用“빵”比喻人的长相，如(71)，“붕어빵、국화
빵”被用来形容长得非常像，因为这两种食物都是用模子扣出来

的。汉语里在形容长得像时，不用具体的食物，而是用反映制作过程的"像一个模子里扣出来的一样"，与此类似的韩国语还有"판박이"。

(71) 쏙 빼닮다. 완전히 붕어빵/국화빵이네요.(他跟他父亲)一模一样。简直就是一个模子里扣出来的。

韩国语里还用"식빵"来比喻四方脸。与韩国人这种比喻类似，乔叟在《坎特伯雷故事》里就是用面包来形容英俊的托帕斯爵士的，如"脸白净如精白面包，唇鲜红如盛放的玫瑰"（任韶堂2017：130），不过这里是用面包来形容肤色白净，与韩国语用面包形容脸型还是有区别的。

6) 줄줄이사탕、사탕발림

"사탕"相当于中国的糖块，在韩国有一种流行于20世纪70年代的糖块是"줄줄이사탕"，并且还有与此相关的歌手김도향的CM诵《줄줄이사탕》，现在"줄줄이사탕"多用来形容东西或人多，如(72)，汉语有时用"拖油瓶"，有时用"一堆堆的"。

(72) a. 내가 먼저 시집가면 우리 현수 누가 데려가요? 원수들이 줄줄이사탕인데.《당신은 선물, 45회》如果我先结婚的话，我们贤秀谁会娶啊？后面一大串的拖油瓶呢。
b. 사건을 해결하려다 보니까 이거 줄줄이사탕이네요.《불어라 미풍아, 51회》案件逐渐有眉目了，她干的事是一堆堆的啊。

"사탕발림"是"사탕"与使动动词"발리다"的名词"발림"结合形成，指用甜蜜的话来奉承或哄骗别人，或那样的话，如(73)。汉语多用"糖衣炮弹"，但有时根据语境也可意译成抽象动词"爱"或形定结构的"甜心话"。同义词有"입발림"。

(73) a. 온갖 교활한 사탕발림으로 황금 물고기의 마음을 잡고 결국 결혼 허가까지 얻어냈다.《천상의 약속, 30회》用各种狡猾的糖衣炮弹抓住了黄金鱼的心，最后并获得同意可以结婚。

　　 b. 나밖에 없다고 사탕발림이었더니.《사랑이 오네요, 32회》之前天天说只爱我一个……

　　 c. 그런 사탕발림 그만 받아.《그래 그런 거야, 33회》你那种甜心话我不想听。

7) 口香糖

　　韩国语里口香糖为"껌"。口香糖有几个突出特点，如体积小、黏度高、便宜，并且还与特定人群发生联系，根据这些特点，韩国语"껌"产生了很多比喻意义。

　　其中，根据小的特点，"껌"有时用来指小菜一碟，如(74ab)。有时"풍성껌"也有此意，如(74c)。如果指人，则指人没有用处，如(74d)。

(74) a. 마음이 아예 없는 남자랑 사는 여자도 있는데. 마음 잠깐 흔들린 거 정도야 껌이지 뭐.《내조의 여왕, 15회》有的女人还和一点都不爱自己的男人生活呢。心暂时动摇一下，这种程度不过是小事一桩而已。

b. 이 정도는 나한테 껌이지.《내딸 금사월, 5회》这对
我来说是小菜一碟。

c. 필요한 것이야 알아보는 게 풍성껌이지요.《내딸 금
사월, 33회》打听这些必要的东西对我来说是小事
一桩。

d. 선배만 중요하고 입사동기는 껌이니?《Mitry，2
회》对你来说，只有前辈重要，一同入社的伙伴什
么也不是，是吧？

　　"껌"的粘性很大，所以"껌딱지"比喻跟在屁股后面的人，
如(75ab)。汉语对应的是"跟屁虫、黏黏胶"，但有时根据语境也可
以是"最佳拍档"，如(75c)。"껌"的生命力在于粘，如果嚼的时间
长了，就失去了价值，如(76)。

(75) a. 오늘 아무것도 하지 말고 꼭 내 옆에 붙어 있어. 껌딱
지처럼.《내딸 금사월, 27회》今天你什么也别做就
待在我身边，就像黏黏胶/跟屁虫一样。

b. 우린 평창동 집에 꼼딱지처럼 딱 달라붙어 있어야
돼.《내 사위의 여자, 76회》我们得像黏黏胶一样不
能离开平昌洞家。

c. 우리는 이미 껌딱지 되어버렸어. 我们已经成了最佳
搭档了。

(76) a. 이젠 시애미 말도 씹다 버린 풍성껌이다. 그거야?
《내딸 금사월, 15회》你现在是连婆婆的话都不当
回事了，是吧？

b. 그 남자 내가 25년 동안이나 씹던 껌이야.《최고의

연인, 36회》那男人是我嚼了二十五年的口香糖。

    c. 그런 우리 공주님을 강태양이 자네가 씹던 껌으로 취급하는 게 난 너무 너무 불쾌하고 속상해.《월계수 양복점 신사들, 38회》姜太阳你竟然把我女儿当做嚼过的口香糖，我非常生气，也很伤心。

    韩国语还有"껌값"，因口香糖的价钱比较低廉，所以"껌값"比喻没多少钱，如(77)。此外，韩国阿飞一般都习惯于嘴里嚼着口香糖，所以韩国语里"껌 씹었다"被用来转喻阿飞，例如(78)。

(77) 우리 대표한테는 억정도는 껌값이야.《왕가네 식구들, 38회》对我们代表来说，一个亿就是买口香糖的钱。

(78) a. 내가 곱고 예쁘니까 만만해보이지? 너만 껌 씹었냐? 나도 왕년에 껌도 씹었어! 왜 이래 !《부탁해요 엄마, 41회》你看着我长得漂亮觉得我好欺负，是不是？你以为就你混过啊？我以前也混过！你想干啥啊！

    b. 껌 씹는 세계에도 나름대로 규율이 있다는 거야.《최고의 연인, 72회》小混混的世界里也有自己的规则啊。

    如上，韩国语的这些点心在汉语里一般都没有比喻意义，但在韩国语里却经常被拿来作比喻，这种具象化的比喻使语言生动、形象，能够增强语言表达效果。

1.2.3 成品干菜

韩国的菜主要分为下饭菜和下酒菜。其中下饭菜为 "반찬(飯饌)"，是上义词，本身没有比喻意义，但却多用于一些俗语中，如 "시장은 반찬이다、기갈이 감식" 指饿了时吃什么都香。再如 "반찬 항아리가 열둘이라도 서방님 비위를 못 맞추겠다" 比喻性情非常挑剔，难以满足其心意；也比喻用物质难以得到他人的心。

现在韩国还出了一首诗，题目是《얼굴 반찬》(공광규)：

> (79) 옛날 밥상머리에는/ 할아버지 할머니 얼굴이 있었고/ 어머니 아버지 얼굴과/ 형과 동생과 누나의 얼굴이 맛있게 놓여 있었습니다/(…)/ 그러나 지금 내 새벽 밥상 머리에는/(…)/ 아들도 딸도 아내도 없습니다/(…)/밥상 머리에 얼굴 반찬이 없으니/ 인생에 재미라는 영양가가 없습니다.

上面这首诗将人的脸比作菜，这也说明了韩国人善于用菜来作比喻。韩国的下饭菜代表性的主要有泡菜、煎饼、咸鱼、凉粉、炸肉串、紫菜等。

1.2.3.1 泡菜

泡菜是韩国代表性的文化标志之一。2018年初比特币在韩国引起了很大的争议，因为韩国比特币比国际市场高很多，所以这种现象成了韩国现象，被以泡菜冠名叫作 "김치 프리미엄(premium)"。

关于泡菜的研究特别多，且多集中在 "김치" 的语源和制作方法之上，很多研究立足于泡菜的溯源研究，如김용중(2017)就对韩国

《한국문집총간》《조선왕조실록》《일성록》《승정원일기》等进行了梳理，为我们再现了朝鲜时代的泡菜文化。

泡菜对韩国人的重要性，有很多表现，其中之一表现在泡菜的种类繁多之上，韩国泡菜大约有几十种，最常见的有十几种，主要的有"배추김치 白菜泡菜""무김치 萝卜泡菜""물김치 水泡菜"，另外，还有"열무김치 小萝卜泡菜""오이김치 黄瓜泡菜""갓김치 雪里蕻泡菜""파김치 小葱泡菜""부추김치 韭菜泡菜""고구마줄기김치 地瓜秧泡菜""더덕김치 沙参泡菜""연근김치 莲藕泡菜""겨자김치 芥菜泡菜"等。

泡菜是韩国人居家必备的，所以一到入冬，韩国家家都会腌泡菜，叫作"김장"。但也有的贫穷人家没钱买白菜及配料，尤其是白菜价大涨的时候。例如2010年韩国白菜大涨价时，韩国总统府也吃不上本国泡菜了。另外，据韩国东北部江原道原州警方报道，当时有人因偷15棵白菜而被捕《농민신문, 2010.10.08》，[13] 这个事件告诉我们这样一些事实：首先，反映了汉语中常说的"一分钱难倒英雄汉"；其次，为了腌泡菜不惜去偷，虽然这种行为不对，但也影射了泡菜对韩国人的重要。正因为泡菜是韩国人生活的必需品，所以韩国人即使出国旅行也必会带着泡菜。

在韩国，尤其是在过年时，一般都会举行捐助活动，活动内容都是给生活困难的人捐助"泡菜、煤球"，即"김치 배달、연탄 배달"。这与中国逢年过节慰问困难群体多送米、送油、送钱有所不同。而一般人之间送礼物，送泡菜也是选择项之一。

在韩国，泡菜坛子(包括酱缸坛子)也已成了文化符号，所以介绍韩国的宣传片、资料中都毫不例外地会出现泡菜坛子、酱缸坛

13　https://www.nongmin.com/news/NEWS/FLD/CNT/92549/view

子。一般传统的韩国住宅中都有专门辟出的朝阳的"장독대(酱缸台)",因为酱的腌制需要阳光的照射。

随着社会的发展,"김치냉장고"已经代替了泡菜坛子的位置,但泡菜坛子并没有被韩国人当做古董丢掉,有的甚至将其砌到墙上当装饰品。叶永烈(2010:总序)提到,他在韩国一家餐馆的外墙上,就看到了被用作装饰品的泡菜坛子。

2019年1月24日摄于韩国全罗北道全州韩屋村

与泡菜有关,还有泡菜汁,称作"김치국물",因为放了辣椒颜色是鲜红的,有时也用于比喻,如电视剧《우리 갑순이, 58회》中看到妻子인내심抹了口红,丈夫신중년问道:

(80) 입술도 왜 그래? 김치국물 묻은 것처럼.你的嘴又是怎么回事啊?像抹了泡菜汁似的。

1.2.3.2 咸菜

韩国人还吃咸菜,叫作"장아찌"。"아욱장아찌"指用野葵腌的味道很淡的咸菜,被用来嘲笑没意思的人,而"고드름장아찌"指用冰凌子做的淡而无味的咸菜,可嘲笑言语行动没意思的人。由此可见,在韩国人眼里,味道淡的东西多具有消极意义,尤其是在形容人

时，而这也暗示了韩国人认为"人要有性格、有意思"的思想认识。

1.2.3.3 煎饼、煎鱼（肉）、牛肉饼

韩国语有"전(煎)"，指各种油煎饼，其中"부침개"指油煎面食，圆形的统称为"전병(煎餅)"，挂上面糊后用油煎的肉鱼则称作"저냐、전유어(煎油魚)、전유화(煎油花)"，煎牛舌是"쇠서저냐"。

"전병"除了指具体的食物外，也比喻事情或东西不成样或出了大问题，如(81a)。"전병"后来发生形态变化，还可以写作"젬병(-餅)"，除具体意义外，还俗指没用、不中用的东西，如(81b)。译成汉语时需要意译成"不怎么样"。

> (81) a. 인간은 대단하지 않다. … 특히 앞날을 내다보는 데는 전병(煎餅)이다.《아시아경제, 2017.01.12》人类并不怎么伟大。……尤其是在预测未来时，更不怎么样。
> b. 동숙이가 다른 것 다 괜찮은데 딱 한 마디 음식 솜씨는 젬병인데.《월계수 양복점 신사들, 10회》东淑其他的都可以，但就是有一点，做饭不怎么样。

韩国人还吃"섭산적(-散炙)"，指把牛肉切碎用调料拌好弄成的肉饼，俗语"섭산적이 되도록 맞(았)다"，意思是就像把牛肉切碎后肉被撕成一条一条的，比喻挨打挨得非常厉害。

1.2.3.4 煎咸鱼

韩国语里煎好的咸鱼称作"자반(佐飯)"，也指一般用盐腌制或

调制的菜，也指用酱油或米糊等调料将菜或海鲜调好后煎制、油炸的菜。但一般指的是煎咸鱼。做这种菜时，一般要将食材整个的翻过来翻过去，根据这种形象意义，产生了"자반뒤치기하다、자반뒤지"，指在农乐活动中敲小鼓的人前滚翻、后滚翻动作，在摔跤比赛中，位于对手下方的选手身体往后把对方压倒的技术。

煎鱼代表性的有"갈치자반、도어자반(刀鱼--)"，与煎刀鱼味道有关有两个俗语，其中一个是"값싼 갈치자반 (맛만 좋다)"，意思是物美价廉，另外还有相反的"값싼 것이 갈치자반、싼 것이 비지떡[갈치자반]"，义同"값싼 비지떡"，意思是便宜没好货。

韩国人的国民煎鱼是"고등어자반"。韩国人也吃青鱼，煎青鱼时，一般会抹大酱，有俗语"청어 굽는 데 된장 칠하듯"，意思是抹得太多，看起来非常难看。韩国语里青鱼用来做食物时，称作"비웃"，有俗语"비웃 두름 엮듯"，比喻串成一串的样子。

1.2.3.5 凉粉

韩国人爱吃的一种菜还有凉粉，多用橡子粉作原料，橡子粉用水泡去涩味后，要除去水分，除水分时一般用"묵주머니"，相当于中国人熬中药用来压榨药渣里的药汁的小纱包。这种凉粉袋子要用力挤压才能弄出淀粉来，在压力下，凉粉袋子就会变形不成样，因此"묵주머니(를) 만들다"比喻把东西弄皱、弄坏，或者比喻把事情搞砸，如(82)；此外也比喻劝架进行调解。

(82) 이번 일이 그 계집의 잔꾀라면 어떻게든지 묵주머니를
　　　만들어 버리겠다. 如果这件事是那丫头的小伎俩，那
　　　么不管怎样我们都要把她的伎俩给拆穿。

韩国人吃凉粉时还切成细条凉拌，由此产生了"묵사발"。

1.2.3.6 烤串

"꼬치、꼬챙이"指又细又长，一头尖尖的铁棒或木棒。其中"꼬치"还指用上面的工具做成的烤串，或指烤串的数量单位，是用工具转喻食物。由于烤串都是又长又细的，所以重叠副词"꼬치꼬치01"比喻非常干瘦的样子，如(83a)。除此之外，《표준국어대사전》还有"꼬치꼬치02"，指一个个追根究底的样子，如(83b)。虽然词典上把这两个词处理成了同音异义词，但是两者之间还有语义关联，应该分别与烤串的形态和穿烤串的动作有关。

(83) a. 그는 꼬치꼬치 말라 갔다. 他瘦得像麻杆。

　　 b. 야, 공장문을 닫았는데도 어찌나 꼬치꼬치 캐묻던지 곤란해 죽는 줄 알았습니다.《별난 가족, 109회》哎哟，我都把工厂的门关了，但是她还打破砂锅问到底，你不知道我有多难受。

对韩国人来说，烤着吃是代表性的料理方式，所以才会有俗语"고기는 안 익고 꼬챙이만 탄다、꼬챙이는 타고 고기는 설었다"，意思是签子烧糊了，但肉却还是生的，比喻想干的事情没有成功，不想出现的事情反而出现，弄得狼狈不堪。

1.2.3.7 紫菜

对韩国人来说，紫菜是非常重要的一种食品，用紫菜做的最有名的就是"김밥 寿司"。从特点上来看，紫菜是黑色的。韩国人在做

盒饭的时候，会在白米饭上添加一些材料做出人形或红心形状，送给自己喜爱的人吃，表达喜爱之情。而在绘制人形时，做眼睛的材料一般都是用黑色的紫菜，因此就有了"해태눈깔"，因为"해태"与"김"同义。但"해태눈깔"用于人时，表达的是贬义，相当于汉语的"有眼无珠"，不识人。

例如，电视剧《월계수 양복점 신사들, 9회》中，当被이동진误会成非常低贱的小人后，나연실按捺不住，冲이동진骂道：

(84) 사람 보는 눈도 없으면서 잘한 척까지 하니까 해태눈깔
　　 이지요.《월계수 양복점 신사들, 9회》连识人的眼光
　　 都没有，还自以为是，当然是海苔眼了！

再如电视剧《별별 며느리, 19회》中，当女儿说自己的名牌包显老时，윤소희气得说道：

(85) 니 눈은 해태눈깔이야? 你的眼是海苔眼吗？不识货！

如上，(84)中已对"해태눈깔"的意义做了解释，译成汉语时可以采取直译的方式，但(85)没有解释性内容，所以译成汉语时要添加"不识货"来作解释，因为汉语没有"海苔眼"这类表达，需要借助"不识货"来凸显韩国语的文化内涵意义。

也有人认为"해태눈깔"中的"해태"是"獬豸"。但"獬豸"是中国古代传说中的上古神兽，体形大者如牛，小者如羊，类似麒麟，全身长着浓密黝黑的毛，双目明亮有神，额上通常长一角，俗称独角兽。它怒目圆睁，能辨是非曲直，能识善恶忠奸(搜狗百科)。但韩国语"해태눈깔"的意义与"獬豸"能辨是非曲直的意义正相反，

所以认为"해태눈깔"与"해태(獬豸)"有关的观点站不住脚。

1.2.4 汤

韩国人的"汤"具有很特殊的文化意义。韩国"식품의약품안전청 食品医药产品安全厅"的统计资料显示，韩国75%的国民喜欢喝汤，并且是每顿都要喝《NewDaily, 2013. 03. 13》。[14] 因为对韩国人来说汤是必不可少的，所以韩国饮食中汤的种类有很多，代表性的汤分为两类，一类如"콩나물국、해장국、순대국、달걀국"等，本身没有特别的比喻或象征意义；另一类如"미역국、김치국、떡국、오미잣국、쑥국、골탕、갈비탕、설렁탕/연폿국/육개장/잡탕、추어탕、이어탕"等，本身有特殊的比喻意义或象征意义。这里主要分析第二类。

1.2.4.1 裙带菜汤

裙带菜汤韩国语为"미역국"。韩国女人生孩子一定要喝裙带菜汤，所以做母亲的如果对孩子不满意，在表示后悔时会说下面的话，如(86)，表达的是消极意义。

(86) a. 누가 너 같은 것 낳고 미역국을 먹었는지?《폼나게 살 거야, 7회》不知是谁生了你这样的，还喝了裙带菜汤？

b. 저런 걸 자식이라고 미역국을 먹었다니?《해피시스

14　http://reporter. korea. kr/newsView. do?nid=148757599

터즈, 37회》我怎么生了这么个东西啊？

因为出生时母亲喝了裙带菜汤，所以孩子生日那天的早饭一般也一定要做裙带菜汤，如：

(87) 최지아(딸): 웬 미역국? 怎么是裙带菜汤啊？

최정기(아버지): 너 엄마 딸 맞아? 오늘 무슨 날인지 몰라? 你是你妈的女儿吗？不知道今天是什么日子啊？

최지아(딸): 알지. 엄마 생신이잖아?《우리집 꿀단지, 1회》当然知道了。今天不是妈妈生日吗？

如上文所示，최지아早上看到饭桌上准备的汤是裙带菜汤，第一反应是"怎么是裙带菜汤啊？"这也反映了"미역국"对韩国人来说是"特殊日子吃的东西"这一文化内涵。

如果想说不知今年能不能娶上儿媳妇，韩国人会说"올해는 며느리한테 미역국을 얻어먹을 수 있는지 모르겠다"，也就是说今年能不能吃上儿媳妇给准备的生日饭。这都是因韩国的文化而产生的表达方式，如果对韩国的文化不了解，那么就很难理解和运用这样的表达。

汉语里表示考试不理想，多用"考了个大鸭蛋"来表示零分，用"考试拉稀了"表示考砸了，用"落榜"来表达重要考试的失利，有时也会用"兵败滑铁卢"比喻战争的失利。在表达类似意义时，韩国语多用"미역국을 먹다"，因为"미역국"很滑，所以意为考试滑下来了。有时也可单独使用"미역국"比喻失败，如(88a)。当然"미역국을 먹다"不仅仅限于考试，如(88b)，这里指的是让

"申英日"在竞选中失败。

(88) a. 면접은 보나 마나 미역국이니까 보지 말아요. 《월계
수 양복점 신사들, 13회》面试参加不参加都一样,
肯定都弄不上, 不要去面试了。
b. 조들호가 약속드리겠습니다. 신영일 내정자께서
는 샴페인 대신에 미역국을 드시게 해 드리겠습니
다. 《동네변호사 조들호, 18회》我赵德浩给大家保
证, 我会让被提名人申英日吃大鸭蛋而不是两根油
条加鸡蛋。

为避免考试掉下来, 所以考试前韩国人多避免吃"미역국"。例
如, 电视剧《빛나라 은수, 12회》中, 当看到女儿早上在吃裙带菜
汤, 妈妈이선영一把抢过来倒在水盆里, 着急地说道:

(89) 이선영: 너 오늘 무슨 날인지 몰라. 수호 시험이야. 어제
버릴 걸. 먹었어? 안 먹었어? 你不知道今天是
什么日子吗？洙浩要考试啊。我昨天就该把
它倒了的。你吃了？还是没吃？
윤수민: 한 모금.
이선영: 못 살아! 못 살아! 왜 먹어?....아무튼 떨어져버
리면 다 너 탓이야. 叫你气死了！气死我了！
你为什么要吃啊？……反正他要是考试不及
格, 就全赖你！

由此可见, 韩国人认为"喝裙带菜会导致失败"的这种思想是

非常严重的，而这种思想也影响了韩国人日常的饮食生活，这也反映了思维对饮食文化的影响。

1.2.4.2泡菜汤

韩国人在吃年糕前，一般会准备泡菜汤来喝，所以"김칫국부터 마신다"用来表示别人没有准备给他年糕，自己却提前把泡菜汤喝上、准备吃年糕了，比喻提前想好事，做白日梦。译成汉语时，因为汉语没有相应的饮食文化，所以意译可能更好一些，如下所示：

(90) a. 김치국 아침부터 한 사발 드셨나 본데, 그쪽이야말로 스토커처럼 나 쫓아다니지 마시지.《내딸 금사월, 18회》看来大清早泡菜汤喝了一大碗/大清早多什么情啊，我说你才不要像跟踪狂那样追我好不好？

b. 그럴 일 없으니까 김칫국 마시지 마라.《내조의 여왕, 13회》不会发生那种事的，你还是不要白日做梦/自作多情了。

c. 김치국부터 미리 마시는 것 같아서요. 만난 지 얼마 되지도 않았는데요.《왕가네 식구들, 11회》他好像太超前了。认识都还没多长时间呢。

d. 뭐래? 아주 착각병에 김칫국 한 사발이구만.《내딸 금사월, 19회》说什么呢？你完全是个妄想狂，是给自己"吃自助餐"呢。

e. 헛고생하셨는데 진보좌관님과 같이 김칫국이나 드세요.《최고의 연인, 34회》您白跑了一趟，还是和陈辅佐官一起"吃自助餐"吧。

如上，"김칫국"多与"들다、마시다"等结合，如(90a-c)；有时还有强调形式的"김칫국 한 사발"，如(90d)；有时"김칫국 드세요"也可用于反语，如(90e)。译成汉语时可意译成"多情、自作多情、白日做梦、太超前、吃自助餐"等，其中"吃自助餐"与饮食有关，但需要加引号以表明是特殊用法，并且韩国语"김칫국"后面可以省略动词，如(90d)，但汉语"吃自助餐"不能省略动词。

1.2.4.3 糕汤

糕汤韩国语为"떡국"。就像中国北方人过年必吃水饺一样，韩国人过年也必吃"떡국"，正像电视剧《아버님, 제가 모실게요, 16회》中父亲한형섭所说：

(91) 별것 아니지만 식구들이 다 모여서 떡국 한 그릇 먹어
야 새해가 되는 것 같아서 이러는 거야. 虽然没有什么
特别的东西，但是一家人全都聚在一起喝碗年糕汤才
感觉新的一年正式开始了，所以我们家一直这样。

韩国语里"떡국을 먹다"还比喻又长一岁。因为随着年龄的增大，吃的年糕汤越来越多，因此就有了俗语"떡국이 농간한다"，意思是年糕汤在作祟，比喻虽然没有多大的才干，但因为年纪大有经验而能够负责并处理事情。而"떡국 값이나 해라"意思是办事要符合自己的年龄，要对得起自己的年龄。

韩国语里年龄增大一岁，可以说"나이를 들다"，也可以说"나이를 먹다"，之所以可以用"먹다"来表达，应该与韩国人每年都吃年糕汤有关，如：

(92) 이미달: 명색은 설인데 떡국 한 그릇 드셔야지요. 怎么
说也是新年啊，得喝碗糕汤啊。

강태준: 한 살 같이 먹어주시니 감사합니다. 《우리집
꿀단지, 71회》谢谢你和我一起长了一岁。

做糕汤时，韩国人一般会把"가래떡"切成圆片，这种圆形有
人认为与硬币的样子相似，预示着发财。[15] 但也有人认为这种习惯
以及冬至吃红豆粥放"새알"[16] 都与韩国人认为自己是鸟的后裔这种
信仰有关 (이시송 2013:94)。这种思想其实也体现在中国文化里，
中国过年吃的饺子别名为"馄饨"，而中国道教认为世界的原初是
"混沌"，所以新年吃"馄饨"意味着复归混沌理想世界 (叶舒宪
2005a:125)。

1.2.4.4 五味子汤、双和茶

"오미잣국(五味子-)、오미잣물"指用热水泡的五味子汤，多
用来做五味子茶或者做淀粉饼。与此相关，有"오미잣국에 달걀"，
意思是把鸡蛋打在五味子汤里就找不到影了，比喻全部化掉而找不
到原初的模样。从这个俗语，我们可以得知韩国人喜欢在五味子汤
里打上鸡蛋喝。韩国还有另一种饮料，叫作"쌍화차(雙和茶)"，是
用各种中草药熬成的茶，韩国人也经常会在里面放上生鸡蛋黄来喝。

15　윤수용, 강원도민일보, 2011년 2월 2일, <기본 5열에 원칙 지키면 무난… 모르면 스
　　마트폰 'SOS' 설 차례상 차리기>, "떡을 길게 늘려 뽑는 것에는 재산이 쭉쭉 늘
　　어나라는 축복의 의미가 있다. 가래떡을 둥글게 써는 이유는 둥근 모양이 엽전의
　　모양과 같아 새해를 맞아 금전이 충분히 공급되기를 바라는 기원이 담겨 있다. "
16　韩国人吃的"새알"像中国的元宵。

1.2.4.5 蒿汤

蒿汤为"쑥국"，是用很嫩的蒿做出的汤，有两种做法，第一种是把小的蒿叶焯一下，与熟肉搅拌做成丸子状，然后蘸上鸡蛋液，放到淡淡的大酱汤里煮成的汤；另一种是把蒿叶放到辣椒酱和大酱汤里煮成的汤。因为"쑥국"的制作方法比较麻烦，所以"쑥국을 먹다"比喻做什么事情时栽了大跟头。

1.2.4.6 骨头汤

骨头汤有一种为"골탕"，指脊椎骨或头盖骨等沾上淀粉或面粉用油煎后，再蘸上鸡蛋液放入比较清的酱汤中煮出来的汤，近义词有"골국、수탕"。惯用语"골탕(을) 먹다"多用来比喻一下子遭受很大的损失或栽跟头，如(93)。

(93) a. 그는 개구쟁이 동생에게 늘 골탕을 먹곤 한다. 他经常被调皮的弟弟收拾。

b. 넌 내가 골탕 먹는 것이 그렇게 고소하냐? 你看到我倒霉的样子就那么高兴吗？

"골탕을 먹다"的这种意义与上面的"쑥국을 먹다"意义非常一致。韩国语里还有使动形式"골탕(을) 먹이다"，如：

(94) a. 고의적으로 의도적으로 몇 시간씩 골탕 먹이는 너랑 골탕인 걸 뻔히 알면서 군소리 없는 쟤랑 니들 천생 연분이란 생각이 들어.《그래 그런 거야, 6회》你故意、有意识地整人，让人白白等几个小时，而她明

明知道你整她，却没有一句怨言，我看你们两个真
是天生一对啊。

b. 엄마 골탕 먹이려고 일부러 장가 안 가냐구요?《솔
약국집 아들들, 3회》您以为我们是为了让妈妈您难
受才不结婚的吗？

c. 지금 날 골탕 먹이려고 일부러 늦게 온 거지?《월계
수 양복점 신사들, 12회》你这是为了折磨我所以才
姗姗来迟的，是吧？/你来这么晚就是为了折磨我，
是吧？

对"골탕을 먹다"的消极意义的产生，有一种看法认为与"곯
다"有关，因为这个词意为腐烂，并且发音与"골탕"相似，又因为
动词"먹다"有遭受之意，所以"골탕을 먹다"产生了消极的比喻
意义(최창렬 2002/2003:30)。不过，笔者的学生提出也许从骨头汤
的制作过程来分析更合理，因为这种汤的做法复杂、耗时长，所以
吃这种汤会让人疲劳不堪，因此产生了消极意义。

1.2.4.7 牛肉汤

韩国人喜欢吃牛肉汤，但牛肉汤也分很多种类，代表性的有
"설렁탕、연꽃국(軟泡-)、육개장(肉-醬)、잡탕(雜湯)"等。

"설렁탕"是用牛头、内脏、骨头、牛蹄子等熬制成的汤，或
用这种汤来吃的饭，有时"설렁탕"也用来比喻氛围不好，如(95)。
之所以出现这种用法，是因为韩国语里表达氛围冷清、不好的形容
词是"설렁하다"，与"설렁탕"是部分同音。这是一种新的用法。
译成汉语时只能译成"太糟了"类表达。

(95) 그만 표정 풀어. 집안 분위기 지금 설렁탕이야.《당신
    은 선물, 40회》不要再板着脸了。现在家里的氛围实
    在是太糟了。

    "연폿국(軟泡-)"指把牛肉、萝卜、豆腐、海带等放在酱汤里
煮成的汤，主要在发丧出殡那一天煮，也称作"연포탕"，俗语"상
두꾼은 연폿국에 반한다"意思是杠夫们之所以为别人抬棺是因为能
喝到软泡汤，比喻不管是多么低贱的工作，也有它们独有的乐趣。
而在中国江南的一些农村地区，过去送葬吃的饭都是素菜，其中豆
腐是主菜，所以送葬也称作"吃豆腐"（蔡镜浩 1988:157）。
    "육개장(肉-醬)、육개탕(肉-湯)"指把煮熟的牛肉撕成细条
放入各种调料熬成的辣肉汤，박영수(2007/2013:329)认为这是狗肉
汤——"개장、개장국"的变形饮食。与"육개장"相关有俗语"촌
년이 아전 서방을 하면 갈지자걸음을 걷고 육개장이 아니면 밥을
안 먹는다"，意思是嫁给衙役的村姑觉得了不起，走路横着走，吃
饭也非牛肉汤不可，由此可以看出，"육개장"在过去也是比较好的
饮食。现在韩国人办丧事时也多为吊唁的客人准备这种"육개장"，
如电视剧《김과장, 17회》中，当김과장问박명석是不是担心自己出
事，被看穿心事的박명석不好意思地辩解道:

(96) 흐흐흐, 뭘 걱정? 오글하게. 나 그냥 상가집 육개장 별
    로 안 좋아서 그래. 呵呵，我担心什么啊？我不过是不
    喜欢丧主家里准备的辣牛肉汤而已。

    由此可见，丧主家多给客人准备辣牛肉汤，但至于为什么却没
有很明确的答案。有人认为这是因为辣牛肉汤里有红色的辣椒油，

内含"红色可辟邪"之意。也有人认为只是为了方便，因为来吊唁的人是一拨一拨的，做其他的饭比较费事，所以煮上一大锅汤，谁来了就给谁盛一碗。

上面的"연꽃국"与"육개장"都与丧事有关，原材料都是牛肉，形式也都是汤类。

韩国语里还有"잡탕(雜湯)"，指用切碎的牛肉、海参、鲍鱼、萝卜、各种调料等煮成的汤，如"해물 잡탕 海鲜杂汤"；也可比喻许多东西掺杂在一起乱七八糟的状态或样子，如(97)。与此相关有"잡탕말(雜湯-)"，俗指多种外语掺杂在一起失去了语言的民族纯粹性。

(97) a. 이게 뭐야, 우리 것은 간데없고 미국식, 일본식, 중국
　　　　식이 뒤섞여 아주 잡탕이 되어 버렸잖아. 这是什么
　　　　呀？韩国的东西都没有了，完全变成美国式、日本
　　　　式和中国式的大杂烩了。
　　　b. 시간이 되자 손님들이 몰려오는데 손님은 온통 잡탕
　　　　이었다.《이호철, 소시민》一到时间，客人们蜂拥
　　　　而来，这些客人五花八门什么样的都有。

与杂汤有关，韩国语还有"오가잡탕(--雜湯)、오구잡탕(烏口雜湯)、오사리잡탕놈(---雜湯-)、오사리잡놈(---雜-)"，都用来比喻坏事做尽的坏蛋，类似的还有"오색잡놈(五色雜-)"。此外，"오사리잡놈"还指各种杂人。

1.2.4.8 泥鳅汤、鲤鱼汤

韩国人经常吃泥鳅汤，称作"추어탕、미꾸라짓국"，而鲤鱼汤称作"이어탕(鯉魚湯)、잉엇국"，与此相关有俗语"미꾸라짓국 먹고 용트림한다、잉엇국 먹고 용트림한다"，比喻干了点小事就像干了大事一样得意洋洋，类似的还有"냉수 먹고 갈비 트림 한다、김칫국 먹고 수염 쓴다"，此外"미꾸라짓국 먹고 용트림한다"还比喻没什么本事的人虚张声势，类似的还有"김칫국 먹고 수염 쓴다"。

1.2.4.9 其他

"鸡汤"对中国人来说，是大补的营养食品，所以"心灵鸡汤"这种比喻表达就很自然，而韩国语只能翻译成"영혼을 위한 닭고기 수프"。因为韩国人很少用鸡汤来补身体，相反多喝"곰국、곰탕 骨头汤"或狗肉系列的"보신탕、멍멍탕、영양탕、왕왕탕"。

韩国语还有"인삼탕(人蔘湯)"，指放了人参的汤药，也用作军人的隐语，指"뭇국 萝卜汤"，之所以产生这种意义，是因为两者从形态、颜色上很相似。

韩国语还有剧毒的"비상(砒霜)"，而用水泡的砒霜称作"비상국"，有俗语"비상(砒霜) 국으로 안다"，以为是砒霜汤呢，比喻抵死反抗。

韩国语还有"백비탕(白沸湯)"，指什么也不放煮的白水，也称作"맹물탕、백탕(白湯)"。因为煮白水时水上下翻滚，根据这个特点有了俗语"백비탕 수본이라"，意思是就像用煮沸的水写成的报告一样，比喻下达的命令总是反复修改、推翻，自己随意任命或罢免官员从中渔利的办事方式。这与前面的"죽 끓듯、팥죽 끓듯"等都

比喻反复无常，观察视角是一致的。

1.2.5 调味品

对中国人来说，最经常使用的调味料是"油、盐"，不入味叫作"油盐不进"，并且"油盐不进"还有了比喻意义，指听不进别人的意见。"添油加醋"也产生了比喻意义，表示叙述事情或转述别人的话时，不实事求是，夸大、增添原来没有的内容。而真正给料理"添油加醋"的人是厨师，所以在年轻人中"厨师"也与"添油加醋的人"产生了语义联系(朱跃等 2015:91)。与油有关的"油腔滑调"比喻文章或言语浮滑。

对韩国人来说，最常用的调味料有"油、盐、酱、醋"，而"蜜、芥末"等调味料对韩国人来说也具有重要位置，这些调味料包括调料的上义词都产生了特殊的文化意义。

1.2.5.1 调料

调味需要很多材料，如"간장、된장、초장、초간장、소금、기름、깨소금、파、마늘、설탕"等，这些都称作"양념"或"조미료(調味料)"。"양념"除了调料意义外，还有比喻意义，指为了提高兴致或兴趣而另外添加的材料，常用于惯用语"양념을 치다、양념으로 곁들이다、양념 삼아"等中，如(98ab)。关于"조미료"，词典虽没有标注它的比喻意义，但实际生活中却存在，如(98cd)。译成汉语时一般用"佐料"，不过需加引号以表明是特殊用法。

(98) a. 슬픔과 기쁨으로 양념을 치는 '멜로드라마' 유형(김환표 2012:41)以悲哀和喜悦为"佐料"做成的"言情剧"类型

　　　b. 나라의 어지러움이나 왕조의 쇠미를 나타낼 때마다 양념처럼 쓰이는 혜성의 얘기도 있었다.《이문열, 황제를 위하여》在表现国家混乱或王朝衰败时，彗星故事常被当作"佐料"来使用。

　　　c. 자극적이지 않은 천연조미료 같은 이 드라마 这个电视剧没有那些刺激性的内容，就像天然"佐料"一样。

　　　d. 그 깟 조미료 같은 글이 어디가 좋다고?《사랑이 오네요, 10회》那种"佐料"一样的文章有什么好的啊？

　　对韩国人来说，有一些食物是标配，也就是说吃某种食物时有固定的调料，如"소금 盐"与"삼계탕(蔘鷄湯)"，"간장 酱油"与"부침 油煎饼"，"된장 大酱"与"생고추 生辣椒"，"양념장 调味酱"与"고기구이 烤肉"，"고추장 辣椒酱"与"비빔밥 拌饭"等都是标配。其中"소금、간장、된장、양념장、고추장"等都是用来调味的东西，并且也都是韩国人传统饭桌上必不可少的东西，这些统称为"간"。

　　"간"指调料，如"간을 넣다/치다 调味"，也指食物的咸淡，如"간을 보다 尝味""간을 맞추다 调味""간이 맞다 咸淡适中"，惯用语"간도 모르다"比喻对事情的内幕不了解；"간을 보다"也可用于比喻意义，意为"看看情况、套实底、试探"等。

1.2.5.2 油

中国人的饮食少不了油，所以有了"油多不坏菜、礼多人不怪""炒菜要用油，耕田要用牛"等说法，此外，"油水"还产生了比喻意义，比喻额外的好处或不正当的收入，这一意义与韩国语"국물"的比喻意义一致，因此可以说中国是"油文化"，而韩国人是"汤文化"。

韩国食用油的种类比较少，主要有"옥수수기름 玉米油""콩기름 豆油""들깨기름 苏子油""참기름 香油"等，相反，中国油类众多，有"花生油、豆油、玉米油、葵花籽油、菜籽油、山茶油、胡麻油、稻米油、椰子油"等。从销售用食用油的容量来看，中国超市出售的食用油有5升、3升、1.8升、1升等多种类型，而韩国一般家庭装食用油的容量最大也就是1.8升的，一般1升的居多，几乎没有5升的。专门卖给食品店等营业场所的食用油多是马口铁罐装的。由此可见，韩国人饮食中食用油的使用量比较少。

韩国语里油为"기름"，指食用油，也指石油、润滑油，或者指脸和皮肤上的粘性东西，如"얼굴에 기름이 돌다"，用于第四个意义时，也可用"개기름"。韩国人对"기름"的认识，主要着眼于榨油、油的光泽、易燃性以及抹油等方面。

首先看榨油。油都是用工具对原料进行打砸榨制出来的，并且要尽量榨尽最后一滴。根据这种制作过程，惯用语"기름(을) 짜다"被用来比喻剥削压榨，此时隐含的宾语是人，如(99a)；这个惯用语也可俗指地方小，宾语可以是人，也可以是物，如(99b)；此外，这个惯用语也可比喻流眼泪，隐含的宾语是人的眼睛，如(99c)。

(99) a. 백성의 기름을 짜는 탐관오리 剥削百姓的贪官污吏

　　 b. 전철 안이 기름을 짤 정도로 붐볐다. 地铁里人挤

人，都能挤出油来了。

c. 재수 없으니깐 기름 짜지 마. 太晦气，别挤眼泪了。

再看油的光泽。中国人常用"富得流油"来比喻富裕。韩国人也一样，韩国语有"기름이 흐르다"，指丰富、润泽，如（100a）。表示富裕的气象时，还用"기름기(一氣)"，如（100bc）。可见用油来形容过得好具有文化共性。韩国语还有"기름지다"，指食物油多、人或动物长肉，很胖等，也指植物的枝叶很新鲜，冒着油光，也指土地肥沃。

(100) a. 그는 언제 봐도 사는 게 항상 기름이 흐른다. 不管什
　　　么时候，他都看起来好像富得流油了。
　　b. 기름기가 좌르르 흐르는 얼굴 油光满面
　　c. 궁핍한 살림에 조금씩 기름기가 흐르기 시작한다.
　　　贫困的生活逐渐能见到油水了。

因为油具有易燃性，如遇火源极易发生火灾，汉语有"火上浇油"，韩国语有"기름을 끼얹다、기름을 붓다"，比喻使感情或行动等程度加深，后者要比前者程度深，并且表达的都是消极意义。

韩国语里抹油为"기름을 치다"，有时指给自己加油，如（101a），此时与汉语"加油"一致；但如果对象是他人，"기름을 치다"则比喻给他人行贿，如（101b），汉语"加油"没有此意义。俗语"기름 먹인 가죽이 부드럽다"比喻行贿后事情会变得顺利。用于此意义时还有"기름칠(--漆)"，可以指具体抹油的动作，如（102a）；也指用苏子油做成的漆，也可比喻投入功夫，如（102b），译成汉语虽然可以直译，但需要加引号以表明是特殊用法，因为汉

语"上油、抹油"等没有比喻意义;"기름칠"也可比喻行贿,如
(102c),需要译成汉语的"行贿"。

   (101) a. 그 순간을 위해 우리는 갈고 닦고 조이고 기름을 쳐
       야 하리라.《대구일보, 2014.11.03》为了那一瞬间
       的到来,希望我们要打磨自己、不松懈、不断加
       油。

      b. 일이 잘 되게 기름을 쳐야 한다는 식의 거짓말을 하
       면서 돈을 내도록 유도하는 것이다.《ZDNetKorea,
       2002.10.15》一边撒谎说要想把事办成需要给对方
       好处费,这样诱导着让你交钱。

   (102) a. 김에 기름칠하여 굽다 给紫菜抹上油再烤。

      b. 공연도 없고 소개팅도 없어서 3개월 간 이 곡만 조
       이고 닦고 기름칠 했다.《스포츠경향, 2018.03.23》
       没有演出,没有约会,三个月期间一直对这支曲
       子"打磨、上油"。

      c. 기름진 고등어를 기름칠에 썼다는 얘기다.《아시아
       경제, 2016.12.17》意思是肥肥的青花鱼曾被用来送
       礼行贿。

1.2.5.3 盐

    不管在什么饮食中,最重要的调味料应该是盐。例如英语
的"salad 色拉""sauce 酱""slaw 卷心菜色拉""salsa
酱""salami 腊肠""salume 腌肉"这些词都源于拉丁语的
"sal",原本的意思都一样,即"加盐的"(任韶堂 2017:134)。在

中国，做菜必不可少的就是"油盐"，如果某种菜，油盐进得很快，那么菜就会很好吃，如果某种菜不好入味，就是"油盐不进"，所以"油盐不进"可用来比喻人十分固执，别人说什么都不管用。

韩国语里盐为"소금"，油盐为"기름소금"，指把盐掺在油里做成的调料，如(103)，因为韩国人有蘸盐吃东西的习惯。根据这一习惯韩国语有俗语"소금도 없이 간 내먹다"，意思是没准备好盐就掏出肝来吃，用来嘲讽那些没任何准备或本钱就想赚大钱的情况，也比喻非常吝啬。韩国语里用盐比喻吝啬时还用"왕소금(王--)"，比喻非常吝啬，如(104)。

(103) 주먹밥에 반찬은 맨 처음에 그랬듯 기름소금이었
     다.《송기숙, 녹두 장군》就像起初那样的吃法，饭团
     子配的是油盐。

(104) a. 어머니는 …'걔(이희진) 부가티 타지도 못했고요,
     (희진이는) 왕소금이에요'라며 오열했다.《국민일
     보, 2016.10.17》他母亲哭诉道"这孩子(李熙真)也
     没坐过布加迪，(熙真)他很抠的"。

     b. 내 별명이 중앙시장 왕소금이었어. 왜 이래? 30만
     원이 아니라 30원도 못 줘.《월계수 양복점 신사들,
     21회》我的外号是中央市场"大老抠"，你想怎样
     啊？别说是30万(韩币)了，就是30块(韩币)，我也
     不会给你。

有时"염전(鹽田)"也表达吝啬之意，如电视剧《월계수 양복점 신사들, 21회》中，当복선녀被诈走了30万韩币时，说道：

(105) 살다 살다 저렇게 경우 없는 인간은 처음이네. 인간이
아니라 염전이야. 염전. 我活这么大，还是第一次见
这种不明事理的人。简直就不是人，完全是铁公鸡。
铁公鸡。

因为汉语里"盐田"没有吝啬之意，所以译成了"铁公鸡"。

此外，韩国语里的形容词"짜다"也有吝啬之意，这与"왕소
금、염전"是一脉相承的，并且有程度差异，汉语里表达此类意义时
没有系列性的表达，如果要将这样的韩国语译成汉语，可尝试译成
"抠、大老抠、铁公鸡"。

因为盐是咸的，如果把盐撒在伤口上，则表示让人心痛的尖
酸、辛辣的话，韩国语有"살을 에고 소금 치는 소리"，而汉语有
"伤口上撒盐"。如果盐没有了咸味就失去了价值，所以韩国语里还
用"짠 맛 잃은 소금"来比喻无用之物，如(106)。

(106) 짠 맛을 잃은 소금 같은 남편은 정선에게는 이상적 남
편이 될 수는 없었다.《이광수, 흙》丈夫就像没有了咸
味的盐一样，对正善来说，已经不是理想的丈夫了。

因为盐是咸的，所以不会发霉，因此俗语"간장이 시고 소금
이 곰팡 난다[슨다]"比喻绝不可能的事情。盐具有一定的侵蚀力，
如俗语"소금 실은 배만 하다"，意思是装满盐的船也会受到侵蚀变
得有咸味，用来比喻多少有点类似远亲的那种关系。因为盐有侵蚀
力，所以有时可用来比喻磨练，如俗语"소금에 아니 전 놈이 장에
절까"，意思是即使用盐腌也不会变样，那么用咸味很淡的酱来腌的
话，还能变样吗？比喻战胜了阴谋诡计的人怎么会经受不住小风小

雨呢?

　　盐可用来消毒，利用这一特性，韩国人对不干净、不喜欢的人可以用撒盐来表达厌恶和憎恨，如(107ab)。因为盐主要意为驱邪，所以惯用语"소금 들고 덤비다"意思是像对待不干净的东西那样。有时还用"왕소금"来表示强调，如(107c)。

(107) a. 이 미꾸라지 같은 놈한테 소금 팍팍 뿌려!《내딸
　　　　금사월, 28회》给这个泥鳅似的家伙身上狠狠地撒
　　　　盐！
　　b. 재수없으니까 소금 좀 뿌려.《최고의 연인, 84회》
　　　　太晦气了，撒点盐驱驱邪。
　　c. 왕재수!왕소금이라도 뿌려야지.《사랑이 오네요, 86
　　　　회》真晦气！看来我得撒点大盐粒子驱驱邪了。

　　韩国语里与盐有关的还有俗语"쥐 소금 나르듯[녹이듯]、쥐소금 먹듯"，意思是就像老鼠运盐、吃盐那样。我们可以产生疑问:老鼠吃盐吗?不过中国有称蝙蝠为"盐老鼠"的说法，即认为老鼠吃盐会变成蝙蝠。当然韩国语这两个俗语主要比喻一点一点减少的样子，此外，"쥐 소금 먹듯"也比喻一点一点吃的样子。

　　韩国人还用含着盐来比喻微笑的样子，如(108a)中的"입 안에소금을 머금은 듯한 웃음"，汉语没有此类用法，一般用"一丝微笑"。韩国人还用盐来比喻雪白，如(108b)。

(108) a. 윤은 먼저와 같이 입술을 꼭 다문 채 입 안에 소금을
　　　　머금은 듯한 웃음을 띠어보이며…《김동리, 밀다원
　　　　시대》尹就像上一次那样紧紧闭着嘴唇，露出了

一丝微笑……

b. 산허리는 온통 메밀밭이어서 피기 시작한 꽃이 소
금을 뿌린 듯이 흐뭇한 달빛에 숨이 막힐 지경이
다.《이효석, 메밀꽃 필 무렵》山腰上全是荞麦
田，在就像撒了满地盐似的和煦月光下，刚刚开
放的荞麦花美得让人不禁窒息。

1.2.5.4 酱

《周礼·天官·膳夫》记载，周天子日常饮食，"羞用百二十品"，
配"酱百有二十瓮"（汪郎 2006：155），这说明在中国古代非常讲
究用酱、吃酱。但现代中国人的饮食生活中，酱的地位已经不那么
高，反映在语言上，与酱有关的语言形式较少。韩国人自古以来也
讲究用酱、吃酱，直到今天依然有发达的酱文化，表现在语言形式
上，出现了很多与酱有关的语言表达以及相关的俗语等。

1) 上义词

韩国语里酱为汉字词"장(醬)"，是上义词，可以指"간장 酱
油"，也统称"간장、고추장、된장"等各种酱类调料。韩国语还有
"유장(油醬)"，统称油与酱，"염장(鹽醬)"统称盐和酱油，或者统
称所有的调料，也就是说，对韩国人而言，"酱"是与油、盐相提并
论的。这在俗语里也能看出来，如"장 내고 소금 낸다"意思是拿
酱又拿盐，也是将盐与酱进行比较，比喻随心所欲。可见酱对韩国
人来说多么重要。

韩国酱的种类非常多，以前在恭维有头有脸的家族里的女主人
时，多说"서른여섯 가지 김치를 담그고 서른여섯 가지 장을 담글
줄 안다. 会腌36种泡菜，腌36种酱"（천소영 2007/2010：294）。韩国

人家家户户都自己做酱吃，所以在家里向阳的地方(楼房则是阳台)都会放有酱缸。

正因为酱对韩国人的重要性，所以产生了很多与此相关的表达，如"비 오는 날 장독 덮었다(한다)、비 오는 날 장독 열기"，分别用来嘲笑那些拿理所当然的事情来卖弄、吹嘘的人或者比喻不合常理的行为。而"양반은 세 끼만 굶으면 된장 맛 보잔다"意思是平时养尊处优的人忍受不了饥饿，一有点饿感就开始找东西吃，这里是用"된장"来代表吃的东西，由此可见，大酱对韩国人的重要性和普遍性。

2) 酱的分类及相关表达

《표준국어대사전》里共收录了104种酱，如下表所示：

[表2] 酱的分类

原料 (60)	간장 (19)	계란장	고기간장	기름간장	게장	길경장	달래장	대맥장	소맥장
		무염간장	양념간장	어간장	육간장	주조장	지마장	청태장	콩잎장
		파간장	풋고추간장	호두장					
	된장 (11)	감자된장	감자장	겨된장	개암장	거름장	밀장	보리된장	보리장
		쌀된장	콩된장	팥장					
	고추장(8)	고추기름장	기름소금장	떡고추장	무거리고추장	보리고추장	약고추장	찹쌀고추장	팥고추장
	담북장(3)	청국장	짜개청국장	청육장					
	초장(3)	단초장	초간장	초고추장					
	添加其他材料(16)	깨장	깻묵장	더덕장	두장	비지장	청고초장	조장	똑똑장
		멸장	별어장	생선장	어장	굴장	어육장	육장	잡장

制作方式(18)	生熟	생된장	날간장	숙황장					
	制作	구장	군장자장	찐된장	볶은고추장	볶은장	오고초장	초장	청국장
	酿制	양조간장	혼합간장						
	头茬基础上继续	합장							
	二茬酱	재강장	재성장	내림장					
	场所	집장							
形态(8)		청장	농장	건장	강된장	맨간장	물고추장	밥장	마른장
用途(6)		양념장	쌈장	고명장	약장	별간장	손님장		
味道(2)		단간장	홍불감장						
时间(5)		벼락장	묵은장	진간장	진감장	진장			
地域(5)		북장	토장	일본간장	왜간장	왜된장			
合计		104							

如上，词典收录的各种酱的名称中绝大多数都是以原料命名的，其次多以制作方式、形态、用途、味道、时间、地域来命名。类型最多的是"간장 酱油"，其次是"된장 大酱""고추장 辣椒酱"。

(1) 材料

从添加的各种材料看，主要有谷物，如"콩、팥、청태、쌀、찹쌀、떡、밀、소맥、대맥、겨、비지、주조(酒糟)"；有蔬菜，如"감자、길경、달래、콩잎、지마、파、풋고추、고추、더덕"；有鱼类，如"게、멸치、생선、굴、붕어(별어장)"等；有肉蛋类，如"고기、계란"；有干果类，如"호두"；有调味料，如"초"。

虽然韩国酱的原料有多种，但最基本的还是用大豆作原料。尤其是蔬菜、鱼类等基本都是用来调味的，可统称为"양념장(--酱)"。有的则是用酱油腌制出的东西，如"게장"是用酱油腌制的酱油螃蟹。

(2) 制作方式

根据上表，韩国酱从制作方式来看，有生、熟之分，有煎、烤、煮、熬、炒之分，有酿造和化学合成之分，有头茬、混合、二茬之分，有家庭自制和工厂制造之分。

虽然制作方式很多，但韩国人做酱的传统方法是酿造。一般都是把豆子煮熟做成"메주 酱豆块"，发酵后再腌制而成。根据这一流传最广的传统方式，产生了俗语"콩으로 메주를 쑤어도"比喻不相信，如(109a)。做酱豆块时，要把煮熟的豆子放在大盆里用脚踩烂，才能产生粘度，做成四方或圆形的"메주"。根据这种制作方式，"메주 밟듯"被用来比喻走遍全国各地，产生了俗语"팔도를 무른 메주 밟듯"。另外，因为这种酱豆块颜色是棕色的，形状也不那么规整，所以看起来样子不好看，因此可用来比喻不好，如(109b)。"메주"的相关表达如"메줏덩어리、메줏덩이"也比喻人长得丑，而新词"옥떨메"也比喻人丑。

(109) a. 걔가 죽었다는 확인서를 받기 전에는 내가 콩으로 메주를 쑤어도 난 못 믿어.《내딸 금사월, 9회》除非我得到了那孩子已经死了的确认书，否则就是说酱豆块是豆子做的，我也不信。

b. 제주가 메주라 한 우물만 팠어요.《미워도 사랑해, 5회》因为我没有什么手艺，所以就一直呆在一个公司里，(没敢跳槽)。

下面对比一下大酱与酱油。大酱是酱豆块加盐发酵完成后将酱油控出之后留下的渣滓，酱油是精华，因此韩国语里"간장녀(酱油女)"指实惠型消费的女性，即节俭经济女，而"된장녀"指没有多

少(金钱)资本，但却非常重视外表光鲜的人，[17] 如(110)。之所以出现这种意义，是因为大酱腌制好之后的表面是非常光滑的，而表面下却比较粗糙。而汉语里的"酱油、大酱"都无法修饰人，所以译成汉语分别可以用"经济女"或"俗不可耐"等。

(110) 된장녀라고 욕해도 나도 다이아반지 끼고 싶어.《빛나라 은수, 12회》我也想戴钻戒，就是骂我俗不可耐那也没办法。

因为大酱本身就是将酱油控出后形成的，如果再控一遍就没什么营养与味道了，与此相关有俗语"보자 보자 하니까 얻어 온 장한 번 더 뜬다"，意思是忍他一次，结果他把讨来的酱又加水淘了一遍，比喻容忍了对方不好的行为，对方不但不改反而变本加厉。

韩国还有一种酱，叫作"청국장(清麯酱)"，有两个意义，第一个意义指把煮熟的大豆放在温度较高的房间里进行发酵形成的酱，主要用来做汤喝。其次，"청국장"也指"담북장"，指用发酵的豆酱饼粉和大米粉、辣椒粉、生姜、盐做成的大酱。俗语"청국장이 장이냐 거적문이 문이냐"意思是清曲酱也是酱吗，草帘子门也算是门吗？俗语里的"청국장"被用来指不好的东西，而这个俗语也被用来比喻不好的人不能称之为人，不好的东西不能称之为东西。

(3) 用途

从用途来看，韩国酱主要有调料酱、包酱、点缀酱、药用酱、

17　与"된장녀、간장녀"类似的还有"생강녀(生姜女)"，指生活能力强悍的女性。"김치녀"指只花男朋友的钱，而不动自己腰包的女性。

单独分出的酱等。

韩国人对酱的吃法非常有研究，其一，用青辣椒蘸着大酱吃，并产生了俗语"된장에 풋고추 박히듯 戳在大酱里的青辣椒"，因为大酱比较稠，所以辣椒插在大酱里是一动不动的，比喻人去了某个地方后就窝着不动也不离开的样子。

其二，韩国人吃米饭会用辣椒酱拌食，所以有了代表性的"비빔밥"，并且认为"보리밥에 고추장이 제격이다"意思是大麦饭与辣椒酱最搭配，这个俗语也用来比喻不管什么，搭配好了才会好吃、好看。汉语有时可用"烙饼卷大葱"，不过这是山东方言，一般很少用于比喻。韩国语还有俗语"고추장이 밥보다 많다"，意思是拌饭时辣椒酱比米饭还多，比喻次要的东西比主要的东西更多。

其三，韩国人喝粥时，也经常吃酱，所以才有了俗语"죽과 장이 맞다. 粥和酱对路"，汉语多用"红花配绿叶"。

其四，韩国人做汤时一般也会放大酱或酱油来调味，否则就不会有味道，如"주인 장 떨어지자 나그네 국 맛 없다 한다、주인집 장 떨어지자 나그네 국 마단다."意思是主人家里没酱了，正好客人说酱汤不好喝或者说不喝酱汤了，比喻事情非常凑巧。

(4) 味道

一般来说，酱都是咸的，所以就有了"홍불감장(紅不甘醬)、붉고 쓴 장"，意思是虽然酱油的颜色是红色的，但味道却是咸的，比喻表面虽然好看，但内里却不怎么样。这里出现了酱的颜色，与颜色有关，韩国语还有"된장인지 똥인지 구분도 못하냐?"比喻分不清是非，之所以产生这种意义，是因为"된장"与"똥"的颜色近似。

与味道有关，还有"고드름 초장 같다"，意思是像用冰凌子做

出的醋酱一样，看起来很好，但实际上却没有任何味道，比喻没有任何实际内容的事情。

韩国人在形容酱好吃时多用甜，如"장이 단 집에 복이 많다"意思是酱做的好吃的话家里就有福气，比喻做酱时最重要的是要做的好吃。虽然酱一般都是咸的，但这里却用了"단"，这里指味道好，而不是指具体的甜。而"단 장을 달지 않다고 말을 한다"意思是好吃的酱却说不好吃，比喻不说实话固执地撒谎。韩国语还有"장 단 집에는 가도 말 단 집에는 가지 마라"，这里也有"달다"，"말이 달다"比喻话甜的人，俗语是拿酱和人作比较，比喻小心甜言蜜语的人。

(5) 时间、地域

从时间来看，韩国酱中有腌了七八天就吃的，叫作"벼락장"。但一般的酱都腌制很长时间，有的还是陈年的酱，为"묵은장"，而"묵은장 쓰듯"比喻一点也不知珍惜，大手大脚的样子。从地域来看，有咸镜道的酱，有韩国的传统酱，还有日本酱。

1.2.5.5 醋

韩国语里醋为汉字词"초(醋)"。惯用语"초를 치다"本指往菜里放醋进行调味，但如果是已做好的菜再放醋，那么菜就不能吃了。根据此意义，"초를 치다"可比喻对进行得非常顺利或就要成功的事进行妨碍，把事情搞砸或使其泡汤，如(111)。有时也用名词形式的"초치기"，如(112)。译成汉语时，一般用"搞砸、泼冷水"等。

韩国语还有"시다는데 초를 친다"，意思是本来就酸又放了醋，比喻雪上加霜。

(111) a. 계약서에 사인만 남겨 있는 마당에 니가 초를 쳐야 겠어?《천상의 약속, 8회》现在只剩下在合同书上盖章了，你一定要把它搞砸吗？

b. 왜 남의 일에 벌써부터 초를 치구 그래요!!《내조의 여왕, 17회》你怎么现在就给别人泼冷水啊？

(112) 춘향: 근데 단희 너 정말 오늘 여기서 오디션 보는 거야? 不过，丹熙你真的要在这儿视镜吗？

단이: 그렇다니까! 드디어! 나 연예인 되는 거야. 对。我终于要成为艺人了。

…

몽룡: 한단희 오바하지 마라. 사기 일 수도 있잖아. 韩丹熙，你不要给自己吃自助餐了。说不定是骗局呢。

춘향: 초치기는. 단희야, 얘말 신경 쓰지마. 잘될거야!《쾌걸 춘향, 3회》不要泼冷水。丹熙你不要听他的。你肯定能行的。

1.2.5.6 蜜

韩国语里蜜为"꿀"。韩国人对蜂蜜的认识多集中在蜂蜜的酿造、采集、用途和味道之上，并由蜂蜜的味道发展出很多比喻意义。

蜂蜜是蜜蜂酿造而成，现在养蜂人一般会在蜂箱上盖上盖，称作"멍덕"，有时这盖子上也会被蜜蜂储藏上蜜，称作"멍덕꿀"，颜色白净、质地很好。此外，"멍덕꿀"还俗指傻瓜。

采集蜂蜜很容易被蜜蜂螫，所以有了俗语"꿀은 달아도 벌은

쏜다"，比喻为了得到好东西就要付出一定的代价，同时也可比喻如果准备不成熟随便去行动，就会遭变故。

　　韩国人多用蜂蜜来做油蜜果点心，所以就有了俗语"꿀은 적어도 약과만 달면 쏜다"，比喻即使投入的力气或材料很少，但只要结果好，就行；也比喻即使手段不同，但只要能达到目的就可以。由于油蜜果是用蜂蜜做成的，因此不会比蜂蜜更甜，所以俗语"꿀보다 약과가 달다"比喻前后颠倒，出现错误。蜂蜜除了食用，还可用来入药，俗语"꿀도 약이라면 쓰다"意思是蜂蜜虽甜，但如果用来入药，也是苦的，比喻即使是好话，但如果是别人的忠告也不愿意听。

　　因为蜂蜜太甜，如果吃多了会觉得难受，因此就有了俗语"꿀 먹은 개 욱대기듯"，意思是就像吃了蜂蜜的狗吭吭哧哧地叫一样，比喻无法清楚地说出心里话，而只是吞吞吐吐的样子。"꿀 먹은 벙어리 (요 침 먹은 지네)"则比喻无法吐露真实想法的人，如(113)。

　　(113) 꿀 먹은 벙어리처럼! 잘한 척할 때 언제고?《우리집 꿀
　　　　　단지, 105회》怎么哑巴了啊？你不是挺能的吗？

　　"꿀"还可用来比喻甜蜜、好，如"꿀밤 甜美/香甜的梦"，还有"꿀물"可比喻努力的成果或生活的韵致。还有"꿀맛"。

　　随着"꿀"意义的抽象化，有时也用于"꿀같은"结构，"꿀"也可直接作定语形成新词"꿀직장、꿀자료、꿀메이커"等，比喻好的或有价值的东西。有时还直接用"꿀"表达类似意义，如电视剧《월계수 양복점 신사들, 10회》中，东淑给打工的人每人五万韩币(约人民币300元)让他们冒充粉丝去给成俊加油，对这种打工的活，打工的人说道：

(114) 어제 한 알바 완전 꿀이었는데.《월계수 양복점 신사
　　 들, 10회》昨天打的工真是捡了宝了。

有时，韩国语里还直接用"꿀"来比喻爱意，如(115)。

(115) 눈에서 꿀이 떨어지더라, 하트도 수없이 쏟아지
　　 고.《위대한 조강지처, 103회》眼里充满爱意，还不
　　 断暗送秋波。

　　与"꿀"有关的合成词还有"꿀벅지"，意为"핥으면 꿀맛 날
것 같은 허벅지、꿀처럼 달콤한 허벅지、꿀을 바른 듯한 매끄러운
허벅지"等意义，不过更常用的意义为"가늘고 마른 허벅지가 아
닌 탄탄하고 건강미가 있는 허벅지"。韩国语还有"꿀피부"，指光
滑、有弹性、有光泽的皮肤。
　　如上，韩国语里蜜的意义已经被抽象化，而这种现象具有世界
共性。如印度史诗《吠陀》中就将令人振奋的雨、水、奶，以及其
他令人高兴的东西称作蜜(缪勒 2010/2014:126)。
　　与韩国、印度的蜜多指物相反，汉语"蜜"可以指人，如北京
话里有"嗅蜜"，指泡妞、找女朋友(李倩 2015:205)，现在又出现了
"闺蜜"，是用"蜜"来比喻女人。现在也出现了"男闺蜜"。也就
是说，汉语里"蜜"原来多指女人，现在也用来指男人。

1.2.5.7 芥末
　　韩国语里芥末为"겨자"，是一种调料，很辣，吃多了能辣出眼
泪来，所以就有了"울며 겨자 먹기、눈물 흘리면서 겨자 먹기"，

意为强忍着干某事，如：

(116) a. 어쩔수 없이 울며 겨자 먹기로 내주었지만.《가족을
지켜라, 113회》没办法只能吃哑巴亏，给他了。

b. 이러면 진짜 울며 겨자 먹기로 아름 걔를 내 며느리
로 받아들여야 하는 건가?《최고의 연인, 54회》这
样的话，难道我真得打破牙齿和血吞，接受雅凛
当我的儿媳妇吗？

c. 우리 큰 놈 선 보러 나갔어. 지가 원해서 나간 것 아
니고 우리 늙은이들이 눈 뜨고 죽을까봐 울며 겨자
먹기로 나갔어.《그래 그런 거야, 8회》我们老大去
相亲了，不是他自己想去就去的，而是怕我们这
些老东西死不瞑目才不得不答应去相亲的。

d. 지가 좋다고 윤실이한테 목을 매니까 윤실이 그 착
한 것 울며 겨자 먹기로 결혼을 결심한 모양인데 식
도 못 올리고 생과부 됐잖아.《월계수 양복점 신사
들, 15회》因为他要死要活地说喜欢尹诗，尹诗那
个小可怜没办法才决心和他结婚的。结婚典礼都
没弄利索，就成了活寡妇了。

如上所示，根据不同的语境，汉语可译成"吃哑巴亏、打破牙
齿和血吞、不得不、没办法"等。

1.2.6 酒

关于酒，主要分析酒的制作与分类、酒的用途与分类两大方面的内容。

1.2.6.1 酒的制作与分类

1）酒曲

做酒需要酒曲，韩国语为"누룩"，近义词为"곡자、국얼(麴蘖)、국자(麴子)、은국、주매(酒媒)"。过去在某些时期国家会颁布禁酒令，那么酒曲就会变成无用之物，所以俗语"주금에 누룩 장사、금주에 누룩 흥정[장사]"，比喻不懂人情世故，总做一些没主见的怪事，因为禁酒令都颁布了却还买卖酒曲。

2）原材料

做酒有很多材料，《표준국어대사전》收录的与材料有关的酒名如下表所示：

[表3] 与原材料有关的酒名		
原料	数量	酒名
谷物	4	찹쌀술、멥쌀술/차군주、보리술、고구마술
药材	8	감홍로/감홍주、대추술、오갈피술/오가피주、댓잎술/죽엽주、만삼술(蔓蔘-)、코카주(coca酒)/코카술、귀리술、계피술(桂皮-)/계피주
水果	8	복숭아술/도실주、사과술(沙果-)/사과주、유자술(柚子-)/유자주/유주(柚酒)、배술、머루술/머루주、딸기술、귤술(橘-)/귤주、오디술/상심주
蔬菜	2	다래술/다래주、생강술(生薑-)/생강주/새앙술

鸡蛋	1	달걀술/계란주
花	5	꽃술、들쭉술、매화술(梅花-)/매화주、배꽃술/이화주、진달래술/두견주(杜鵑酒)
叶	1	연잎술(蓮--)/연엽주/연엽양(蓮葉釀)
动物	3	뱀술/사주(蛇酒)、무술주(戊戌酒)、개소주(-燒酒)
合计	32	

如上表所示，韩国酒的材料主要为谷物、药材、水果、蔬菜、鸡蛋、花、叶、动物，合计32种。当然其中有的酒是同一种材料有两个或三个酒名。

(1) 谷物酒

虽然用来做酒的材料很多，但做酒一般多用谷物，其中有小麦、大麦。酿酒需要很多工艺，并且需要很长的时间，与此相关产生了俗语"밀밭도 못 지나간다、밀밭만 지나가도 취한다、보리밭만 지나가도 주정한다、밀밭만 지나가도 주정한다"，意思是只要经过麦田就醉了，用来比喻一点酒也不能喝的人。此外，"밀밭만 지나가도 주정한다、보리밭만 지나가도 주정한다"还用来比喻性情急，做事急。

不同材料做出的酒味道是不同的，表达这一意义有俗语"보리로 담근 술 보리 냄새가 안 빠진다、보리술이 제맛 있다"，比喻本性是不会改变的；也比喻好的根源有好的结果，否则则不会有好结果。

一般酿米酒时用"고두밥、지에밥、술밥"，即水分比较少的蒸米，称作"술밑、술덧、주모(酒母)"。但为了发酵快，也可用熬好的稀粥，这样做出的酒味道比较淡，称作"죽술(粥-)"。

（2）药酒

虽然很多药材、水果、蔬菜都可以用来酿酒，但也有很多酒是在烧酒的基础上又加工而成的，如"감홍로(甘紅露)、감홍주(甘紅酒)"，虽然可以指用紫草根、蜂蜜做成的平壤烧酒(味道甜、度数高，呈红色)；但也指在烧酒里放上红曲、桂皮、陈皮、丁香、防风等做成的酒。这种在酒里放入药料做成的酒，汉语称作"药酒"，韩国语也有"약주(藥酒)、약용주(藥用酒)"，也指放入药料做成的酒。

不过，韩国语的"약주"还有三个意义，可以指当作药而饮的酒，用于此意时，还有同义词"약술(藥-)、약용주술독(藥用酒--)、약주술(藥酒-)"。"약주"还有两个意义，可以指清酒，与"약주술"同义。"약주"还是"술"的比较庄重的称呼。也就是说"약주"与"약주술"有两个意义是一致的。

药酒中，与"감홍로"有关有俗语"질병(-瓶)에도 감홍로"，意思是土瓶子里装了甘红露这样的好东西，比喻外表即使比较差，但内容却很好、很美。

3）过滤、兑水

酿好的原浆酒韩国语称作"전국(全-)、전국술(全--)、전술(全-)、전내기、진국술(眞--)、송이술、조하주(糟下酒)、구온주(九醞酒)"。原浆酒一般要过滤，与此相关有俗语"술은 괼 때 걸러야 한다"，意思是酒要在酒液溢出来的时候进行过滤，也就是说在最佳时机滤酒，所以这个俗语也用来告诫做事不要错过最佳火候。

过滤要用筛子，所以中国古书中经常描写说"大碗筛来"（马未都 2017(1):15）。韩国语里与酒筛子有关有俗语"술 익자 체 장수[장사] 간다"，意思是酒发酵好要滤酒的时候，正好有卖筛子的经

过，比喻事情很凑巧。用筛子滤酒时，如果用的是破洞很多的旧筛子则酒就会倾流直下，因此俗语"헌 체로 술 거르듯"比喻说话流畅，畅通无阻。

　　酒一般要过滤多次。如果过滤次数不够就会比较浑浊，如龙舌兰酒，因为浑浊，所以象征牛奶、生育和母性(吉普森 2018:73)。韩国语里浊酒称作"탁주(浊酒)"，代表性的就是"막걸리"，"막걸리"是动词"막거르다"加后缀"-이"形成的名词形式。马格利酒要用纱布或麻布把酒糟过滤出来，有与出现失误有关的俗语"막걸리 거르려다 지게미도 못 건진다"，意思是本来想过滤马格利酒，但最后连酒糟都没得到，比喻本来想得到大的利益反而赔了本。多次过滤后的酒很清澈，称作"맑은술、청주(清酒)"，过滤后剩下的酒称作"용수뒤、조하주、밑술"。

　　米酒或地瓜干酒经过蒸馏形成的酒是"소주(燒酒)"，也称作"한주(-酒)"。当然韩国烧酒也指酒精勾兑酒。

　　酒除了以上不同的类型外，过去卖酒之人为了牟利还会在酒里兑水，兑了水的酒没有多大的酒味，所以有了俗语"술에 물 탄 것 같다、술에 물 탄 이"，比喻就像掺水的酒一样的人，比喻性格或品性黏黏糊糊、不灵透的人。此外，还有"술에 술 탄 듯 물에 물 탄 듯、물에 물 탄 듯 술에 술 탄 듯"，比喻没有主见或分寸，话语或行动不分明；也比喻不管怎么加工本质是不会变的。

　　因为酒与水的形态都是无色透明的，看起来非常相像，所以韩国语有了副词"술덤벙물덤벙"，意思是分不清是酒还是水就往前凑乎喝酒，比喻轻举妄动、毛毛糙糙、不稳重的样子，如：

(117) 그는 매사에 술덤벙물덤벙한다. 他做事总是毛毛糙糙的。

4) 酒糟酿酒

酿酒剩下的渣滓叫作酒糟，在韩国语里有多种表达，常用的有固有词 "지게미" 和汉字词 "조박(糟粕)"。酒糟有一种用处，可以掺水熬制浊酒，韩国语称作 "모주(母酒)"，如电视剧《우리집 꿀단지, 57회》对此有说明：

> (118) 원래 모주는 술 좋아하는 아들을 걱정해서 어머니가
>   달려서 만든 술인데 우리 엄마 속 쓰릴 때 가끔 해드리
>   거든요. 本来母酒是母亲给喜欢酒的儿子做的酒，我
>   妈心里不高兴的时候，我偶尔也会做给她喝。

也就是说 "모주" 意为母亲为儿子做的酒。"모주" 也指喝酒总是喝很多的人，与 "모주망태" 同义。因为 "모주" 是比较低廉的低质酒，所以俗语 "모주 장사 열 바가지 두르듯" 意为卖浊酒时挂了十个酒瓢，比喻对不怎么样的东西过多地修饰外表。另外，还有俗语 "모주 먹은 돼지 껄때청"，比喻嘶哑的声音，也比喻非常生气地盯着自己认为不好的对象发火。

在韩国 "전주(全州)"，这种母酒还是 "해장술"，即用来解酒的酒，所以去全州的人肯定要去品尝一下(홍윤표 2009/2010:441)。

5) 装饰

过滤后的酒浆上有时会飘着一些米粒，称作 "술구더기"，也称作 "개미、구더기、녹의(綠蟻)、부의(浮蟻)、주의(酒蟻)"。白居易就有一首诗《问刘十九》，诗中有 "绿蚁新醅酒，红泥小火炉"，这里的 "绿蚁" 指的就是酒浆上飘着的米粒。

6) 酒的度数和味道

不管何时何地，整个人类的社交史中烈性酒都起着非常重要的作用。不论是婚、丧、祭奠，不论是欢乐还是悲痛的场合，所有宴席上都少不了烈性酒(萨瓦兰 2017:89)。韩国语里烈性酒称作"독주(毒酒)"，这个词本来指毒酒，在此基础上又产生了高度酒之意，如(119)。从这两个意义可以看出，韩国人认为，烈性酒就像喝毒药一样有害无益。英语的烈酒为firewater，是根据酒入口时的感觉来命名的，这与汉语的"烈酒"相似。

(119) 갑자기 독주를 퍼부은 바람에…《사랑이 오네요, 50
회》她突然喝起了烈酒/高度酒。

韩国语里甜酒有"단술、감주(甘酒)"。"감주"还指味道好的酒，"선주(仙酒)"指传说中神仙喝的酒，比喻又好喝又贵重的酒。味道苦的酒称作"쓴술"，多用来指药酒，也可用来指"멥쌀술 粳米酒"，是相对于"찹쌀술 糯米酒"而言的。

1.2.6.2 酒的用途与分类

酒根据用途还可做如下分类:

[表4] 酒的用途			
用途	不同种类		
祭祀	제삿술(祭祀-)/젯술(祭-)/제주(祭酒)	무술/현주(玄酒)	음복술(飮福-)/음복주
迎神	울창주(鬱鬯酒)/울창(鬱鬯)/울창술/자주(紫酒)		

123

成人礼	진서술			
求长寿	명술(命-)			
送行	작별술(作別-)/작별주/이별주(離別酒)/별주(別酒)			
过年	설술/세주(歲酒)			
庆祝	술턱	개업술(開業-)/개업주	인사술(人事-)	샴페인
慰劳	개평술			
压惊	압경주(壓驚酒)			
料酒	맛술			

酒根据不同的用途有不同的名字，其中韩国人用于祭祀的酒称作"제삿술(祭祀-)、젯술(祭-)、제주(祭酒)"，有时也会用水来代替酒，称作"무술"，是"물+술"变形形成的。祭祀过后吃祭祀饮食时喝的酒称作"음복술"或"음복주"。

祭祀时要迎接神的降临，在倒第一杯酒之前，先焚香，然后把酒倒在装有沙子的红丝束上面，一般要倒三次。这样的酒称作"울창주(鬱鬯酒)、울창01(鬱鬯)、울창술、자주09(紫酒)"，一般放郁金香酿制而成，香气浓郁。韩国有很多祭祀，例如在"동제(洞祭)"中，负责酿酒的人称作"술화주(-火主)"。

过去，韩国人还举行成人礼，举行成人礼时有喝酒一个环节，在全罗道如果主人代替下人为其子女举行成人礼，那么这时的酒就称作"진서술"。

此外，还有为祈求长命百岁而喝的"명술(命-)"、送行的"작별술(作別-)"、过年用的"설술"、打赌赢了的人为输者买的慰劳酒"개평술"、为镇定惊慌的心情而喝的"압경주(壓驚酒)"以及做菜用的"맛술"，当然"맛술"也比喻愉快的心情。

庆祝用酒有很多种，有喜事的人表示庆祝而请他人喝酒为"술

팁", 开业时专门请大家喝的酒叫 "개업술(開業-)", 互相认识结交喝的酒称作 "인사술(人事-)"。随着社会的发展, 受西方文化的影响, 现在韩国人庆祝多用香槟酒 "샴페인", 如惯用语 "샴페인을 터뜨리다" 比喻庆祝成功, 有时也会单独用 "샴페인", 如(120)。

(120) 우승하면 모든 팬들하고 샴페인 파티를 하겠다.《대전 MBC, 2018.03.23》如果取胜就和所有的球迷一起举行香槟派对。

如上所示, 在许多重要的活动中一般都离不开酒。韩国语里还有 "박한 술이 차보다 낫다", 意思是薄酒比茶要好, 讲的是待客之道, 认为招待客人, 光招待茶水不如请喝一点薄酒。看来酒在韩国文化中具有非常重要的一席之地。

1.3 饮食器具

霍尔(2010/2015:46)曾说:"器物和语言尤其关系密切。不仅每一个器物有名字, 而且其使用方式常常大同小异。没有语言或器物, 文化是难以想象的。"民以食为天, 与吃饭有关的器具对人们来说是再熟悉不过的东西, 所以可信手拈来表达新的意义。

本小节主要分析韩汉两种语言里产生了比喻意义的器具, 按照从加工到食用的一系列程序和步骤来探讨这些器具词比喻意义是如何产生的。

1.3.1 淘米工具

淘米时一般用笊篱，韩国语里有汉字词"조리(笊籬)"，因为笊篱是不需要装饰的日常之物，所以俗语"조리에 옻칠한다"用来挖苦在没用的事情上操心费力；也比喻不合身份地进行打扮，反而显得很丑。

因为卖笊篱是挣不了几个钱的，俗语"천 냥 잃고 조리 겯기"反映的就是这种现象，意思是这个那个尝试了很多，但最后把钱全部赔掉后，只能卖笊篱了，告诫人们之前从事的工作不要轻易丢掉，要坚持干到底。俗语"조리 장수 매끼돈을 내어서라도"意为卖笊篱的拿出很多钱来，用来比喻用尽各种办法，类似的还有"똥 묻은 속옷을 팔아서라도"。

韩国语里还有一种"복조리(福笊籬)"，一般在阴历正月初一凌晨挂在厨房、卧室等的墙壁上，就像笊篱可以捞米一样，比喻可以把一年的福气都捞到家里来，这种意义的产生利用了与笊篱捞米特点的相似性。

1.3.2 磨米、磨面的工具

1.3.2.1 碾、碓臼

因为韩国人的主食是大米，对韩国人来说，捣米或磨米的工具或设备自然不陌生，韩国语"방아"相当于汉语的"碾"或者"碓臼"，类型主要有"물방아、디딜방아、물레방아、연자방아、기계방아、쌍방아"等。用来磨米的地方就成了"방앗간"，指磨房。

因为捣米时不能间断，所以"방아(를) 찧다"比喻像捣米一样

点头或动身体，如(121a)。"맞방아"指两个人面对面捣米，因为两个人一起工作时动作配合很重要，所以惯用语"맞방아를 찧다"用于比喻意义，意为应和、迎合别人的话，如(121b)。

> (121) a. 그는 매우 피곤한지 연방 머리로 방아를 찧으며 졸
> 고 있다. 他可能太累了，脑袋像小鸡吃米一样打起
> 了盹。
> b. 우리는 둘이서 서로 맞방아를 찧어 가며 즐겁게 이
> 야기를 나누었다. 我们两个你一言我一语地高高兴
> 兴地谈着话。

如果嘴巴像捣米一样，则意为耍嘴皮子，韩国语里用"입방아"来表达，惯用语"입방아(를) 찧다"也指随便乱说话。与"방아"有关的还有"엉덩방아"，指摔了个屁股蹲，多用于"엉덩방아를 찧다"结构。如果坐着打盹或表示肯定时而不断地点头则称作"고갯방아"，多用于惯用语"고갯방아를 찧다"，如(122)。与"방아"有关还有"이마방아"，指身体弯曲头往下碰地。

> (122) 졸려서 고갯방아를 찧다. 太困了直打盹。

除了用"방아"来形容人的动作之外，韩国语还用"방아"来为动物命名。例如，大尖头蝗称作"방아깨비"，是碓的古语"방하"与"아비"结合形成的"방하아비"，之后发生变形，而命名的理据是这种蝗虫如果抓住它的后腿，它就会像捣米一样动弹(조항범2014:343)。

与捣米有关，韩国语还有俗语"바쁘게 찧는 방아에도 손 놀

틈이 있다、세우 찧는 절구에도 손 들어갈 때 있다", 意思是不管捣米捣得多快，也有时间把手伸进捣米桶里把米弄平，比喻再忙也能挤出点时间来。

"방아"是工具，其动词是"빻다、으깨다"，分别是"碾成粉末、将硬的东西或块状的东西弄碎"。因为这两个词的攻击性，所以现在依然被用作暴力隐语(李御宁 2015:78)。而汉语里"碾压"现在也用来比喻在某些方面有优势，如"建筑工人收入碾压白领"。

1.3.2.2 臼

磨谷物或打制年糕的臼还叫作"절구"，有石头、木头、铁的，其配套的工具是"절굿공이、방앗공이"，汉语为"杵"。其近义词是"구마(臼磨)、도구(捣臼)"。与这些器具有关，韩国语有俗语"절구 천중만 하다"，意思是就像石臼那样重，比喻身体胖大，看起来很沉重。韩国语还有俗语"절굿공이가 순경(巡更)돌면 집안이 망한다"，比喻已婚女性不在家过日子天天在外转悠的话，这个家就完了。从这句俗语里可以看出，韩国人用"절굿공이"来转喻已婚女性，这种转喻的产生应该与女人干家务时需要用杵有关，是用动作转喻主体——人。

过去韩国人去看新婚女儿时还会拿石臼给女儿当礼物，但石臼内部必须非常粗糙，因为用粗糙的石臼捣米耗费更多的时间和力气，借此，可以使女儿不会因太过清闲而产生其他负面想法，韩国女人也将自己的眼泪、悲伤、厌恶、矛盾等融汇在捣米的过程中，从而起到减压作用(이규태 1999/2000:321)。

韩国语里，臼和杵这一组工具也被用来比喻男女媾和的行为。过去韩国体面人家里都不允许使用石臼，即使拥有碓臼也

不让放在家里，并且不与将碓臼放在家里的人家通婚(이규태 1983/2011(2)：54)。正因为如此，所以韩国才产生了众多的磨房，这些磨房还成了韩国男女幽会的场所。臼和杵还隐含着重大的文明象征性意义，因为具有破坏力的攻击性一旦表现为男女阴阳两性关系，反而会成为创造生命的原动力，这相反的对立成了互补的融合(李御宁 2015：78)。在中国，脚踏碓具有性象征意义(김광언 2000：440)。

与"방앗공이"有关，韩国语还有"터진 방앗공이에 보리알 끼듯 하였다"，意思是就像裂了的杵上夹着大麦粒，比喻要扔吧很可惜，要挑出来吧得花功夫，所以不得不扔掉，也比喻让人心烦的障碍物凭空插了一腿。与第一个比喻意义相关的汉语是"鸡肋"。

1.3.2.3 石磨

韩国语里的石磨一种称作"맷돌"，指手摇的小石磨；一种称作"연자마(研子磨)、연자매(研子-)"，指需要牲畜拉的大石磨，根据这种文化，有了俗语"연자매를 가는 당나귀"，意思是拉磨的驴，比喻为工作所累，忙得昏天黑地的。汉语则有"懒驴拉磨不拉就尿、懒驴上磨屎尿多"，比喻人很懒，偷奸摸滑。

因为石磨也分"암맷돌、수맷돌"，因此也与性产生了关系，并多用来骂人，如"맷돌 씹하냐""성미 급한 년이 맷돌거리한다""맷돌 씹에 좆 빠지듯"比喻事情不成功(주간형 2004：189)。

1.3.3 料理用具

韩国的料理用具代表性的有切菜用的案板和刀，均具有丰富的意义。

1.3.3.1 案板

在制作食物时必不可少的工具还有案板，韩国语里案板有"조상(俎上)、도마、안반、떡판"等。

中国人耳熟能详的《鸿门宴》上有这样的一段话：樊哙曰："大行不顾细谨，大礼不辞小让。如今人方为刀俎，我为鱼肉，何辞为"。由此出现的"人为刀俎，我为鱼肉"比喻任人宰割的悲惨处境。韩国语里有汉字词"조상(俎上)"，指案板上，有惯用语"조상의 고기"，意思是案板上的肉，比喻毫无办法。韩国语也有俗语"도마에 오른 고기 案板上的肉"，与汉语的意义类似，但韩国语还有"도마 위의 고기가 칼을 무서워하랴"，指案板上的肉还会怕刀吗？比喻视死如归的人没什么好怕的。

"조상"还比喻遇到某事而受到指责和议论的场面，多用于"조상에 오르다"，但用的不多。固有词"도마"也有惯用语"도마 위에 오르다"，指成为批判的对象。

韩国语还有"안반"，在案板上揉面、揉年糕时，是反复进行翻过来翻过去的动作，这个动作称作"안반뒤지기"，也可比喻两个人扭在一起比试力量。打年糕的案板还称作"떡판02"，也俗指女人的屁股或长得又大又扁的丑脸。韩国语还有"떡판01"，指摆好了饭菜的板子，比喻运气很好或状况令人满意。

1.3.3.2 刀

做饭的常用工具还有刀，韩国语为"칼"，常用来比喻武器。厨房用刀称作"식칼"，有俗语"식칼이 제 자루를 못 깎는다"，比喻与自己有关的事情自己反而更做不了，也比喻自己的缺点更难以改正。类似的还有"칼날이 날카로워도 제 자루 못 깎는다"。

1) 칼 같은、칼바람、칼퇴근

刀的特点有很多，其中一个是准确，也就是说切东西是一刀两断，所以汉语用"一刀两断"来比喻将关系彻底整理掉，"칼"多用于"칼 같은"结构作定语，如"칼 같은 자존심 刚正不阿的自尊心"。"칼"还直接作定语形成定中结构的合成词，其中"칼퇴근"指按点下班，如(123a)。"칼퇴근"可缩写为"칼퇴"，如(123b)。

(123) a. 오늘 여섯시 칼퇴근이네요.《아이가 다섯, 4회》今天可以六点准时下班了。

b. 맨날 하는 일 없이 칼퇴에 그것도 모자라 근무시간에 사람 찾으러 돌아다니고. 이게 말이 된다고 생각해?《언니는 살아있다, 12회》每天干不了什么还到点就下班，这还不说，现在上班时间竟然出去找人！你觉得这样行吗？

刀还有一个特点是锋利，所以合成词"칼바람"指凛冽的风，有时也比喻氛围、关系紧张，也比喻残酷的迫害，但现代社会一般多用来比喻公司裁员等。

2) 切萝卜/西瓜/山药/南瓜

刀是用来切东西的，韩国卖鱼的在处理鱼时一般直接用刀把头咔嚓切下来，不像中国人一般用剪刀且要把鱼头留下来。韩国语出现了很多与切有关的表达，但没有切鱼头，而多是切蔬菜。

韩国人很喜欢吃萝卜，尤其是大白萝卜，这种大白萝卜非常脆，切起来会出现"咔嚓"一声，所以切萝卜"무 자르듯"可以比喻动作麻利、快捷，如(124)。在表达类似意义时，韩国语还用"수박 자르듯"来作比喻，如(125)。相关的还有"남의 것을 마 베어먹듯 한다"，意为拿别人的东西就像切山药吃那样，因为山药非常好切，不需要做任何准备，所以这句俗语用来比喻无任何顾忌地随意偷或夺取别人的财物。

(124) a. 나도 그러고 싶은데 사람 마음은 무 자르듯 싹뚝 안
되더라.《가족을 지켜라, 73회》我也想这样，可是
人心无法像切萝卜似的/小刀切黄油似的一刀两断
啊。
b. 할 얘기 있다고 전화했다가 무 뚝 잘리듯 잘리
고.《그래 그런 거야, 6회》我给她打电话说有话
说，却被她像砍萝卜/小刀切黄油一样，咣叽一声
挂了电话。
(125) 사람의 정을 여름철 수박 자를 듯이 자르려고 하니 못
됐어. 정말.《가족을 지켜라, 68회》你想像夏天切西
瓜/小刀切黄油那样来斩断人的感情，也实在是太坏
了。太坏了。

汉语里切西瓜、萝卜、南瓜等表达一般不用于比喻，但有"快

刀斩乱麻、小刀切黄油"，比喻轻松、快速，还有歇后语"快刀切豆腐——两面光"，比喻做人圆滑。上面的例句可以译成汉语时，可译成"像小刀切黄油"，也可以直译，因为中国人也有切西瓜、萝卜等的实际经验，不会造成交流障碍。

1.3.4 豆芽与发豆芽的器具

韩国人喜欢吃豆类产品，例如豆腐、豆腐脑、发酵豆汤，此外还喜欢吃凉拌豆芽，喝"콩나물국 豆芽汤"。韩国人发豆芽用的工具叫作"콩나물시루"，这种工具经常用来比喻非常拥挤，如(126)。豆芽发出来之后，是非常紧密地挤在一起的，有惯用语"콩나물 박히듯"，比喻密密麻麻挤在一起的样子；还有俗语"사람으로 콩나물을 길렀다[길렀나]"，意思是用人发的豆芽吗？比喻像豆芽盘上密密麻麻地挤满了豆芽一样，人非常多。

(126) 달수 콩나물 시루 같은 버스에 탔는데.《내조의 여왕, 4
회》达洙坐上了挤得像沙丁鱼罐头一样的公共汽车。

因为"시루"这种东西有很多窟窿眼，如果往上倒水是存不住水的，所以俗语"시루에 물 퍼 붓기"比喻费尽力气但却没有效果。

1.3.5 炊具

炊具有多种，韩国语里具有强烈文化色彩的有"밥통、솥、가

마솥、노구、냄비、탕관、솥뚜껑、부뚜막"等。

1.3.5.1 饭桶

韩国语里饭桶为"밥통"，除了基本义外，还俗指"위(胃)"，如(127a)；"밥통"也比喻只知道吃饭，没有什么能耐的人，如(127b)，汉语"饭桶"也有此比喻意义。[18]"밥통"还比喻没有眼力，如(127c)，此时对应的是汉语的抽象表达，如"白痴、没有……"等。

(127) a. 밥통이 비어서 기운을 못 쓰겠다. 肚子饿了，一点
劲也没有。

b. 시키는 대로 한 니가 더 등신이고 밥통이야.《천상
의 약속, 11회》你简直就是饭桶/傻瓜、白痴啊，
光按她说的去做。

c. 눈치가 밥통이고 그럴 때 답답해요!《텐아시아,
2010.01.22》她一点眼力也没有，那个时候(我都
替她)觉得心里难受。

韩国语"밥통"还比喻职业，惯用语"밥통이 떨어지다"俗指失去工作，[19]如(128a)。"철밥통"比喻好的职业，如(128bc)。汉语多用"饭碗"来比喻职业，与韩国语"밥통、철밥통"都是用做饭、吃饭的工具来比喻职业，具有认知上的共性。但两种语言的关注点并不相同，韩国语关注做饭的工具，而汉语关注吃饭的工具。

18　韩国语里表示饭桶义时，还有"죽반승(粥飯僧)"。

19　近义表达有"밥줄이 끊어지다[떨어지다]"。

(128) a. 밥통이 떨어지기 전에 말썽 피우지 말고 고분고분히
　　　　말 잘 들어. 你不要惹事，好好听话，不要把工作
　　　　弄丢了。

　　　 b. 철밥통 시대도 종결된다. 铁饭碗时代已经结束了。

　　　 c. 이제 철밥통 좀 깰 때가 되지 않았나.《중앙일보,
　　　　2017.09.27》现在到了打破铁饭碗的时候了吧？

1.3.5.2 锅

　　做饭的工具中汉语有"锅"，在"砸锅卖铁、背黑锅"中所显现的是一种比喻意义，如果"砸锅"单独使用，还比喻失败，现在还出现了新词"甩锅"。

　　韩国语的锅有"솥、가마솥、가마、노구(솥)、냄비、탕관"等。其中铁锅为"솥"，多指做饭、煮汤的铁锅，多用于俗语中，如下表所示：

[表5] 与"솥"有关的俗语

	俗语	意义
黑	솥은 검어도 밥은 검지 않다	虽然外表不怎么样，但内里非常好。
	가마가/가마솥이 검기로 밥도 검을까	老鸹飞到猪腚上——光看见别人黑了。
	가마/가마솥 밑이 노구솥 밑을 검다 한다	
	가마가 솥더러 검정아 한다	

	솥 속의 콩도 쪄야 익지	就是锅里的豆子也得煮熟了吃/锅里的红豆碎了也还在锅里，比喻任何事情都得按规律办事，不能操之过急。
煮东西	가마 속의 콩도 삶아야 먹는다	
	솥에 넣은 팥이라도 익어야 먹지	
	가마 안의 팥이 풀어져도 그 안에 있다	
	가마솥에 든 고기	坐以待毙
刷好锅	솥 씻어 놓고 기다리기	万事俱备
挂锅	솥은 부엌에 걸고 절구는 헛간에 놓아라 한다	谁都知道铁锅和石臼各有各的地方，但却指手画脚地好像只有自己知道一样，用来嘲笑那些故作聪明、好为人师的人。
摘锅	솥 떼어 놓고 삼 년 (이라)	把锅摘下来准备搬家已三年，比喻犹豫不决、优柔寡断的样子。

　　如上，这些俗语都与"锅底黑"、煮东西的特点以及刷锅、挂锅、摘锅等日常生活有关，这些都源于对日常生活的细致观察和经验。

　　与锅有关还有名词"한솥밥"，指在一口锅里盛的饭，如"한솥밥 먹는 식구 一口锅里吃饭的家人"，隐含的意思是一口锅里吃饭代表亲近，而"종과 상전은 한솥밥이나 먹지"意思是下人与主人还一口锅吃饭呢，用来比喻差异远超主仆关系，主要指差距太大无法相处、谈话。烧热的锅为"단솥"，因为往热锅里倒水马上就干了，所以俗语"단솥에 물 붓기"比喻情况已经不可救药，不管怎么帮助也不起作用了；也比喻没有任何余地马上就消失了。

　　韩国语还有"가마、가마솥"，多指放在锅灶上的又大又深的铁锅，"가마솥"经常用来比喻事物，有时比喻动物的头，如(129ab)；有时比喻空间形态，如(129c)。因为铁锅做饭时非常热，所以有时"가마솥 더위"也用来比喻热。

(129) a. 가마솥 같은 머리를 위압적으로 내리깔고.《오주석
2006/2011:26》铁锅大的脑袋俯视大地，威严深
沉。

b. 가마솥 뚜껑 같은 대가리 像铁锅盖一样的脑袋

c. 마을이 위치한 곳의 형상이 가마솥과 같이 생겼다
하여 가매실이라 하다가 지금은 한자로 부항이라 한
다.《프레시안, 2018.01.03》村子所处的地势形态
就像一口大铁锅，所以被称作"가매실"，现在汉字
称作"釜项"。[20]

韩国还有一种给牛熬粥时用的又大又深的锅，叫作"쇠죽가마
(-粥--)、소죽가마、소죽솥、쇠죽솥"，有俗语"쇠죽가마에 달걀
삶아 먹을라"，意思是告诉她不要在大铁锅里煮鸡蛋吃，结果反而给
他提了醒，比喻给予教育却起了反作用，也比喻做事不按实际情况
而是故意做得很夸张。

韩国语里铜锅叫作"노구、노구솥、퉁노구"，因为这种锅做米
饭时容易粘锅，所以有了俗语"퉁노구의 밥은 설수록 좋다"，意思
是铜锅容易粘锅，所以做米饭欠一点好。

韩国语里铝锅为"냄비"，因为很薄，热得快，所以"냄비근
성"被赋予了比喻意义，指那些没有自己的想法和主见，很容易受
到大众心理的影响，热情轻易就热上来，但又容易热度下降的性
质。图德(2015:122)将这种性格特点与"냄비"联系了起来。日常
生活中经常有类似的比喻，如(130a)；有时还用"양철냄비"，如

---

20 http://www.pressian.com/news/article.html?no=181590&utm_source=naver&utm_
medium=search

(130b)；有时也用"가마솥"，如(130c)。如果前后有对"냄비、가마솥"进行解释的内容，译成汉语时可以直译，如(130ac)，否则译成汉语时需要添加解释性的内容，如(130b)。

(130) a. 이렇게 냄비처럼 발끈한 너한테 뭘 믿고 그런 중책
을 맡겨?《당신은 너무합니다, 35회》你的性格就
像铝锅一样动不动就上火，我怎么能把那么重要
的事情交给你啊？
b. 감정의 움직임이 양철냄비 식이요…《이광수, 흙》
感情变化就像铝锅(热得快凉得也快)……
c. 우리 국민은 왜 오래오래 뜨겁게 달아 있는 가마솥
되지 못하고 있습니까?《北大中文语料库》我们国
人为什么成不了能持续保温的铁锅呢？

韩国语里还有俗语"지키는 냄비가 더디 끓는다"，虽然铝锅很容易加热，但如果在旁边守着的话，还是感觉热得很慢，比喻如果焦急地等待结果会感觉时间过得很慢。

类似的还有"캔티즌"，即：깡통네티즌，比喻一部分没有自己的思想和想法的网友。

熬汤或熬药的小锅韩国语为"탕관(湯罐)"，虽然汤罐一般比较小，但因为多是铁质或陶瓷的，加热快，所以就有了俗语"작은 탕관이 이내 뜨거워진다"，意思是小汤罐热得快，比喻个子小的人比大个子的更有办法、更老练。此外还有"질탕관(-湯罐)"，有俗语"질탕관에 두부장 끓듯"，意思是就像泥汤罐里煮豆腐一样，比喻内心有忧愁、有压不住的火。

1.3.5.3 锅盖

锅盖是厨房的常见物品，如"솥뚜껑 운전조차 힘든데 연 做饭都做不好"所示，做饭或者在厨房里被称作"솥뚜껑 운전"，而汉语多用"围着锅台转"。两者都是用厨房的常见物品作比喻。此外，韩国语还有"솥뚜껑 운전수"，指管理饭锅的人，俗指家庭主妇，如(131)。中国一些方言里在称呼女孩时，有时也有类似的"守灶门的、掌锅铲把的、跳锅边舞的"(邢福义 2000:347)等说法。

> (131) 솥뚜껑 운전수 삼 년에 밥 태우기는 처음이네. 三年的
>   家庭主妇第一次把饭做糊了。

因为做饭时要盖好锅盖，所以韩国语还用"솥뚜껑 걸다"比喻最后把活干好，如电视剧《전생에 웬수들, 21회》中，已经结过三次婚但都失败了的동미애想结第四次婚，当被问及不觉得对不起孩子吗，她说：

> (132) 그러니까 이 번에 솥뚜껑 제대로 걸고 싶다잖아? 선배
>   는 예전에 알던 사람이니까 사기 칠 것도 없고. 所以我
>   这次想找个好主啊。师兄他是已经认识的人，所以他
>   不会骗我的。

不仅"솥뚜껑"有比喻意义，"뚜껑"也有比喻意义，其基本义指盖器具、箱子的东西，也指笔帽、书的前后书皮，也俗指"모자(帽子)"。"뚜껑"有很多惯用语，其中"뚜껑(을) 열다"比喻看事物的内容或结果，如(133)。被动形式的"뚜껑이 열리다"比喻事物的内容或结果显露出来。"뚜껑"还比喻生气发火，也多用于"뚜껑

이 열리다" 结构，如(134)，这是将人体视为容器的思想，反映类似思想的还有 "꼭지가 돌다" 和 "지붕을 뚫다" 等。

如果将锅盖盖上，则意味着不再看，所以 "뚜껑을 덮다" 比喻放弃正说着的话或正在干着的事情，如(135)。

(133) a. 너무 기대는 하지 마십시오. 뚜껑은 열어봐야 알죠.《푸른 바다의 전설, 7회》不要抱太大希望。得等到最后才能知道结果。

b. 니가 먼저 시작했잖아? ... 니가 먼저 강실장 같은 여자 있나 뚜껑을 열었잖아?《그래 그런 거야, 30회》不是你先开始的吗？是你先开的头，说哪儿有姜室长这样的女人啊？是不是？

(134) a. 이게 또 거짓말이네. 아이구 뚜껑 열려!《최고의 연인, 82회》她又撒谎。哎呦，气死我了。

b. 누가 아니래? 나도 어떤 색시인지 궁금해서 뚜껑이 열린 줄 알았어.《천상의 약속, 22회》谁说不是呢？我也是想知道是什么样的新媳妇，想得都快疯了。

(135) 천남석에 관한 일은 그쯤에서 아예 뚜껑을 덮어 버리려는 눈치였다.《이청준, 이어도》看来他想把千南石的事情就这样压住。

锅盖还叫 "소댕"，有俗语 "소댕으로 자라 잡듯"，意思是拿着锅盖就像逮住了鳖一样，比喻拿着模样相似但却完全不同的东西说胡话。相关的还有俗语 "자라 보고 놀란 가슴 소댕[솥뚜껑] 보고 놀란다"，意为因为鳖而受到惊吓的人看到锅盖也会吃惊，如(136)。

(136) 애미가 너 때문에 더 그런 거야. 과거가 있으니까. 자라 보고 놀란 가슴 솥뚜껑 보고 놀란 거여.《우리집 꿀단지, 107회》孩子他妈是因为你才变本加厉的。你以前不就犯过事(搞过外遇)嘛，这就是"一朝被蛇咬十年怕井绳"啊。

1.3.5.4 炉子、锅台

汉语里"炉灶"除具体意义外还比喻事情的基础，多用于"另起炉灶"，表示重新开始。韩国语里炉子、锅台为"부뚜막"，与此相关有俗语"부뚜막 땜질 못하는 며느리 이마의 털만 뽑는다"，意思是锅台裂了缝也不会糊的儿媳妇却臭美得拔额头上的毛，用来嘲笑工作干不好但却臭美的讨厌相，类似的还有"동정 못 다는 며느리 맹물 발라 머리 빗는다"。

"부뚜막의 소금도 집어넣어야 짜다"比喻不管条件多么好多么轻松，如果不去利用，不去做的话也不会成事。

1.3.6 盛具

韩国语里具有强烈文化特色的盛具有"독、단지、방구리、동이、옹기、종지"等。

1.3.6.1 缸

韩国语里缸为"독"，本身没有比喻意义，但有很多惯用语表达比喻意义。

1）缸的比喻意义

韩国语里缸主要与老鼠发生关系，其中"독 안에 든 쥐"意为缸中的老鼠，比喻难以逃脱困境，如(137)，汉语多用"瓮中之鳖"。韩国语里还有类似的"덫 안에 든 쥐、푸줏간에 든 소"。

(137) 한아름, 백강호, 너희 둘은 독 안에 든 쥐야. 실컷 즐겨
　　　둬. 양평달 절대 너희한테 안 넘겨줘.《최고의 연인,
　　　104회》韩雅凛、白江浩你们这两个瓮中之鳖，好好
　　　地玩吧。我绝对不会把杨平达交给你们的。

从表达上来看，"독 안에 든 쥐"是定中形式，此外还有动词词组形式的"독 안에 들다"，意为就像被抓住一样，如(138)，汉语一般用定中形式。有时也用"请君入瓮"类动词表达。

(138) 막다른 골목에 몰린 도둑은 독 안에 든 신세가 되었다.
　　　被堵进死胡同的小偷已经成了瓮中之鳖。

上面都是以老鼠为陈述对象，有的则以人为主体，如"독 틈에서 쥐 잡기、독을 보아 쥐를 못 친다"，前者比喻为了争取小的成果有可能会带来更大的损失，而后者意为投鼠忌器，后者还有近义表达"쥐를 때리려 해도 접시가 아깝다"。

还有一些惯用语与缸的放置和位置有关，其中"독 틈에 탕관(汤罐)"意为大缸之间的汤罐，比喻弱者挤在强者中间，处境很难。而"독 틈에도 용소(龍沼)가 있다"意思是在缸与缸之间会有很深的水坑，比喻不管什么事情都会有骗术，一定要小心。

与缸的状态有关，"밑 빠진 독"意思是掉了底的缸，比喻无底

洞，如(139a)，此外还有"밑 빠진 독에 물 붓기"，如(139bc)。

(139) a. 너 봄이랑 결혼해 봤자 처가 밑 빠진 독이 니가 채우
        는 꼴밖에 더 되겠어?《우리집 꿀단지, 107회》即
        使你和春儿结婚，那你能成什么样啊？还不是去
        给丈母娘家填窟窿啊。

     b. 이젠 학교에 들어가면 밑 빠진 독에 물 붓기로 돈이
        들어가는데 어떻게 감당할래? 他现在上学就像往无
        底洞里倒水一样，要花很多钱，你上哪弄钱去？

     c. 더 이상 밑 빠진 독에 물 붓는 것 못하겠고 있어도
        안 해줘.《수상한 삼형제, 8회》我没办法继续给你
        们填窟窿了，就是有钱也不会给的。

此外，因为缸都比较深，里面比较阴暗，因此韩国人还用缸来
比喻暗处、见不得人的地方，如"독 안에서 소리치기"比喻在平时
别人看不到的地方吹牛或自我吹嘘。而"독 안에서 푸념"有两个意
义，第一个意思是害怕别人听见而偷偷地说闲话，比喻心胸狭窄，
所做之事令人感到窝囊；第二个意思是内心凶险不知会干出什么事
来。

2) 各种缸

对韩国人来说，过去日常生活中需要很多不同用途的缸，如酱
缸、泡菜缸、米缸、水缸、灰缸、油缸等。其中非常重要的是"장
독 酱缸"，前面已经分析过，对韩国人来说各种酱是非常重要的调
味品，所以"장독"是非常重要的东西，因此"장독 깨다"比喻把
重要的东西打碎，或者惹祸。例如，电视剧《그래 그런 거야, 26

회》中姨奶奶失口将世现以前交过女朋友的事情说了出来，导致孙媳妇大为生气，对姨奶奶的失言，二叔说道：

(140) 니 이모 할머니가 또 장독을 깨셨다.《그래 그런 거야,
26회》你姨奶奶又多嘴多舌惹祸了。

有时也用"장항아리"，如(141)中的"장항아리 깨다"比喻失言。

(141) 아까 이모가 잠깐 왔었어. 카운트에 형수가 앉아 있고
소희 엄마가 안 보이고 그러니까. 그냥 넘어갔으면 좋
았을 텐데 형수가 장항아리 깼어.《그래 그런 거야, 54
회》刚才姨母来了。看到前台坐着嫂子，不见苏姬
他妈，所以就……本来搪塞过去就行了，但嫂子却
多嘴了。

　　韩国人家里一般都有泡菜缸，即"김칫독、김장독"，有俗语
"다 퍼먹은 김칫독"，因为吃完了泡菜，缸里空空如也，从外往里
看黑咕隆咚的，所以可以比喻生病或吃不饱饭而眼窝深陷的人，也
可比喻没任何用处的东西。而"다 퍼먹은 김칫독에 빠진다"意思
是掉进泡菜都被吃光的泡菜缸里，比喻别人得到利益退场后，自己不
知深浅闯进去的话，就会遭受损失，也可比喻没有任何利益或损失。
　　居家过日子还有米缸，即"쌀독"，多用于俗语中，其中"나라
의 쌀독이 차야 나라가 잘산다"是从大的方面着眼来看问题，比喻
国家要想长治久安最重要的是要解决粮食问题，而"쌀독에서 인심
난다"则是从小的方面着眼，比喻自己丰足了才会周济别人，类似
的还有"광에서 인심 난다、쌀광에서 인심 난다"。而米缸里的老鼠

则是吃的饱饱的，所以"쌀독에 앉은 쥐、쌀광에 든 쥐"比喻处于丰衣足食的状态。但如果米缸里没米会怎么样呢，韩国语俗语"쌀독에 거미줄 치다"意为米缸里能结蜘蛛网了，意为断粮不是一天两天了。类似的还有"목에 거미줄 친다"比喻挨饿，"산 입에 거미줄 치랴"意为人还能被饿死吗？

韩国语里水缸有两种表达，其一是"물독"，俗语"물독 뒤에서 자랐느냐"意思是因为是在水缸后面长大的，所以没有一点味道，只长了个大个子，用来比喻又瘦又高的人。而"물독에 빠진 생쥐 같다"比喻就像掉进水缸的老鼠一样，浑身湿透的狼狈样儿。水缸的第二个表达是"두멍"，"두멍"也指盛满了水的大锅，也比喻深远的大海。

韩国语还有"잿독、잿골"，指盛灰的缸，用来盛灰的缸都是破了或裂了缝的缸，灰本身就非常轻，再装在破缸里，那就是不堪一击，所以俗语"잿독에 말뚝 박기"比喻随便欺负软弱、没有力量的人，也比喻不费吹灰之力的轻松事情，类似的还有"잿골에 말뚝 박기"。

韩国语还有油缸，即"기름독"，有俗语"기름독에 빠졌다 나오다"，比喻某物就像被抹了油一样，油光发亮的。

1.3.6.2 坛子

坛子从耳朵的有无上可分为两种，一种是带耳朵的，另一种是没有耳朵的。韩国语里不带耳朵的坛子称作"단지"，一般高度多为30厘米以下。带耳朵的坛子则根据大小分为两种，大的称作"동이"，多用来打水；小的叫作"방구리"，模样与"동이"相似，可打水或盛酒。虽然"단지、동이、방구리"的形状相似，但三者的用法

并不相同。

"단지"可以形成很多词组，如"팥죽 단지 红豆粥坛子"，这里的"단지"用的是具体意义。但"반찬단지(飯饌—)、눈물단지、꿀단지、골비단지、애물단지"等则有所不同。其中，"반찬단지"指盛放菜肴的小坛子，也用来嘲笑那些需要什么东西时马上就能给找到的人。"눈물단지"用来嘲笑动不动就爱哭的人。"골비단지"俗指身体非常虚弱总是病恹恹的人，这里"골비"在词典里并没有标注是汉字词，不过从意义上来看，应该是汉字词"골비(骨痹)"，一种因寒气侵身而导致手脚不能自由行动的麻痹病症。"꿀단지"虽然在词典上没有标注比喻意义，但实际生活中可比喻贵重的人或物，如(142a)。"애물단지"俗指那些让人心烦的人或物，如(142b)；"애물단지"也指早夭的孩子，这是第一个意义的缩小和特指。

(142) a. 우리집의 꿀단지 我们家的开心果

　　　b. 에이구, 저 화상! 저, 끝까지 애물단지네.《최고의
　　　　연인, 36회》哎吆，那个讨人嫌的！哎，是一点也
　　　　不省心啊。

"방구리"也有一些词语，如根据形状有"동방구리 小坛子""알방구리 小坛子"，根据质地有"질방구리 泥坛子"，根据用途有"옹방구리 水坛子""꿀방구리 蜜坛子""술방구리 酒坛子"。

因为"단지、방구리"两种物品都是盛东西的，所以就有了很多俗语，如(143)，因为猫和老鼠都是偷吃的能手，会经常来偷吃坛子里装的菜，这些俗语都比喻太过经常来光顾的样子。

(143) a. 반찬단지에 고양이 발 드나들듯

b. 조개젓 단지에 괭이 발 드나들듯

c. 팥죽 단지에 생쥐 달랑거리듯

d. 풀 방구리에 쥐 드나들듯

此外还有"동이"，这种盛具有质地之分，粘土做的叫"질동이"，铁做的叫"놋동이"。"동이"可用来做比喻，如"동이배"意为肚子鼓鼓的梨。另外，"동이"还可用于很多词语后，表达"装……的坛子"，如"물동이、술동이、양동이"。在个别词语里，"동이"的意义发生了变化，如"울동이"相当于"울보"，意思是泪坛子，这与汉语的"醋坛子"有类似之处。

1.3.6.3 瓮、锺子

与饮食有关的器具还有"옹기(甕器)"与"종지(鍾子)、종기"等，其中"옹기"指瓮器，"종지"指放在饭桌上的盛酱油或辣椒酱的小碗，如"양념장 종지 调料碗"，"종기"是"종지"的庆尚南道方言。

因为"종지"比较小，所以韩国语还用"간장 종지"来比喻肚量小。

因为瓮器与"종지"的尺寸不同，前者大，后者小，所以"옹기종기"就成为合成词，表示大小不一的东西聚在一起的样子，如(144)。虽然"종기"在现代韩国语里成了方言，但在已经形成的词语里不能再将其换成"종지"，因为已经形成的词语"옹기종기"是一个不可分割的单位。与此相关，还产生了很多变形词"웅기중기、옹기옹기、웅기웅기、중기중기"，都指很多大小不一的东西聚在一起。

(144) 애들끼리만 옹기종기 모여 있어서 걱정하고 있을 것
　　　 아니잖아요? 마음에 걸려서요.《가족을 지켜라, 111
　　　 회》肯定只有孩子们大的大小的小地聚在那儿，这让
　　　 我放心不下。

1.3.7 其他厨房用品

　　厨房用具里还有筛子，韩国的筛子网多是用马须、马尾巴毛做
的，所以做筛子的商人们要到处找死了马的人家去买马毛，因此就
有了俗语"말 죽은 데 체 장수 모이듯"，意思是死了马的人家里
聚满了筛子商人，因为马在古代是重要的交通工具，马死了意味着
损失了很大的财产，是很大的不幸，在这种历史文化背景下，我们
就能比较容易理解这个俗语的意思，即指人们对别人的不幸不管不
问，一心只顾寻求自己的利益。

　　厨房里还会用到筛篓，韩国语为"용수"，指用胡枝子或荩条做
成的桶，用来过滤酒或酱，此时多用惯用语"용수(를) 지르다"，也
指为了不让看到罪犯的脸而在罪犯头上戴的圆筒样的东西，或者指
采蜜时套在头上的网状的圆形帽子。因为筛篓比较深，放上东西一
般倒不出来，所以俗语"용수에 담은 찰밥도 엎지르겠네"比喻没
有福气的人即使遇到福气也无法长时间抓住或者会把福气错过。

　　与筛篓类似的还有柳条盘，韩国语为"채반"，因为两者从材质
上类似，所以就有了俗语"용수가 채반이 되도록 우긴다、채반이
용수가 되게 우긴다"，用来讽刺那些坚持自己的不合理主张的人。

　　厨房里还有为了放碗碟而钉在墙上的搁板，韩国语为"살강"，
可沥水，如下图所示：

图片来自최창렬 (2002/2003:132)

俗语"살강 밑에서 숟가락 얻었다[주웠다]"意思是在沥水板下捡到了勺子，比喻捡到别人掉的东西好像发了横财似的正高兴呢，结果主人出现了，所以是白高兴一场；也比喻拿不起眼的东西就像干了很大的事情一样而自豪不已，用于此意时，义同"부엌에서 숟가락을 얻었다"。与"살강"同义的还有"시렁"，有俗语"시렁 눈 부채 손"，因为放东西的沥水板一般都放在高处，所以"시렁 눈"意思是眼眶子高，"부채 손"意思是就像打开的扇子那样张开的手，而张开的手是无法工作的，所以俗语比喻眼眶子高但手却很笨，所以无法成事(최창렬 1999: 323)，类似的还有"실없는 부채손"。汉语一般用"眼高手低"。

搁板还有"선반"，本是从汉字词"懸盤"而来，但之后经历了形态变化，从"현반"发展到"션반"，最后成了"선반"形式，有俗语"선반에서 떨어진 떡"，意思是从搁板上掉下来的糕不费吹灰之力就成自己的了，比喻不费力就得到很大的利益。

韩国人盖饭桌、盖饭时多用一种油纸，称作"식지(食紙)"，有俗语"식지에 붙은 밥풀"，意思是非常少的东西，比喻很少的东西即使弄到好几次但却不明不白地丢了，与"초 판 쌀이라"同义。

韩国人非常重要的料理方式是烤制，并且是用木炭的明火烤，因此木炭对韩国人来说也成了非常重要和常见的物品，有俗语"숯은 달아서 피우고 쌀은 세어서 짓는다"，意思是烧木炭前先用秤称一称，做饭前先数数米粒，比喻非常吝啬。木炭的颜色是黑色的，与此相关有"숯이 검정 나무란다"，意思是木炭训斥黑的东西，比喻只看见别人的短处，看不见自己的短处。

1.3.8 器具的毁损和修补

上面分析的器具过去很多都是土器、陶瓷的，容易破碎，要小心拿放，所以就有了很多俗语和惯用语，如"깨어진 요강 단지 받들듯"比喻小心侍奉的样子，类似的还有"언 소반 받들듯"。

陶瓷有普通陶、精制陶，精制陶主要有粘土质、石灰质、长石质、熟料质等四种。其中长石质精陶以长石为熔剂，是陶器中最完美和使用最广的一种。这种陶瓷韩国语多称作"사기(沙器/砂器)"，近义词有"사그릇、사기그릇"，因为这种瓷质器皿非常容易碎，因此可以用来比喻人很脆弱。

例如，电视剧《다시, 첫사랑, 50회》中，当이하진担心妈妈受打击而出毛病时，妈妈说道：

(145) 니 엄마가 뭐 사기그릇인 줄 알아? 니 엄마 세상 풍파
　　　다 겪어서 그 게 뭐라고 충격을 받아? 你以为你妈是瓷
　　　娃娃呢？你妈我经历了世上无数风雨，那种事算什
　　　么？我能受打击？

汉语多用"瓷娃娃",不过汉语的"瓷娃娃"还有其他隐含意义,如可爱、大眼睛、我见犹怜。另外,医学上的"成骨不全症(脆骨病)"患者也被称作"瓷娃娃"。

此外,汉语有"摔盆子砸碗",意思是有些人吵架或不如意时会采用摔东西的方式来发泄,与此相关,韩国语也有"사기 접시를 죽으로 엎칠 것 같다",意思是闹得好像一打瓷器也要给摔了,比喻拼命折磨人,那架势好像要做出什么大事来一样。

除人为原因外,缸年岁久了也会出现裂纹,最终会破碎,俗语"틈 난 돌이 터지고 태 먹은 독이 깨진다"意思是有征兆的事情最终会实现的,比喻某种毛病或弊端最终带来的肯定是失败。

在过去,很多瓷器坏了并不直接扔掉,还要焗起来再用,韩国语用"꿰매다",与此相关的俗语是"깨어진 냄비와 꿰맨 뚜껑",比喻各自都有一个缺点,是"五十步笑百步"。有时也用"땜、땜질"。

不过焗好的东西已经不是原样了,所以韩国语"깨어진 그릇[시루]"比喻无法恢复原样或者回到从前,如(146)。而"깨어진 그릇(이) 맞추기"比喻已搞砸的事情即使想努力挽回也挽回不了了。尤其是一些瓦器,破了之后更是无法修补,所以"증이파의(甑已破矣)"意思是甑已经坏了,指事情办砸之后后悔也没有用,如(147)。

(146) 우리 부부 사이는 이미 깨어진 그릇이다. 我们夫妻已经是破镜难圆了。

(147) 인제야, 아무리 후회하면 증이파의지, 소용이 있나.《이해조, 홍도화》现在不管怎么后悔,但碗已经破了,还有什么用啊?

器皿中也有木制的。木制器皿坏了之后会用松树根的白色液质东西来修补，称作"솔뿌리"。但是因为松树根汁的作用是对付小器皿的，所以俗语"마당 벌어진 데 웬 솔뿌리 걱정、뒷집 마당 벌어진 데 솔뿌리 걱정한다、마당 터진 데 솔뿌리 걱정한다"用来嘲笑用不合适的东西来收拾残局的蠢样。

1.3.9 碗筷材质与礼物文化

中国的文化是瓷碗和竹筷文化，而不是不锈钢的餐具文化，所以中国人送礼物一般不会送这些东西。韩国一般百姓家里多使用不锈钢的餐具，如图1所示，尤其是平民饭店餐具文化里，不像中国是瓷质、竹制的。对去韩国旅游的中国人来说，这种不锈钢餐具文化比较有吸引力，所以中国游客回国时一般会买几套饭碗和勺子筷子回国当礼物送人，也就是说对文化的认识影响到了他们的认知。

正像唐晓峰(2012:103)提到筷子是中国文化的特色提示一样，韩国的不锈钢餐具文化也是韩国文化的一种特色提示。正是受到这种特色提示的影响，导致中国人才会发生认知的变化，认识到餐具也可作为小礼品买来送人。

图1 不锈钢碗筷，图片来自网络

图2 방짜 유기, 图片来自《밥그릇에 담긴 한국인의 혼》

实际上，中国也有不锈钢的碗，但主要是给小孩用的，防止摔破。这就牵扯到文化特质的问题。特质的东西虽然具有象征意义，但非特质的部分也是不可或缺的(唐晓峰 2012:103)。虽然说，不锈钢碗筷是韩国饮食器具的特质文化，但不代表瓷质的器具是不存在的；正像中国是瓷质、竹制餐具的特质文化，但并不是说不锈钢的餐具是不存在的。

韩国社会最初的金属制碗筷是"방짜 유기"(如图2)，最初是高丽时代的上流社会开始使用，朝鲜时期两班贵族也开始使用，朝鲜后期开始波及到一般百姓家庭(《밥그릇에 담긴 한국인의 혼:4》)[21]并且当时这种金属制品是比较贵重的东西，如电视剧《칠일의 왕비, 14회》中就有这样的情节，在准备女儿与一国之王结婚所用的婚需用品时，신채경的妈妈要购买金属制品，신채경感到不理解，说：

(148) 무겁기만 하고 싫습니다. 어머니. 저기 있는 저것들이
　　　마음에 듭니다. 예쁘고 소박하고⋯⋯왜 이렇게 많이

21　《밥그릇에 담긴 한국인의 혼》是신기방기팀制作的研究报告。
　　http://www.lgchallengers.com/wp-content/uploads/global/global_pdf/2017_G0659

사셔? 그것도 죄다 비싼 것으로만… 이렇게 沉, 我不喜
欢。妈, 我喜欢那边那种。漂亮还很质朴……您怎么
买这么多啊？而且还都买了这么贵的……

如上，剧中申채경所说的就是瓷器，而昂贵的指的就是金属制
品。由此可见，在当时的朝鲜，瓷制品是普通用品，而金属制品是
高贵的象征。

韩国解放后，老百姓开始使用煤炭来生活，因为"방짜 유기"
会因此发生变色现象，所以人们开始改用不锈钢的碗筷，"방짜 유
기"开始远离了人们的日常生活。[22]

1.4 烹饪方式

中国各地的菜肴烹饪方式有三十多种，如"煮、蒸、焯、烤、
烧、爆、煎、炸、烹、溜、贴、焖、熬、煨、熏、卤、腌、拌、
涮"等(赵永新 1993:55)，此外还有"盐焗、泥烤、拔丝"等。这些
烹饪方式有的也用来作比喻，例如，"烤"在以前称作"炙"，所以有
了成语"脍炙人口"，而现在出现的"炒作、炒房、开涮、乱炖五千
年、水煮历史"等也是烹饪方式的语义扩张。有时根据谐音，还会
出现"怎么办？凉拌！"类表达。中国的各种烹饪方式中以煎炸烹炒
为主要制作方式，而这些都离不开火，所以"火候"就非常重要，
导致"火候"产生了很多比喻意义，可比喻道德、学问、技艺等修

---

22   引自《밥그릇에 담긴 한국인의 혼:4》。

养工夫的成熟，还可比喻关键时刻、紧要时机。

中国的烹饪技术还被"迁移"到刑法上，产生了一批与此有关的酷刑，其中"醢刑"指将尸体剁成醢(即肉酱)；"脯"指将人做成肉干；"炮烙"指将人绑在大火炉的金属外壳上烤成熟肉；"镬烹"指将人扔到锅里煮成肉羹；"下油锅"指将人丢进滚烫的油锅里炸死；此外还有"剥皮、抽筋"等(孙隆基 2015/2017:46)

韩国饮食的烹饪方式主要有以下几类：

[表6] 韩国的烹饪方式

分类		与烹饪有关的词语
事前准备工作(1)		닦달하다 择菜、收拾、拾掇
上义词(1)		요리(料理)하다
下义词	在火上直接煎烤(2)	굽다(烤)、그슬리다(烤)
	用火间接制作(3)	굽다、그슬리다、볶다(在平底锅上炒)
	用油(4)	굽다、지지다(煎、熬)、볶다(炒)、튀기다(炸)
	直接用水(11)	끓이다(烧开)
		삶다(煮)、익히다(煮熟/炖烂)、데치다(焯)、짓다(做)、쑤다(熬粥)、조리다(熬/炖)、고다(炖/熬)、졸다(熬干)
		달이다(煎药)
		우리다(泡、沏)
	间接用水(1)	찌다(蒸)
	用大量盐、糖(2)	절다、절다(腌制)
	包、发酵(1)	빚다(酿)
合计(26)		

155

如上，韩国人的烹饪方式共有26种表达，可分为事前准备和直接的烹饪，直接烹饪还有上义词"요리하다"，是汉字词，其下义词的烹饪方式都是固有词。从烹饪类型来看，韩国人最常用的是用水的烹饪方式，其次是用火，用油的烹饪方式表现不突出，而中国代表性的"煎炸烹炒"基本都与油有关，两者形成鲜明对比。另外，韩国语里的这些烹饪方式中有的本身发展出了比喻意义。

　　这里分析蒸、酿两种方式。首先看"蒸"。韩国语里蒸为"찌다"，是用热气来蒸，或者比喻就像用热气熏一样变热。因为蒸的东西一般会变软，所以韩国语有了俗语"찐 붕어가 되었다"，比喻没了气势，变得不像样。"찌다"的名词形式是"찜"，指各种蒸食；也指蒸或煮的没有汤水的食物；也指热敷或冷敷；也指用热水泡澡或用热沙子来覆盖身体以达到治疗的目的。惯用语"찜 쪄 먹다"指心眼、才干、手段等非常超群，不是别人可以相比的，如(149a)；也比喻伤害别人，或者使别人无法行动，如(149b)。这两个意义分别是借用将对方煮着吃了来比喻超过对方或伤害对方，并且第一个意义表达的是一种比较意义，汉语多用"感天地泣鬼神"，因为在人类心里有"对天地的畏惧""鬼神的技能超过人类"等思想。当用于第二个意义时，可以直译，但汉语在表达类似意义时一般用动词"吃"，但很少再添加表示具体烹饪手段的"蒸煮"。

(149) a. 우리 어머니는 귀신 찜 쪄 먹게 바느질 솜씨가 좋다.
　　　　我母亲的针线活好得感天地泣鬼神。

　　　b. 나를 찜 쪄 먹으려고 들지만 그렇게 쉽게는 안 될 거다. 你想把我(蒸着)吃了，但是想得逞可没那么容易。

烹饪方式还有"酿制"。汉语的"酿"指利用发酵作用制造酒、醋、酱油等；也可动词发生名词化，指"酒"，如"佳酿"；此外，"酿"所包含的"利用发酵作用"消失后，可以指蜜蜂做蜜；在此基础上，"酿"的意义逐渐抽象，可比喻形成，有积极意义，如"酝酿"，但也有消极意义，如(150a)，此外还有"酿坏"，如(150b)。

(150) a. 酿成大祸、酿成悲剧、酿成车祸、酿成事故、酿成疾病、酿成不良后果、酿成大火、酿成水灾

　　　b. 素日皆是你们这些把他酿坏了。到这步田地还来劝解。明日酿到他弑君杀父，你们才劝解不成。

　　　《红楼梦(三十三回)》

韩国语"酿"为"빚다"，指用土等材料做，如(151a)；也指和面做成水饺、年糕等，如(151b)，此时汉语多用"包"，另外用于此意时"빚다"还有俗语"빚은 값으로나 떡이라지"，指年糕一点也不像年糕，只有从是包制而成的这一点来看，可以说是年糕，一般当不得不使用那些不像样的东西时，可以用这句俗语。"빚다"也指酿制，如(151c)；另外，也可表示造成某种结果或现象，虽然概念意义与汉语"酿"一致，但其宾语却出现了极大的不同，如(152)。

(151) a. 흙으로 독을 빚다 用土做缸

　　　b. 만두를/송편을 빚다 包饺子/松糕

　　　c. 찹쌀로 술을 빚다 用糯米酿酒

(152) a. 물의를 빚어 죄송하다는 사과문이 신문에 실렸다. 报纸上刊登了致歉书，说对引起这些争议表示道歉。

　　　b. 고속도로 상행선 곳곳에서 지·정체를 빚고 있

다.《동아일보, 2016.10.23》高速路上行线一片停
滞拥堵现象。

c. 진행자의 착오로 진행에 혼선을 빚었다. 因主持人
的失误，造成/导致节目出现了串线。

d. 일부 공사가 차질을 빚고 있다. 造成一部分工程出
现了问题。

e. 폭발로 유리창 수백 장이 깨지고 주민이 대피하는
소동을 빚었다. 爆炸震碎了数百块玻璃，还造成了
老百姓四处逃避的混乱。

如(152)，"빚다"的宾语分别是"물의、정체 현상、혼선、차
질、소동"，其否定程度要低于汉语"酿成"的宾语，所以"빚다"
对应的汉语多是"造成、导致、引起"等。

酿制过程中最重要的阶段就是发酵，韩国语为"발효(醱酵)"。
发酵过程中，有很多气泡产生，称作"괴다"，如(153a)；也比喻非
常生气或感到冤枉心里就像烧开了锅一样冒火，如(153b)；还比喻许
多人聚在一起闹哄哄的，如(153c)。

(153) a. 날씨가 너무 더워 술이 부걱부걱 괴다 天气太热，
酒咕噜咕噜地直冒泡。

b. 태영은 부글부글 괴는 듯한 가슴속의 반발을 억누
르고 자리에서 일어섰다.《이병주, 지리산》太英按
捺住心中升腾起来的强烈的反抗之心从座位上站
了起来。

c. 사람이 괴는 잔칫집 앞마당에는 발 디딜 틈도 없었
다. 办喜事的人家里，院子里到处是人，连插脚的
地方都没有。

1.5 饮食习惯

1.5.1 饭菜的食用

1.5.1.1 捏成团吃

韩国人喜欢吃"주먹밥",指拳头形状的饭团子,也指用手捏着吃的饭,有时也用"주먹밥"来比喻拳头,如电视剧《빛나라 은수,111회》中,当看到최여사不仅住到自己家里来不说,还强词夺理,김여사不禁生气地说道:

(154) 야, 육이오 때 먹었던 주먹밥 슬슬 올라오구만. 내가
살다 살다 보니 이런 노인네 같은 사람 처음 봐. 야,
朝鲜战争时吃过的拳头大的饭团子慢慢地又上来了
(, 真想给你一拳头!)我活这么大年纪,你这种老太
婆我还真是第一次见啊。

1.5.1.2 包饭

韩国人还喜欢包饭吃,称作"쌈01、보쌈03(褓-)",这种吃饭方式具有丰富的内容,可以从以下四个方面来分析:

从包饭的方式来看,有两种方式。第一种方式指将牛头或猪头煮熟去骨后用布包包住,上面放上沉重的东西使其变硬,然后再切成小块吃,类似于中国的"肉皮冻",只是中国肉皮冻的材料多是猪皮。"보쌈03"的第二种方式指将煮熟的猪肉切成片再与白菜心或包

饭用的泡菜一起吃，也可用脱了水的白菜叶或生菜叶包着吃。

从包饭的内容来看，一般被包来吃的主要是肉类。这种吃法称作"고기쌈、육쌈 包肉"，这代表的是一种比较富裕的生活方式，由此产生了俗语"가랑잎으로 똥 싸 먹겠다"，意思是有钱人习惯了吃包饭，如果哪一天突然家道中落，但吃包饭的生活习惯却一时难以改变，所以到了用干草叶子来包屎吃的地步，比喻穷得无药可救了。

从包饭的外包装材料来看，材料丰富多样，如下所示：

(155) 김쌈 紫菜包 깻잎쌈 苏子叶包 다시마쌈 海带包 계란쌈/알쌈/달걀쌈/계란포 蛋饼包 머윗잎쌈 蜂斗菜包 뭐쌈/해삼전 海参包 미나리잎쌈 水芹包 미역쌈 裙带菜包 밀쌈 面饼包 배추쌈 白菜包 배추속대쌈/속대쌈 白菜心包 색쌈 鸡蛋包 석이쌈 石耳包 쑥갓쌈/동호포(蒿蒿包)蒿蒿包 아욱쌈 锦葵包 알조개쌈 文蛤包 얼간쌈/반염송포 咸白菜包 연잎쌈 莲叶包 전복쌈(全鰒-) 鲍鱼包 질경잎쌈/차전초엽포 车前草包 참죽잎쌈/연엽포/참죽쌈/춘엽포 椿芽包 취쌈 东风菜包 통김치쌈 大泡菜包 호박잎쌈 南瓜叶包

如上，这些都是用外包装的材料来命名各种包饭。即用生菜包着吃的东西称作"상추쌈、와거포(萵苣包)"。用来包肉的生菜叶也叫作"상추쌈"，如"상추쌈을 싸다"。

关于生菜、莴苣，其实这两个词指的是同一类事物，只不过由于吃法的不同，前者是包着吃，后者是炒菜吃，所以导致种植方法出现不同，最后两种蔬菜的命名方式也出现了差异。此外，这种蔬

菜还有一种俗名，叫"千金菜"。据说，当高句丽使臣到中国时，当时的隋朝人花重金购买了韩国人带来的生菜种子，因此而得名(최창렬 2006：58)。

过去没有饭盒、瓶子等工具，给他人送饭时一般会把饭装在瓢里然后用包袱包起来提着去，称作"박쌈"，也指作那种用途的瓢子。

包饭还有其他配料或配食，如米饭、泡菜、酱、萝卜等，分别称作"쌈밥、쌈김치、쌈장、쌈무"。因为韩国人在包饭吃时多放辣椒酱，所以有了俗语"상추쌈에 고추장이 빠질까"，比喻人与事物紧密相关，形影不离。

1.5.1.3 汤水下饭

韩国人吃米饭喜欢喝汤，这种吃饭方式催生了很多的汤饭，例如"장탕반(醬湯飯)、장국밥(醬--)、온반、탕반(湯飯)、국밥、술국밥"，还有专门的"탕반메뉴"。其中代表性的就是"국밥 汤饭"，如(156)。

> (156) 국물을 조금 먹다가 정석대로 밥을 말았다.《조선닷
> 컴, 2016.11.13》喝了点汤之后，就按照常规模式把
> 米饭放进去泡着吃了。

如上，"汤饭"是韩国人的常规吃饭方式。吃这种饭时，一般"국 汤"与"밥 饭"各自做好，吃的时候，可以将米饭放入汤中，相当于泡饭，这种吃饭方式叫作"말아먹다"。"말아먹다"是多义词，还可以比喻使事业失败、财物散尽，如(157)。

(157) a. 옛날에 내가 니 엄마 몰래 줬던 500만원도 다 말아
먹었냐?《아이가 다섯, 3회》之前我背着你妈给你
的五百万也都搭进去/赔光了？

b. 그래서 내가 말한 것 잘 알아보라는 거야. 하라를 한
번에 말아먹는 제일 좋은 방법이니까.《사랑이 오
네요, 72회》所以我才让你好好调查清楚我给你说
的那件事。因为那是让哈拉(酒店)一次玩完的最好
的办法。

根据"국밥"与"말아먹다"两者的密切关系,"국밥"还可以
用作外号，如(158)，汉语用"泡汤"来表达,这与韩国语具有异曲同
工之妙。

(158) (그 사람이) 별명이 국밥이야. 야심차게 사업을 시작했
다가 줄줄이 말아먹었어.《달콤한 원수, 28회》他的
外号叫"汤饭"，因为他雄心勃勃开展的事业最终都
泡了汤。

不仅仅是泡在汤里吃，即使没有汤，韩国人还会把米饭泡在水
里吃，称作"물만밥"，也称作"물말이、수반(水飯)、수요반、수
화반"，这样吃便于吞咽，所以就有了俗语"물만밥이 목이 메다"，
意思是吃水泡饭还咽不下去，比喻非常伤心导致哽咽。
有时，韩国人也会汤和饭分开来吃，所以就出现了"따로국
밥"，有时用来比喻事情各是各的。汤与饭单独吃时，单独吃的饭称

作"된밥",[23] 如果没有汤，只有米饭，这样吃的米饭称作"마른밥、건밥(干饭)"。没有菜干吃饭，则称作"맨밥"。另外，"국밥"还指韩国女人坐月子一般喝的裙带菜汤和米饭，也称作"첫국밥"。

1.5.2 重视早餐和零食

刘畅(2012:13)在《走读韩国》中曾发出疑问："韩国人有在外吃早点的习惯吗?"，作为不太了解韩国文化的人，产生这样的疑惑是比较正常的。而从汉语的"早点"也能看出，对中国人来说，早饭并不是很重要，中国人的早饭普遍比较简单。但早饭对韩国人来说却是最重要的一餐，并且还讲究要吃米饭，父母每天给孩子准备的早餐往往比较丰盛。如果在韩国人家里寄宿，一般主人都是给准备早晚两餐。韩国人的这种文化是自古有之的，韩国传统古典小说《沈清传》中，当沈清被拉去祭神之前，给眼盲的父亲所准备的也是"最后的早餐"，而不是"最后的晚餐"，从这里也可以看出早餐对韩国人的重要性(黑田勝弘 1983/1985:228)。

与早饭有关，韩国语有俗语"서울 아침이다"，比喻就像过去首尔贵族家吃的早饭一样，吃早饭吃得很晚。但随着社会节奏大大加快，有的韩国人也养成了在外吃早点的习惯，尤其是单身一族，但是样数一般不太丰富，韩国人早餐主要吃"김밥、설렁탕、해장국、죽"等，当然有的人也会选择吃面包、喝牛奶。

韩国人不仅重视早餐，还有吃零食的习惯，这种习惯主要与农耕生活有关，在早中晚三餐之间，一般会吃"새참"，所以合起来是五餐，如果再算上晚上的"야식(夜食)"或"밤참"，则是六餐。随

23　"된밥"还指做的比较硬的米饭。

着城市生活的普及，虽然大部分韩国人不再从事农业生活，但是这种饮食习惯却依然被保留了下来，比较常见的就是韩国人吃完正餐之后就马上吃零食，在工作场所一般也会在两顿正餐之间额外准备简单的饮食。

1.5.3 喝凉水的习惯

韩国人喜欢喝凉水，与凉水有关的表达有"찬물、냉수(冷水)"，但两者的用法不太相同，其中，"찬물"可形成多种惯用语，其中"찬물을 끼얹다"意为泼凉水；"찬물도 상(賞)이라면 좋다"意为只要是奖励的东西，不管什么都好；"찬물도 위아래가 있다"比喻任何事都有顺序，要按照顺序办事。此外，还有"찬물에 돌(같다)"比喻高风亮节，而"찬물에 기름 돌듯"比喻互不相融，各是各的。

"냉수"一般指饮用水，所以总是与"맛、먹다"结合，凉水有两个特点，不同的特点形成了不同的俗语和惯用语。具体如下：

第一，根据其"凉"的特点，可与"끼얹다"结合形成惯用语"냉수를 끼얹는 것 같다"，比喻妨碍进展顺利的事情使无法进行，如(159)。"냉수 먹고 속 차려라"也是着眼于"凉"的特点，用来嘲弄那些没有自知之明的人，让他们振作精神，如(160)。

(159) 화가 난 아버지의 등장으로 갑자기 방 안은 냉수를 끼얹는 것 같았다. 怒气冲冲的父亲一进来，房内就像被泼了冷水一样，安静了下来。

(160) a. 당장 냉수 먹고 정신 차려요.《월계수 양복점 신사

들, 17회》赶紧喝点凉水清醒一下吧。

    b. 일찍감치 냉수 마시고 속 차려.《최고의 연인, 33
        회》你还是赶紧喝口凉水，清醒一下吧。

第二，因为凉水没必要再吹着使其降温，所以俗语"냉수도 불어 먹겠다"用来嘲笑那些过于小心的性格。

第三，凉水没有味道、没有营养，所以俗语"냉수 맛 같다"意思是什么味道都没有；"냉수에 뼈뜯이"意思是把从骨头上剔下来的肉放在凉水里，比喻没有味道的食物，也比喻没滋没味的人；"냉수 먹고 갈비 트림 한다"意思是喝凉水打排骨嗝，比喻做了一点小事但却像干了什么大事一样得意洋洋；"냉수 먹고 이 쑤시기"意思是就像吃了好东西一样剔牙，比喻没有什么实际内容但却假装有东西。"냉수 먹고 된똥 눈다"意思是喝凉水拉粘稠的大便，比喻不起眼的材料产生了非常好的结果。

第四，凉水很软，所以"냉수에 이 부러진다"意思是因不起眼的事情而惊慌失措，比喻一点也不合事理的匪夷所思的情况。

"찬물、냉수(冷水)"的反义词是"온수(温水)、더운물"，但两者都没有相关的俗语和惯用语。

1.5.4 饮酒的习惯

中国的酒文化自古有名，有很多诗人还专门写作关于酒的诗篇，如《全唐诗》就收录了李白1050首诗，其中160多首涉及酒；而杜甫现存的1300多首诗中有200多首也是与酒有关的（马未都2017(3):142），由此可见，唐朝人非常爱喝酒。这种文化当然一直延续至今。

　　韩国人也喜欢喝酒，但他们喝酒的习惯与中国人有所不同，与喝酒有关的很多表达都发生了语义的变化，呈现出强烈的文化特性，这是与中国文化的不同之处。下面主要从喝酒的人、喝酒方式、喝酒礼仪、酒量、解酒以及对酒的态度等六个方面来分析韩国人喝酒时所表现出的文化特性。

1.5.4.1 爱酒之人

　　韩国语里爱酒之人称作"주객(酒客)、주호(酒豪)、음객(飮客)"，有俗语"주객이 청탁을 가리랴"，意思是爱喝酒的人不顾忌什么酒，扩而广之，这个俗语也指喜欢的东西是不分什么种类的。总是想找酒喝、馋酒的话，则称作"술탐(-貪)"。无酒不成欢的人则称作"주충(酒蟲)"。因为过去喝的酒多是马格利这样的浊酒，所以韩国语里还产生了派生词"탁보(濁甫)、탁객(濁客)、탁주꾼(濁酒-)"和复合词"탁춘추(濁春秋)"，用来嘲笑非常喜欢喝马格利酒的人，此外，"탁보"还用来比喻性格不干脆的人，也用来嘲笑不知分寸的人。

　　韩国语还有俗语"죽은 죽어도 못 먹고 밥은 바빠서 못 먹고"，意思是粥怎么也喝不下去，饭太忙了吃不下去，意思是想酒喝了。俗语"싫은 밥은 있어도 싫은 술은 없다"比喻极其好酒的人认为酒是最好的东西。喜欢喝酒的人喜欢找酒喝，韩国语里比喻这种人时用俗语"당나귀 새낀가 보다 술 때 아는 걸 보니"，意思是看他对喝酒的时间这么熟悉，看来是个驴驹子吧。

1.5.4.2 不同类型的喝酒方式

喝酒涉及到很多方面，主要可分为八大方面，具体如下表所示：

[表7] 与喝酒方式有关的韩国语

分类		名称		
人(6)		맞술/혼술	술벗/술친구/ 주우(酒友)/ 주붕(酒朋)	
时间(2)		밤술/낮술		
地点(3)		방술(房-)	선술/입주(立酒)	
酒源	自己请酒(2)	술턱	술대접	
	轮流坐庄(1)	술추렴		
	赊酒(2)	외상술	볏술	
	不花钱的(4)	공술(空-)/공주(空酒)	상둣술(喪—)	성애술
下酒菜(3)		깡술/강술	상술(床-)	
酒杯(4)		대폿술/대포	사발술(沙鉢-)	잔술(盞-)
酒的温度(3)		더운술	찬술/냉주(冷酒)	
速度(2)		소나기술/벼락술		
享用 程度	不知味道(3)	벌술01	생술(生-)/풋술	
	罚酒(2)	벌술02(罰-)/벌주(罰酒)		
	闷酒(2)	울홧술(鬱火-)/홧술		
合计(39)				

如上，韩国语里与喝酒方式有关有丰富的表达，多达39种，下面将分别进行分析。

1) 喝酒的人

从喝酒的人数来看，有"맞술、혼술"，其中"혼술"是最近才

出现的现象，即一个人喝酒，从消费层面来看也比较经济。韩国人一般喝酒都是两人以上，这样的人称作"술벗、술친구"等。来喝酒的人称作"술손"，或尊称为"술손님"。

2）喝酒的时间

韩国人一般白天不喝酒，如果白天喝酒会被人认为很异常，所以就有了与此相关的很多表达，如（161ab）。如果大白天一个人喝酒就更让人觉得奇怪，如（161c）。

(161) a. 왜 대낮부터 술입니까?《옥중화, 8회》怎么大白天就喝酒啊？

b. 시간이 몇 신데 벌써 술이니?《최고의 연인, 113회》这才几点啊，就开始喝酒？

c. 저 인간은 왜 혼자서 낮술을 하고 있나?《월계수 양복점 신사들, 12회》他怎么大白天一个人喝酒啊？

与白天喝酒有关，韩国语还产生了合成词"낮술"，虽然《표준국어대사전》收录了"밤술"，但在日常生活中很少用到，因为晚上喝酒被认为是正常行为。也就是说"낮술"是有标志项，是非正常的。

喝酒的时间如果再具体细分的话，可分为饭前喝、边吃边喝、饭后喝。韩国人饭前喝的酒称作"반주(飯酒)"，相当于西方人喝的开胃酒。中国虽然没有开胃酒这种说法，但在家就餐时，有的人也会喝上几杯然后再吃饭，相当于韩国人喝的"반주"，如（162）。但韩国人喝这种酒是点到为止，马上就会上主食，有时甚至在摆桌时就上了米饭了。这与中国、日本等东方国家不同，在中国或日本吃

饭，一般是边吃菜边长时间喝酒，主食都是最后才上，有时最后甚至不要主食。

(162) 반주 한 잔 어떠세요?《그래 그런 거야, 13회》先喝点饭前酒吧？

韩国人边吃菜边喝酒的情况非常少见，一般情况下是饭后喝酒，即先吃饭，然后再单独准备下酒菜"안주"来喝酒。在外面就餐时，也可吃饭后再另外去酒吧专门喝酒。这种饮酒习惯便产生了"일차 一次""이차 二次""삼차 三次"之分，也就是说，吃饭时喝的酒是第一次，之后再专门去喝的酒为第二次、第三次，如(163)。因此，韩国人喝酒一般会到深夜，甚至凌晨。正因为韩国人专门喝酒时一般都会去酒吧，所以一般吃饭的饭店可以称作"밥집"，这是与"술집"相对的。

(163) a. 이렇게까지 했는데 오늘 그냥 이렇게 넘어가시면 안 되지요. 쌤, 2차 OK?《폼나게 살 거야, 25회》我已经做到这个份儿上了，今天可不能就这样过去。老师，去喝第二茬，好不好？
　　　b. 부장님, 2차도 써는 겁니까?《내 사위의 여자, 52회》部长，您请我喝两茬酒吗？

韩国人喝酒到深夜的习惯主要是对在公司上班的人来说的，韩国人把这看成是工作的延长，如果下班就回家会被视作无能的人，尤其是男人。电视剧《사랑이 오네요, 64회》中就有这样一段对话：

(164) 김원장: 나 요즘 말이야. 퇴근이 빨라서 좋은데. 일도
　　　　좋고 승진도 좋지만 나이 더 먹기 전에 가족
　　　　들과 함께 시간을 보내면서 일하는 게 좋은
　　　　거야. 저녁약속 없는 회사, 어때? 我最近下班
　　　　早，感觉挺好的。工作、晋升虽然重要，但
　　　　是在变老之前，一边工作，一边拿出更多时
　　　　间陪陪家人，是好事啊。晚上没有应酬的公
　　　　司，怎么样？

박사장: 역시 김원장님! 현모양처 뺨치는 말씀이십니
　　　　다. 아, 그런 의미에서 우리 회사 내조 좀 부
　　　　탁드리겠습니다. 그럼 저 이만. 果然是金院
　　　　长啊。您这话让贤妻良母都感到汗颜啊。正
　　　　像您说的，那就请您当好我们公司的贤内助
　　　　吧。请慢走。

김원장: 저 자식, 내조 같은 소리 하고 자빠졌네. 지금
　　　　파파제과 사장 되니까 구름 위에 뚱뚱 떠 있는
　　　　것 봤지. 네가 저 자식을 정말…《사랑이 오네
　　　　요, 64회》这混蛋！说什么鬼话呢？贤内助?!
　　　　你这是当上了帕帕制果的社长，感觉不知道
　　　　姓什么了是吧？我真得把这混蛋……

　　上文是刚被贬为文化院院长的김원장与刚升为社长的박사장之
间火星四溅的对话，对话中，김원장说现在下班很早，感觉很好，并
说要创建晚上没应酬的公司文化。而박사장说"您这话让贤妻良母都
感到汗颜啊"，言外之意是，金院长下班这么早真是比女人还女人，
然后后面又说了"내조(内助)"这个词，而这个词意为妻子在家里料

理家务、照看孩子，对丈夫在外面的事业提供帮助，实际上是用这个词影射金院长现在就像女人，所以等朴社长走了之后，金院长是大发雷霆。从这段话中，我们可以看出，对韩国男人来说，早早下班回家往往被认为无能，是被别人来嘲笑的把柄。

喝酒时最后一杯酒为"막술"，有俗语"막술에 목이 멘다"，意思是事情进展顺利，但到最后却出现问题。喝酒时一鼓作气喝完，汉语称作"豪饮"或"牛饮"，而韩国语称作"벌물01"，这个词本是农业用语，俗语"벌물 켜듯"比喻喝奶或喝酒时乱喝、大喝的样子。

3）喝酒的地点

从喝酒的地点来看，有在包间里喝的，称作"방술"；有站着喝的，称作"선술"或"입주"，不过现在韩国人喝酒已经没有了站着喝这种方式，除非是在某种鸡尾酒会上。

4）酒的来源

从获取酒的方式来看，可分为七种类型：第一种是请人喝酒，称作"술대접(-待接)、술턱을 내다"；第二种是轮流坐庄，称作"술추렴"；第三种是赊账，称作"외상술"，在过去还有"볏술"，即等收获了稻子之后再还账的方式；第四种是不花钱的酒，可笼统地称作"공술"，有俗语"공술 한 잔 보고 십 리 간다"，意思是为了喝顿免费酒而不惜走十里的路，反映的是"不花钱的都是好的"这种思想。不花钱的酒代表性的有丧主请抬丧舆的人喝的"상둣술"、主人请帮忙砍价的人喝的"성애술"等。第五种酒是祝贺酒，韩国语称作"축배(祝杯)"，如(165)。第六种酒是"위로주 慰劳酒"。第七种是喝着酒玩乐，韩国语称作"술놀음、술놀음하다"。

(165) 오달님이 복직해서 춤이라도 추고 싶겠구나. 아니면
그 여자랑 축배라도 들고 온 거니?《달콤한 원수, 49
회》吴月恢复工作，你现在该高兴得手舞足蹈了啊？
是不是你已经和她喝了祝贺酒才回来的啊？

5）下酒菜

如果干喝酒没有下酒菜，这样的酒称作"강술、깡술"；如果光
吃菜不喝酒则称作"안주발 세우다"，如(166)，韩国语还有"안주
안 먹으면 사위 덕 못 본다"，用来警告干喝酒不吃菜更容易醉。

(166) 원래 술 잘 마시는 사람 안주발 안 세워요. 술맛 아는
사람 물이면 돼요.《그래 그런 거야, 24회》实际上会
喝酒的人一般不大吃菜。对酒有研究的人，只要有水
(当下酒菜)就行了。

因为一般人喝酒时都会聊天说话，因此成为别人酒桌上的话题
也称作"안주감"，如电视剧《전생에 웬수들, 20회》中，当看到오
나라不告诉自己父亲的消息，최고야威胁要把她抢别人老公这事告诉
她的同学，并说道：

(167) 안 그럼 다음 동창회때 당신은 친구들 사이의 아주 맛
있는 안주감이 될 테니까. 否则的话，下次你同学聚
会的时候，你会成为你朋友之间非常有意思的"下酒
菜"的。

韩国人将人作为下酒菜，即背后谈论他人，这在韩国语里称作

"험담(險談)"。这种习惯被이규태(1991:230-33)称作韩国人特有的"험담병"，而这也被韩国人当作舒缓压力的方式之一。

6）酒杯大小

韩国人喝酒时，有用大酒杯喝的"대푯술"，其中"대포"意为大酒杯，还有一个意义指用大酒杯来喝酒，第三个意义是用大酒杯不吃菜干喝酒。"사발술"指用沙钵喝的酒，也指一沙钵或几沙钵的酒。能够用沙钵喝酒的人，自然酒量很大，所以"사발술"也比喻酒量大的人。

与酒杯有关，韩国语还有"술잔거리(-盞--)"，指能买几杯酒的钱，比喻小钱，如：

（168）내게는 소주 한 병을 살 정도의 술잔거리밖에 없었다.

我只有买瓶烧酒的钱。

7）酒温、喝酒的速度、声音

酒根据温度可分为"더운술、찬술、냉주(冷酒)"。喝酒时一般都是细品慢饮，但如果速度非常快，一般都是有意为之，就成了非正常的，成了标志项，所以韩国语有"소나기술、벼락술"。喝酒尤其是喝白酒时，一般会发出"嘀嘀"的声音，韩国语用副词"쫄쫄"来表达，所以"쫄쫄이"多用来作为酒的隐语，如(169)，汉语可以用"嘀一盅"。

（169）왕만아, 오늘 기분도 그렇지 않은데 나하고 쫄쫄이 한잔 빨아 보겠니?《박태순, 어느 사학도의 젊은 시절》

王万啊，今天心情也不好，和我嘀一盅，怎么样？

8）享用程度

韩国人喝酒时来晚或说错话时，有喝罚酒的习惯，称作"벌술（罰-）、벌주（罰酒）"。中国人喝酒晚来的一般罚酒三杯，韩国人也有同样的规矩，称作"뒤에 오면 석 잔"。

喝酒最终是为了享受，但有时却无法品味而是一饮而尽，这种酒就没有多少味道，韩国语里称这样喝的酒为"벌술、생술、풋술"。如果生气喝闷酒也是喝而不知味，韩国语称作"울홧술（鬱火-）、홧술"。有时喝酒也是因为心情不佳，所以韩国语会说：

(170) 사는 게 너무 외롭고 힘들어서 죽지 못해 사는 시간들
　　　이 많았어. 그때 내가 마신 술이 술이 아니라 내 눈물
　　　이었던 것 같아.《달콤한 원수, 92회》那时过得太孤
　　　独、太辛苦，所以很多时间都是勉强挣扎。那时我喝
　　　的好像不是酒，而是我的泪水。

如果高兴时喝酒就会觉得酒很好喝，所以韩国人会用"달다、달달하다"来表达，如(171)。

(171) 오늘 술이 달달하다. 달님도 있고 재욱도 있고 대표님
　　　도 계시고.《달콤한 원수, 92회》今天的酒喝着真香
　　　啊。月儿也在，再旭也在，代表您也在。

1.5.4.3 喝酒的礼仪

1）向长辈学习喝酒

韩国语里有这样一句俗语"술 배우려거든 술버릇부터 배워야 한다"，意思是学喝酒前先学喝酒的礼仪，而为学喝酒而喝的酒称作 "배움술"。正像"공술에 술 배운다"所说，所谓的学喝酒开始都是在别人的强哄硬劝下开始的。

韩国人认为学喝酒要向长辈学习，俗语"웃어른 모시고 술을 배워야 점잖은 술을 배운다"则反映了这种文化，因为只有在长辈面前学喝酒，才会将应该注意的礼节等学会。例如，电视剧《수상한 삼형제, 6회》中，妹妹要学喝酒，姐姐어영说道：

(172) 아버지 술 가르쳐주신다 하셨으니 기다려. 爸爸说要
　　　教你喝酒了，再等等。

由此可见，对韩国人来说，酒文化中的礼仪是非常重要的。

2）自己不倒酒

韩国语里表示自酌自饮的词语有"자작하다(自酌)、자작자음(自酌自飮)、독작(獨酌)、독배(獨杯)"，并且如果自己倒酒喝会显得"궁상맞다"，即非常潦倒，如(173)。

(173) 궁상맞게 왜 혼자 이렇고 있어? 你可怜兮兮地自己一
　　　个人这是干啥啊？

韩国人即使两个人在一起喝酒，一般也不自己倒酒喝，如

（174），허세달与왕호박是夫妇，但왕호박年龄比老公大，所以两人喝酒时，不但要互相倒酒喝，而且还要计较谁先给谁倒。

> （174）허세달: 자, 서방님한테 한 잔 따라 봐라. 来，给你老
> 公倒一杯。
> 왕호박: 까불고 있어. 누나한테. 누나먼저. 你能什么
> 啊？给你姐我倒。先给姐姐倒。
> …
> 왕호박: 따라봐. 倒啊。
> 허세달: 네, 누나. 《왕가네 식구들, 6회》是，姐姐。

再如电视剧《화려한 유혹, 41회》中，강석현与신은수两人在一起吃饭时，강석현先给신은수倒了一杯酒，之后把酒瓶伸向신은수，并说:

> （175）나도 한 잔 주게. 你也给我倒一杯吧。

正因为韩国人这种自己不倒酒的习惯，所以有了俗语"반 잔술에 눈물 나고 한 잔 술에 웃음 난다"，意思是给别人倒酒时，酒倒满了让人开心，倒少了就会让人伤心，用来比喻既然给别人东西，就要尽量让对方满意，否则反而会失去人心。

韩国人的这种倒酒方式也影响了韩国的餐饮服务方式，一般韩国传统餐厅里没有专门倒酒的人，因为是喝酒的人互相给对方倒酒，除了部分西餐厅会有服务员专门给倒红酒。不过韩国餐厅里有负责给拿酒杯、上菜的人，称作"술심부름"。这与中国不同，中国人在高档酒店喝酒时，一般都有专门负责倒酒的服务人员。

韩国语里表示对饮的固有词是"주거니 받거니 推杯换盏",汉字词是"수작(酬酌)",喝酒对饮时,一般肯定也会你一言我一语地说话,所以"수작"还指互相对话或那样所说的话,如"수작을 떨다/부리다/붙이다/건네다"。此外,喝酒尤其是喝醉后的言行一般也是有碍观瞻的,所以"수작"产生了另外的意义,即贬称别人的话、行动或计划,汉语有时也用"说醉话"来表示对对方言语、行动的不满。

与喝酒有关,还有一些源于喝酒但现在已没有喝酒之意的词语,如"작정(酌定)"指根据事情的状况作出决定,"참작(参酌)"指左右分析比较、考虑,这两个词与汉语一致。但韩国语还有派生词"무작정(無酌定)",指没有提前定好多少或者怎么做,如(176)。"무작정"也指不分好坏。汉语没有这种用法。

> (176) 아들과 남편을 버리고 무작정 서울에 올라온 것이었다.《어둠의 자식들》把儿子和老公扔掉,自己没有任何计划地来到了首尔。

1.5.4.4 酒后表现

1) 酒量

韩国语里酒量称作"주량(酒量)、주수(酒數)、주호(酒戶)",酒量小可用"홀짝술",意思是够咪一口的酒,指酒量很小。而"사발술(沙鉢-)"指一碗酒,比喻酒量大。与两者相关有俗语"홀짝술이 사발술[말술] 된다",比喻不能喝酒的人慢慢地喝起酒来,酒量开始变大。因为酒都喝到肚子里,所以韩国语也用"술배"来比喻能喝酒的肚子,如(177),"술배"也指因喝酒而长出的大肚子。

(177) 그는 술배가 큰 주당이다.他是个酒量很大的酒鬼。

汉语如果指一个人酒量很大会用"海量"来比喻，指喝酒能喝像大海一样的量，而韩国语里类似地用"억병"来比喻，指极多的酒，如(178a)；"억병"也指酒量大，如(178b)；"억병"也指喝酒喝多了的状态，如(178c)。汉语根据不同意义有不同的表达。

(178) a. 그 여자는 고개와 팔을 아래로 툭 떨어뜨렸다. 정말
억병으로 마신 듯했다.《황석영, 몰개월의 새》那
个女人的头和胳膊一下子垂了下去。看样子真是
喝大发了。

b. 술이 억병이니 그만큼 마시게 해서 돌려보내는 수
밖에 없다고 했다.《황순원, 별과 같이 살다》说他
是海量所以不得不让他喝那么多才送他回去。

c. 한꺼번에 와락 취하기 시작하여, 미구엔 억병이 돼
가지고 정신을 놓았다.《채만식, 냉동어》一下子醉
了，不久就喝得不省人事了。

韩国语还有"술독"，指具体意义的酒缸，如"술독에 치마 두르듯"，意思是就像给酒缸围上裙子，比喻上搭下挂，缠了很多东西的样子。"술독"还多用于"술독에 빠지다"结构，可以指喝了很多酒，如(179a)；也指过醉生梦死的放荡日子，如(179b)。"술독이 되다"比喻喝酒喝多了，如(179c)。"술독"还比喻人，是对嗜酒之人的调侃用语，如(179d)。

(179) a. 술독에서 빠졌다 나왔나 본가 봐.《우리집 꿀단지,

66회》这是掉酒缸里爬出来的吧？

b. 너 지금 술독에 빠져 있을 참이야?《최고의 연인,
91회》你现在是喝酒的时候吗？

c. 너 상사랑 회식하는데 정신줄 놓고 술독이 된 거야?
《우리집 꿀단지, 33회》和领导聚餐时，你晕头，
喝大了？

d. 그는 술을 얼마든지 마실 수 있는 술독이다. 他是个
喝酒不够量的酒鬼/酒晕子。

　　韩国语里有时也用"술고래、고래、고래술、술꾸러기、술꾼、
호주(豪酒)、대주(大酒)"等来比喻能喝酒的人，如(180)。其中，
"고래술"除了指酒量大的人，也指所喝的大量的酒。日语里比喻酒
量大的人也用鲸鱼，如"长江鲸"(内山完造 2015:121)。

(180) 맥주까지 술술. 너 혹시 술고래야?《불어라 미풍아, 14
회》啤酒也喝得溜溜的，你是不是酒桶/酒篓子啊？

　　如果喝酒不醉则是福气了，而这种能力称作"부줏술(父祖
▽-)"，意思是代代相传能喝酒，也就是说，韩国人认为人的酒量是
天生的。而"부주(父祖▽)"指出生时就继承下来的素质或性情。

　　如上，关于酒量大的表达特别多，但是与酒量小有关的表达特
别少，只有俗语"주모(酒母) 보면 염소 똥 보고 설사한다"，意思
是酒量一点也不行。

2) 醉酒

酒喝多了，肯定会喝醉。如果比喻半醉，用汉字词"반취(半醉)、반빙(半氷)"，"반빙"本义是冻僵或冰块，之所以比喻半醉，可能是因为喝醉酒时，人的身体僵硬、不灵便了，与冰块产生了相似性，如(181)。

> (181) 그는 어제 잔칫집에서 술을 마시고 반빙한 상태로 돌아왔다. 昨天他在别人宴席上喝酒喝到半醉不醒才回来的。

喝醉酒走路就会东倒西歪，站不住，韩国语用"고주、고주망태、모주망태、고주망태할아버지"来表达。这些词之所以表示人醉酒，是因为韩国过去酿酒的工具之一是"고조"，指酒槽子，后来变形成为"고주"。"모주"为酒糟，"망태"意为网状东西，所以"고주망태、모주모태"就是酒篓，因此与醉酒产生了关联性，比喻意义成立。而"고주망태할아버지"是强调意义。

因为醉酒的人走路东倒西歪，所以韩国语里还借用喝醉后过独木桥来作比喻，如"취객이 외나무다리 잘 건넌다"，比喻看起来很危险，好像做不到，但最后却能坚持下来。因为醉酒的人走路是手舞足蹈，所以韩国语还用"반춤(半-)"来比喻喝醉酒歪歪扭扭地走路，如(182)。在比喻醉酒后精神不清醒、东倒西歪的样子时，韩国语还用副词"곤드레、곤드레만드레"，如(183)，当然这两个副词也指睡觉后不清醒。

> (182) 언니는 술을 얼마 먹지 않았는데도 걸음걸이가 반춤이되어 갈피를 못 잡았다. 姐姐喝酒也没喝多少，但是

走路就像跳舞似的，摸不着东西南北了。

(183) 남편은 12시를 넘어서 그것도 술이 곤드레만드레해서
돌아왔다. 丈夫过了十二点并且喝得醉醺醺地回来了。

喝酒喝到顶点就会喝得失忆，韩国语用"필름 끊겼다"，如
(184)。喝酒喝醉的记忆并不是什么美好记忆，所以韩国人自古以来
对喝酒有畏难情绪，如俗语"나쁜 술 먹기는 정승 하기보다 어렵
다"，意思是喝不好的酒比做丞相还难，比喻食物中尤其是酒如果要
想不喝多、喝得适量是非常难的。

(184) 상무님까지 나와주셔서 다른 점장들이 전부 나한테
집중공격해댔는데 필름 끊겼어.《왕가네 식구들, 44
회》常务理事也出来了，其他店长们都集中攻击我，
所以就喝断片了。

喝醉在韩国语里还用汉字词"취하다(醉--)、심취(深醉)、도
취(陶醉)"，都可以指喝醉，也都指沉浸于某种情况，如(185)。比
喻沉迷时韩国语里还用"곤죽"做比喻。印尼语中的mabuk、mendam
也属于类似表达，都是用喝醉来比喻沉醉于、迷恋等意义(黄树先
2012:299)。

(185) a. 나 누님한테 취해서 내 동생 잃어버린 것도 잊어버
린 거지요.《역적, 8회》我沉醉于姐姐你的温柔乡
之中，连我妹妹丢了这件事都给忘了。
b. 양복 만드는 데 너무 심취해 계셔서 날짜 가는 줄도
모르는 것 아닌가 걱정돼서.《월계수 양복점 신사

들, 13회》我担心您过于沉醉于做西服，是不是忘
了日子了。

c. 특히 정치권은 대책도 없이 이 근거 없는 자신감에
도취한 수준이다.《아시아경제, 2017.01.12》特别
是政治界的水平也不过是陶醉于这种毫无根据、
毫无对策的自信中而已。

3）酒风

喝酒讲究酒风，韩国语称作"술버릇"，也有汉字词"음주벽
(飮酒癖)、주벽(酒癖)、주성(酒性)、주습(酒習)"等。酒风有好坏
之分。不好的酒风就是喝酒后耍酒疯，韩国语用"주사(酒邪)"，指
喝酒后做出的习惯性的不好的言行。有时还用俗语"술 먹은 개"
来嘲笑那些喝得晕头转向耍酒疯的人。耍酒疯也称作"술주정(-酒
酊)"。耍酒疯的人称作"주정꾼(酒酊-)、술도깨비"，耍酒疯非常厉
害的人还被称作"술망나니、술주정꾼(-酒酊-)、술주정뱅이(-酒酊
--)"等。

醉人之所以耍酒疯，是因为在醉人眼里一切都成平等的了，所
以韩国语有了俗语"취중에 무천자(無天子)라"，比喻不论是谁，只
要醉了，就会目无尊长。喝酒后一团糟的情况韩国语用"술난리(-亂
離)"来表达。韩国语还有"소주 5잔에 입이 풀리다"，意思是喝了
五杯烧酒后，嘴就开始不严实了。

4）酒后吐真言

汉语有"酒后吐真言"一说，韩国人也有这样的特性，如俗语
"수풀엣 꿩은 개가 내몰고 오장엣 말은 술이 내몬다"，意思是藏
在草丛里的山鸡会被猎狗找出来，而人们内心的想法则会在酒后被

吐露出来，即酒后吐真言。此外还有很多俗语，如(186)，这些俗语表达的意思都是：平时的想法借着醉酒都说出来，指醉酒后，平时的想法或行动就表现出来了。

(186) a. 술 취한 사람과 아이는 거짓말을 안 한다. 醉酒的人和孩子不撒谎。

b. 외모는 거울로 보고 마음은 술로 본다. 外貌用镜子来照，心灵用酒来照。

c. 취담 중에 진담이 있다/나온다. 酒后吐真言。

d. 상시/생시/평시에 먹은 마음 취중에 난다. 平时的想法喝酒后就都出来了。

e. 에 먹은 마음 취중에 나온다. 酒后吐真言。

1.5.4.5 解酒

汉语里有"醒酒汤"，韩国17世纪的古文献里也出现过"성주탕(醒酒汤)"，但现在已消失。现在韩国代表性的醒酒汤有"콩나물국、선지해장국、뼈다귀 해장국、북어해장국"等，如(187)。

(187) a. 황태콩나물국이야. 니들 어제 한 잔 한 것 같은데.《아버지가 이상해, 16회》是明太鱼干豆芽汤。你们昨天晚上好像喝酒了，是吧？

b. 우리 집에 술주쟁이 너무 많아서 항시 콩나물국이 필요해.《당신은 너무합니다, 12회》我们家里酒鬼太多了，所以常常需要准备豆芽汤。

韩国语里还有"술국"，홍윤표(2009/2010:441)认为"술국"指的是作为下酒菜的汤，但是日常生活中多用来指醒酒汤，如(188)。

(188) 끓였어요. 허구한 날 딸년 술국 끓이는 내 팔자!《아이가 다섯, 14회》已经煮了。天天给闺女煮醒酒汤，我这命啊！

韩国人还用大枣来解酒，这从俗语"양반이 대추 한 개가 해장국이라고"中可觅其踪迹，当然这个俗语比喻的是食物没必要吃很多，吃一点就够了。

韩国人还喜欢用酒来解酒，称作"해장술(解醒▽-)、해장주(解醒▽酒)、묘음(卯飮)"，也就是中国的爱酒人士所说的"用酒冲冲"，不过韩国语有俗语"술은 해장에 망하고 투전은 본전 추다 망한다"，意思是酒鬼用酒来解酒，那就是天天不断酒，最终身体就垮了；而赌徒们为了把本钱捞回来，不断地赌，最后是倾家荡产。

随着社会的发展以及中西方文化的交融，韩国人在解酒问题上也出现了很多的文化冲突，如电视剧《빛나라 은수, 79회》中就有下面的片段：

(189) 김빛나(큰며느리)(늦게 나와서): 아침부터 웬 피자예요? 맛있겠다.(한 조각 집어 먹기)怎么一大早有比萨饼啊。看起来很好吃啊。
이선영(시어머니): 너 아침부터 이 느끼한 피자 먹고 싶니? 你大清早想吃这种油腻腻的比萨吗？
김빛나: 뭐, 냉동이긴 하지만 서양에서 해장으로 피자를 많이 먹거든요.《빛나라 은수, 79회》怎么

了？虽然是冷冻的，但在西方解酒大家都经
常吃比萨的啊。

上面对话是两个儿媳妇晚上喝醉酒后，负责准备早饭的大儿媳起床晚了，所以为大家准备了比萨饼和意大利炒面，正当大家都不满意时，大儿媳妇金빛나却拿起比萨饼吃，并说好吃，而婆婆이선영则吃惊地问大清早能吃的下那么油腻的东西吗？大儿媳的这种习惯是因为长期在美国留学养成的，借用她的话说，就是西方人都用比萨来解酒。

再如电视剧《아버지가 이상해, 23회》中，在美国长大的안중희喝酒后，对변한수说道：

(190) 일단 내일 아침 날 해장시켜줘요. 나 토마토 파스트랑
바닐라아이스크림으로 해장해요. 首先明天早上给我
做醒酒饭，我解酒用西红柿意大利面和香草冰激凌。

如上，不同国家解酒多是用自己本国最传统的饮食，但具体选用哪一种饮食则全是个人的选择。

1.5.4.6 对酒的态度

韩国人对酒的态度具有正反两面性，积极的认识如"술은 백약의 장(長)"，比喻适当饮酒有益身体健康。这里强调的是适当饮酒，但这个度不好把握，所以就有了醉酒一说，也有了俗语"적게 먹으면 약주요 많이 먹으면 망주(亡酒)다"，意思是过度饮酒会出错，也比喻任何事情都要适度。类似的还有"처음에는 사람이 술을 마

시다가 술이 술을 마시게 되고 나중에는 술이 사람을 마신다", 意思是喝酒要注意自己身体的承受力。俗语 "술이 아무리 독해도 먹지 않으면 취하지 않는다" 就告诫只要不喝酒就不会醉，也就是说要斩断醉酒的源头，比喻没有行为就不会出现结果。

对喝酒时的劝酒人，韩国人持的也是否定态度，如俗语 "술 먹여 놓고 해장 가자 부른다" 相当于 "病 给 药 给"，比喻伤害了别人再给别人药吃，也比喻阴险狡猾的人。从这个俗语也可看出韩国人对劝酒人所持的态度是否定的。此外还有俗语 "술친구는 친구가 아니다"，即酒肉朋友不是真正的朋友，表达的是对共同喝酒之人的否定。

频繁喝酒、醉酒对身体不好，容易给身体带来不适，容易产生 "술병(-病)、술탈(-頉)"，具体而言，可有 "술설사(-泄瀉) 拉肚子" "술오한(-惡寒) 酒后寒" "술살 喝酒长胖" 等。因此，很多人尝试戒酒，韩国语里戒酒可用固有词词组 "술을 끊다" 来表达，也可用汉字词 "단주(断酒)"，但这个词有时却产生了制止义，如电视剧《애인 있어요, 21회》的片段：

(191) 사 위: 지금부터 전쟁입니다. 장인어른. 당신이 나한
　　　　　테 칼을 휘두르면 난 총을 쏠 겁니다. 당신한
　　　　　테. 그 총알에 당신 아니라 아무것도 모르고 설
　　　　　치는 당신 아들이 맞을 것 같아 그게 더 걱정
　　　　　입니다. 난. 从现在开始战争开始了。岳父。
　　　　　如果你向我动刀的话，我就开枪。但这枪子
　　　　　不冲你去，而是会冲着你那一无所知但却乱
　　　　　蹦哒的儿子去。这更令人担忧吧。
　　최회장: 걱정하지마. 내 아들이 너 먼저 쏘면 되니까.

내가 널 용서해도 그놈은 절대 널 용서 안할
테니까 내가 널 단주할 수 없지만, 그 놈은, 그
놈이라면 널 단주시킬 수 있어. 不用担心。我
儿子比你先开枪就可以了。即使我原谅你，
但那小子绝不会原谅你的。我无法制止你，
那小子，如果是那小子的话，他一定能让你
悬崖勒马的。

如上，对话中최회장口中的"단주하다"不是戒酒之意，而是
制止意义。

韩国语里还有副词"술덤벙물덤벙"，意思是不管是酒还是水就
往上冲，形容轻举妄动的样子。由此可以看出，韩国人对这种人持
的是否定态度，而间接反映的也是对喝酒人的否定。

正因为韩国人对酒所持的否定态度，所以韩国有这样的招牌
"술은 우리의 원수, 마셔서 없애자"，[24] 意思是酒是冤家对头，把它
喝了、消灭掉！而如果看到一个人喝酒过多，也会说：

(192) 술이랑 원수 졌냐? 你和酒是冤家对头吗？

1.6 与进食动作有关的动词

韩国语里表示吃的动词很多，如"먹다、물다、씹다、뜯다"。

24　这个标语来自박갑수(2015:53)。

表示喝的动词虽然也有很多，但一般都是"마시다"的合成词，表示吞咽的动作只有一个"삼키다"。这些动词及合成词数量的多少实际是人类现实生活的反映，因为吃的东西不同，方式也会出现不同，所以出现了很多表达吃的方式的动词、合成词。而喝的对象都是流质的东西，所以喝这个动作可能出现的只有程度的不同。不管吃喝的动作、方式有多少类型，有多么的不同，但吞咽的动作却没有太大的不同，因此表现在语言上，就是吞咽动词非常少。

从意义类型来看，这些表达"吃、喝、咬、嚼、啃、咽"的动词有一定的共性，多表达消极意义。例如，生食韩国语为"날로 먹다"，比喻不费任何力气而完成某事或者占据某种东西，是贬称，近义表达是"생으로 먹다"。

"물다"有五个意义，基本义为咬，还可俗指占有某种利益或人。"물고 늘어지다"也指抓住别人的话柄，总是计较、追问个不停。

韩国语里"嚼"有多种表达，其中"씹다"是基本词，俗指故意或公开去批评别人的行动或者话语，汉语有"嚼念"。虽然韩国语"씹다、씹히다"与汉语"嚼"意义与用法不同，但是用咀嚼的动作来比喻批评或说坏话，还是有很大的相似性的。咀嚼的动作为什么会产生这种消极否定的意义，可能与这个动作的暴力性有关，维萨(2015:160)提到"在我们的文化当中，如果能不用刀，就尽量不用：因为它锋利而危险，暗示着暴力。对于咬，甚至咀嚼的看法，在那些用手吃饭的人群当中也存在着相似的态度"。中韩两国人虽然不用手吃饭，但对"咬、咀嚼"的看法却也是相似的，所以"물다、씹다"都可以表达消极否定的意义。

韩国语里表示啃咬的词是"뜯다"，"뜯다"还可以与其他动词结合形成"뜯어+-"结构的合成词，或者形成"前缀+뜯다"的派生词

以及"-+뜯다"结构的合成词，尤其是"前缀+뜯다"派生词(如：짓뜯다)和"-+뜯다"合成词(如:쥐어뜯다)多表达消极意义。

韩国语里喝为"마시다"，除了一般意义上的喝义之外，还可表示深深吸入空气或味道。合成词"처마시다、퍼마시다"具有贪婪、胡乱等消极意义。

韩国语里"삼키다"意为吞咽，也指把别人的东西据为己有，也指勉强忍住笑、泪水或声音等。"삼키다"的这种意义具有语言共性，例如，汉语也有"忍气吞声、饮恨、饮泣"，但是搭配比较固定，并且书面性强。而韩国语"삼키다"则没有这种限制，搭配非常灵活，并且口语性强。此外，英语的gulp、德语的schlucken、法语的avaler、葡萄牙语的engolir也都是在吞咽的基础上发展出了忍受、抑制等意义，这些都是消极意义。

综上所述，"먹다、물다、씹다、뜯다、마시다"等动词的意义以及由其形成的合成词表达的大部分都是消极、否定意义。这些消极、否定的意义是如何产生的呢？这让笔者联想到了西方食物画所表现出来的一些特点。

本迪纳(2016:引言 XIX-XX)提到："回顾公元1400年前后的所有食物画，我们发现两种明显的特点：专门或主要描绘水果的画，在数量上远远大于其他与食物有关的作品；极少有作品直接表现人们正往嘴里送食物。……在绘画作品中，偶尔也能看到人们或咀嚼，或把勺放到嘴里，或张大嘴等着往里边送食物。但这些人物形象，要么是没有教养的小孩，要么是滑稽可笑或者邪恶的家伙，他们粗俗、可笑、令人生厌。吃的动作似乎很令人反感。在不那么严肃的讽刺印刷作品中(譬如詹姆斯·吉尔瑞的作品)，正在吃东西的人物形象比比皆是。印刷作品经常表现野蛮、粗鄙的东西，但画家却鲜有人采用这种粗俗的素材。……在一般人眼里，满足人们的需求、纯粹是为了生存而吞咽动物或植物的动作——不管是整个吃下还是切碎后食用——都显得那么粗俗，不宜入画。"

这里所讲的虽然是绘画，但也可以发现，人类对直接的吃喝吞咽这种动作是比较讨厌的，所以人们经常会用这些动作来表现人的野蛮和粗鄙。这就可以解释为什么韩国语里这些动词都用来表达消极否定的意义了。从这一点也可以看出，在吃喝吞咽动作的认识上，人类具有民族的共性。

不过随着时代的发展，网络上出现了很多关于吃喝的视频和广告，这只能说是因为社会发展使得人们逐渐改变了对吃喝吞咽这些行为的厌恶程度。

1.7 小结

饮食代表了个人和群体的身份，表现的是文化、思想、历史。饮食经常被用于庆祝仪式或宗教活动。研究一个民族与国家的文化可以从饮食入手。

饮食语言与文化密切相关，例如饮食分类、饮食器具、烹饪方式、饮食习惯等都充满了浓厚的文化气息。由于不同民族中饮食的异质性更强，所以中韩两国的饮食用语呈现出了更多的不同，这证明饮食更具民族特色与特性，从而导致饮食语言更加异彩纷呈。

第一，从语言形式来看，饮食用语中汉字词占比不超过百分之二十，这说明相对于其他领域来说，韩国饮食语言受中国文化影响较小，出现汉字词较多的是与饮食习惯有关的内容。饮食用语中惯用语表现不突出，其中出现惯用语较多的是饮食器具，这说明这些具体的器物更容易进入惯用语结构中。饮食用语中俗语表现非常突出，共四百多条，这说明韩国人喜欢用饮食用语来作比喻。

第二，各种具体饮食要么产生比喻意义，要么用于惯用语或俗语中来表达比喻意义。这与汉语形成了鲜明的对比。汉语的饮食种类比较突出的特点是关于菜名的寓意，而韩国语多是根据食物的材料、制作方式、味道、形态等特点赋予其比喻意义，并经常用于日常生活中来作比喻，使韩国语充满了乡土特色。

第三，韩国语里的常用饮食器具也都具有比喻意义，或者用于俗语中来表达比喻意义。但是不同器物的重要性是不同的，非常普遍且重要的器物最容易产生比喻意义或者进入惯用语、俗语中，反之则难以产生比喻意义。

例如，瓶子作为现代社会一种非常重要的盛具，是常见之物，但是瓶子产生的历史比较晚，在韩国语里没有找到与瓶子有关的具有比喻意义的词语，由此可以推测，瓶子对韩国人的生活影响较小。再如，与喝茶有关的器物"찻종(-鍾)、다종(茶鍾)、찻종지、다완(茶碗)、찻잔(-盞)、차잔(-盞)"等都是汉字词或者是从汉字词演变过来的，说明过去韩国人的茶文化并不普遍，韩国人喝茶更多地是受了中国人的影响，否则的话，应该存在很多固有词。另外，现存的这些茶具也都没有比喻意义，这反映了喝茶这种休闲文化对过去的人尤其是普通韩国老百姓来说不是非常重要和必需的，倒是"간장종지 酱油碟子"产生了比喻意义，这暗示了韩国人蘸食酱油的饮食习惯以及它的普遍性，而这种饮食习惯与韩国人喜欢吃"包饭"、需要蘸食调料尤其是酱油密切相关。

与瓶子和茶具等词语相反，炊具中的饭桶、锅、汤罐、锅盖、炉子、锅台、缸、坛子、瓮、铜盆、酒壶、饭碗、饭盒、菜篮子等都产生了比喻意义，这说明这些器具比瓶子、茶具重要。但是这些器具也并不是同等重要的，其中锅、缸、坛子、饭碗等更加重要，所以它们的下义词也都产生了比喻意义。

马未都先生的《都嘟》（第二季）中提到，瓷缸是明代以后才开始有的，所以"司马光砸缸"故事里砸的不是缸，而是瓮，"因为瓮是收口的，烧造的时候应力不得释放，所以能保持造型；缸是敞口的，用陶土烧造的时候，应力一释放，就会开裂或者变形，就烧不成了。这是器物学上的道理。……烧造这种瓷器需要极高的温度，宋代那会儿是做不到的。瓷缸是明以后才开始有的"（马未都2016：171-172）。这就产生了一个疑问，那么韩国人的酱缸、泡菜缸也应该是明朝以后才开始有的吧？那么这之前他们难道也都是用瓮吗？这个问题的解决暂且留作后续研究。

第四，与中国相比，韩国的烹饪方式比较单一，但是这些烹饪方式都被赋予了比喻意义，并且常用于日常用语中，而且表示"烧、煮、蒸、炒、熬、煎、焯"等意义的动词的宾语都可以是人，这反映的是韩国人视人为物的思想，也反映了韩国人喜欢用极端性语言的民族性格。

第五，饮食习惯中尤其是关于酒量、醉酒的表达特别多，从而看出酒在韩国文化中所占的重要地位，这也反映出韩国人对喝酒、醉酒的宽容。这与中国繁多的酒名文化和劝酒文化形成了鲜明对比。在比喻酒量时韩国人用的都是触目可见的酒缸、酒糟、网兜等东西。

第六，关于吃喝的动词，汉语"吃"有很多比喻意义，韩国语里与吃、咬、嚼、啃、吞咽、喝等相关的动词也都产生了比喻意义，并且这些词语表达的更多的是消极否定的意义，这可能与人们讨厌展示"张嘴来吃喝吞咽的动作"这种思想有关，这具有世界共性。

第七，饮食用语作为基本词汇具有很强的稳固性和民族性。饮食语言多产生比喻意义或在现实生活中具有比喻用法，这也说明了历史的长短以及与人类生活的密切程度是影响词义发生变化的重要原因，对人们越重要、越熟悉、越古老的东西越容易产生意义的变化。韩国饮食的各种语言表达在比喻上也表现出一定的倾向性，这些比喻产生的背后隐藏的是人们对饮食的认知思想以及时间对语言演变的影响作用。

第二章

服饰与语言

2.1 引论

服饰与个人的年龄、身份以及礼仪等密切相关。例如，世界维和部队的身份象征是浅蓝色的贝雷帽，过去维和队员绝大多数都是男性，随着时代的发展，现在也有女性加入，所以贝雷帽不再只是男性维和队员的象征，而且也是女性维和队员的象征，这利用的就是帽子的身份象征意义。

服饰除了这种具有世界共性的象征意义外，还关涉到一个人的形象与他人对自己的价值判断，服饰也还是一个民族或国家的文化产物，可以传递很多信号，例如，1989年五六月间中央电视台的播音员张宏民穿着灰色中山装开始播新闻，所以很多外媒都纷纷猜测说"中山装"传递和释放的是改革开放的政策。外国媒体的这种猜测就是基于服饰是一种文化信号这种基本理念。

服饰根据不同区域和文化会对穿衣之人起到一种约束力的作用，而具有约束力的服饰也反映了该地区与文化圈的民族性和审美意识。韩国语有俗语"옷이 날개라"与汉语"人靠衣装，马靠鞍"

同义，此外还有"못 입어 잘난 놈 없고 잘 입어 못난 놈 없다"，意思是穿不好的话，人再厉害也不行，而穿得像模像样的，就会显得很厉害。虽然这种思想不见得正确，但是至少反映了人们爱从服装来判断人的这种思想倾向，也间接地反映了服饰的重要性。

韩国人的传统服饰是韩服。韩服蕴含着韩国人的生活、时代审美观以及情趣，韩服即韩民族，而韩民族的生活、自然、文化则是韩服(김은정、임린 2009:206)。韩服的不同分类、原材料、穿戴与制作等都具有浓厚的文化特色，很多相关词被赋予了比喻意义。

2.2 服饰的历史变迁

不论是韩服，还是现代社会的服装，一般都分为如下几类：

[表1] 韩国服饰分类

服饰分类		固有词	汉字词
不同部位的衣服	外衣内衣	겉옷	외의(外衣)
		속옷=안옷	내의(内衣)
	上衣下衣	웃옷	상의(上衣)
		아래옷=아랫도리=아랫도리옷	하의(下衣)
不同季节的衣服	春服/夏服/秋服/冬服	여름살이	하복(夏服)
		봄가을것	춘추복(春秋服)
		가을살이	
		겨우살이	동복(冬服)

不同用途的衣服	外出服室内服	난벌=나들이복	외출복(外出服)
		든벌	실내복(室内服)
	正式服便服	?	예복(礼服)/정장(正装)/양복(洋服)
		막벌	일반복(一般)/복편복(便服)/편의(便衣)
	工作服家居服	일복	작업복(作业服)/근무복(勤务服)/노동복(劳动服)
		?	상복(常服)/사복(私服)
长短		도랑치마	?

如上，韩国语中，不同服装大部分都形成了固有词与汉字词共存、成对出现的现象。这种现象的产生与文化接触有关。在所有的文化物品中，服装或许是最容易受时尚变化影响的东西(帕默尔2016:151)。与服饰有关的汉字词曾大量传入韩国，取代了当时曾经存在的固有词，例如朝鲜时代"王"的服饰语多为汉字词，如下表所示：

[表2]"王"的服饰

上义词	分类
면복(冕服)	면류관(冕旒冠)、곤복(衮服)、의(衣)、상(裳)、폐슬(蔽膝)、중단(中单)、패옥(佩玉)、대대(大带)、혁대(革带)、수(绶)
조복(朝服)	远旒冠(원유관)、钢纱袍(강사포)、상(裳)、중단(中单)、폐슬(蔽膝)、수(绶)
평상복(便服)	익선관(翼善冠)、곤룡포(衮龙袍)、옥대(玉带)、화(靴)

随着封建社会与制度文化的消失，很多汉字词服饰语在现代韩国语里已消失，如(1a)，存活下来的多是形式上的服饰或抽象化了

的服饰，如(1b)，也就是说留存下来的都是上义词。

(1) a. 어의(御衣)、홍삼(红衫)、관복(官服)、보복(補服)
    b. 예복(礼服)、혼례복(婚礼服)、의상(衣裳)、의류(衣
       类)、복장(服装)(신현숙 1992:46)

与服饰有关的词汇系统里汉字词虽然分量很多，但在日常生活语言中所占比例很小，基本服饰词多是固有词。并且随着社会的发展，外来词占据了生活服饰语言的大部，如"드레스(dress)、원피스(one piece)、투피스(two piece)、쓰리피스(three piece)、셔츠(shirt)、스커트(skirt)、코트(coat)、가운(gown)、잠바(jumper)、쟈켓(jacket)、턱시도(tuxedo)、웨딩드레스(wedding dress)、비치가운(beach gown)"(신현숙，1992:47)等，现在还出现了"니트(knit)"。还有一些来自蒙古语的服饰用语仍然存在于俗语中，如俗语"가진 놈의 겹철릭"中的"철릭"，其原型是蒙古语的"terlig"，[01] 指武官的官服，俗语比喻一个人拥有过多的东西。

韩国语的服饰词汇里，固有词、汉字词、外来语所占义域各不相同，形成了一个互补系统。

2.3 服饰的分类

关于服饰的分类，主要分析衣服的上义词"옷、의복(衣服)"，

01　原文出自"바디와 초록 ▶털릭◀ 안과 고져 니 고오니로 되는대로 밧〈순천 150:11〉"。

然后分析上衣、裙子、裤子、内衣、睡衣、服饰配件等。

2.3.1 衣服的上义词

"옷"本身没有特殊的比喻意义，但有时用于"튀김옷"，指炸东西时包在食物外面的面粉，如(2a)，这是用服饰来比喻食物。"옷"在惯用语"옷을 벗다"里有时也会比喻职业，如(2b)；使动形式的"옷 벗기다"意为使别人辞职或丢掉工作。

(2) a. 튀김옷을 입히다. 给它裹上一层面。

　　b. 옷 벗을 각오를 하고 한번 해 보지요.《최고의 연인,
　　　 34회》我已经做好了丢官的准备，咱们就斗一斗吧。

"옷을 벗다"可适用于所有公职，但不同职业从业者有不同的制服，具有强烈职业区别性的就是"가운(gown)"，有时指室内穿的宽松的外套；也指检察官、法官穿的"법복(法服)"、毕业典礼或宗教仪式中穿的学位服或传教士的礼服；还指医生或科学工作者工作时穿的白色制服上衣，所以"가운 벗다"在特定语境下可以转喻不当医生或者不当科学工作者，如(3)。此外，军队有军装，所以"군복을 벗다"意为不再当兵。汉语里也有相似的表达，如(4)。

(3) 당신 의료법 위반으로 조사 받는 것 한 두 번 아니던데.
　　이 번에 진짜 가운 벗고 싶어요?《언니는 살아있다, 28
　　회》你因违反医疗法接受调查好像不是一次两次了，难
　　道这次你真想被剥夺医生资格吗？

(4) 算了，趁早别去找那个麻烦。要么等脱了军装再讲，要
么等穿上了皮鞋再考虑(徐怀中《西线轶事》)。[02]

　　根据"옷을 벗다"的意义，"옷"也出现了一些新的用法，如
"옷을 입다"比喻担任某种职务，"큰 옷을 입다"比喻担任超出能
力的官职，如(5)，但这种表达还没有成为惯用语。汉语里有类似结
构的"……的帽子太大"，多表达否定意义，指给安的罪名、职责太
过严重。

(5) 추 대표가 (역량에 비해) 너무 큰 옷을 입었다. 대표직을
내려놓는 게 좋겠다.《동아일보, 2017.07.08》秋代表的
能力不足以担当这样大的重任，她最好是辞去代表一
职。

　　衣服的上义词还有汉字词"의복(衣服)"，有俗语"의복이 날
개(라)"，义同"옷이 날개(라)"。此外还有"가림은 있어야 의복이
라 한다"，指能遮体才算衣服，比喻只有把自己负责的事情做好，才
能得到相应的待遇。但这句俗语比较适合现代社会，因为现代很多
年轻女性的"面条服、漏脐装"等实在是失去了衣服所具有的"避
体"这一功能。

2.3.2 上衣

　　上衣的基本构成有领子、袖子、前襟、后襟等。汉语领子和袖

02　　例文引自吕叔湘(2008/2011∶55)。

子称作"领袖",现在比喻为人表率的人或最高领导人,也是从基本义而来的,因为领子和袖子决定了服装是否合身。"襟"也可比喻人的关系,如"连襟"。韩国语里与上衣有关的基本构成也都产生了比喻意义,有的成为比喻词,有的则是惯用语或俗语具有比喻意义。

2.3.2.1 衣领

韩国语里衣领为"옷깃",人们在整理衣服时,最先做的就是将衣领整理好,所以就产生了惯用语"옷깃을 여미다",指以虔诚之心整理好衣服,端正姿势,如(6)。

"멱살"指人脖子前面的肉,也可转喻衣领,多形成"멱살(을) 들다、멱살을 잡다"等惯用语,如(7)。

(6) 우리 스스로 옷깃을 여미는 그런 반성을 해야 될 것 같다.《KBS뉴스, 2018.03.09》我们应该自觉地端正衣领进行反省。

(7) 미안해요. 괜히 나때문에 오빠한테 멱살까지 잡히고.《월계수 양복점 신사들, 39회》对不起。因为我,你还被哥哥抓了衣领/脖领子。

2.3.2.2 衣襟

韩国语衣襟为"섶、옷섶",有俗语"마음씨가 고우면 옷 앞섶이 아문다",意思是心地善良的话,衣襟也是整齐的,比喻美丽的心灵也必然显露在外表上。

韩国语里上衣或外套的前襟称作"오지랖",韩服突出的特点之一就是前襟非常宽大,所以穿韩服的韩国女人一般都喜欢将手放在

衣襟下面。另外，如果衣服的前襟很宽大，那么里面就能容纳很多的衣服，用来形容人时，就有了比喻意义，多用"오지랖 넓다"比喻对别人的事情干涉过多。

韩国语里前襟还用"앞자락"，指衣服的前襟或帐篷等前面的部分，也有惯用语"앞자락이 넓다"，比喻脾气非常好，也比喻关心的领域非常广。但汉语"前襟"没有比喻意义。不过汉语"连襟"可用来比喻姐妹俩的丈夫，有时也用"连袂"，其中"袂"为衣袖。

由于衣襟都是系好的，如果打开衣襟就会露出胸膛，汉语"胸襟"除了指胸前的衣襟，也指人的内心、抱负、志向等。韩国语有汉字词"개금(開襟)"，指打开衣襟，也指吐露心声，汉语表达此类意义时用"敞开胸襟"，因为汉语"开襟"指的是服饰样式，没有比喻意义。韩国语还有汉字词"금도(襟度)"，指能够容人的度量，如(8)，但现代汉语里"襟度"已经用的较少，现在多用"胸襟"。

(8) 병사들은 장군의 장수다운 배포와 금도에 감격하였다.
　　士兵们为将军的抱负和胸襟而感动。

2.3.2.3 袖子

上面谈到了"袂"，其本意为衣袖，与此相关的有"联袂而至"比喻一起来，"联袂演出"指共同演出，"奋袂而起"指甩袖子准备行动，"肩摩袂接"形容人多。韩国的传统服装与中国不太相同，下面主要看三部分。

韩国语袖子为"소매"，古人的袖子一般都比较长，比较宽，所以抄在袖子里的手在干什么，别人是无从得知的，所以"소매 속에서 놀다"指手的动作或行为偷偷完成而不被人察觉，汉语有"袖手

旁观"。

因为袖子太长，所以人在干活时，一般为了方便会将袖子挽起来，所以"소매(를) 걷어붙이다、소매를 걷다"就有了积极从事某事之意，如(9)。

> (9) 친구의 사업에서 재미를 본 그는 다니던 직장을 그만두더니 소매를 걷고 사업에만 매달렸다. 他从朋友的公司事业中尝到了甜头，于是就辞掉了正在干着的工作，挽起袖子，开始专心于公司事业中。

因为袖子长，根据这一特点有俗语"소매 긴 김에 춤춘다"，比喻顺便干某件事，所以也就有了俗语"소매가 길면 춤을 잘 추고 돈이 많으면 장사를 잘한다"，比喻如果手段或本钱足够的话就容易成功。

古代人还有一个习惯，就是把东西放在袖子里，也就是说粗大的袖子有口袋的作用，那么为了证明自己没有东西，则会把袖子翻起来让人看，所以"소매를 두르다"意为手头什么东西都没有，两手空空。但是藏在袖子里的东西一般比较小，所以汉语里"袖珍"指小巧的东西。

韩国语还有一个词语是"소매치기"，指掏别人的身体或包而偷东西，但是"소매치기"的结构原型应该是"소매 치다"的名词形式，而"치다"的基本意义就是碰撞，过去人们把东西放在袖子里，所以去动别人的袖子就延伸出了偷盗之意。"소매치기"的近义词还有"외손질"，意思是用一只手干的事情，并且可以指偷盗，之所以出现这种表达，应该是因为偷盗时多用一只手行动，而另一只手打掩护。汉语却用"三只手"，意思是多出了一只不正常的手。

与袖子有关的还有套袖，韩国语称作"토시"，是汉语"套袖、套手"经过形态演变发展而来的。日常生活中可比喻数量多，如(10)。汉语不用"一袖子"而用"一箩筐"来比喻数量多，但与韩国语都是具象化表达。

(10) 그 동안 강품호 내연녀들을 잡아낸 게 한 토시야.《당신은 선물, 41회》这之前姜品浩的小三我抓了有一箩筐。

2.3.3 裙子

韩国传统韩服的最大特点是裙子又长又肥，金文学(2011:49)认为韩国人穿韩服与韩国人尤其是女人的腿又短又粗有关，就像中国人喜欢穿旗袍是因为腿漂亮一样，这种观点也有一定的道理。裙子肥大其实也与韩国人过去内衣不发达有关。而内衣之所以不发达与韩国的热炕文化有关(박갑수 2015:377)。

中韩两国，裙子都用来转喻女人。例如，汉语里"裙钗"指称女人。古代女性束裙子的腰带叫作"裙带"，现在"裙带关系"用来指称妻女、姊妹的亲属，后来泛指因血亲、姻亲和密友关系而获得各种利益。韩国语裙子"치마"也指女人，如"치마 밑에 키운 자식"，因为穿裙子的是女人，如果孩子在女人手里长大，那说明没有父亲，所以这个俗语指寡妇的孩子。而"시집살이 삼년에 열 두 폭 치마 자락이 다 썩는다"也是用裙子来比喻女人，意思是女人的婆家生活非常辛苦。在英语圈，苏格兰男人也是穿裙子的，所以裙子不是女人的专属物，[03] 即便是这样，英语的"skirt"也可以指女

---

03   实际在古代，不论是哪个国家的人一般不分男女都穿裙子的，但后来随着社会的发

人，如(11)。

(11) There are a lot of good-looking skirts among the new freshmen this year.今年新入学的大学一年级学生中有很多漂亮女孩。

与裙子相关韩国语还有"다홍치마、홍치마"。韩国人崇尚白色，但韩服却多用鲜艳的颜色，所以就有了"大红裙子"，有俗语"이왕이면 다홍치마"，意思是既然做，就要更好的，如(12)。与"다홍치마"有关还有"녹의홍상(綠衣紅裳)"，指豆绿色的上衣和大红色的裙子，也指穿得端庄漂亮的年轻女性的装扮。可见，绿配红是韩国人的审美观，尤其对女性来说。

(12) 얼굴을 봐야지. 이왕이면 다홍치마. 못 생긴 것보다 예쁜 계집이면 좋잖아.《옥중화, 4회》当然得看长相了。买裙子都要买大红的呢。与丑女相比，长得漂亮的不更好吗？

另外，韩国上班族第一个月的工资要给父母家人买礼物，并且多买红色的内衣，如(13)。

(13) 수철이가 첫 월급을 탔다고 진짜 빨간 속옷을 사왔다.《내 사위의 여자, 20회》秀哲说领到了第一个月的工资，还真买来了大红色的内衣。

展，男人逐渐开始穿裤子，而裙子则成了女人的专属物。

如上所见，虽然韩国人是白衣民族，但红色象征喜庆的意义在韩国人心目中也是很普遍的。

2.3.4 裤子

裤子的构成主要看裤腿、腿带和腰带。韩国语里裤腿为"바지자락、바지가랑이"，两者都没有比喻意义，与动词"붙잡다"结合时，可比喻苦苦哀求，如(14)。汉语可以译成"抓/拽/抱着裤腿"，但如果表示强烈的依靠，一般会用"抱大腿"。

(14) a. 걔가 니 바지자락 잡고 늘어지디？《폼나게 살 거야, 8회》他抓着你的裤腿不放？

　　 b. 전남편 바지자락에 빈대떡처럼 달아붙은 게 누군데 그래？《내딸 금사월, 9회》也不知道是谁像黏黏胶一样抓着前夫的裤腿不走。

　　 c. 바지가랑이 잡고 매달려봤자 내 인생만 더 꼬일 뿐이잖아？《아이가 다섯, 7회》拽着他的裤腿不松，又能怎样呢？只会让我自己的人生更加不幸，不是吗？

过去穿裤子多会打绑腿，尤其是行军作战的士兵一般都打绑腿。现在这种打绑腿的习惯已经消失了，但韩国语里绑腿的汉字词"행전(行纏)"却在俗语中保留了下来，如"남의 다리에 행전 친다"比喻该干的事情不干却干了不着边的事情；也比喻自己做的事成就了别人的好事。

韩国语中"带子"意义的"띠"并没有出现比喻意义，而"腰带"义的"허리띠"主要在惯用语、俗语中表达比喻意义。其中松腰带意义的"허리띠를 늦추다、허리띠를 풀다[끄르다]"可以指生活比较富裕，也指不紧张、放下心来。相反，勒紧裤腰带"허리띠를 조르다、허리띠를 졸라매다"则是相反的意义。有时赶路时没饭吃也只能勒紧裤腰带继续前行，所以也就有了俗语"허리띠가 길양식"，意为腰带成了赶路的粮食。

古人的衣服多没有口袋，这不仅是韩国人，中国人也是如此，所以亚瑟·史密斯(2010:93)就曾提到"从外国人的立场来看，中国服装最恼人的特点之一便是没有口袋"，他还说道："要保证随身携带的东西不丢失，主要靠裤腰带，带上系着小钱袋、烟袋烟杆，以及诸如此类的小东西。"韩国传统服装也具有类似的特点，要么依靠腰带来放东西，要么利用挂在腰带上的或手提的口袋，因此有了俗语"허리띠 속에 상고장(上告状) 들었다、베주머니에 의송(議送)[04]들었다、떨어진 주머니에 어패 들었다"，都指不起眼的腰带、麻布口袋或破旧口袋里装着机密文件，比喻人或东西虽然外貌不起眼，但却具有非凡的价值或才智。

实际上过去中国人的衣服连腰带也没有，腰带是游牧民族传过来的(马未都 2017(2):98)。

现在的小孩子多用"尿不湿"了，穿开裆裤的少了。在过去，即使是现在，在一些偏远的农村地区，小孩子有的还在穿开裆裤，为的是大小便方便，[05] 韩国语称作"개구멍바지"，如(15a)。汉语多

---

04 "의송"指朝鲜时代百姓如果对地方政府的判决不服时，而向观察使递交的民怨材料。

05 在中国有些地方小孩子会穿"土裤子"，土裤子是个"U"形的袋子，上面缝两个背带，炒好的极细的沙土凉到一定温度倒进土裤子里，然后把小孩光屁股装在里面，

用"穿开裆裤"指小孩子，如(15b)。汉语"开裆裤"的反义词是"连裆裤"，汉语方言里意为勾结，如(15c)。韩国语里表示勾结时，多用"한통속、결탁하다"。

(15) a. 밀가루 부대로 만든 밑 터진 개구멍바지를 걸친 조무
　　　래기들이 개울에서 놀고 있다. 几个小孩子在溪沟里
　　　玩，穿的是用面袋子做的开裆裤。
　　b. 我们三人同穿一条开裆裤长大。
　　c. 好哇，你们两个穿了连裆裤，合起来对付我，我也
　　　不怕。《北大中文语料库》

　　穿开裆裤的话，吃饭时掉的饭粒就可能沾到阴部，因此韩国语有了俗语"어린아이 보지에 밥알 뜯어먹기"，比喻没有廉耻、让人脸红的行动。

　　韩国男人夏天穿的裤子称作"고의、중의(中衣)"，俗语"중의 벗고 환도 차는 격"意思是把裤子脱了挎着刀，义同"벌거벗고 환도 차기"，比喻不合穿衣习惯，很奇怪。"중의 벗은 아이 마구 풀 끌어 넣듯"比喻狼吞虎咽的样子。而"여름 난 중의로군"意思是就像夏天穿的那种名义上的裤子那样，比喻不像样、只剩下说大话的一张嘴而已的人。

　　夏裤中还有男人穿着做活的"잠방이、곤의(褌衣)"，相当于现在的大裤衩，因为裤衩是不用绑腿的，所以俗语"잠방이에 대님 치듯"比喻遇到尴尬的事情而心里忐忑不安。而"얻은잠방이"比喻从

小孩大小便后，大人就过来把沙土翻动一下，让干土上来，这样小孩的屁股就不会起疹子，总是干净的。

别人那里得到的裤衩并不怎么样。男人穿的裤衩也称作"사발고의
(沙鉢--)"，而女人穿的称作"사발옷(沙鉢-)"，这是用饮食器具的
形态特点来比喻服饰。

2.3.5 内衣

与裤子有关，还有底裤和内裤，韩国语称作"속곳"，分为"속
속곳 最内侧的内裤""단속곳 裙子里面的衬裤"。女性穿韩服时，
有一种叫作"고쟁이"的衣服，穿在"속속곳"外面。"단속곳"的
上面比较宽松，但到脚脖部位就变窄，主要夏天穿。

韩国语还有"속옷"，指直接贴肉穿的衣服，也称作"내복(内
服)、내의(内衣)、속내의、설복(褻服)、설의(褻衣)、안옷、중군
(中裙)、츤의(襯衣)"，但"내복(内服)、내의(内衣)、속내의"还
指穿在外衣里面的防寒用衣服，而"설복(褻服)、설의(褻衣)"还指
平常穿的异于礼服的便装，"안옷"还特指女性的衣服。"속옷"还比
喻不显露于外的最深处的内心想法或那种内容，是用贴身、隐私衣
物来隐喻人的内心。俗语"속옷까지 벗어 주다"比喻过分表现出好
意，也比喻处于不得不答应对方要求的处境。这与"바지까지 벗어
주다"类似。与内衣有关，还有俗语"시어미 속옷이나 며느리 속
옷이나"比喻都是一家人的东西，没必要分得那么清楚。

2.3.6 睡衣

睡衣有多种表达，如"잠옷、자리옷、숙의(宿衣)、침의(寝
衣)"。如果是上衣则叫作"자릿저고리"，有俗语"기생의 자릿저고

리", 意思是妓女的睡衣满是油腻、脂粉味, 非常脏, 用来嘲笑外貌不端、话语不正的人; 还有一个意思是虽然妓女的睡衣是脂粉味浓重的锦缎衣, 但又旧又皱, 不成样了, 比喻徒有其名, 像破衣烂衫一样没有一点用处。

2.3.7 服饰配件

服饰配件有扣子、口袋、结、饰品、拉链以及绣花等。

2.3.7.1 扣子

韩国语里扣子为"단추", 也指门铃按钮。汉语的"按钮"与"누름단추"一致, 这种比喻意义的产生源于按钮与衣服纽扣的形状相同。

"단추"还有俗语"첫단추는 잘 끼워야 한다", 比喻开始最重要; 也有否定结构的"단추를 잘못 끼웠다、단추는 잘못 채웠다", 比喻不合拍。汉语有时也用"扣扣子"来做比喻, 但一般格式比较固定, 多用于"扣好人生第一粒扣子", 前面多与"人生"搭配。

2.3.7.2 袋子

韩国语里袋子叫作"주머니", 指放在腰间的口袋、拿着出门的口袋等。"주머니"还有近义词"호주머니", 可互换。

韩国语还有"낭(囊)", 并且发展成了后缀, 如"구급낭、문서낭、관절낭、난소낭"。但表达的都是具体意义, 没有产生比喻意义。汉语里, 虽然现在"囊"已退出了历史舞台, 但在一些表达中

仍然使用，如"锥立囊中、囊中羞涩、中饱私囊"等。韩国语还有"쌈지"，指用来装烟、钱或火镰的小袋子，相当于汉语的"荷包"。

韩国语里现在用的最多的是"주머니"，有很多俗语与惯用语具有比喻意义，这些意义的产生都与口袋的特点、作用有关。

1) 口袋是软的

由于口袋、衣袋都是软的，所以如果放入锥子，必然显露无疑，所以俗语"주머니에 들어간 송곳이라"比喻善恶是藏不住的，必然会显露出来，如(16)。汉语有"锥立囊中，其末立现"，但比喻的是人的才华是无法被埋没的。

> (16) 진우야, 아무리 숨겨도 주머니 속의 송곳은 뚫고 나와.
> 결국 너만 찔려!《딴따라, 5회》振宇啊，不管你怎么
> 隐藏，藏在袋子里的锥子都会刺出来的，最终挨扎的
> 只有你。

2) 口袋的作用

在韩国人眼里，口袋有多种作用，可以装财物、尘芥、食物、大便、水，也可装抽象的东西。

(1) 装财物

口袋最重要的作用是装财物，所以"주머니"可以比喻把捞到的好处藏起来的地方，如(17a)，汉语用"小金库"。此外，词组"딴주머니"还发展成了合成词"딴주머니"，多与动词"차다"结合，如(17bc)，有时还有"두 주머니(를) 차다"，意思是将留作他用的钱抽出一部分单独保管归自己用。汉语多用"私房钱、中饱私囊"等。

(17) a. 딴 주머니 찼어? 你有小金库吗？

　　 b. 딴주머니 안 찼어? 결혼한 여자들이 다 딴주머니 찬
　　　　 다며.《왕가네 식구들, 38회》你没有藏私房钱吗？
　　　　 都说结婚的女人都有自己的私房钱的。

　　 c. 집안 사정을 뻔히 알면서 딴주머니 차시겠다.《우리
　　　　 집 꿀단지, 98회》你明明知道家里情况不好，你还
　　　　 想中饱私囊啊？

　　用来指装财物时，"주머니"多与形容词结合形成惯用语"주머
니가 가볍다/비다/넉넉하다[두둑하다/든든하다]"等，如(18)。有
时也用"주머니 사정"比喻经济情况，如(19)。

(18) a. 주머니 두둑하니까 걱정 말고 들어가자.《옥중화, 22
　　　　 회》我口袋里钱多的是，别担心，进去吧。

　　 b. 헐렁한 니 주머니에 넣어둬.《천상의 약속, 21회》
　　　　 装到你那空空如也的口袋/腰包里吧。

　　 c. 우리 주머니 얼마나 무거운지 아직 모르고 있네.《천
　　　　 상의 약속, 95회》看来他们还不知道我们的腰包有
　　　　 多鼓啊。

　　 d. 우리 뭘 싸울 일이 있나? 주머니도 넉넉하고.《우리
　　　　 집 꿀단지, 102회》我们有什么可吵的啊？再说钱袋
　　　　 子也鼓鼓的。

(19) 봄이 너 우리집에서 주머니 사정 제일 괜찮은 것 확실
　　　 하지.《우리집 꿀단지, 52회》春儿，你在我们家里手
　　　 头是最宽裕的/口袋是最鼓的/经济状况最好，对吧？

"주머니"还可与动词结合，其中"주머니 끈을 조르다"比喻非常节约钱，如(20)。"주머니(를) 털다"比喻将所有钱全拿出来，如(21a)；或者比喻抢劫别人的钱，如(21b)。"주머니를 털리다"则比喻被抢，如(22)。用于这些意义时，还有类似的惯用语"호주머니를 털다/털리다"。

(20) 주머니 끈을 졸라도 살기 힘든 세상이다.现在这个世道就是勒紧口袋/腰包也难以生存。

(21) a. 주머니를 털어도 그 물건을 살 수 없다. 把口袋/腰包都抖露干净也买不起那东西。

　　 b. 불량배가 지나가는 사람의 주머니를 털었다. 小痞子把过路行人的腰包/钱抢了。

(22) 그는 출근 할 때, 버스 안에서 주머니를 털려 돈이 없었다. 他上班的时候在公交车里被抢了腰包，没钱了。

如上，汉语里表达类似意义时，一般用"腰包"，有时也可以用"口袋"或"钱袋子"。

(2) 装尘芥

口袋的作用是装东西，即使没有东西，也会有尘芥，俗语"주머니 털어 먼지 안 나오는 사람 없다"比喻不管再怎么清廉、善良的人也都有自己的缺点或弱点。

(3) 装食物、大便

"밥주머니"义同"반낭(飯囊)"，可贬称那些什么活都不干只知道吃饭的无用之人。"똥주머니"意为装大便的袋子，俗指那些无

能、一无是处的人。由此可见，对韩国人来说，只能或只会装饭、装大便的人都是无能之辈。

（4）装水

"물주머니"意为装水的袋子，而"물주머니가 되다"比喻衣服被水或汗水弄得湿漉漉的样子，如(23)。

(23) a. 그는 갑자기 쏟아진 비를 맞아 물주머니가 되었다.天
突然下雨他被浇成了落汤鸡。
b. 몸뚱이에 두른 옷이 전부 물주머니가 되도록 땀을 흘
렸다.《김남천, 물》他挥汗如雨，身上的衣服被汗
浸湿成了水袋子。

（5）装抽象的东西

"주머니"还可以装很多抽象的东西，如"고생주머니、병주머니、꾀주머니、근심주머니、심술주머니、울음주머니、웃음주머니、슬기주머니、복주머니、이야깃주머니、인정주머니、음흉주머니(陰凶---)、꾐주머니"等，这些词都用来比喻某种东西特别多的人。

其中，"슬기주머니"比喻具有与众不同才能的人，如(24)。汉语也有"智囊、智囊团"类的表达，但是一般不用于个人，多用于集体。

(24) 그와 같은 슬기주머니에게 이만 일을 처리할 꾀가 없을
리 없었다. 像他这种聪明人，不可能没办法处理这种
小事。

如上，当"주머니"装的是具体事物时，有时可以与汉语的"囊、袋子、口袋、钱袋子、腰包"等对应，但当装的是抽象事物时，一般无法与汉语具体的袋子类表达对应。

2.3.7.3 结

人类文字始于结绳记事，所以自古以来，绳结的技术就被人类所重视，可以说文明的最原初技术就是绳结的技术，不同的绳结方式可以诞生出草鞋、草袋子、草席、草垫、草篮子……韩国人的文化也是"绳结文化"，韩国的人际关系也与绳结密切相关。

具体到韩国人的韩服，韩服没有扣子，韩服最重要的亮点是长长的"옷고름"，即衣带。衣带的结叫作"매듭"。韩国人穿韩服时，把长带的结系好也是最后一道程序，也是最大的难点。"매듭"除基本意义之外，还产生了很多比喻意义，可以比喻事情不顺利所形成的症结、疙瘩、难题；也比喻事情的结尾；有时也比喻结束。汉语的"结"在表达这些意义时一般多与其他语素形成双音词"症结、结尾、了结"等，偶尔可以单用，如"心里的结"。

解决问题时用"把结打开"意义的"풀다"，"풀다"还与韩国人人际关系中的"줄 문화 线绳文化"以及性格文化中的"푸는 문화 排解的文化"密切相关。也就是说，韩国服饰的"绳结"、人际关系的"线绳文化"以及性格中的"排解文化"三者是相关的。

2.4 服饰材料

服饰材料主要看布料的制作、分类、质地以及缝制工具。

2.4.1 布料的制作机器

2.4.1.1 去棉籽机、弹花机

制作布料时需要很多工具，其中制作棉布首先要给棉花去籽，韩国语为"씨아"，把去籽的棉花弹成棉被的机器为弹花机，韩国语为"솜틀"。

去籽机工作时，需要把棉花放入机器里，这称作"목화를 먹다"。去籽机吃棉花越多说明工作能力越强，所以希望它一直吃下去，有俗语"씨아와 사위는 먹어도 안 먹는다"，意思是女婿吃东西丈母娘一点也不觉得可惜，比喻非常疼爱女婿。俗语"씨아 등에 아이를 업힌다"意思是太着急了把孩子放在了不能放东西的去籽机的辊子上，比喻事情非常忙、非常紧急(顾不得太多了)。

2.4.1.2 纺线车

韩国语里纺线车为"물레"，分为两部分，一部分是轮子，叫作"바퀴"，一部分是纱锭座，叫作"괴머리"，两者连成一个整体随着轮子转动，纺出来的线被缠在纱锭座上的纱锭上，如果纱锭座脱离了纺车就变得无任何用处，所以"빠진 괴머리"被用来比喻没有任何用处的人。

2.4.1.3 织布

衣料都是用织布机织出来的，织布机分为有梭织布机和无梭织布机，过去多是人工有梭织布机，梭子韩国语里称作"북、방추(紡錘)、저축(杼柚)"。因为织布时梭子要来来回回地运动，根据这一特

点出现了"북(이) 나들듯"或"베틀에 북 나들듯",比喻繁忙地来回奔走的样子,如(25),汉语也用"穿梭"比喻来回频繁,但受语境和用法的影响有时并不能与韩国语对应。

(25) 무슨 일이기에 형사가 저 집에 북 나들듯 하지? 刑警是因为什么事情天天去他家啊?

布分经线和纬线,纬线为"씨줄",经线为"날줄",织布时首先将经线固定在框架上,然后在"综"的作用下,梭子带动纬线来回穿梭,与经线交织形成布匹。因为布匹能否完成,就看纬线是否与经线交织好,这个动作韩国语称作"씨줄을 먹히다",也称作"씨를 먹히다",随着日常生活中家庭织布技术的消失,这个惯用语现在多用于比喻意义,比喻有条理、有内容的话。

经纬线有时也用于比喻,如(26)。韩国语是用经纬线来比喻,而汉语是用"双管齐下"。表示经线、纬线还有汉字词"경위(經緯)",指地球的经纬度、经纬线,也指事情进行、发展的过程,如(27a)。不过汉语的"经纬"有时用来比喻没有秩序,如(27b)。

(26) 방송사의 생존을 위해 제작비 절감이라는 씨줄과 상업성이라는 날줄이 교직되면서(김환표 2012:55)为了广播公司的生存,减少制作费和追求商业性两种措施双管齐下……

(27) a. 경찰은 사건 발생 경위 등을 조사 중이다.《SBS, 2017.02.22》警察正在调查事件的发生原委。[06]

06　韩国语里还有"경우가 없다",이시송(2013:119)认为"경우"是从"경위가 없다"

b. 我的感情世界完全紊乱了，乱得像一滩浆湖，没了
经纬，没了线索。《北大中文语料库》

缠经线的工具叫作"经线板"，韩国语为"도투마리"（如下
图），如果从中间砍断，就可以当木锨用，所以就有了俗语"도투마
리 잘라 넉가래 만들기"，比喻非常容易的事情。

图片来自《표준국어대사전》

2.4.1.4 缠线器

韩国语里用来缠线或解线的工具称作"돌꼇"，这里的"돌-"
是动词"돌다"的词根，有"돌꼇잠"，比喻滚来滚去地睡觉，这个
意义与"돌꼇"自由转动的特性有关。

发展变形而来的。

2.4.2 布料的分类

服饰材料首先就是布料，布料的总称为"옷감"，有俗语"제 옷감을 제가 찢는다"，比喻自己把自己的事情搞砸了。从布料种类来看，在过去最重要的有"베、모시、무명、비단、명주"等，随着现代社会的发展，又出现了很多新材料，如"나일론"。

2.4.2.1 麻布

要想做衣服得需要布料，在现在物质极大丰富的时代，各种布料琳琅满目。但在古代，布料一般就是布，而韩国则多是"베 麻布"。

要想得到麻布，需要种麻，这样的地称作"삼밭"，麻的特点是非常直，所以有了俗语"삼밭에 쑥대"，意思是如果艾草在麻地里生长的话也会像麻杆一样变直，比喻在好的环境里就会受到好的影响，这与汉语的"蓬生麻中，不扶自直"一致。因为麻杆又直又细，所以汉语里多用"麻杆"来形容人长得又高又瘦。

因为麻可以抽出很多纤维来，所以汉语有了"密密麻麻、杀人如麻"（廖文豪 2015（5）：47）。韩国语有时也用麻多纤维之意来比喻多，但是与汉语有很大不同。因为过去女性都留长长的大辫子，这种大辫子就像成捆的麻杆，所以有了"삼단 같은 머리 麻捆一样的头发"。此外，还有"삼단 같은 불길"，比喻熊熊燃烧的火苗，如：

(28) 꽝 하는 소리와 함께 삼단 같은 불길이 보였다.随着"咣"一声响，一团火焰腾空而起。

麻抽出纤维做成的布料称作"베、삼베"，这种衣料做出的衣服非常粗疏，根据这一特点，出现了很多俗语。其中，"삼베 주머니에

성냥 들었다"意思是麻布口袋里放着火柴，比喻外表不怎么样，里面却盛了细细的东西。此外，还有"베주머니"，如俗语"베주머니로 바람 잡기"指用麻布口袋抓风，但因为麻布的缝隙很粗，所以风都漏走了，比喻白费力气。再如"베 고의에 방귀 나가듯"，比喻某种东西非常轻松地四散出去的样子。

麻布根据经线的粗细还分为细麻布"열새베、열새"和粗麻布"석새삼베、석새베、석새"。细麻布是人们所希望的，而粗麻布是人们所不希望的，因此很多与粗麻布有关的俗语多具有消极意义。其中，"석새베에 씨도 안 든다"比喻手艺非常粗糙。"석새베에 열새 바느질"意思是缝粗麻布就像缝细麻布一样，比喻不管多么破旧的东西只要手艺好、功夫到也能做出好东西；也比喻手艺虽好但材料不好，互不相配，可惜了手艺。而俗语"석새에서 한 새 빠진 소리 한다"比喻说空洞无物的话。此外还有"석새짚에 구슬 감기"，意思是粗麻布鞋配了珍珠，比喻互不相配的模样或装扮，义同"짚신에 국화 그리기"。

麻布质量的好坏还可从纤维的长短来看，纤维短肯定质量不好，这样的麻布韩国语有一种称呼叫作"서총대베(瑞葱臺-)、서총대무명、서총대포"，这三个名称的出现与朝鲜燕山君有关，当时为了筹集修建"서총대"的费用而向老百姓征收麻布，但是老百姓生活困苦，于是就把裤子、被子里的旧棉花掏出来做成棉布交上去，因此得名。

因为麻布衣服容易掉碎屑，所以俗语"뒤를 캐면 삼거옷이 안 나오는 집안이 없다"意思是调查一下的话，没有哪家人不会掉麻屑，比喻如果存心想要找毛病的话，没有人没毛病。汉语多用"欲加之罪，何患无辞?"

江原道产的麻布称作"춘포(春布)"，有俗语"춘포 창옷 단벌

호사", 意思是用春布做的衣服只有一件, 穿着出去时看着好像很奢华, 但实际上却只有一件。

麻布"베"还发展出了合成词"베풀다"。

2.4.2.2 苎麻

韩国还有一种衣料是"모시", 汉语为苎麻布, 质地要比麻布细腻, 质量好, 俗语"모시 고르다 베 고른다"指与预期所想不同, 出现了截然相反的结果; 也指本来想挑选好的, 结果最后得到的是不好的东西。苎麻还有一种细的, 称作"세모시(細--)", 有俗语"세모시 키우는 사람하고 자식 키우는 놈은 막말을 못 한다", 意思是养细苎麻和养孩子如果不如意也不能乱说话。

2.4.2.3 绸缎

英语绸缎为"silk", 形容词"silken"意为丝织的, 如"silken dalliance"意思是"优雅的废话", 具有贬义。韩国语里绸缎有外来语"실크", 但很少用于比喻意义, 具有比喻意义的是汉字词"비단(緋緞)"。绸缎的特点是美丽、光滑, 韩国人对它的认识主要有以下几点。

第一, 用穿绸缎来比喻生活好, 如(29)。这里的"비단화복"意为丝绸华服, 是用服饰来转喻好的生活。

(29) 두고 보게. 수양딸 잘 둔 덕에 비단화복 챙겨입을 테니.《옥중화, 1회》等着瞧吧, 你会因为你这个养女而穿上丝绸华服的。

与此相关有俗语"없어서 비단 치마"，意为不是因为很富才穿丝绸裙子，而是因为没有其他东西了，虽然很贵重舍不得但也不得不用。

第二，用绸缎和食物进行对比说明饮食的重要。韩国语有俗语"비단이 한 끼라、굶으면 아낄 것 없어 통 비단도 한 끼라"，意思是家道中落挨饿时，不管是多么贵重的东西都会用来换取食物，强调的是食物的重要，也比喻只要败落就一发不可收拾。即使不是家道败落，就是一般家庭，要想过好日子也不容易，与此相关有俗语"비단 한 필을 하루에 짜려 말고 한 식구를 줄여라"，意思是与其想方设法每天织一匹绸缎不如减少一个吃饭的，比喻节省支出是最经济、最聪明的方法，类似的还有"열 식구 벌지[벌려] 말고 한 입 덜라"。

第三，用绸缎比喻外表美、心灵美、语言美、有身份。有时也用"비단결"比喻心灵美，如(30a)。有时也用外来语"실크"，如(30b)。

> (30) a. 마음이 비단결이야.《내조의 여왕, 1회》心如丝绸
> 般美丽。
> b. 우리 세종이가 겉은 무뚝뚝해도 속은 실크거든요. 실
> 크.《훈장 오순남, 29회》我们世宗虽然看起来话不
> 多，但是心底很美。很美。

第四，"비단"还用来比喻平坦，这些意义多体现在特定的词语意义里，其中"비단길"，意为平坦的大路，如(31a)，其近义词是"꽃길"，两者的反义词是"가시밭길"。"비단 방석에 앉다"指占据了非常了不起、有意义的地位或位置，如(31b)。此时"비단"兼具

美丽义和光滑义。

(31) a. 왜 어려운 길로 가요? 그 좋은 꽃길, 비단길 놔두
고.《아이가 다섯, 32회》你怎么拣那难走的路走
啊？放着那好路、平坦的路不走。

b. 말단 사원에서 사장으로 승진했으니 그도 이제는 비
단 방석에 앉았다고 모두들 부러워한다. 他从底层小
职员开始，现在当上了老板，所以大家都羡慕地说
他掉到福堆里了。

　　第六，韩国语里"비단"还可用于物的命名，如"비단조
개"（图1），看实物，就像绸缎一样光滑漂亮，英语为"pink
butterfly shell"，但汉语里不知道叫什么。类似的还有"모시조
개"（图2），汉语为"巴非蛤、横帘蛤"。

图1 来自网络　　　　　　图2 来自百度百科

2.4.2.4 绢丝、丝绵

做衣服还有用蚕丝织成的布料，韩国语为"명주(明紬)"，也

叫作"면주(綿紬)、사면(絲綿)、주(紬)、필백(疋帛)"。无法抽丝的蚕茧煮熟做成的的丝绵为"풀솜、명주솜(明紬-)、설면자(雪綿子)",丝绵又白又亮、又轻又暖和,与此相关,有俗语"풀솜에 싸길렀다[길렀나]",意思是你是用丝绵包养大的吗?比喻身体虚弱得一点力气都没有。

2.4.2.5 棉布

韩国语里棉布为"무명、면포(綿布)"等。棉布的原料是棉花,韩国语里棉花为"솜",因为棉花非常软,即使碰上也不会受伤,俗语"솜에 채어도 발가락이 깨진다"意思是撞在柔软的棉花上脚趾头破了,义同汉语的"喝凉水也塞牙"。

"솜뭉치"指棉团,因为人们在极度悲痛、痛苦的时候会捶胸顿足,俗语"솜뭉치로 가슴(을) 칠 일(이다)"意思是用棉团来抽打胸部,但因为棉团没有力度,所以用来比喻非常郁闷、悲痛。类似的还有"담뱃대로 가슴을 찌를 노릇"。此外还有俗语"솜뭉치로 사람 때린다、솜방망이로 허구리를 찌른다",比喻好像不经意间招惹别人。

2.4.2.6 尼龙

韩国语尼龙为"나일론(nylon)",具有韧性强、吸水性差、通气性差等特点,在用作衣料时,与天然纤维相比就差远了,虽然看起来像模像样,但质量却不好,根据这一特点,韩国语里出现了新的词组"나일론 환자"或"나일론 신자",分别指那些没病装病的病号、并不笃信宗教但表面上却像信徒一样行事的人。并且在表示此类意义时,形态也发生了变化,多用"나일롱",如"나일롱 환

자、나일롱 신자、나일롱 참회、나일롱 박수",有时也用"나이롱"。

因为尼龙的伸缩性很好,过去曾经被用来做内衣,称作"쫄쫄이",这种内衣穿在身上是紧绷着的,脱了之后就缩成了一团,所以用来比喻狂傲但却见识短浅的人,也比喻个子很矮、畏畏缩缩的人。

2.4.2.7 布头

韩国语里布头有两种表达,其中一个是"나부랭이",指纸片或布头等的一小角;也可用来贬称属于某一类的人或东西,如"양반 나부랭이 两班一伙的"。类似意义的还有"너부렁이"。

布头还有"자투리",也指很小、不合某种标准,或那种东西,如(32a),汉语用"头"。但韩国语"자투리"还修饰时间,如(32b),汉语一般用"零碎"来修饰时间。

(32) a. 자투리 필름 胶片头
　　　 b. 근무 전후의 자투리 시간을 효과적으로 이용하다. 有
　　　　　效地利用上班前后的零碎时间。

如上,韩国语的"나부랭이、너부렁이、자투리"已不再仅仅指布头,语义发生了泛化,但汉语"布头"没有发生类似的语义泛化。

2.4.2.8 毛皮

"털"可以指人或动物身上的毛,动物的毛中有的也可用来做鞋,有俗语"털을 뽑아 신을 삼겠다",意为结草报恩。

能够用来做衣料的还有羊毛,韩国语称作"양털(羊-)、양모

（羊毛）、울（wool）"，其中"울"还比喻黑人的卷发。

能够做衣料的还有动物的皮，高级动物皮有貂皮，韩国语为"서피（黍皮）、초피（貂皮）、사피（斜皮）、돈피（獤皮）"，从这众多的表达可以看出，对韩国人来说，貂皮至少在过去是非常重要的物品，所以过去很多貂皮也出口到中国。

根据不同等级，貂皮还分为"잘 紫貂皮 上等皮""돈피（獤皮）中等皮""초서피（貂鼠皮）中等皮""백초피（白貂皮）下等皮"，其中"돈피、사피"可作为下义词指中等皮。因为貂皮是很贵重的衣料，所以穿貂皮意味着生活豪奢，例如《红楼梦》第四十九回就写到："一时史湘云来了，穿着贾母与他的一件貂鼠脑袋面子大毛黑灰鼠里子里外发烧大褂子，头上带着一顶挖云鹅黄片金里大红猩猩毡昭君套，又围着大貂鼠风领。"可见当时的贾家是多么的气派。

在韩国人眼里，代表豪奢生活的是穿貂皮、喝松子粥，所以就有了俗语"돈피 옷 잣죽에 자랐느냐"，比喻生活非常豪奢，也比喻气血很弱，但是豪奢生活也并不是人人所望，所以"돈피에 잣죽도저 싫으면 그만이다"，比喻不管是多么好的东西，但如果当事人不喜欢也没办法。

2.4.3 布料的质地

衣料的质地一般可分为质地密实或稀疏，表示稀疏时，韩国语会用俗语"이가 칼을 쓰겠다"，意思是虱子带了枷锁了，因为衣料的经纬线太稀疏，虱子在中间穿行时就像罪犯脖子上套了枷锁一样，借此来说明衣料质地稀疏。如果质地好，则用"잠자리 날개 같

다"，即薄如蜻翼，义同汉语的"薄如蝉翼"。

如果皮革等的质地非常密实，韩国语称作"죤죤하다"，其强势语为"쫀쫀하다"，可比喻行动细密、没有破绽；还比喻见识短浅、吝啬、卑鄙。"쫀쫀하다"的两个比喻意义分别是对同一类行为或人的不同角度的观察而产生的。

2.4.4 布料的缝制工具

做服饰时最常用的就是针和线，汉语中针线多用于"穿针引线"表示从中联系。韩国里与针有关的词语有"바늘、침(針)"，另外还有顶针是"골무"，线是"실"。

2.4.4.1 针

韩国语"바늘"指缝衣针、表针、毛衣针、注射用针头，有时还可用作量词。"바늘"还可以用来转喻做针线活，如电视剧《월계수 양복점 신사들, 12회》中，听说姐夫进了西服店工作，小舅子说要去那儿定做一套衣服，但丈母娘却说道：

(33) 아직 그 단계 아니지. 바늘 잡으려면 시간 좀 걸릴 거야.
　　还到不了那个阶段，要想拿起针(做活)，还要一段时间。

由于针是非常小的东西，根据这一特点，韩国语产生了很多与"바늘"有关的俗语，如下表：

[表3] 与"바늘"有关的俗语

俗语	意义
바늘 가진 사람이 도끼 가진 사람이긴다	拿针的人胜过拿斧头的人，指对一点小事就虚张声势、夸大其实地嚷嚷。
도끼 가진 놈이 바늘 가진 놈을 못 당한다	
바늘 끝에 알을 올려놓지 못한다	往针尖上放蛋，难死人。
바늘 넣고 도끼 낚는다[나온다]	放进去的是针，钓上来的是斧头，挣大发了。
바늘 도둑이 소도둑 된다	小时偷针，大时偷金。
바늘 쌈지[상자]에서 도둑이 난다.	
바늘 잃고 도끼 낚는다	丢了芝麻，捡了西瓜。
바늘로 몽둥이 막는다	以卵击石；胳膊拧不过大腿；蚂蚁撼大树。
바늘로 찔러도 피 한 방울 안 난다	用针扎也扎不动，身体太棒了；用针扎也扎不出一点毛病来；用针扎也无动于衷，人也太不懂得变通了；一针不出血的铁公鸡。
바늘보다 실이 굵다	挣的不如花的多。
바늘에는 소나 범[곰]이라	面对针就像面对牛或老虎（熊），比喻一点针线活都不会。

如上，这些俗语虽然意义互不相同，但是俗语中的"바늘"表达的却都是"小"之意。另外，由于针非常小，有时还可用"바늘 꽂을 데 없이"来表达强调之意。

韩国语里有时还用"혀바닥에 바늘이 돋았다"来比喻口舌生疮。又细又小的针为"잔바늘"，有俗语"잔바늘 쑤시듯"，比喻折腾人。

2.4.4.2 插针包

与针有关的还有"바늘방석"，指插针的插针包，也比喻坐上去非常难受的地方或那样的场合，如(34)。

> (34) a. 홍이는 숨이 막힐 것 같고 흡사 바늘방석에 앉은 기분이다.《박경리, 토지》洪感到如坐针毡，连呼吸都要停止了似的。
>
> b. 바늘방석과 같은 겸호의 집에서의 나흘 동안은 과연 그의 몸과 마음을 피곤케 하였다.《김동인, 젊은 그들》他在谦浩家里的四天如坐针毡，弄得身心疲惫不已。

类似的表达在韩国语里还有"가시방석、송곳방석、엄나무방석"。与上面四类垫子相反的是"꽃방석、비단방석"。

2.4.4.3 顶针

做针线活时，有时还用"顶针"，中国的顶针多是金属做的套在手指中间来用，韩国的顶针是用布做成的一头被堵起来套在指尖上的，称作"골무"，与此相关的俗语有"골무는 시어미 죽은 넋이라"，意思是做活时摘下来的顶针找不到时，站起身抖抖衣服，就会掉出来。

2.4.4.4 针和线

针线不分家，韩国语有很多与此相关的俗语，如"바늘 가는 데 실 간다、바늘 따라 실 간다、바늘 가는 데 실 가고 바람 가는

데 구름 간다、실 가는 데 바늘도 간다" 等，表达的都是"有针的地方就有线，有风的地方就有云"，即汉语的"夫唱妻随"，类似的还有"바람 간 데 범 간다、봉 가는 데 황 간다"。也就是说，具有这种密切相关关系的事物非常多。

条件句结构的"실이 와야 바늘이 가지"表达的是另外的意义，第一个意义是有来才有往，比喻要想得到别人的东西必须先付出一定东西；第二个意义比喻条件成熟了事情才会成功。

2.4.4.5 线

缝制材料最基本的就是线，韩国语为"실"，因为线的特点又细又长，所以随着历史的发展，"실"发展出了前缀意义，比喻又细又长的东西，举例如下：

(35) a. 실뱀장어、실뱀、실거위、실고기、실망둑、실뱅
　　　어、실붉돔、실벌레、실줄고기、실지렁이、실베짱
　　　이、실여치、실잠자리、실전갱이
　　b. 실말、실뽕、실갈퀴、실망초、실뿌리、실벌꽃、
　　　실버들、실제비쑥、실사리、실사초、실새삼、실
　　　새풀、실양태、실횟대、실고사리、실가지
　　c. 실비、실눈、실개천、실바람、실안개、실연기、
　　　실구름
　　d. 실골목、실개울、길개천、실고랑
　　e. 실핏줄、실눈썹、실결
　　f. 실줄、실칼、실톱、실대패
　　g. 실국수(王芳 2013 : 52)

如上，"실"做前缀时，主要与鱼类、植物、自然现象、街道河川、人、工具、食物等结合，具有命名意义。

线头在韩国语里为"실머리"，之后随着语言的发展，其形态发生变化，成了"실마리"，并且也产生了比喻意义，比喻解决工作、事件时所做的开头的工作，如(36)。类似的还有汉字词"단초(端初)、단서(端緒)"。线缠成一个团，称作"실타래、실몽당이"，但是在日常生活中，"실타래"经常用来比喻难以解决的困难状态，如(37)。

(36) a. 해결의 실마리가 보이다 看到了解决问题的头绪。

　　b. 화해의 실마리를 찾다 寻找和解的引子

(37) 한중 '사드 실타래' 풀렸다. 中韩之间的"萨德问题"解决了。

线有很多单位词，如"올、타래、꾸리/토리"，分别指一缕线、一团线、圆线团。"올"指线或绳子的一缕，如(38a)；也作量词，如(38b)。惯用语"올(이) 되다"比喻很傲慢、固执，如(38c)。合成词"올되다"指布匹的线条编织的非常密实，如(38d)。形容词"한올지다"意思是就像一绺线那样非常亲近。

(38) a. 올이 가늘다 线条很细

　　b. 세 올로 튼튼하게 줄을 꼬아라. 编成三绺，结实一点。

　　c. 그는 남들에게 올이 된 사람으로 알려져 누구도 말을 붙이려 하지 않는다. 大家都知道他很傲慢，所以都不与他说话。

d. 겨울 옷감은 올되고 여름 옷감은 느슨하다. 冬天的
衣料非常密实，而夏天的衣料很松散。

线搓起来就成了绳子，韩国语为"노"，惯用语"실이 노가 되도록"比喻纠缠不休或反复地说。与绳子有关，还有俗语"실 엉킨 것은 풀어도 노 엉킨 것은 못 푼다"，比喻小事情虽然容易解决，但大事却不容易。

如上，我们分析了与针线有关的各种语言形式，其中反映态度的"올이 되다"、反映亲密关系的"한올지다"以及反映难以解决的状态的"실타래"等语言形式还与韩国的关系文化密切相关，反映出韩国的关系文化是"线绳文化"。

2.5 与服饰有关的动词

2.5.1 服饰的穿戴

韩国语里与服饰语有关的动词差异比较明显，其中表示"穿"的动词语义场很丰富，而表示"脱"的动词语义场却非常简单，具体如下：

动词语义场	宾语	对应汉语
입다/감다	옷、외투、두루마기、저고리、바지、치마	穿
쓰다	모자、갓、수건、가면、안경	戴/系上
신다	신、양말、버선	穿
두르다	목도리、허리띠、치마	戴/系上/穿
끼다	안경、장갑	戴
끼우다	반지、팔찌、단추	戴/扣
꽂다	비녀、핀	插
차다	시계、수갑、노리개	戴
매다	옷고름（衣服的飘带）、넥타이、띠	系上
치다	대님（绑裤带）	绑
드리다	댕기（长丝带）	系

[表4] 与穿戴有关的动词语义场

　　如上表所示，中韩两种语言中，关于穿的语义场中能够一一对应的只有"插"与"꽂다"以及"绑"与"치다"，也就是说，只有当宾语是头饰时，中韩才会出现动词的一致性。当宾语是其他服饰语时，却出现了动词不对应的现象。这是中韩两国人对相应的服饰宾语和动词的认识差异造成的。

　　首先，与"입다"结合的都是大件服饰，而与其他动词结合的都是小件服饰。只有"치마"还可以与"두르다"结合，这与韩国裙子很肥很长，干活时需要提起来在腰里再缠一下有关。但汉语的"穿"着眼于将服饰套在身体上，所以除了大件服饰外，与脚有关的服饰也都用"穿"，也就是说，中国人将躯体和脚视作了同一类型的事物。而韩国人则没有这种思想，所以单独用动词"신다"来结合与脚有关的服饰。

　　其次，"쓰다"结合的宾语都是与头有关的服饰，而汉语的

"戴"不仅仅限于头部，还可以扩展到颈、面、肩上、胸上等部位，所以可以对应多个韩国语动词"쓰다、두르다、끼다、끼우다、차다"等。

第三，汉语"系"的对象都是长的东西，并且都强调要系结，所以可以是"수건、목도리、허리띠、옷고름、넥타이、띠、댕기"等，而韩国语动词"쓰다"强调的是部位，所以可以和"수건"结合，而"두르다"与"목도리"的结合强调"围上"，也就是说围巾有三种动词"戴、系、围"可以结合，其中"戴"没有特别的语义限制，但"系"强调要把围巾打结，而"围"则指不打结。韩国语"매다"主要指系长条的服饰。"드리다"主要指往辫子上系长丝带。

韩国语里表示穿意义的动词还有"감다"，但是语义属于低俗词，即把衣服裹在身上。与此相关，还有动词"감싸다"，意为缠住、缠上。其实真正反映韩国服饰特色的正是"감다、감싸다"这两个词，因为韩服尤其是女士韩服最能体现韩服的特色，即包裹的文化。例如，宽大的裙幅是缠在身上的，盖头的长衣可以把头包裹得只露出眼睛来，上衣只有袖子是穿进去的，上衣下摆是散开的，只在领子处有带子系着。这种文化与韩国的"보쌈"文化是一脉相通的。

以上关于穿的动词都是固有词，韩国语也有相关的汉字词"복착(服着)、착의(着衣)、의착(衣着)、착복(着服)"，前三个都只有具体意义，如(39a)。"복착"的逆序词"착복(着服)"除具体意义外，还比喻不正当地将别人的财产据为己有，如(39bc)。这个词在中国古代汉语里仅有具体意义，此比喻意义的产生应该是输入韩国后产生的，其产生理据应该是人们会将得到的不义之财藏到衣服里，因此两者产生了相关性。

(39) a. 수영장에는 수영복을 착의하고 입장하십시오. 请穿
泳衣进入游泳场。

b. 공금/기부금 착복 私吞公款/捐款

c. 관료는 부실공사로 돈을 착복했다.《동아일보,
2016.11.18》官僚们利用豆腐渣工程将钱财装入了
自己的腰包。

再看关于脱的语义场。

[表5] 与脱有关的动词语义场

动词语义场	宾语	对应汉语
벗다	옷、외투、두루마기、저고리、바지、치마	脱
	모자、갓、수건、가면, 안경、목거리	摘
	신、구두、장화、운동화、짚신、양말、버선	脱
	목도리、허리띠、치마	摘/解/脱
	장갑	摘/脱
빼다	반지、팔찌、비녀、핀	摘/拿
풀다	시계、수갑、노리개	解
	옷고름、넥타이、띠、대님	
	댕기	

如上表所示，韩国语里表示脱的动词只有三个，比较简单，其
中"벗다"所结合的宾语最多，其次是"풀다、빼다"。

"벗다"对应的汉语分别是"脱、摘、解"等，其中"摘"主
要用于头部、面部、颈部的服饰，而"解"主要用于打结的服饰。
"벗다"的使动词是"벗기다"，有"산을 벗기다"，意思是把山上
的树都砍掉。

此外，韩国语里套在手上或戴在头上的东西都与"빼다"结

合，汉语用"摘、拿"；而需要用手去解开的东西都与"풀다"结合，汉语用"解"。

2.5.2 服饰的制作

制作服饰时首先要量尺寸，其次才能缝制，关于缝衣服的动词有很多，如裁剪义的"마르다"；缝补义的"감치다、박다、누비다、깁다、꿰매다、봉합"，此外还有其他的，如"주름잡다、구기다"等，指拿褶皱。另外还有与编织、缠绵有关的"엉클어지다、헝클어지다"，服饰最后还需要捶打、熨烫，有丰富的语言表达。有的衣服可能需要经过鞣制的工序，有的需要刺绣的过程。

2.5.2.1 量尺寸、裁剪

做衣服要看尺寸，尺数韩国语为"척수(尺數)、치수(-數)"，有俗语"척수 보아 옷 짓는다、치수 맞춰 옷 마른다[짓는다]"意思是量体裁衣，与此相关，有"체수(體-)"指身体的大小，有俗语"체수 보아 옷 짓는다"，意思是所有的东西都是按照适合自己的规格来处理的。类似的还有"체 보고 옷 짓고 꼴 보고 이름 짓는다"，比喻做事按实际情况处理。

"寸"是长度单位，韩国语里"촌(寸)"发展成了依存名词，做长度单位时，相当于"치"，如(40a)；也指亲属关系的远近，如(40b)。因为"寸"非常短，所以也可形成"촌평(寸評)"，义同"단평(短評)"，表示非常短的批评，如(41)。汉语没有此类表达，多用"短评"或动词性的"简单地评论"。

(40) a. 세 치 혀도 잘못 놀리면 큰 망신을 당한다. 三寸之舌
不小心会招致祸患。

b. 그 사람과는 몇 촌 간이냐? 你与他关系近吗？

(41) a. 유명 작가에 대한 촌평이라는 것은 대체로 칭찬 일
색이기 마련이다. 对名作家的短评都是清一色的称
赞。

b. 같이 벤치마킹에 동행한 한우식당 업주가 라면
스프를 먹는 것 같다는 촌평을 했다.《조선닷컴,
2012.07.23》一起参与标杆管理的同行的韩牛饭店
老板简短地评论到，说好像吃的是拉面调料包。

韩国语里表示裁剪的动词是“마르다”，这个词多用于俗语“잣
눈도 모르고 조복(朝服) 마른다”，意思是还看不懂尺子呢，就裁剪
朝服，比喻还没弄明白就开始工作。韩国语还有与裁剪相关的很多
汉字词，如“재단(裁斷)、재작(裁作)、재작(裁酌)、재량(裁量)、
자유재량(自由裁量)”等，这些汉字词都产生了比喻意义，比固有词
“마르다”的语义抽象。

2.5.2.2 缝

韩国语里与“缝制”有关的三种表达方式分别是“감치다、박
다、누비다”。

首先，“감치다02”只有具体意义，指两个布边对起来，并用一
边包着另一边来缝；也指使劲缠着。《표준국어대사전》还收录了一
个同音词“감치다01”，意思是某人、某事或某种回忆一直在脑海里
出现，也指食物味道回味无穷。

천소영(2007/2010:286)认为味道回味无穷的"감치다01"与表示缝意的"감치다02"是一个词。其实，从意义上也还能发现两者的联系，因为"감치다01"是包着缝，所以如果是饮食的话，那么就是味道不是那么明显、那么强烈，而是像包裹起来后隐隐散发出的长久的味道，那么这就是"回味无穷"的味道了。另外，"감치다02"的第二个意义与"감치다01"的第一个意义都有使劲缠绕之意，只不过前者的主体是东西，而后者的主体是人、事情或回忆。

第二，"박다"指用缝纫机纵横交错缝制衣物，如(42a)。"박다"是个多义词，还有一个意义指砸钉子，不过笔者认为它的基本义应该是砸钉子。而不像천소영(2007/2010:286)中所说，缝制意义的"박다"又发展出了砸钉子的"박다"和照相的"박다"。因为缝纫机的产生是近现代的事情，但"박다"的砸钉子意义却是很古的事情了。所以是从砸钉子义引申到了用缝纫机缝衣服之意，汉语里说用缝纫机缝衣服，也可以用动词"砸"，如(42b)。

    (42) a. 옷단을 재봉틀로 촘촘히 박다. 用缝纫机将衣料缝得
        密密实实的。
        b. 砸件褂子穿。

第三，"누비다"的基本义指在两层布之间絮上棉花，然后一行行地缝上。对韩国女性来说，一行一行地用线缝衣服也是缓解痛苦和悲伤的一种方式，并且还将这种缝制衣服的习俗叫作"인고봉(忍苦缝)(이규태 1999/2000：107)。"누비다"还指到处自由行走往来，这个意义的产生与来回缝制衣服具有形态上的相似性，汉语一般用"踏遍、周游、逛来逛去"等。"누비다"也俗指皱眉头，这也与缝制衣服时会使衣服起皱褶有形态上的相似性。

韩国语还有"누비혼인"（천소영 2007/2010:285），意义与"겹사돈"差不多，有时也用"덤불혼인(--婚姻)、겹혼인(-婚姻)"，指双重的亲家关系。

2.5.2.3 补

表示"补"义的词语有"꿰매다、깁다、짜깁다、땜질、노닥노닥"，这些词都有比喻意义。其中，"꿰매다"的基本义指将衣服破烂或出了窟窿的地方补好；也指将出问题的事情重新整理，使不出问题。表达此意时还有"봉합(縫合)"。汉语"缝"没有此类比喻意义。

"깁다"指在掉了或破了的地方放上别的布块并照样缝上；"깁다"还比喻将文章或书里欠缺的内容补充上。汉语里表示修改也用"打补丁"，但与"修订"的语体意义不同，前者是口语化表达，而后者是书面语表达，所以韩国语的"깁다"有时并不对应"打补丁"。此外，还有"짜깁다"，指将织物破旧的地方用同样的线织补好，如(43a)；也可比喻对已有的文章或电影等进行编辑形成一个完成品，如(43b)，汉语有时也用"补"。

(43) a. 바지의 미어진 곳을 짜깁기하였더니 감쪽같이 되었
　　　 다. 裤子撑开的地方用同样的线缝补了一下，一点
　　　 也看不出来了。
　　 b. 그는 여러 논문을 짜깁기하여 보고서를 작성하였다.
　　　 他把几篇论文添添补补，完成了报告书。

"땜、땜질"指将裂了的缝或破了的洞补上，如(44a)；也指

把破的衣服缝起来，如(44b)；也比喻把做错的事情根据需要随时改过来，如(44cd)。此外还有"땜질 처방/예산、땜질식 처방、땜질식 대책/조치"等结构，都具有否定色彩。给人补锅的人称作"땜쟁이"，也嘲笑脖子周围长瘤子且化脓留下疤的人，这种比喻意义的产生应该源于这种人的身体特征与补锅后的痕迹具有形态上的相似性。

(44) a. 양은 냄비를 땜질하다. 把铝锅补好。

　　 b. 양말 뒤축을 땜질하여 신다. 把袜子破了的后脚跟补好穿。

　　 c. 우리의 농업이 이런 식의 땜질 처방으로는 희망이 없다.《한라일보, 2018.03.23》我们的农业靠这种临时补救措施是没有希望的。

　　 d. 그는 '5월 재정산'은 여론에 밀린 선심성 땜질이라며…정부를 성토했다.《동아일보, 2015.02.05》他声讨政府说，"5月再结算"是迫于舆论的不得已而为之的发善心式的临时补救措施。

把破了或扯开的地方缝起来或补上的样子韩国语用副词"노닥노닥"表达，如(45)。俗语"노닥노닥 기워도 마누라 장옷、노닥노닥 기워도 비단 걸레、노닥노닥해도 비단일세"意思是现在破旧了，但原先很好，比喻本来是珍贵的东西，所以现在还留有原先的模样或价值。

(45) 방바닥이며 벽이며 온통 신문지를 덧발라 노닥노닥하였다. 房间地板和墙壁都用报纸重新糊了一遍，花花

搭搭的。

2.5.2.4 拿褶皱

做衣服时，一般要拿褶皱，韩国语为"주름잡다"，在拿褶皱时，需要用手好好地调整衣服，所以这个动词产生了比喻意义，指所有的事情都是自己占主动地位，按照自己的想法去处理。

与此相关的还有俗语"번데기 앞에 주름잡듯"，意为班门弄斧、关公面前耍大刀，如电视剧《월계수 양복점 신사들, 50회》中，当看到自己老公破产后，최지연说自己压力很大，婆婆고은숙对此大为不满，骂道：

> (46) 번데기 앞에 주름잡는 것도 아니고? 니가 스트레스 쌓
>   이면 우리 효상보다 더 쌓이겠냐?니가 괴로우면 우리
>   효상보다 더 괴롭겠냐구? 你这是在谁面前装啊？你有
>   压力，能比我们孝尚压力大吗？你难受，能比我们孝
>   尚难受吗？

汉语的"班门弄斧、关公面前耍大刀"都强调卖弄技术，而韩国语"번데기 앞에 주름잡다"的语义则广得多。

2.5.2.5 编织与缠绵

汉语"缠绵"本指刺绣、编织时线理不清楚的时候，现在比喻情谊深厚、亲近、纠缠、久病不愈、连续不断、歌声婉转动听等。韩国语里表示线理不清的是"엉클어지다、헝클어지다"，两者也都有了比喻意义。

"엉클어지다"的基本义是线或绳等缠在一起，解不开，如(47a)；此外还产生了比喻意义，指某种东西毫无秩序地混杂在一起，如(47b)。在此基础上，其意义越来越抽象，可以指事情缠绕在一起，找不到头绪，如(47c)。更抽象的意义是指感情或想法等纠结在一起，如(47d)，主要指感情状态。汉语"纠缠"虽然也与感情有关，但多指搅扰别人使其心烦。

    (47) a. 엉클어진 실타래 缠在一起解不开的线团

          b. 그녀는 엉클어진 책들을 정리하여 책꽂이에 가지런하게 꽂았다. 她把乱成一团的书整理好，然后整齐地插在了书架上。

          c. 일이 너무 뒤죽박죽으로 엉클어져서 어느 것부터 먼저 손을 써야 할지 모르겠다. 事情都挤到一块去了，不知该从何处下手。

          d. 몇 달이 지나서야 엉클어진 감정을 겨우 추스를 수 있었다. 过了好几个月之后，我才勉强将自己的感情整理好。

"헝클어지다"的语义与"엉클어지다"有重合之处，是"엉클어지다"四个义项意义的强调，首先可以指线或绳子等细长的东西错综交织在一起解不开，如(48a)；此外，指东西无秩序地缠绕在一起，或者指事情搅成一团，理不出头绪，如(48b)；也指感情或想法非常复杂，如(48c)。除此之外，"헝클어지다"还有"엉클어지다"所没有的两个意义，可以指姿势不规范或打扮非常不整齐，如(48d)；也可指氛围散漫、秩序紊乱，如(48e)。汉语里在表达此类意义时，一般用"乱"或者"混乱、乱糟糟"等。

(48) a. 막 잠에서 깨어난 아내는 머리칼락이 온통 헝클어져
      있었다. 妻子刚刚从梦中醒来，头发很乱。

   b. 하루가 지나면 그만치 일이 더 헝클어지는데….《한
      무숙, 돌》如果再过一天，事情会变得更乱/不可收
      拾。

   c. 나영씨때문에 헝클어진 머리도 정리하고 잠도 자
      고.《그래 그런 거야, 21회》我要去整理一下因罗英
      而变得混乱的思绪，也睡会觉。

   d. 어둠 속에서도 그네의 헤엄치는 자세가 헝클어지
      는 것 같더니 더는 못 치겠다는 것이다.《황순원, 일
      월》黑暗中，看到他们游泳的姿势已经乱了，说明
      已经游不下去了。

   e. 나미의 전화로 말미암아 헝클어졌던 분위기가 좀 가
      라앉기를 기다리듯….《황순원, 일월》多亏娜美的
      电话，乱糟糟的氛围逐渐安静下来……

2.5.2.6 捶打、熨烫

衣服如果有了褶皱，就要把它展平，在过去多用棒槌来捶打。
下面我们就来看一下棒槌与捶打熨衣服的动作。

1）棒槌

韩国语里棒槌为"방망이"，也指"擀面杖、大棒"等。"방망
이"指棒槌时，与"다듬잇방망이"或"다듬이"同义，有俗语"방
망이가 가벼우면 주름이 잡힌다"，意思是棒槌太轻了，衣服的褶皱
就舒展不开，比喻统制和监督不严的话，就会出现后患。"방망이"
指木头锤子时，有俗语"방망이가 약하면 쐐기가 솟는다"，相当于

"마치가 가벼우면 못이 솟는다", 比喻长辈上司没有威严的话, 晚辈或下属就不会顺从, 会反抗。

"방망이" 根据语境可以对应多种工具, 有时指大棒, 而大棒是用来打人的, 所以惯用语 "방망이(를) 들다" 比喻掺合别人的事情进行妨碍。而 "방망이로 맞고 홍두깨로 때린다" 意思是自己挨打时挨的是棍子, 但打别人时却用棒槌, 比喻报仇时报复得太厉害。此外, "방망이" 还比喻心里冒火, 如 "방망이가 치밀다" 意思是心里非常冒火(朝鲜语)。也有合成词 "열방망이(熱――)", 指心里冒出的火。

因为从 "방망이" 引申出了 "打" 之意, 所以 "방망이꾼" 除了指捶打衣服的人, 也贬称参与别人的事情进行妨碍的人。在打人之前, 一般都会先吓唬对方, 因此就有了 "을러방망이", 有惯用语 "을러방망이(를) 치다", 指咋呼着想打人, 而 "흥글방망이 놀다" 指妨碍别人的事情, "지독방망이(至毒――)" 用来嘲笑恶毒之人。

与棒槌有关, 韩国语还有 "솜방망이", 指火把、医用棉球棒, 因为这些东西非常轻, 没有力度, 所以比喻对违反一定规则或习惯的事情管制过轻, 或者指仅止于形式上的制止, 如(49)。有俗语 "솜방망이로 허구리를 찌른다", 比喻就像不经意似地招惹别人, 类似的还有 "솜뭉치로 사람 때린다"。

(49) a. 솜방망이 처벌 不痛不痒的处罚

　　b. 정부가 '솜방망이'대책을 내놨다는 평가《동아일보, 2018.01.13》有人评论道：政府提出的不过是"不痛不痒的"对策。

与棒槌有关还有 "엿죽방망이、엿방망이", 指用来搅拌麦芽糖

的棍子，比喻容易的事情。

2）捶打、熨

捶打衣服的动作称作"다듬이질、다듬이、다듬질"。与此相关的还有"초다듬、초다듬이、초다듬이질、초다듬하다"，指为了把衣服弄平而进行的第一次捶打，还比喻先把人臭打一顿，如(50)。

(50) 하인들은 도둑을 묶은 뒤 발길질로 초다듬이하여 놓고,
　　대감께 고했다. 下人们把小偷绑了，拳打脚踢打了个半死，然后报告给了大监。

因为捶打衣服的声音非常乱，因此韩国语有了俗语"동지섣달에 베 잠방이를 입을망정 다듬이 소리는 듣기 싫다"，这里"베 잠방이"指麻布短裤，在韩国给别人熨烫麻布短裤是尊敬、爱护的表现，这个俗语的意思是，在冬至三月夜深人静之时应该是睡觉的好时候，所以还不如不穿麻布短裤，因为棒槌声音让人心烦，这句俗语的表面意思是指棒槌声音令人心烦，但还有深层意义，比喻与其受到尊敬但被唠叨还不如身体疲惫、内心平安好。

后来随着社会的发展，又出现了熨斗，称作"다리미、아이론、울두(熨斗)、화두(火斗)"等，这些词都没有比喻意义，只有具体意义。

韩国语还有合成词"빨다리다"，意思是洗了然后熨平，如"옷을 빨다리다 洗烫衣服"。俗语"빨다린 체 말고 진솔로 있거라"意思是即使把衣服洗了熨平了，但也不要随便露出来，比喻不论什么时候都不要丢掉原来的样子，要维持自己的纯粹性。

2.5.2.7 鞣制

皮质衣服的原料是动物皮，动物皮在用来做衣料前，要先将生皮鞣制成熟皮，这个过程韩国语为"무두질"，比喻肚子极度饥饿或者胃病发作，疼痛难受。"무두질"还指上刑，义同"주리를 틀다"。

经过鞣制的狗皮称作"잘량、개잘량"，因为鞣制后就软了，不挺拔了，所以俗语"모양이 개잘량이라"指没了体面和名誉。韩国语还有"녹비(鹿皮)"，俗语"삶아 논 녹비 끈"意思是像煮熟做成的鹿皮带一样，比喻听从别人的布置不作任何反抗的人。

2.5.2.8 刺绣

韩国语绣花是汉字词"수(繡)"，也指绣出的花或字，惯用语"수(를) 놓다"除了指具体意义外，还比喻就像用彩线绣出的一样漂亮，与汉语动词"绣"可以对应。

合成词"수놓다"除了表达具体意义，还可比喻景致就像用彩线绣上的那样美丽，汉语也有"锦绣山川"类表达。

如上，韩国语里与服饰制作有关的各种动词以及相关的名词几乎都产生了比喻意义，个别的是借用俗语产生了比喻意义。相反，汉语里相关的词语很多没有产生比喻意义，有的即使产生了比喻意义，但是也不如韩国语的搭配灵活。

2.6 小结

与饮食文化相比，服饰具有很强的时代特色。韩国服饰的历史变迁表现在语言上是汉字词取代固有词，而现在则是大量的英语外来语取代了汉字词。从数据来看，本研究所分析的服饰词语中，汉字词占比极小。其中服饰材料中汉字词居多说明中国服饰材料对韩国影响之大，因此留下了大量汉字词。

韩国语的服饰用语主要有各种服饰分类、配件、布料的制作机器、缝制工具、布料的质地和分类，以及服饰的穿戴动作、服饰的制作等。这些相关表达在韩国语里已不再是简单的指称作用，而是都被赋予了比喻和文化意义，从中可以看到韩国人是如何来观察、利用服饰来表达内心世界的。尤其是与布料的缝制和服饰制作有关的动词大都发展成了多义词，这些词语的语义引申方向都具有很强的民族性。

服饰语言中，从头上戴的一直到脚上穿的，没有哪一样不是文化，正因为服饰与人息息相关，所以这些众多的服饰语言都产生了比喻意义或者有了比喻、俗语表达。具有比喻意义的服饰语主要有两类，一类是单词有了比喻意义，一类是借助俗语和惯用语来表达比喻意义。从数量来看，相对于其他领域来说，惯用语出现得较多，这说明具体的服饰用语可以灵活进入惯用语中表达比喻意义。

第三章

住居与语言

3.1 引论

住居文化最突出的表现便是建筑的不同。建造建筑物对人类来说是非常重要的一项能力。并且"对于许多远古的民族和传统民族而言,建造是一件严肃的事情,需要举行仪式,甚至提供牺牲。建造是一种宗教活动,是在原始的混乱状态中建立起一个世界(段义孚2017:58)"。

建造也为人类提供了极其丰富的经验,建筑物也成了人类世界中极其重要的空间和活动范围,因此建筑文化成了人类文化中不可或缺的一部分。因为建筑与人的生活、思想意识、感觉感受息息相关,所以很多的建筑用语也被用于日常生活中。

本章首先介绍基本的建筑类型,然后介绍建筑物的内部分类和构造、建筑原材料和器械,最后分析建筑与称呼语之间的关系。

3.2 基本建筑类型

基本建筑类型主要分析城池、塔、牌坊、亭台楼阁、磨坊、草屋与瓦屋等。

3.2.1 城池

城池有很多具体的建筑，这些建筑物都是汉字词，其中在韩国语里发展出特殊意义的主要有牙城、外城、重镇、铁瓮城等。

牙城韩国语为"아성(牙城)"，是古时插"牙旗"的地方，是军队中主将居住的内衙的卫城，也比喻非常重要的根据地，如(1)。汉语"牙城"没有特殊意义，与"아성"对应的多是抽象的处所名词"重地"。

> (1) 논평은 '…핵공격수단들은 악의 본거지, 침략의 아성들을 정확히 조준해놓고 발사명령만을 기다리고 있다'고 경고하기도 했다.《동아일보, 2016.10.23》论评警告说"……各种核攻击手段已经准确锁定了邪恶中心、侵略重地，现在正在等待发射命令"。

外城为"외곽(外廓/外郭)"，也指外围，如(2a)。惯用语"외곽을 때리다"比喻迂回地给对方以打击，如(2b)。"외곽"的近义词还有"외성(外城)"，但没有比喻意义。汉语的"外城"也没有比喻意义，与"외곽"对应的多是抽象的处所名词"外围"。

> (2) a. 외곽 도로/지대 外围道路/地带

b. 입후보자들은 이번 선거에서 상대 후보자의 외곽을
때리는 선거 운동으로 투표자들의 원성을 샀다.参加
选举的候选人在这次选举中采取了攻击对方候选人
外围的方法，这引起了投票人的不满。

"중진(重鎭)"本义指重要的城镇，多用来指军事要地，或指
掌握兵权守卫军事要地的人，是用住所来转喻人，现在多用来比喻
某些集团或领域具有领导作用的重要人物，如(3)。汉语"重镇"
只有处所意义，不能指人，所以与"중진"对应的多是"中坚"或
"骨干、核心"等。

(3) a. 중진 교수/작가/의원 中坚教授/作家/议员
b. 이 모임에는 각계의 중진 인사들이 참석했다. 这次聚
会的参加者都是各界的骨干/核心/中坚人士。

"철옹성(鐵甕城)"意为像用铁做成的瓮一样牢固的山城，比
喻防备非常牢固，人非常团结的状态，如(4)。

(4) 이 팀의 수비는 가히 철옹성이다. 这个队的防守如铜墙
铁壁。

有时"철옹성"也可比喻人坚不可破，如(5)，电视剧中的차시
아、조남두两人串通好想让허준재去酒吧喝酒约合，但是허준재却不
听，因此조남두说了下面的话:

(5) 안 넘어오네. 저 철옹성 같은 놈.《푸른 바다의 전설, 3

会》一点也不上钩啊，这小子就是铁板一块啊，（怎么不开窍啊）。

中国的"铁瓮城"现在只是地名，并没有发展出比喻意义，因此与"철옹성"对应的多是"铜墙铁壁"或"铁板一块"。"铜墙铁壁"虽也是建筑用语，但属于建筑的内部构造用语。

3.2.2 塔

汉语的"塔"来自佛教，又称"窣堵波""塔婆"，是梵文stūpa或巴利文thūpa的音译（黄时鉴、龚缨晏 1998:333）。韩国语里塔为汉字词"탑(塔)"，很多塔名产生了比喻意义，其中"상아탑(象牙塔)"比喻脱离俗世，埋头于学问或艺术的境地，现在多用来比喻大学。韩国语里大学的俗称为"우골탑(牛骨塔)"，意思是贫困的农民用卖牛的钱所准备的学费建起来的大楼。

金字塔有汉字词"금자탑(金字塔)"，也有外来语"피라미드"，外来语主要用作地名，但汉字词"금자탑"可以比喻长留世间的优秀业绩，如(6)，汉语多用"丰碑"或"业绩"。但在表示具体意义时多用外来语，如"다단계 피라미드 传销"。

(6) a. 금자탑을 세우다/쌓다 创造最高成就/树立丰碑
    b. 역사에 길이 남을 금자탑을 이룩하다. 完成了流芳百世的业绩。
    c. 한글은 우리 민족이 세운 찬란한 문화의 금자탑이다. 韩文是韩民族在世界上创造的灿烂的文化之塔。

3.2.3 牌坊

朝鲜世宗10年颁发了《삼강행실도》，将儒家思想的"孝、忠、烈"作为基本理念进行尊崇，17世纪后半期还出现了以巩固儒家思想为目的的教化用小说，男性为了随心所欲支配女人，借助各种方式来教化女人对丈夫忠诚，作为奖励还对上层社会的女性赏赐"직첩(職牒)"，为其建造忠孝贞节牌坊(김명희 외 1992:210-212)，韩国语称作"정문(貞门)"，是红色的木门，由于像汉字"门"，并且颜色多是红色，所以俗称为"홍살문(紅-門)、홍문(紅門)"，多建在宫殿、官衙、陵墓、庙、园等的前面，在有忠臣、烈女、孝子出现的家族或村落里也会建设这样的门，相当于中国的牌坊或牌楼。韩国语还有"열녀문(烈女門)、열녀정문(烈女旌門)"，指为纪念贞洁烈女的事迹而建立的旌门，有时也用"열녀비(烈女碑)、열녀정려비(烈女旌閭碑)"。

虽然现代社会已经不再有建立烈女门、烈女碑这种行为，但是这些思想和语言表达仍然存在于现实生活中。

(7) 내일 내가 사람을 불러서 우리집 대문을 홍살문으로 만들어 줄게. 열녀도 이런 열녀가 따로 없어.그래 너 잘~~났다.《아이가 다섯, 16회》明天我就找人把咱们家的大门改成红色的牌坊，你这种烈女真是少见啊，算你心好！有出息！

(8) 열녀가 따로 없네. 열녀비 하나 세워줘야겠어. 너 어떻게 이 상황에 가죽잠바 면상 걱정을 하냐?《월계수 양복점 신사들, 15회》真是烈女痴心啊。看来得给你立个贞节牌坊了。你怎么能在这种情况下还担心皮夹克的脸(不能挨打)呢？

(9) 내 앞에서는 죽은 지섭이를 평생 못 잊고 열녀비 세울 것
처럼 온갖 내숭을 다 떨더니 뒤꽁무니로 호박씨를 까?
《내 남자의 비밀, 54회》在我面前装，好像一辈子也忘
不了志燮，搞得好像得给你竖个贞节牌坊似的。但背地
里却干这种(找男人的)勾当！

如上，(7)是电视剧中，当丈夫要去见他与前妻所生的孩子们
时，강소영买了很多孩子的衣服让他带着，但自己的母亲이점숙却很
生气，所以说了上面的话，提到了"홍살문"。(8)的情节是：把女朋
友동숙的钱借走之后，歌手성준就杳无音信，后来通过各种渠道知道
他的下落后，동진和삼도要去找他算账、打他的脸，而女朋友동숙却
说不要打他的脸，因为对歌手来说脸非常重要，看着痴情的동숙，
母亲복선녀不禁说了上面的话，句中提到了"열녀비"。(9)是剧中当
看到有人向守寡的儿媳妇求婚时，婆婆구미홍生气地质问儿媳妇기서
라时所说的话，也提到了"열녀비"。

如上，"홍살문、열녀비"多用来表达对当事人太过纯情的不满
或讽刺。从另外一个角度来看，日常生活中还提到这样的词语，说
明儒家思想对韩国人影响之深重。

韩国语还有俗语与"홍살문"有关，如"쥐구멍에 홍살문 세우
겠다"意思是也要给老鼠洞建个牌坊了，比喻明明是不合适的事情
却任意妄为。

3.2.4 亭、楼阁

"亭"本来指驿站的亭子，后来多指有顶无墙，供休息用的建筑

物，多建筑在路旁或花园里。与此相关汉语有"亭亭"，表示高耸直立的样子或者形容女性身材容貌优美，而韩国语有形容词"정정하다(亭亭—)"，除了指树木高耸，如(10a)；还比喻老人身体健康挺拔，如(10b)，当用于此意义时，"정정하다"与汉语"亭亭"的性别意义发生了差异，所以与韩国语对应的汉语不再是"亭亭"，而是"硬朗"。

(10) a. 정정한 거목 亭亭如盖的大树

　　　 b. 우리 할아버지는 칠십이 넘으셨는데 아직도 정정하

　　　　　 시다. 我爷爷虽已年过七旬，但仍然很硬朗。

　　韩国语里楼阁为"누각(樓閣)"，指像阁楼一样没有门和墙壁的房子，类同于"누(樓)、누관(樓觀)"，"누각"也指两层或三层的韩屋。韩国语还有"공중누각(空中樓閣)"，比喻没有任何根据或基础的事物或想法。类似的还有"사상누각(沙上樓閣)"，意思是建在沙子上的楼阁，指基础不牢，无法坚持很久的事情或东西。同样意义的俗语有"모래 위에 쌓은 성、모래 위에 선 누각[집]"。

3.2.6 草屋与瓦屋

　　房子从主要建筑材料来看，还分草屋和瓦屋，分别称作"초가집(草家-)、기와집"，此外，瓦屋还称作"와가(瓦家)、와옥(瓦屋)、제집"。草屋与瓦屋是不同身份的象征，俗语"가난할수록 기와집 짓는다"有两个意义，一个比喻越是没吃没喝穷得叮当响的人，越会盖瓦房，比喻穷人害怕别人看不起，所以打肿脸充胖子；

也比喻不能因为穷就自暴自弃，应该下定决心好好过日子，所以开始干大事。两个意义反映的是对贫穷的正反不同的两种思想认识。

俗语"기와집 물려준 자손은 제사를 두 번 지내야 한다"意思是继承了瓦屋的子孙，一年应该给祖先祭祀两次，因为瓦屋不用经常换房顶而草屋每年换房顶非常麻烦，还很累。俗语"기와집에 옻칠하고 사나"意思是你还要给你的瓦屋上上漆吗？用来讽刺那些不知道分享只知道攒钱的吝啬人，类似的还有"그렇게 하면 뒷간에 옻칠을 하나"。

在过去，官仓一般都是瓦屋，非常结实，所以就有了俗语"기와집이면 다 사창(社倉) 인가"，意思是你以为只要是瓦屋就是官仓吗？比喻外表光鲜不代表连内容或内心也非常优秀。

3.3 住宅的内部分类

建筑中代表性的就是住宅建筑，住宅建筑在不同文化中发展出不同意义的文化内涵，如著名华裔人类学家许烺光(2001:31-32)曾说："住宅本身是激烈竞争的代表物。房屋住宅与其说是众家庭成员用以栖身的舒适之地，还不如说是整个家庭——包括死去的、活着的，未来的家庭成员——社会威望的象征。"所以，中国过去的宫中、豪门以及有钱有势的人都讲究建筑的几进几出，而这种深宅大院也反映了主人的社会地位与经济实力。

韩国传统建筑为"한옥(韩屋)"，"韩屋"建筑与中国唐宋时期

的建筑极其相像，[01] 如下图所示：

월성 수졸당 图片来自주남철(2006)网络版[02]

　　传统的韩国住居空间可分为"안채 内宅、사랑채 外宅、행랑채 门房"以及"사당 祠堂"（남경숙 2008/2010:16）。上图没有出现祠堂。这种居住空间的严格分类也是儒家思想的体现，是男主外女主内思想在住居上的反映。

　　内宅分为"안방(-房)、건너방(一房)、부엌"，有时还会有"찬방(饌房)"等。外宅以"사랑방(舍廊房)"为中心，此外还会有"침방(寢房)、대청(大廳)、누마루、책방(冊房)、서고(書庫)、독서

01　최준식, 네이버게스트, http://navercast.naver.com/contents.nhn?rid=92&contents_id=1910

02　http://terms.naver.com/entry.nhn?docId=3390796&cid=58357&categoryId=58357

实(讀書室)"等空间。除此之外，一个住居空间里还会有"곳간(庫間)、마당、측간(廁間)、돼지우리"等。下面主要看其中的一些具有特殊文化意义的词语和表达。

3.3.1 内宅

韩国传统建筑的中心是内宅"안채"。其中"안방"意为女主人住的房间，指内室。"안방"因所居住的人和所处的位置而产生了不同的比喻意义。

首先，因为内室主要是女人的活动场所，所以"안방"多用来转喻女人，如(11)。其次，内室主要是主人活动的场所，所以"안방"也可转喻主人、东道主，如(12)。

(11) 라디오드라마는 맹렬한 기세로 안방을 공략하기 시작했다. 收音机播放的电视剧开始以女人们为主要公关对象。

(12) a. 이날 경기에 안방 팀인 한국은 붉은색 유니폼을, 방문 팀인 중국은 노란색 유니폼을 입었다.《동아일보, 2016.09.01》这天的比赛中东道主韩国队穿的是红色服装，作为客方的中国队穿的是黄色服装。
    b. 안방 팬 本国观众
    c. 안방 올림픽 作为东道主主办的奥运会

第三，内室是私密之处，所以不能随便进入，而亲家的主卧室更不用说了，所以俗语"사돈네 안방 같다、만만찮기는 사돈집 안

방”比喻令人非常小心的去处。因为内室位于自己家中，所以“安房”还比喻家门口，如(13)。内室是家庭建筑中的核心，所以“安房”也可比喻主要位置，而词组“안방을 차지하다”意思是占据主要位置，如(14)。

(13) 성화 도착으로 대회 분위기가 고조되는 가운데 한국 선수단은 안방에서 역대 최고의 성적을 꿈꾸고 있다.《동아일보, 2017.11.01》随着奥运圣火的抵达，奥运会氛围再度出现高潮，韩国的选手们梦想着可以在自己的家门口获得史上最好的成绩。

(14) a. 알나리깔나리는 생활에서 거의 쓰이지 않는 말이다.이런 말이 아직까지 표준어의 안방을 차지하는 건 언중의 말 씀씀이를 헤아리지 못한 것이다.《동아일보, 2014.11.27》“알나리깔나리”现在日常生活中用得很少。这样的词到现在还占着普通话的第一把交椅，那这就是没有正确认识老百姓的常用语。

　　b. 관청에서 쓰는 행정 언어들은 한자 투의 조어가 안방을 차지하고 있다.《이어령, 뜻으로 읽는 한국어사전》现在政府部门里所使用的行政语言大部分都是汉字造词。

　　韩国家庭建筑中还有“뒷방”，指位于主体建筑后面的房间，虽然词典里没有标注比喻意义，但是日常生活中经常使用，如(15)。这里“뒷방”意为受冷待，不被重视。这种思想的产生与韩国家庭内的权力交接有关，韩国儿媳妇在生了儿子后就会从婆婆那里获得家庭生活大权，同时也会获得仓库钥匙和“안방”，相反，婆婆则要

搬出去，从此不再拥有权力，因此成为不被重视的人物(규장각한국학연구원 2010/2011:206-207)。

(15) a. 지금 아란이 살짝 아파서 봄이 뒷방 신세 일보직전이에요.《우리집 꿀단지, 67회》现在雅兰一不舒服，春儿马上就不吃香了/就被踢出去了。

b. 나 그런 것도 모르고 니들이 나를 뒷방 할미로 취급하느라 괄시하는 줄 알았지.《우리집 꿀단지, 114회》我不知道你们会这样(准备)，还以为你们把我当成后房的老太太，不把我放在眼里呢。

位于主卧室所在建筑对面的房间称作"건넛방"，有的会铺上地板将两者连起来，有的则不铺地板，露着土地面，称作"봉당(封堂)，有俗语"봉당을 빌려주니 안방까지 달란다"，意思是把封堂借给他了，他还要卧室，比喻一点廉耻都不知道。

3.3.2 外宅

韩国传统建筑中还有"사랑채"，是与内宅独立的单独的建筑，多用作男主人招待客人的地方，相当于中国的厢房。其中主要的建筑有"사랑방"，因为是接待客人的地方，所以出入就比较多，有时也用于比喻，如(16)。

(16) 맨날 교무실을 무슨 사랑방이라도 된다는 듯이 시도 때도 없이 들어오시잖아요.《혼술남녀, 16회》教务室就

像您家的厢房似的，每天不知道什么时候就来了，不
是吗？/您每天不时地进出教务室，这教务室好像就像
您家的厢房似的，不是吗？

3.3.3 大厅、堂

"대청(大廳)"指主体建筑中连接房与房之间的厅堂，例如主
卧室与对面房间之间的厅，外宅"사랑방"前面的宽阔的大厅也称
作"당(堂)"或"청(廳)"。在朝鲜时代，大厅具有很强的象征性，
代表上流住宅的权威(남경숙 2008/2010：16)。与厅相关，韩国语还
有"당상(堂上)、당하(堂下)"，前者指厅的上面，也比喻祖父母或
父母居住的地方，或者比喻家的一部分。在朝鲜时代还统称正三品
(上)以上的官职，而"당하"指正三品(下)以下的官职。

因为厅连着房间，所以要想进房必须先经过厅，根据这种建筑
特点，就有了俗语"청을 빌려 방에 들어간다"，意思是借口要借大
厅用一下，最后进入了房间，比喻不知廉耻地违背最先的誓约，一
点一点地侵犯对方；也比喻开始时比较小心谨慎，但慢慢地开始干
大的事情。与这个俗语类似的是"행랑 빌리면 안방까지 든다"。

与"당상"有关的俗语有"따 놓은 당상"，比喻已经到手，如
(17)。类似的还有"떼어 놓은 당상、떼어 둔 당상 좀먹으랴"。

(17) a. 너 합격은 이미 따놓은 당상이잖니?《혼술남녀, 16
회》你合格不都已经是板上钉钉的事了吗？

b. 삼도 동생의 실력이면 예심 통과는 따놓은 당상인
데.《월계수 양복점 신사들, 21회》靠三道弟弟的实

力，通过预审没有任何悬念。

3.3.4 廊房、仓库

韩国传统建筑还有"행랑채"，其主体是"행랑(行廊)"，指与大门相连的房间，也称作"낭저(廊底)、월랑(月廊)、행랑방(行廊房)"，以前多是下人居住于此，有俗语"행랑 빌리면 안방까지 든다"，与前面分析过的"청을 빌려 방에 들어간다"同义。此外，还有"행랑이 몸채 노릇 한다"，比喻客人像主人一样行事，也比喻下人代替主人来主事。

与大门、墙壁连在一起的建筑还有"곳간、광"，是用来堆放杂物或粮食的地方。两者虽都没有比喻意义，但却有俗语"곳간에서 인심이 나온다、광에서 인심 난다"，类似的还有"쌀독에서 인심 난다"，意为一个人有了余力时就自然而然地产生帮助他人的念头、想法或行动，而如果一个人自顾不暇时，即使想帮助别人，但所起到的作用也非常受限。

因为"곳간"是仓库，所以谁拿到仓库的钥匙，谁就掌握住了一家人生活的粮食和物品，所以韩国语里"곳간 열쇠"比喻家庭大权，如电视剧《달콤한 원수, 111회》中，고은정向婆婆要家庭大权时就说道：

(18) 어머니 이젠 곳간 열쇠 저한테 넘겨주세요. 妈，您现在
    得把家庭大权交给我了。

不过中国文化却相反，有歇后语"小媳妇拿钥匙——有职无权/

当家不做主"，由此反映出，在中国文化里，"钥匙"并不一定代表掌握实权。

3.3.5 庭院

韩国语里庭院为"마당"，指房子前后的庭院。"마당"还指事情展开的场所，如(19a)；有时也比喻地盘，如(19b)；此外，"마당"还发展成了依存名词，与"-은"或"-는"结合，形成"마당에"结构，表示某事形成的状况，如(19cd)，汉语一般用"地步、田地"表达这种消极意义，有时用"这种情况下"，如(19e)。⁰³

(19) a. 장기마당 市场 씨름 마당 摔跤场

　　b. 검찰과 법원 일환의 마당 아닌가? 지 앞마당에서 설
　　치는 게 쉽겠나?《귓속말, 8회》检察厅与法院不是
　　一焕的地盘吗？在他的家门口搞小动作，哪有那么
　　容易啊？

　　c. 이렇게 된 마당에 내가 무서울 것 없어요.《폼나게
　　살 거야, 46회》都到这种地步了，我也没什么顾忌
　　的了。

　　d. 이 마당에 저 보기에도 불편하실 거고.《사랑이 오네
　　요, 92회》事情到了这步田地，您看见我肯定也不
　　舒服。

　　e. 아버님 돌아가신 마당에 여기에 다시 올 필요가 없잖

---

03 "마당"还作单位名词，指"판소리"或"탈춤"的段落单位，如"판소리 열두 마당"。

아요?《최고의 연인, 45회》公公他已经去世了，这
种情况下你还有必要来这儿吗？

“마당”的近义词是“뜰”，但“뜰”没有比喻意义。“뜰”的近
义词有“뜨락”，除了指具体的庭院，还以“-의 뜨락”的形式比喻
前面所指东西存在的抽象空间，如(20)。

(20) a. 행복의 뜨락 幸福天地
     b. 내 영혼의 뜨락 我灵魂的一角
     c. 내 마음의 뜨락에 당신을 향한 소중한 기억이 낙엽처
        럼 하나둘 떨어져 있다. 在我的心田里，对你的珍贵
        回忆就像落叶一样，正一点一点地消失。

如上，韩国语里庭院意义的两个词“마당、뜨락”都发展出了
抽象意义，而汉语的“院子、庭院”都没有抽象意义。

3.4 住宅的内部构造

韩屋内部空间分为“터、바닥、벽、담、지붕、천장、다락、
대들보、기둥(주동、밑기둥、기둥뿌리)、문(관문、대문、문턱)、
창、굴뚝、마루、울타리”等。由于空间词是比较具体的东西，这些
空间词多发生了比喻引申，并且语义泛化程度很强。

3.4.1 地基

对建筑物来说，在建设之前，首先要选一个好的位置，即宅基地，韩国语叫作"터"，选地基为"터를 잡다"，比喻占地方，如(21a)。如果某座房子的风水不好，汉语叫作"凶宅"，而韩国语一般会说"터가 안 좋다"。如果风水好，韩国语则说"터가 좋다"，如(21b)。

(21) a. 얘는 잠만 자겠더니 터를 잡았네.《전생에 웬수들, 7
회》这孩子还说只在这儿睡觉呢，这是在这儿安家了啊！

b. 확실히 이 집 터가 좋은가 봐요. 이게 겹경사 아니에
요?《그래 그런 거야, 53회》看来这房子的风水真是好啊。这不是双喜临门吗？

由于地基的最初模样都是空地，所以"터"也有了空地之意，如(22a)；"터"还用来指位置或场所，如(22b)；而此时所表达的不一定是面积很大的场所，如(22c)。汉语根据不同的搭配有不同的表达。

(22) a. 앞마당에는 커다란 터가 있었다. 前面院子里有一大
片空地。

b. 낚시터 钓鱼的地方 놀이터 游乐场 일터 工作单位

c. 흉터 伤口/伤痕

因为地基是建房的基础，所以"터"还产生了"活动或事情的基础"之意，如(23a)。与此相关有俗语"터를 닦아야 집을 짓는다

[짓지]", 比喻只有做好基础工作，才能进行下一步的事情。"터없이 부족하다" 意思是基础还差很多，如(23b)。

(23) a. 우리말 연구의 터를 닦다 做好韩国语研究的基础
b. 건축사 되기엔 제 실력이 터없이 부족하고 너무 큰 꿈을 꾼 것 같아요.《내딸 금사월, 21회》要想当建筑师，我的实力还差得远呢，看来我的梦想有点太离谱了。

地基的痕迹韩国语为"터무늬"，后来发生形态变化成了"터무니"，如果一座房子连地基的痕迹也没有了，就难以证明这里曾经有过房子，因为建过房子的痕迹——"터무니"消失了，所以"터무니"的意义发生变化，可以比喻正当的根据或理由，但多用于否定句，如(24)。

(24) a. 무슨 터무니없는 소리야?《최고의 연인, 39회》你说的这是什么莫须有的罪名啊。
b. 터무니없는 말에 휘둘리지 말고 나만 믿어.《내딸 금사월, 34회》不要被那些鬼话/不着边的话骗了，你只要相信我就行。

与"터"有关还有两个同音词，一个是"텃세01(-貰)"，指摊位费。还有一个是"텃세02(-勢)"，指先占到位置的人对后者所拥有的特权意识，或者看不起后人的行动，如(25)。动词"텃세하다(-勢—)"指行使地盘权利，如(26)。与此相关的还有俗语"개도 텃세한다、닭쌈에도 텃세한다"，比喻不管去哪里，先占住地方的人都不会

轻易让位，都会欺生。

(25) a. 노량진에 텃세가 심하다고 들었는데 언니가 있어서
얼마나 안심하는지 몰라요.《혼술남녀, 1회》听说鹭
梁津地盘意识很重/有很多地头蛇，有姐姐你在我就
安心多了。

b. 오늘 새로 팀원이 오는 것 알고 있지요. 다들 친절하
게 대해주세요. 괜히 텃세 부리지 말고.《우리집 꿀
단지, 99회》大家都知道今天要来一位新员工吧？
要亲切点，可不要欺生啊。

c. 동서요 자기 집이라고 텃세를 부린 것 있지요.《빛나
라 은수, 112회》弟媳妇她仗着是在自己家里，竟然
欺负我。

(26) 나는 전학 간 친구가 텃세하는 반 아이들에게 놀림을
당한다는 말을 듣고 화가 났다. 听说转学走了的朋友受
到转学班里那些坐地虎/地头蛇孩子们的欺负，我非常
生气。

如上，占地盘的这种先入为主的欺生现象其实反映了韩国人特
有的人际关系，就是对"地缘"的重视。

3.4.2 地板

韩国传统建筑都是"온돌"，即使是现代建筑一般也都用地暖，
在地板上生活的方式被延续至今。韩国发达的坐式文化使"바닥"

对韩国人具有了非同寻常的意义，"바닥"的多种意义是从基本意义引申出来的，其意义囊括了社会生活的方方面面。

第一，"바닥"的基本意义指平平的部分，如(27)，此外还有"손바닥 手掌""발바닥 脚掌"。"平"是地板最突出的形态意义，根据这种形态意义，"바닥"与平面物体尤其是衣料产生了联系，因为衣料非常重要的是表面平整、质地要好，所以"바닥"产生了第二个意义，指皮革的纹路，如(28)。

(27) a. 책상 바닥 书桌面

　　　b. 부엌 바닥에 신문지를 깔고 나물을 다듬었다. 在厨房地板上铺上报纸择菜。

(28) 바닥이 고운 옷감 纹路漂亮密实的衣料

第三，从另一个角度看，地板也代表了一定的空间，所以"바닥"也指地方或场所，如(29)，汉语一般用"地儿"。在具体场所意义基础上，"바닥"又引申出了抽象的场所意义，即指某个领域，如(30)，汉语可以用空间名词"圈"或原义为道路的"行(háng)"。

(29) a. 시장/서울/시골 바닥 市场/首尔/农村这地儿

　　　b. 돈을 길바닥에 뿌릴 일이 있어?《가족을 지켜라, 65회》你这是有钱没地花了吗？

(30) a. 그 바닥에서 음악하는 사람들이 나한테 밴드 하자구 와가지고.《우리집 꿀단지, 20회》那个圈里做音乐的人来找我说一起干乐队。

　　　b. 이 바닥을 제발 떠나라구, 금사월!《내딸 금사월, 9회》求求你，赶快离开这一行吧！琴四月！

第四，从上下空间角度来看，地面位于房子的最下端，因此"바닥"可以指较为具体的空间事物的底部，与此相关产生了很多惯用语，如下表所示：

[表1]"바닥"的惯用语

惯用语	意义	例子
바닥을 비우다	将一定分量的东西消灭掉。	목이 말랐는지 물 대접의 바닥을 비웠다. 可能是太渴了吧，一大碗的水都喝得见了底。
바닥(을) 긁다	经济困难。	사업이 망한 후에 그들은 바닥을 긁을 정도로 어렵게 살고 있었다. 事业失败后，他们生活非常困难，到了捉襟见肘的程度。
바닥(을) 보다	连本钱都没有了。	이제 곧 바닥을 보게 되는데 들어올 돈은 없고 이거 정말 큰일이군. 现在钱马上就见底了，但却没有钱进来，真要坏事了。
	见结果。	한번 시작한 일이니 바닥을 보아야지 중도에서 그만둘 수는 없다. 既然开始了就要见结果，不能半途而废。

如上，这三个惯用语隐含着一定的容器意义，当容器里的东西、钱财等见底了，则意味着"没有了、困难"，汉语一般也用"见底"，但有时根据搭配会用"捉襟见肘"来比喻困难。另外，"바닥을 보다"第二个意义是"见结果"。而过去时的"바닥 다 보았다"意为连底都看清楚了，比喻所有的东西都到了尽头，是金矿上的用语，后来发生了比喻引申。

第五，根据位于底部这一特点，"바닥"还可比喻人生事业处于低谷，如(31)。比喻人生与事业的低谷时，还有"밑바닥"，多比喻一无所有的状态或最底层，如(32)。但是低谷之后就是上升，要重新站起来，所以"바닥을 치고 오르다/일어나다"意为"摔倒了再

爬起来", 如(33)。

(31) a. 하루하루 살다 보면 어떤 날에 희망이 보이기도 하고
어떤 날에 바닥을 치기도 하는 거야.《우리집 꿀단
지, 18회》一天一天地生活着，有时会看到希望，
有时也会跌入低谷。

b. 나를 바닥으로 끌어내리려고? 你想让我名声扫地/一
败涂地吗？/你想让我落马吗？

(32) a. 나 이젠 밑바닥이야. 선배가 날 이끌어줄 힘이 없잖
아.《최고의 연인, 70회》我现在是人生低谷，但是
你没有力量把我拉上来，不是吗？

b. 똑똑한 장학생 몇 명 뽑아봐. 밑바닥 개천 출신들로
다.《천상의 약속, 3회》挑几个聪明的学生来给他
们发奖学金，社会最底层的、农村的都可以。[04]

(33) 바닥을 치고 나면 날아오를 일만 남았다.《최고의 연
인, 38회》低谷之后就是腾飞了。

第六，"바닥"还可用于抽象事物，比喻水平很低，如(34)，
如果有数量意义时，汉语也可以用"见底"，其他情况下则需要根
据语境意译。惯用语"바닥을 기다"也指程度或水平等不像样，如
(35a)，汉语用"垫底"；而(35b)中的"바닥 첫째"指倒数第一。

(34) a. 지지율이 바닥이라서…《최고의 연인, 34회》支持

04　"밑바닥"还比喻某现象或事件的基础性的东西，如"동양적인 신비에 대한 동경
이 그의 작품 밑바닥에 흐르고 있다. 他的作品充满了对东方神秘感的憧憬。"

率已经见底……

    b. 이 사람이… 우리집 자존심 바닥에 내팽개쳤다고
       요.《우리집 꿀단지, 103회》他把我们家的自尊心
       践踏了。

    c. 엄마 기분 완전 바닥이야.《천상의 약속, 22회》妈
       妈现在的心情是一落千丈/一点也不好。

(35) a. 중학교 때는 수학 성적이 바닥을 기었는데 이제는 꽤
       나아졌습니다.中学时数学成绩垫底，现在好多了。

    b. 첫째이긴 첫째인데 왜 하필이면 바닥 첫째인지 모르
       겠군. 第一倒是第一，为什么偏偏是倒数第一啊？

    当用于抽象事物时，还产生了两个相关词"땅바닥、발바닥"，
都可比喻水平很低，如(36)，译成汉语时需要意译。从句子结构来
看，韩国语都是肯定句，但因为表达的都是消极意义，译成汉语
时，用的都是否定句。

(36) a. 예의가 땅바닥이다. 一点礼貌也不懂。

    b. 어떻게 애비나 애들이나 염치는 발바닥이야?《우리
       집 꿀단지, 17회》怎么不管是爸爸还是孩子们都这
       么不要脸啊？

    c. 사람 보는 눈이 발바닥이야.《그래 그런 거야, 9회》
       是她没有识人的眼光。

    第七，"바닥"用于人时，比喻人品质很坏，如(37)。汉语多用
"人渣、垃圾、坏"等表达。

(37) a. 정말 바닥이구나.《최고의 연인, 80회》你真是个人
渣/垃圾。

　　b. 너 내가 상상한 것 이상으로 바닥이야.《내딸 금사
월, 27회》你竟然这么坏，简直超出我的想象。

　　第八，随着现代经济的发展，出现了股票，所以"바닥"又产
生了经济学意义，并且还有惯用语"바닥(이) 질기다"，指证券交
易中下降的趋势不再进行而是长时间保持着，如(38)，汉语用"套
牢"。

(38) 내가 투자한 종목이 바닥이 질겨 주식을 팔 수가 없었
다. 我投资的股票被套牢了，无法卖掉。

　　如上，韩国语的"바닥"可以指物体的平面、衣物的表面、空
间场所、底部/末端、低谷、水平低、缺乏某种东西、品质坏等，语
义泛化程度非常强。汉语类似的表达有"面、掌、地儿、表面、见
底、低谷、一败涂地、垫底、套牢"以及其他抽象的表达如"没礼
貌、不要脸、没眼光、人渣/垃圾、坏"等。与汉语"底"多具有数
量意义外，韩国语"바닥"作为空间词可以表达更加丰富的抽象意
义，但各个意义的实现严重依赖语境，具有了强语境性的特点，也
使得语义具有了模糊性。

3.4.4 屋顶、屋檐、阁楼

韩国作家李御宁曾在《포스트모던의 보자기 문화》中提到最能

体现一个国家建筑特点的是屋顶，而一个民族中最具象征意义的是帽子。从形态上看，有建筑家说各国的帽子又与各国传统建筑的屋顶极其相像，例如韩国的传统帽子"삿갓"与传统建筑韩屋的茅草屋顶相似，伊斯兰教人的头巾与清真寺屋顶相似，拿破仑军队的军帽与法国的三角屋顶非常相像(이어령 2015)。

人们在看惯了自己具有文化特色的屋顶后，如果再去看其他文化特色的屋顶，则会做出非常奇特的联想，例如，1910年法国外交官Hippolyte Frandin出版了自己的见闻录《En Cor ée(在朝鲜)》，其中提到，他第一次看到韩国人聚居的村落时，误以为是巨大的乌龟基地，走近一看才发现原来是朝鲜百姓们的草屋屋顶(한승억 2005:441)。

房屋外部的屋顶韩国语为"지붕"，经常用于"한 지붕 아래"，如(39a)；"지붕"还指盖某种物体的东西，如(39b)；此外还有"지붕을 뚫다"，如(39c)，比喻非常生气。类似的还有"뚜껑이 열리다"和"꼭지가 돌다"，都是将人体视为房子或容器，生气就是把屋顶或盖子顶破或顶起来。

(39) a. 사모님이랑 저랑... 한 지붕 아래 살면 참 좋을 것 같아요.《내조의 여왕, 1회》夫人您和我……要是能在一个屋檐下生活的话，我会非常高兴的。

  b. 자동차 지붕에 눈이 잔뜩 쌓여 있다. 车顶堆满了雪。

  c. 지붕이라도 뚫고 뛰쳐나가고 싶은 심정이겠지요.《사랑이 오네요, 109회》他现在的心情肯定是气得想把房顶都掀了跑出去吧。

韩国语还有"지붕의 호박도 못 따면서 하늘의 천도(天桃) 따겠단다",意思是屋顶上的南瓜都摘不下来,还想摘天上的仙桃?比喻容易的事情做不了还想做困难的事情。

从内部看,房顶即天花板、天棚,韩国语为"천정(天井)、천장(天障)",主要用于"천정부지로"或"천장을 모르다"结构,表示不知天井之意,多用来比喻物价飙升,如(40)。这与"하늘 높은 줄 모름"类似。

(40) a. 그래서 그 명성과 함께 그림 값이 천정부지로 뛰어가고 있습니다.《최고의 연인, 98회》所以,与其名声一样,画作的价钱正一路飙升。
b. 인플레가 천장을 모르고 뛰다. 通货膨胀非常严重。

不仅如此,韩国的建筑中还有阁楼,称作"다락",这个词是"달"与表示小的空间的后缀"-악"结合形成的,"달"的本意是"山",而山的特点之一就是高,因此"다락"也具有了高之意(조항범 2014:462-463),在这个基础上产生了合成词"다락같다",比喻物价非常高,如(41a);也比喻体积或规模非常大,如(41b)。这些表达都是借用极高的空间来比喻程度深。

(41) a. 요즈음은 하루하루 물가가 오르는 것이 다락같아 살수가 없다. 最近物价一天长似一天,高得没法活了。
b. 날씨가 다락같이 추워지니까 밤에 잠이 안 옵니다.《박경리, 토지》天气非常冷,晚上都冻得睡不着。

韩国语里屋檐为"추녀"，俗语"추녀 물은 항상 제자리에 떨어진다"比喻总是到定好的地方来。

3.4.5 椽子、大梁、柱子

传统建筑都有椽子、大梁、柱子等。汉语"椽子"多用于歇后语"出头的椽子——先烂"，韩国语椽子义的"서까래"没有特殊用法。

汉语"大梁"比喻主要任务或责任，如"他在团队里挑大梁。""栋梁"一般多指担负国家重任的人。"顶梁柱"指起非常重要作用的人或事物。这三个意义在韩国语里都可以用"대들보"来表达，如(42)。"대들보"还有近义汉字词"대량(大樑)"，但没有比喻意义。

(42) a. 너 대들보요, 대들보가 잘못 되면 집이 주저앉
　　　아.《그래 그런 거야, 34회》你是我们家的顶梁柱，
　　　顶梁柱出事的话，我们家就完了。
　　b. 한국 마라톤의 대들보들 韩国马拉松的顶梁柱们/主
　　　力们

与大梁有关，有俗语"대들보 썩는 줄 모르고 기왓장 아끼는 격、기와 한 장 아끼다가 대들보 썩힌다"，房子的中心是大梁，所以为防止大梁腐烂就要将屋顶的瓦弄好，如果担心上瓦花钱，那么后果可想而知，所以这个俗语用来比喻眼光短浅只想省下眼前小利益的愚蠢行动。

韩国语柱子为"기둥"，也指在下面支撑物体的东西，如(43ab)，汉语"柱子"只用于建筑物，用于一般物品时多用"支架、腿"；"기둥"还比喻家庭、团体、国家等的可依靠的重要人物或成为中心的东西，如(43c-e)，汉语用"顶梁柱、栋梁"，如指特殊职业的人需意译成"男妓"。

(43) a. 천막 기둥 帐篷支架

　　　 b. 십 년이나 된 장롱이니 기둥이 성하지 않겠지. 这个
　　　　　柜子都十年了，它的腿该坏了吧。

　　　 c. 맏아들인 그는 집안의 기둥이다. 作为家里的大儿
　　　　　子，他是家里的顶梁柱。

　　　 d. 어린이는 새 나라의 기둥이다. 儿童是国家的栋梁。

　　　 e. 기둥서방 男妓

由于柱子与大梁是连在一起的，两者息息相关，因此就有了俗语"기둥을 치면 대들보가[들보가/봇장이] 운다[울린다]"，比喻即使不正面批评而是旁敲侧击一下也听得懂；也比喻如果批评或打击主要对象，与其相关的东西也自然会受到影响，这反映了韩国人观察事物注重不同角度的全面思维特点。"기둥"还与椽子产生关系，"기둥보다 서까래가 더 굵다"比喻主要的东西与其附属的东西调换了位置，因而不合事理。

韩国语还有汉字词"주동(柱棟)"，统称"기둥"和"들보"，也用来比喻支撑一个国家或家庭的人。另外，在下面作支撑的柱子还称作"밑기둥"，因为这是建筑物赖以挺立的基础，所以"밑기둥"还比喻可以依靠的势力。

柱子也分柱头"기둥머리"和柱尾"기둥뿌리"，其中"기둥뿌

리"可比喻支撑事物的基础，惯用语"기둥뿌리가 뽑히다/무너지다/흔들리다"都比喻非常危险，如(44)。而"기붕뿌리를 뽑다"比喻使对方灭亡。

(44) 고반장 진짜 조심해야 돼. 거기에 막 끌렸다가 기둥뿌리 뽑힌 사람 한 둘이 아니야.《그 여자의 바다, 44회》
高班长，你真的要小心啊。有很多人陷进去后倾家荡产了啊。

不过"大厦将倾，独木难支"，韩国语用俗语"큰 집 무너지는데 기둥 하나도 버티지 못한다"来表达。不过也有相反意义的"큰 집이 기울어도 삼 년 간다"，义同于"부자는 망해도 삼 년 먹을 것이 있다"，汉语多用"瘦死的骆驼比马大"。

3.4.6 门

建筑中，门是最基本的构件之一，汉语里与此相关的很多表达都有比喻意义，如"开门见山"与中国传统建筑中对着大门都会有假山有关。汉语还有"门面、门头房"，本来指店铺、房屋临街的一面，而讲究门面是中国文化的一个特点，门被用来展示地位(唐晓峰 2012)，比喻外表、外面。而"门楣"可比喻家族的社会地位及声望。

韩国建筑中的"门"很多也具有特殊的文化意义，门的构造、开闭、门的内外等很多也产生了比喻意义。与中国的"门"既有相同之处，亦有很多不同。

3.4.6.1 门的分类

根据不同的分类标准有不同的门，如"여닫이、미닫이、벼락닫이、주름문(--門)、접이문(--門)"等都没有产生特殊意义。本小节主要分析具有特殊意义的与门有关的表达。

1) 城门、关门

韩国语里城门为"성문(城門)"，过去城门每天晚上在一定时刻前都要关闭，而要进城的人必须在之前赶到，所以有了俗语"밤새도록 가도 문 못 들기"，意思是虽然走了很久但仍然没能进入城内，比喻尽了最大努力但仍然没能达到期限，没有得到想要的成果。这种俗语的产生与古代文化有关。

"관문(關門)"指具体的边境或要塞的城门，也指出入国境或要塞的必经之路，也比喻做某事必须经过的部分，如(45)。古代汉语"关门"可用作名词，但现代汉语里的"关门"多用作动宾结构，意为"문을 닫다"，所以与韩国语"관문"对应的多是"关、大关"等。

> (45) a. 입학시험이라는 관문 高考这一关
>
> b. 그는 수백 대 일의 관문을 뚫고 연기자가 되었다. 他冲破几百比一的大关，成了一名演员。
>
> c. 연구원이라면 당연히 겪어야 할 관문인데 안 그렇습니까?《우리집 꿀단지, 116회》这是作为研究员必须经历的一关，不是吗？

2) 大门、小门、耳门

韩国语还有"대문(大門)"，也用于一些惯用语中，如"대문을

热"，表示与外部建立政治、经济、文化等领域的关系，或者吸收一定组织的声援。其反义表达是"대문을 닫아 매다"，但这是朝鲜语里的表达，韩国语一般不用。另外，还有俗语"대문이 가문"，意思是不管家世如何显赫，如果房子和大门很小的话，看起来也没什么威严；或比喻只有外表华丽才会给别人威严感。"대문"有时还可比喻外貌，如(46)。但汉语"大门"没有此意，一般用"门面、长相"来表达。

(46) 걔, 연애도 제대로 한번 못해봤을 걸. 대문이 허술하잖
아. 무슨 배짱으로 수술도 안하고 몰라.《왕가네 식구
들, 12회》她可能连恋爱都没正儿八经地谈过一次。
门面/长相不行啊。不知道自己有什么胆量，竟然不去
整容。

由于大门是家与外面世界的最后隔离带，所以出了大门，就脱离了家的庇护，容易出现不好的状况，所以俗语"대문 밖이 저승이라"意为人不知什么时候就死了，比喻生命的珍贵，类似的俗语还有"문턱 밑이 저승이라、저승길이 대문 밖이다"。此外，"대문 밖이 저승이라"还比喻不久就会死亡，类似意义的还有"문턱 밑이 저승이라"。

"대문"的反义词是"소문(小門)"，指具体的很小的门，也可作女人阴部的委婉语。中韩两国人还都将耳屏视作门，产生了"耳门"和"귓문(-門)"，汉语的"耳门"可以指大门两旁的小门，韩国语则有俗语"대문은 넓어야 하고 귓문은 좁아야 한다"，比喻听别人的话时，要注意听有益的话。

3）草苫子门

韩国在过去还有一种门，称作"거적문(--門)"，指用草苫子做成的门。这种门进门掀开，所以不用关门，因此就有了俗语"거적문(에) 드나들던 버릇"，指进出时不关门的坏习惯。实际上，"거적문"不是真正的门，因此就有了俗语"거적문이 문이러냐 의붓아비 아비러냐"，意思是草苫子算门吗?义父/干爹能算父亲吗? 因为不是正儿八经的门，所以自然也不必用折叶来固定，所以就有了俗语"거적문에 (국화) 돌쩌귀"，比喻超乎本分地过分打扮。

4）旋转门

现代建筑中很多公共场所的大门是旋转门"회전문(旋轉門)"，根据这种特点，韩国语里有了新的表达"회전문 인사"，意为像旋转门一样的人事，即一部分人在重要部门循环任职的情况。主要指在公职上退了之后，然后到民营企业或单位呆一段时间后然后又被启用到公职上(지식iN 오픈국어)。此外还有"회전문 고객"，指反复观看同一场演出的人。这两种表达都是根据现代建筑的新的大门特点产生的，还没有被收录到词典里。

5）门户

韩国语里门户为汉字词"문호(門戶)"，除了指具体的门之外，还比喻与外部交流的额外通道或手段，如(47a)；不过韩国语"문호"还用于个人，如(47b)，汉语"门户"一般适用于国家、城市、建筑等，对个人一般用"敞开大门"；此外，"문호"还指门阀，如(47c)。

(47) a. 이 항구는 우리나라의 문호이다. 这个港口是我们国

家的门户。

b. 교육경력 15년 이상자에게 무조건 문호를 열겠다는 것이다.《동아일보, 2018.01.11》对15年以上教龄的老师无条件开放大门(可以竞聘校长)。

c. 장차 이 집안에 문호를 빛낼 큰 자손이 태어나리라. 相信这个家里会出生一个振兴门户的贵人。

6) 各种抽象的门

抽象的门更多地利用了与建筑上"门"的相似性。其中，"말문(-門)"有两个意义，第一个指说话的嘴，如(48)，汉语根据不同搭配分别用"开口说话、说不出来、把嘴堵住"，不过汉语有时也用"说话不带把门的"，比喻乱说话，也是把口看作了"门"，所以才有"把门"。"말문"也指说话的引子。

(48) a. 말문을 떼다 开口说话

b. 그런데 막상 동희씨 얼굴 보니 말문이 또 막혀요.《천상의 약속, 90회》但是看到道姬你的脸后，却又说不出来了。

c. 클린턴은 '(트럼프처럼) 쉽게 도발당하고 전쟁을 일으키겠다고 하는 사람은 핵무기를 다뤄선 안 된다'고 지적하며 트럼프의 말문을 막았다.《동아일보, 2016.9.28》克林顿。希拉里指出："(像特朗普这样)轻易就被激怒说要挑起战争的人不能管理核武器"，一下子把特朗普的嘴给堵住了。

"고생문(苦生門)"比喻受苦的命运，如(49a)。惯用语"고

生문이 훤하다"指很明显要受苦，如(49b)。此外，还有外来语"게이트"，这个词源于1972年6月发生的美国水门事件(Watergate Affair)，后来被用来指与政府或其他政治权利有关的重大腐败事件或丑闻，如(50)，汉语多用"'-门'事件、'-门'丑闻"来表达。

除以上词语外，韩国语还有词组"대화의 문"，如(51)，汉语一般用"对话之窗"。

(49) a. 고생문이 열리다 开始了苦命的日子

b. 싹수를 보아 하니 너도 고생문이 훤하다. 看你现在这样子，你少吃不了苦。

(50) 검찰도 이번에 조금이라도 명예회복을 하기 위해서는 최순실 게이트에 관한 모든 것을 밝혀야 한다.《조선비즈, 2016.10.30》 为了恢复哪怕一点的名誉呢，检查机关此次也要把"崔顺实门"事件/丑闻的一切内幕都调查清楚。

(51) 정부가 대화의 문을 열고 긴장 해소를 위한 외교적 노력을 적극 전개하기로 했다.《동아일보, 2017.08.11》政府已经决定打开对话之窗，积极展开外交手段以消除现在的紧张局势。

3.4.6.2 门的构造

1) 门扇、门环

韩国语里门扇为"대문짝(大門-)"，多用来比喻大，如(52)，汉语有时虽可直译，但一般不用"门扇"来比喻，一般用的较多的是"斗大的"，这可以从汉语节律的角度去解释，因为"斗"是单音

词，可以与"大"结合形成双音词，而"门扇"是双音词，在此基础上继续进行构词比较受限。相反，韩国语则没有这样的限制。

(52) a. 대문짝처럼 크다 门扇一样大

b. 대문짝만한 얼굴 脸大得像个饼/馒头/盆、脸大如斗

c. …사진을 대문짝만하게 올렸다. 斗大的照片登上了报纸。

d. 내가 무슨 얘기하면 대문짝만하게 보도돼 조심스럽다.《동아일보, 1980.07.25》我说点什么话就会被用斗大的字登上报纸，所以凡事比较小心。

"문고리(門--)"指门环或者门鼻，如(53a)，韩国语还有"문고리 3인방、문고리 세력"，如(53b)。汉语没有类似的表达，但过去却有这样的现象，例如，如果要见高官，首先要贿赂把门的门房，他才会去通报自己的主人，这些人地位很低，但却有一定的权力。汉语的"门房"是用处所来转喻人，而韩国语表达是用门环或门鼻来转喻人。

(53) a. 문고리를 달다 挂上门环

b. 대통령이 구중궁궐 같은 곳에 있으니 민심도 못 듣고 문고리 권력이 생긴다.《동아일보, 2016.12.16》总统位于高墙大院之内，自然听不到民心，所以把门狗/门房就成了一个势力群。

2) 门槛

与门有关的词语还有"문턱(門-)"，除基本意义外，"문턱"还

287

比喻某件事开始或完成的时刻，如(54)。汉语"门槛"虽然也可以与时间搭配，如(55)，但一般不与季节搭配。

(54) 계절이 가을로 들어서는 문턱에 서 있다. 现在正是秋天时节/时间已经迈入秋季。

(55) a. 站在创业20周年门槛上的柳传志此时内心也同样忐忑不安。

b. 跨入80年代门槛，变幻着的消费需求陡然间出人意料地盯住了彩电。

c. 在与共和国同时跨入45周岁门槛前，王林和结束了赴日一年的学术交流，回到了祖国。《北大中文语料库》

门槛因为有高度，所以有高低之分，门槛低为"문턱이 낮다"，比喻容易；门槛高为"문턱이 높다"，比喻非常难进或难以相处，如(56a)。社会中代表性的高门槛有"대학문턱"，如(56b)。抬高门槛为"문턱을 높이다"，比喻使难以进入，如(57a)。反义表达是"문턱을 낮추다"，意为降低门槛，比喻使能够轻松进入，如(57b)。在表达此类意义时，韩国语"문턱"与汉语"门槛"一致。

(56) a. 회사의 문턱이 높다. 公司门槛很高。

b. 뭐가 어쩌고 어째? 중절? 요즘 개나 소나 다 나오는 게 대학인데 대학문턱도 못 밟았다는 건 말이 돼? 《왕가네 식구들, 19회》什么？你说什么？初中毕业？现在不管阿猫阿狗都是大学生，你连大学的门都没进去过，这说得过去吗？

(57) a. 각 나라는 불법 이민을 막기 위하여 갈수록 문턱을
　　　높이고 있다. 各国为了阻止非法移民正逐渐抬高门
　　　槛儿。

　　 b. 일반인에게 낯설기만 한 법원의 문턱을 낮추는 것도
　　　새로 부임한 법원장에게 주어진 과제다. 降低让一般
　　　人感到很陌生的法院门槛也是这位新上任的法院院
　　　长的课题。

　　韩国语还有与门槛高有关的俗语, 如 "문턱 높은 집에 무종아
리 긴 며느리 생긴다、대문턱 높은 집에 정강이 높은 며느리 들어
온다", 意思是门槛高的家里娶进来小腿高的儿媳妇, 即事情进行得
非常顺利。

　　出入门槛韩国语为 "문턱 드나들다", 比喻结构的 "문턱 드
나들듯" 指非常轻易地上门, 如(58), 汉语不用 "门槛", 而是多用
"像回自己家一样"。"문턱이 닳도록 드나들다" 是强调表达非常频
繁地上门。

(58) 형은 결혼 전부터 처가를 제집 문턱 드나들듯 하였다.
　　　哥哥从结婚前开始去岳母家就像回自己家一样。

　　如果迈过门槛, 则表示脱离某种环境或状态, 如(59), 需意
译, 因为汉语 "门槛" 一般没有此意, 但 "槛儿" 有时可比喻关口
或难关, 如(60)。

(59) a. 오랜 가난의 문턱을 넘어서다. 摆脱了长久的贫穷/摘
　　　了戴了很久的穷帽子。

b. 아내는 큰 수술을 받은 후 죽음의 문턱을 넘어서서
　　이제는 회복 단계에 들어섰다. 妻子做大手术逃离了
　　死亡之门，现在进入了康复阶段。

(60) 不是吗，人生岂有真过不去的槛儿？即便门槛再高，
　　抬抬脚，不也眨眼就过去了。《北大中文语料库》

有时事情失败也正是败于门槛前，如俗语"천 리 길을 찾아와
서 문턱 넘어 죽는다"，比喻长时间经营的事情在成功前夕却一下子
出问题失败了。类似的还有"다 가도 문턱 못 넘기"，意思是都到
近前了，但就是迈不过门槛去，比喻费心劳力做了某事，但结尾没
结好，最后以失败告终。

3.6.4.4 门的内外

门的基本作用是隔离房内房外，所以就有了"入门、门外汉"
的区别，汉语"入门"有两个意义，指初步学会，或作名词指初级
读物、任何知识或业务的初始门路，如(61a)，与韩国语"입문(入
門)"一致。但韩国语动词"입문하다"却与汉语"入门"不同，如
(61b-d)。

(61) a. 철학 입문 哲学入门
　　　b. 정계에 입문하다. 开始进入政界。
　　　c. 그는 어릴 때 선생의 문하에 입문하여 수학했다.他小
　　　　时进入老师门下开始修学数学。
　　　d. 행정고시 6회로 공직에 입문했다. 《동아일보,
　　　　2017.02.01》行政考试考了六次才进入公职。

从结构上看，汉语"入门"是动宾结构，所以不能再带宾语，而韩国语"입문(入門)"虽然也是动宾结构，但对韩国人来说已无法作内部成分划分，或者说韩国人认识不到这是个动宾结构的动词，只能将其看作一个整体，因此就可以带表示方向的宾语，如"정계 政界""문하 门下"。也就是说，韩国人的认知影响了韩国语汉字词的搭配用法。

韩国语"문외한(門外漢)"与汉语"门外汉"同义。

3.4.7 窗

任何民族的建筑都是有"窗口"的，韩国传统建筑韩屋中有一种为了采光和通风而在墙上做出的窗子，没有窗棂，在房内糊上纸形成了所谓的窗子，并且无法打开，这种窗子为"봉창(封窓)"。这种窗子多开在墙的下方，如果人在睡梦中被人叫醒或想出去，那么晕乎乎地会错把这种窗子当作门，而摸索着这种窗子想打开它而发出的声音叫做"자다 봉창 두드리는 소리"，多用来比喻人说胡话，如：

(62) 오봄(딸): 엄마, 나 엄마 딸이 맞지? 妈，我是你女儿，
对吧？
이미달(엄마): 아, 아, 아니, 얘가 무슨 자다가 봉창 두드리는 소리야? 니가 내딸이 아니면 누구 딸인데?
《우리집 꿀단지, 35회》这，这，你这孩子怎么突然说胡话啊？你不是我女儿，那是谁的女儿啊？

上文是母女两人的对话，当女儿问自己是不是亲女儿时，母亲이미달感到很惊愕，所以用了"자다가 봉창 두드리는 소리"，意思是"你说什么胡话啊？"

此外还有"새벽 봉창 두들긴다"，意思是大清早突然砸窗子，比喻突然说意外的话或做意外的事情，也比喻突然遇到意外的事情。

我们现在平常所见的"窗子"在建筑中所起的作用基本相似，让人所产生的联想意义也比较一致，反映在语言上则具有类似的比喻意义。例如，韩国语汉字词"창구(窓口)"与汉语"窗口"都指窗户，或在办公室或营业厅等地方开出的窗子或准备的台子，具体意义比较强。另外，两者也都比喻团体、机关中对外交流、联系的部门，如(63a)；也都比喻反应或展示精神上、物质上各种现象或状况的事物或地方，如(63b)。

(63) a. 은행 창구 银行窗口

　　 b. 대화건설과 협상할 창구가 없어졌다.《동네변호사 조
　　　 들호, 12회》与大华建设进行协商的窗口被撤销了。

随着社会的发展，汉语"窗口"发生了意义变化，被用来作计算机用语，韩国语用"(작업)창"。卫星发射也有"窗口期"，韩国语不用与窗子有关的表达，而是用"골든타임(golden time)"或"최적의 시간"。

从材质上来看，窗子有铁质的、铝合金制的等多种类型，韩国语里意为铁窗的"철창(鐵窗)"除了指具体的铁质窗子，还比喻监狱，如(64)。汉语里"铁窗"也被用来比喻监狱，但一般用于"铁窗生活/生涯/岁月、铁窗下"等搭配。正因为铁窗有这种比喻意

义，所以中国人家里安装的铁质窗子，一般都说"钢窗"，但铁质的门却可以说"铁门"，而不说"钢门"，因为与"肛门"同音(陈建民1993:154)。

(64) a. 사정 봐주고 빼주면, 그 사람이 먼저 철창 들어가는 거야!《쾌걸 춘향, 2회》谁要照顾他，把他放走的话，那谁就先进监狱/先过铁窗生活。

b. 다 늙어서 철창 신세가 뭐야? 철창 신세가!《아버님, 제가 모실게요, 20회》一大把年纪的，还得进监狱，这是什么事啊。

"동창(同窓)、동료(同寮)"也都与窗有关(杨荫深 2014/2015b:65)，在古代，"寮"通"僚"，为小窗。汉语还有"东窗事发"(《西湖游览志余》，明朝田汝成)，与秦桧和妻子东窗下密谋杀害岳飞有关，后来"东窗事发"比喻阴谋或所犯罪行败露，也说"东窗事犯"。

一般来说，窗子的位置都不是随便定的，所以俗语"마구 뚫은 창"比喻没有任何秩序和顺序、特别随意的行动。

为了遮光还会加装百叶窗，韩国语称作"블라인드(blind)"，并且有"블라인드 채용"，指公共机关在招聘员工时不得要求应聘人员填写出生地、学历，不得贴照片。

3.4.8 抹楼

抹楼韩国语为"마루"，指紧连着房子悬空着铺设在地面上方的板子，或指这种地方，也称作"말루(抹樓)、청사(廳事)"，一般是

2019年1月24日摄于韩国全州御真博物馆

连接外部与各个房间的地方。

因为"마루"下面是悬空的，与这个特点相关有俗语"마루 밑에 볕 들 때가 있다"，意思是就像厅下面黑乎乎的地方也会有阳光射入一样，比喻任何事情都不会一成不变的。因为"마루"下面可以藏狗，所以俗语"마루 아래 강아지가 웃을 노릇"比喻某事非常不合事理，让厅下面的狗都笑话。

3.4.9 篱笆

过去的住宅虽然有的有围墙，但一般人家也会用篱笆，韩国语为"울타리"，虽然篱笆不如墙壁坚固高大，但也是阻隔与外部联系的一种屏障，篱笆内是一个狭小的生活空间，外面则是广阔的世界，所以惯用语"울타리 밖을 모르다"比喻呆在一定的范围内，对外界的事情一无所知，反义结构的"울타리를 벗어나다"比喻脱离比较狭窄、有局限性的生活范围，如(65)，前面可以添加修饰语形成"학교의 울타리를 벗어나다"，汉语也有类似表达，也可形成"打开/拆除篱笆墙、走出篱笆"类动词词组。

(65) 그는 이제 학교의 울타리를 벗어난 사회인이 되었다.

他现在已经成了走出学校篱笆墙的社会人。

篱笆本身并不是非常坚固的东西，所以俗语"울타리가 허니까 이웃집 개가 드나든다"意思是篱笆不结实了，邻家的狗就会钻过来钻过去，比喻自己有缺点或不足的话就会被别人看扁。类似的还有"울바자가 헐어지니 이웃집 개가 드나든다"，这里的"울바자"指用来做篱笆的笆子。

用来做篱笆的东西也可称作"바자"，有俗语"다 삭은 바자 틈에 누렁개 주둥이 같다"，意思是笆子都烂了，只要一碰就会出个窟窿，而就在这样的笆子里突然冒出了一只黄狗的大嘴巴，用来嘲讽那些插嘴不该插嘴的事情的人，类似的还有"삭은 바자 구멍에 노란 개 주둥이(내밀듯)"。

虽然篱笆不太结实，但是也会给人一种庇护，给人以安全感，所以韩国语里"울타리"也可比喻给予保护，如(66)，汉语一般用"庇护"。

(66) 아이들의 울타리가 되어주는 부모 给孩子提供庇护的
父母

3.5 建筑原材料与器械

3.5.1 石头、瓦砾

建筑肯定离不开石头，韩国传统建筑中也会用到很多石头，石头可根据用途与形状分为两类，具体如下表所示：

[表2] 建筑用石

分类		韩国语
用途	基石(2)	초석(礎石)、주춧돌
	阶前石、垫脚石(9)	디딤돌、섬돌、댓돌、보석(步石)、석계(石階)、석단(石段)、석제(石梯)、섬、승강석
	台阶(2)	계단(階段)、층계(層階)
	下马石(3)	노둣돌、승맛돌、하마석(下馬石)
	放泡菜的石头(1)	김칫돌
	压东西的石头(2)	지지름돌、누름돌
	防止东西歪倒的垫石(3)	굄돌、고임돌、받침돌
形状	又宽又平的石头(3)	반석(磐石)、너럭바위、반암(盤巖)
	又圆又大的石头(1)	뭉우리돌
	尖石头(1)	섭돌
合计	27	

如上，根据用途和形状等分类的话，这些建筑用石可分为十类，合计27个词语，其中固有词17个，汉字词10个，各个不同的分类

中，有的只有固有词，有的是固有词与汉字词都存在，表示台阶意义时只有汉字词"계단、층계"，对这种现象可以有两种解释，第一种解释是，在汉字词传入韩国之前可能韩国语里没有类似台阶类的概念和表达；第二种解释是相关的固有词表达在与汉字词的竞争中消亡了。从语义的引申来看，这些词语大部分都没有比喻意义，有比喻意义的主要是汉字词"초석、계단、반석"和固有词"디딤돌、굄돌、고임돌"。

具体而言，"초석(基石)"指建筑用基石，也可比喻某事物的基础。阶前石、垫脚石在韩国语里有多种表达，其中，"디딤돌"还指可以踩着过去的散放着的平平的石头，也可比喻解决某个问题的基础，如(67)。汉语"垫脚石"虽然也可用于比喻，但比喻被别人借以向上爬的人或事物，强调的是被动性，具有贬义，但"디딤돌"没有贬义，译成汉语多用"基础、帮助"等。同一事物词语的褒贬义的不同也反映了中韩两国人不同的认知。

> (67) a. 양국의 관계 개선에 디딤돌을 마련하다. 为改善两国
> 关系铺垫基础。
> b. 부모님은 내가 성공하는 데에 디딤돌이 되어 주셨다.
> 父母为我的成功提供了很大的帮助。

如果垫脚石是分层的，就成了台阶，韩国语为汉字词"계단(階段)"。"계단"既可以表示台阶，也可表达抽象意义，比喻需要办理或走的手续或顺序，如(68a)；"계단"的逆序词"단계(段階)"多表达抽象意义，如(68bc)。"계단"的近义词"층계"没有比喻意义。

> (68) a. 그는 유망한 신인이었지만 언제나 최후의 한 계단을

오르지 못했다. 他虽然是一名崭露头角的新人，但却总是差最后一步。

b. 현 단계 现阶段

c. 짜임의 순서와 단계가 다양하다. 结构的顺序和层次非常丰富。

韩国语里还有为防止东西歪倒而垫的石头，有三种表达，其中"고임돌、굄돌"可比喻做某事时幕后做出牺牲的人。形态类的石头中，"반석(盤石/磐石)"指又宽又平的大石头，也比喻事物、思想或基础等非常坚固，如(69)。汉语多用于"坚/稳/静/安如磐石"类固定结构，一般不用来修饰誓约。

(69) a. 반석같이 굳은 언약 海誓山盟

　　b. 이 나라를 더 튼튼한 반석 위에 앉도록 다스려 주셔야 합니다.《박종화, 금삼의 피》要将国家治理得坚如磐石才行。

除石头外，建房子一般还需要瓦，韩国语为"기와"，瓦分红瓦与青瓦，红瓦烧成青瓦需要一定的技术，有俗语"청기와 장수"比喻不将秘诀或技术告诉他人的人。无用的东西就成了瓦砾，韩国语为"와륵(瓦礫▽)"，指瓦块，也比喻无用的东西或人。汉语有"宁为玉碎，不为瓦全"。

3.5.2 水泥、混凝土、柏油

现代建筑一般需要水泥、混凝土、柏油等，韩国语分别为"시멘트、콘크리트、아스팔트"，这些词语本身没有比喻意义，但可以与其他词语结合表达比喻意义，其中"시멘트、아스팔트"可与"낮짝"结合比喻脸皮厚，如(70)，汉语里"水泥、柏油"虽然没有这类表达，但可以直译，并不会形成交流障碍。

"콘크리트"除了具体意义外，也可形容脸皮厚，如(71a)；也形容人很顽固，如(71b-d)。从语法结构上来看，可以做定语修饰其他名词，也可以形成"콘크리트 같다"类比喻结构。汉语的"混凝土"没有比喻意义，但有时可以直译，如(71ab)；有时需要意译，如(71cd)。

(70) a. 지 애미 시멘트 낮짝인데 그 피줄이 어디 가겠어?
《천상의 약속, 1회》他妈脸皮比水泥地都厚，他儿子能好到哪里去啊？

b. 에이구, 내가, 두껍다, 두껍다, 내가 그런 아스팔트 낮짝 처음 본다.《천상의 약속, 10회》哎呦，我觉得她脸皮厚，厚得，比柏油路都厚，我还真是第一次见。

(71) a. (얼굴이) 콘크리트 철판보다 더 두껍네.《빛나라 은수, 29회》(脸皮)比混凝土铁板还厚啊。

b. 무엇보다 콘크리트 같았던 엄마가 말랑말랑해져서 너무 좋아.《천상의 약속, 19회》不管怎么说，本来妈妈像混凝土那样顽固，但现在却变得很温和，所以我很高兴。

c. 부녀가 팀장님한테 그렇게 진심이면 아무리 콘크리

트 같은 팀장님도 흔들리지 않겠냐?《밥상 차리는
남자, 15회》他们父女两人对系长这么用心，系长
就是再坚决，能不动心吗？

d. 콘크리트 지지층 死党支持层

如上，"시멘트、콘크리트、아스팔트"的这些比喻意义仍然属
于语境义，并没有被收录到词典里。韩国语里还有很多与脸皮厚有
关的表达，反映的是韩国人对面子的重视。

3.5.3 壁纸、窗纸、门风纸

中国人装修时一般要往墙上刷石灰，韩国语称作"회칠(灰
漆)"。不过韩国人更喜欢使用壁纸，所以房屋装修的内容之一就是
"도배(塗褙)"，指用纸来涂抹墙或板子等，如(72a)；"도배"也有
多种比喻意义，可以指某些场所布满了特定的东西或宣传；也比喻
为了在互联网等假想空间里发表自己的主张、发泄自己的不满或为
了引起关注，而反复地发布文章或照片等，如(72b)。

(72) a. 도배하고 장판 깔고 우리 신혼가구 들인다니까 진짜
　　　 장가가는 느낌이 든다.《우리집 꿀단지, 108회》把
　　　 墙贴上壁纸，铺上地板革，把新婚家具搬进来，真
　　　 的有了结婚的感觉。

　　 b. 이젠 DREAM홈페이지에 한아름을 내쫓으라는 글로
　　　 도배해 봐라.《최고의 연인, 78회》现在去DREAM
　　　 网站上，写让韩雅凛滚蛋的留言，把整个留言板全

占满它。

根据语境，"도배"也比喻浑身上下穿了什么衣服，如(73a)；有时"도배"也比喻长满病，如(73b)；有时"도배"也比喻充满了气味，如(73c)。

(73) a. 나 지금 신상으로 완전 도배했거든.《아이가 다섯, 31회》我现在从头到脚全是新品。

 b. 변강쇠에게 일만 가지 병으로 병도배를 하는데… 让横夫得了各种病……

 c. 깔끔하고 럭셔리한 매장에 김치 냄새로 도배하려고 그래? 치우시라고요. 얼른!《이름없는 여자, 29회》这么干净、高档的卖场里，有泡菜味怎么行啊？赶快(把泡菜)拿走！

有时"도배"也比喻食物里添加了很多东西，如电视剧《빛나라 은수, 10회》中，수호在饭店里尝了一口汤后，不满地说道：

(74) 순 화학조미료 도배하셨네. 加的全是化学调料啊。

与"도배"类似的还有"호도(糊塗)"，是从涂浆糊义而来，现在比喻不明确地给予结论，而是掩盖或使不了了之，如(75)；有时也做形容词，指不分事理，但不常用。现代汉语里多用形容词意义，而不用动词意义。

(75) a. 현실을 호도하다 掩盖现实

b. 사건의 본질을 호도하다 掩盖事件的本质

过去，冬天为了防止门窗进风还会沿着门四周贴上纸，这种纸叫作"문풍지(門風紙)"，与此相关有俗语"문풍지 떨어진 데는 풀비가 제격"，意思是如果封门缝的纸掉下来应该用刷子来刷浆糊，比喻对路。

3.5.4 胶、漆

木制家具等需要用胶来粘合，过去多用鱼胶，韩国语为"부레풀、민어풀、부레、어교(魚膠)、어표교(魚鰾膠)"，但鱼胶仅限于胶合木质家具，难以用来缝天补地，所以俗语"부레풀로 일월을 붙인다"用来嘲笑那些说话不着边的人。俗语"미꾸라지 속에도 부레풀은 있다"，意为泥鳅也有鱼鳔，比喻不管再不起眼、再贫穷的人，也都有自己的想法和傲气。

木制家具做好后一般还要上漆，过去韩国人多用漆树"옻나무"上分泌的"옻"，这种工艺称作"옻칠하다"。上漆是比较讲究的一种装饰，一般适用于比较高档的家具，如"조리에 옻칠한다"用来挖苦在没用的事情上操心费力；也比喻不合身份地进行打扮，反而显得很丑。"기와집에 옻칠하고 사나、그렇게 하면 뒷간에 옻칠을 하나"用来讽刺那些不知道分享只知道攒钱的吝啬人，类似的还有"부러진 칼자루에 옻칠하기"，比喻为不必要的事情而花费心思。

上漆还用"기름칠하다"。韩国语抹油也用"기름칠하다"。

上过一遍漆之后再重新上漆称作"개칠(改漆)"，也比喻写文章或画画时在已写好或画好的地方进行加工，用于此意义时，也可用

"가칠(加漆)",是从反复上漆的基本义发展出来的。

3.5.5 建筑用器械

建筑房屋尤其是传统房屋时,有一些必不可少的工具,这些东西过去对人们的生活来说是非常重要的,并且也是非常熟悉的,因此这些表达都产生了比喻意义。

3.5.5.1 楔子、榫

建筑房屋时,需要有楔子,汉语"楔子"比喻插进去的人或物,其中指人时用作褒义,如(76a);如果指物,多强调砸楔子给其他事物或关系所带来的消极性后果,一般多用作贬义,如(76b-d);"楔子"也指引子,如(76e)。

(76) a. 他的那股韧劲儿、钻劲儿,也使他获得了"楔子船长"的美称。

   b. 不合理收费已然成为横亘在汽车市场供给与需求之间巨大且牢固的楔子……

   c. 白皮书显然是在顺利发展的中日关系中钉了一个楔子。

   d. 所谓美德"领导伙伴关系",是给欧洲联合事业打进一个楔子,还是增添一部发动机,尚须观察。

   e. 两书均以椰子这一海南文明的象征为楔子,探索海南文化的本体意蕴。(例句都来自《北大中文语料库》)

韩国语的楔子也可以比喻人，如"얻어 온 쐐기"比喻到别人家里来啥活也不干只知道吃的人，是贬义，相反，汉语指人时多用于褒义。韩国语里的楔子还用于惯用语"쐐기(를) 박다[치다]"，有四个意义，如下表所示：

	意义	例句
1	为了不出现后患，而提前做好准备。	내가 호구를 물색할 테니 너 쐐기를 박아.《옥중화, 1회》我去找个好骗的人来，你来一锤定音。
2	用毁谤来离间别人的关系。	그는 우리 둘 사이에 쐐기를 박으려 했다. 他想在我们两人之间使坏。
3	插入两人对话，进行妨碍。	진지하게 얘기를 주고받는 중에 낯선 사람이 나타나 우리 얘기에 쐐기를 박아 버렸다. 我们正在认真谈话时，一个陌生人的出现，打断了我们的谈话。
4	切断有关联的事物之间的联系，或者使进展不顺利。	그동안 망설이던 마음에 차라리 쐐기를 박아주셨네요. 이렇게 알아서 연을 끊어주셨다니?《최고의 연인, 109회》本来之前我还一直在犹豫，结果他给我把关系斩断了。竟然这样自动地切断了和我的缘分。

[表3]"쐐기(를) 박다[치다]"的意义

如上，"쐐기(를) 박다[치다]"的第1个意义指为做好某事而提前做好准备工作，主要指提前和某人说好，汉语多用"一锤定音"。其他2-4个意义都与砸楔子所产生的消极后果有关，与汉语"楔子"多用于国际关系、事业等相反，韩国语多用于人与人之间、对话之间、事物之间，根据不同搭配，汉语分别用"使坏、打断、斩断"等。

韩国语类似的还有"곁쐐기"，比喻对别人说难听话时在旁边添油加醋地拱火，多用于"곁쐐기(를) 박다[치다]"，比喻参与别人的对话中进行妨碍，如(77a)；"곁쐐기"也比喻挑拨离间，如(77b)。这些意义一般都不能与汉语"楔子"对应。

(77) a. 그에게는 자꾸 곁쐐기를 박는 나쁜 버릇이 있다. 他
有个插嘴说话的坏毛病。

b. 두 사람 사이가 좋으니까 그것을 시기해서 곁쐐기를
박는 사람도 생겼다. 因为他们关系很好，所以就有
人嫉妒想挑拨离间。

过去的木质建筑还需要有"榫子"，也称作"枘"，榫眼也称作
"凿"，与此相关有汉字词"방예원조(方枘圆凿)、예조(枘凿)、조
예(凿枘)"，意思是榫子是方的，但榫眼却是圆的，比喻互相不吻
合，类似的还有"원공방목(圆孔方木)、방저원개(方底圆盖)"，有
俗语"예조의 서어"，意思是圆孔方木，比喻互相难以融合。

3.5.5.2 螺丝

韩国语里螺丝为"나사"，可以指木楔子，也指螺丝，根据螺丝
的特点，多用于惯用语中，如下表所示：

[表4] "나사"的惯用语

惯用语	意义	例子
나사(를) 죄다	拧螺丝，比喻整理心思、振作精神。	
나사가 풀어지다	螺丝变松，比喻精神松懈。	
나사가 풀리다	比喻精神松懈。	그는 오랜 친구를 만나 술을 할 때마다 나사가 풀린다. 他每次见老朋友喝酒都变得很松懈。

나사가 빠지다	比喻没有精神。	나사 빠진 사람처럼 킬킬거리며 (개를) 데리고 논대요.《그래 그런 거야, 8회》就像傻了似的笑着和它一起玩。진짜 나사 몇 개 빠진 것 아니야?어떻게 부엌 바닥에서 잠이 들어?《그래 그런 거야, 27회》她不是脑子缺了几根弦吧?怎么能在厨房地板上睡着啊?
나사를 빼주다	拔螺丝,比喻没精神。	너 군대 갔을 때 나사를 어디다 빼주고 던지고 온 거야? 너 하는 짓거리 보면 딱 나사 빠진 놈이야.《그래 그런 거야, 3회》你去军队的时候把螺丝拔下来扔到哪里了? 看你办的事,就像卸了架的机器一样。

如上,这些惯用语都与螺丝的相关动作、状态有关,虽然可以与表示拧紧意义的"죄다"结合,但日常生活中却多与消极性的动词"풀어지다、풀리다、빠지다、빼주다"等结合,所表达的意义多与精神松懈、不振作有关。

汉语"螺丝钉"有时也用于比喻意义,如(78),表达的都是积极肯定的意义,强调的是螺丝钉的积极作用,与其相关的动作也是"紧紧拧在",而不是像韩国语那样用的都是消极性的词语。

(78) a. 他认为这个岗位虽然平凡,但它是人民军队这架大机器上的一颗关键螺丝钉。

　　 b. 哪怕在一个小小的工作岗位上,都要发挥好螺丝钉的作用。

　　 c. 他像一颗螺丝钉,紧紧拧在水泥厂的工作岗位上。

　　 d. "做一颗永不生锈的螺丝钉",这是雷锋常说的一句话。《北大中文语料库》

如上，通过汉韩两种语言里关于楔子、螺丝钉的不同表达，可以发现，中韩韩国人对楔子和螺丝（钉）的认识是不同的，各自所关注的角度差异非常大。

3.5.5.3 钉子、刺钉

韩国语里钉子为"못"，本身没有比喻意义，但用于惯用语"못(을) 박다"时有比喻意义，与其结合的场所名词多为"가슴、마음"等，指让别人产生悲痛、怨恨的心情，如(79)。此外还有强调形式的惯用语"대못을 박다"，其中"대못(大-)"为大钉子，如(80)。有时还有"못질하다"的形式，比喻使人伤心，如(81)。"대못"也可用于"대못질"，如(82)。

(79) a. 엄마 돼서 어떻게 딸 가슴에 못을 박아?《최고의 연인, 47회》作为母亲，怎能干让女儿伤心的事情啊？

b. 자식 가슴에 못 박지 말아.《왕가네 식구들, 33회》不要让孩子痛心。

(80) 선배 가슴에 씻을 수 없는 대못을 박으면서 천하의 나쁜 년이 돼가면서 오직 엄마의 행복을 위해서 이 고통을 참아야 하는 내 심정을 안다고?《최고의 연인, 32회》给学长带来不可愈合的伤痛的同时，我自己也成了天下第一坏女人，我忍受这一切痛苦都是为了妈妈的幸福，我这种心情你说你知道？

(81) a. 나 같은 것땜에 엄마 가슴에 못질하지 마.《폼나게 살 거야, 25회》不要因为我这种人让你妈伤心。

b. 평생 그 아이 보면서 가슴에 못질하면서 살래?《가
화만사성, 11회》你要看着那孩子自己伤心地过一
辈子吗？

(82) 너 지금 부모 가슴에 대못질하는 거야.《우리집 꿀단
지, 16회》你这是让父母伤透心啊。

把钉子钉在某个地方，是为了占地方做标记或突出显示，所以
"못(을) 박다"第二个意义指将某种事实挑出来说明白，如(83)，
此时前面一般没有处所名词作状语。

(83) a. 미리 못 박아두는 거예요. 나 절대 보배씨랑 헤어지
지 않아요. 알았지요?《최고의 연인, 54회》我提前把
话说下，我绝对不会和宝贝你分手的。明白吧？
b. 다음에 사돈댁이 와서 이 가게를 얻어주었으니 어쨌
느니 하면 당신 제대로 못 박아요.《아이가 다섯, 2
회》下次亲家再来说什么给开了店不开店的事，你
一定要把话给她说明白。

"못을 박다"的被动形式是"못(이) 박히다"，但两者意义不
对等，"못을 박다"有两个意义，"못이 박히다"有三个意义，第一
个指心理产生悲痛、怨恨的想法，如(84a)；第二个意义主要用于
"못 박힌 듯"形式，表示好像固定在了某个地方，站立在那儿，一
动也不动，如(84b)；第三个意义指好像要看穿似的，目不转睛地看
着某个地方，如(84c)。

(84) a. 아버지께서는 부모의 가슴에 못이 박히게 만드는 자

식이 어디에 있냐고 호통을 치셨다. 父亲训斥说，哪有孩子这样让父母伤心的啊？

b. 놀란 나머지 못 박힌 듯 서 있었다. 惊得站在了那儿，一动也不动不了。

c. 그의 시선은 어군 탐지기 쪽으로 못 박혀 있었다.《천금성, 허무의 바다》他的视线一动不动地盯着鱼群探测器方向。

　　韩国语里刺钉为"마름쇠"，有俗语"마름쇠도 삼킬 놈"意思是连不能吃的刺钉也都吃的人，比喻非常贪的人。与此相关，有俗语"던져 마름쇠"，因为刺钉不论谁扔出去肯定会插在地上，而另一头会翘起来，比喻即使是不熟练的人也能轻松做好的情况，也比喻不管怎么做只会出现一种情况，而不会有第二种可能性。

　　汉语的"钉子"也有很多比喻用法，其中一个用法与"螺丝钉"相似，如(85ab)，具有褒义。现在还出现了"钉钉子精神"，强调的也是钉子的肯定作用。汉语有时也用于"钉子户"，如(85c)，具有贬义，这两个用法都与钉子本身的特点有关；此外还多用于"碰钉子"，比喻遭到拒绝或斥责，如(85de)，这个用法利用的是钉子给人带来的伤痛。汉语还有"拔钉子"，如(85f)，此时的钉子是贬义。

(85) a. 他发扬钉子的"挤劲"和"钻劲"，学习毛泽东思想和专业技术知识。

b. 他的"钉子精神"钉得住今天社会的腐败风气吗？

c. 在拆房中，没有出现一个钉子户。

d. 不要怕碰钉子，遇到尴尬的时候，让自己脸皮厚一点。

e. 结果碰了个软钉子……

f. 市经委组织了"拔钉子工程"，把12户严重亏损的企业作为重点，年内一户一户地帮助走出困境。(例句都来自《北大中文语料库》)

如上，比较汉韩两种语言可以发现，中韩两国人对钉子的关注点不同，韩国人主要关注被砸钉子后人的感受，所以产生的意义都与感情有关，这与韩国语里直抒性的感情词汇缺乏也有关系。相反，中国人多关注钉子本身所具有的"钻劲"和"挤劲"，即使关注人的感受，也多是指遭到拒绝和斥责，强调的是遇到困难，因为"不好的钉子"会带来问题，所以中国人还强调"拔钉子"，带有主观能动性。这与韩国语所表现出的消极意义和被动情感不同。

3.5.5.4 锥子

韩国语里锥子为"송곳"，与"송곳"相关有很多俗语，其中与汉语"无立锥之地"类似的有"송곳 박을 땅도 없다、송곳 모로 박을 곳도 없다、송곳 세울 틈[자리]도 없다、입추의 여지가 없다、벼룩 꿇어앉을 땅도 없다"。此外，还有"송곳 거꾸로 꽂고 발끝으로 차기"比喻自己惹祸上身的愚蠢行动，而"송곳도 끝부터 들어간다"比喻所有的事情都有一定的顺序。

因为锥子是钻东西的，有时会用"송곳 항렬인가"来嘲笑那些打破砂锅问到底的人。锥子钻出来的碎屑用锥子去掏，肯定没有效果，所以"송곳으로 매운 재 끌어내듯"比喻如果不用正确的手段或工具是白费工夫。

锥子之所以有用是因为有尖，如果尖断了、弯了，就失去作用

了，所以就有了俗语"구부러진 송곳、끝 구부러진 송곳"比喻变得毫无用处的东西。根据锥子尖利这个特点，"송곳"还作修饰语，如(86)，这反映了韩国语的配义性，相反，汉语根据不同的搭配有不同的翻译方式。

(86) a. 송곳질문 一针见血的提问

　　 b. 송곳방석 如坐针毡

　　 c. 야권은 특히 김 후보자와 조 후보자에 대해 '송곳' 검증을 하겠다며 벼르고 있다.《동아일보, 2017.06.19》在野党正视图专门对金候选人和赵候选人展开"鸡蛋里挑骨头式"/"扫地毯式"的监察。

与韩国语"송곳"相反，汉语里根据锥子"尖利"这个特点，主要比喻眼睛尖锐，如(87a)；比喻人很刁钻，如(87b)，也比喻给人带来痛苦，如(87c)。

(87) a. 都逃不过父亲锥子般的眼睛。

　　 b. 她婆婆是个有名的"母老虎"，刁得象锥子似的尖。

　　 c. 这声泪俱下的哭诉像锥子一般，扎进了高福起的心坎里。(例句都来自《北大中文语料库》)

如上，中韩两国人都关注到了锥子"尖利"这一特点，但是根据这一特点所产生的联想意义以及具体用法并不相同，这反映的是认知和思维的差异。

3.5.5.5 锤子、刨子、凿子

传统工具中还有锤子，韩国语为"망치、마치"，两者多用于俗语中，如"망치가 가벼우면 못이 솟는다、마치가 가벼우면 못이 솟는다"比喻长辈没有威严的话，晚辈就不会顺从并且会反抗。此外，还有"망치로 얻어맞은 놈 홍두깨로 친다"比喻报复人时给对方的打击都会远远大于自己所遭受的危害。而汉语里与锤子有关，有"千锤百炼"，还有"一锤子买卖"，比喻一次性交易。

传统工具还有刨子，韩国语为"대패"，本身没有比喻意义，但多用于日常生活中，如电视剧《부탁해요 엄마, 53회》中，장철웅对妻子说了一些非常温柔的话，然后与司机오실장发生了下面的对话：

(88) 장철웅: 대패 줘? 给你个刨子？

　　오실장: 네?什么？

　　장철웅: 오실장은 지금 닭살 돋는 것 아니야? 대패로 밀라구.《부탁해요 엄마, 53회》吴室长，你现在是不是起鸡皮疙瘩了？让你用刨子刨去。

这段话中，利用的是刨子可以刨平东西的特点，意思是让司机把身上起的鸡皮疙瘩刨去。

韩国语里凿子为"끌"，惯用语"끌로 박은 듯"意思是就像被凿子插在那儿，比喻毫不动摇、高高耸立的样子，如(89)，汉语不用"凿子"，一般用"木头橛子"。

(89) 그는 정거장에서 어머니를 기다리며 몇 시간째 끌로 박은 듯 꼼짝 않고 서 있었다.他在车站等母亲，就像木头橛子似的一动不动地站了几个小时。

3.5.5.6 墨斗、墨线

过去墨水一般都盛在"먹통02(-桶)"里，此外，"먹통"还指木工、石匠等用的墨斗。韩国语还有一个同音词"먹통01"用来嘲笑笨蛋，如(90a)；也比喻具有那种特性的东西，如(90b-e)，可用于多种事物，根据不同事物特点，译成汉语分别是"瘫痪、没电、没油、断网"等。

(90) a. 이 바보 먹통아! 你这个笨蛋！

　　 b. 판문점에서 운영되는 남북 당국 간 및 적십자 간 연락 채널은 지난해부터 먹통인 상태다.《동아일보, 2017.07.18》在板门店设置的南北当局之间以及红十字会之间进行联络的通讯方式从去年开始已经瘫痪。

　　 c. 경계시스템의 '먹통' 경보 시스템의 瘫痪

　　 d. 핸드폰도 먹통, 차도 먹통…《미워도 사랑해, 17회》手机没电，车没油……

　　 e. 휴대전화 3G 통신망도 먹통이 됐다.《동아일보, 2016.10.22》手机电话的3G通信网也断了。

"먹통01、먹통02"两个词从语义上来看应该是有关联的。因为墨水筒、墨斗内部都是黑乎乎的，所以可用来比喻被阻挡、没有任何希望。俗语"속이 먹통"比喻什么都不知道，也比喻内心凶险，这两个比喻意义的产生分别利用了黑色所产生的两个联想意义。

墨斗都有墨线，韩国语为"먹줄"，墨线的作用是标出直线，有俗语"곧기는 먹줄 같다"，有两个意义，第一个比喻非常正直，第二个比喻外表正直，内心肮脏，用于第二个意义时，与"속이 먹통"比喻内心凶险的意义是一致的，用的都是隐喻方式，即"黑的

都是不好的"。相反，俗语"먹줄 친 듯하다"只有一个意义，比喻不管什么都表现得很正直。

如上，在韩国语里黑色表达的都是消极意义。

3.5.5.7 水平仪与水

建筑讲究地面或材料底面要保持水平，现在可以用水平仪，古代一般用一碗水，看水面平不平就可以知道地面平不平。韩国古人应该也是用这种方法来找平，所以有了"물밑"，比喻某事隐秘进行的状态，如(91)。

(91) a. 물밑 협상 秘密协商

b. 김 대변인은 … '따라서 문 특보의 발언은 한미 정상
회담을 앞둔 상황에서 물밑조율을 거친 이후 정제된
내용으로 해야 할 이야기를 서둘러 꺼낸 것으로 매
우 성급했다'고 지적했다.《동아일보, 2017.06.17》
金发言人指出："所以说，在举行韩美正常会谈之
前，应该秘密协商、衡量好的内容，文总统的外交
安保特辅发言时却就将它匆匆拿了出来，这实在是
操之过急了"。[05]

3.5.5.8 推土机

现代建筑机械还有推土机，韩国语为"불도저"，由于推土机的

05　문특보:문정인 대통령 외교안보특보=대통령통일외교안보특별보좌관　总统统一外交
安保特别辅佐官

推进力很强，所以被用来比喻不管前后情况如何而盲目地推进工作或事情的人，如(92)。

> (92) 사각팬티가 내가 이상형이라고 사귀재. 얘기하러 한강 가재.…완전 불도저야. 나 어떻게? 언니!《그래 그런 거야, 30회》那个四角裤(剧中外号)说我是他的理想型，要和我谈朋友。要约我去汉江约会。完全就是"急行军"，姐，我怎么办啊？

建筑中还有一些工具，如"걸음쇠 圆规""곱자 曲尺""수준기 水准器""다림줄 准绳"，合称"규구준승(規矩準繩)"或"규구(規矩)"，都比喻日常生活中应该遵守的法度，这反映的是中国人的认知和思维。汉语里还根据圆规的样子来比喻人很瘦。基督教艺术里一般用双脚规来象征宇宙的生生不息和轮回反复，因为双脚规能画出圆圈的形状(吉普森 2018:23)。同样的事物产生不同的意义完全是因为不同文化背景下具有不同认知的人们对事物所产生的联想思维不同而导致的。

3.6 建筑与称呼

建筑与称呼建立关系，这在汉语与韩国语里有很多表现。例如"陛下"就是台阶下，自秦始皇以后成为天子的专称。"殿下"指殿阶之下，用作对帝后、帝妃及太子、公主、诸亲王的敬称。韩国朝鲜时代用来称呼王，如"상왕 전하"，现在多用来尊称"추기경(樞

機卿)"。"邸"为高级官员的住所，韩国朝鲜时代用"저하(邸下)"来尊称王世子，而汉语不用作称谓语，仅指住所，多用于外交场合，如"官邸"。"阁"指又高又大的房子，如"임진각 临津阁"，而与此相关的"각하(阁下)"指对特定高级官员的敬称，如"대통령각하 总统阁下"，在汉语里"阁下"虽也有此意，但也可泛指对一般人的敬称。

汉语里与建筑住居有关的"堂、房"等的意义现在都发生了变化，其中"堂"本指正房，用于厅堂名称，但后来可以指某一家、某一房或某一家族，也可表示同父亲的亲兄弟的子女之间的亲属关系。"房"则指家族的一支，如"长房、娶了三房太太"，其中原配为正房，后娶的、续弦或者妾叫作偏房。这种用法都是转喻，即用所居住的房子来转喻住在这里的人。

与建筑有关还有"家、宅"，汉语里一般不用作称谓语。但韩国语里固有词"집"与汉字词"댁(宅)"可用来作称谓语，称呼女性，但在尊敬程度上不同。

固有词"집"多用于自称或谦称，如"우리집 我家""집사람拙荆、贱内"。"댁"用作对他人的家、房子的敬称，如(93a)；也用作对他人妻子的敬称，如(93b)；也用作对平级、下级、晚辈的客气称呼，如(93cd)。

(93) a. 아주머님은 댁에 계십니까? 阿姨在家吗？

　　　b. 동생의 댁 弟妹 길수의 댁 吉洙妻子

　　　c. 아니면 댁도 댁의 따님하고 똑같아요. 모녀 사기꾼들이라고요.《최고의 연인, 78회》要不，就是您和您的宝贝女儿一样，是母女诈骗团伙！

　　　d. 다신 이런 상황을 만들면 나도 댁 어떻게 할지 몰라

요.《천상의 약속, 87회》如果你再弄出这种状况
来，我也不知道会对你做什么。

虽然平级之间可用"댁"，但有时含有不客气的意思，如电视剧
《최고의 연인, 78회》中，由于구애선不喜欢未来的儿媳妇한아름，
所以与未来的亲家母아름的母亲言语不合，用了称谓语"댁"，所以
아름的母亲也说了如下话语：

(94) 저쪽이도 저한테 댁이라고 했으니 저도 댁이라고 하겠
습니다. 댁의 아들하고 결혼하도록 제가 적극 밀어줄
참이에요. 댁의 그 특권의식이 얼마나 잘못됐는지 우
리 아름이 그 집에 들어가서 보여줄 테니 기다려주세
요.《최고의 연인, 78회》既然你对我说"댁"，那我也
说"댁"了。我会积极支持你儿子和我女儿结婚的。等
我女儿雅凛嫁到你家后，会让你明白你那种特权意识
到底错在哪里的，你就等着吧。

另外，韩国语"댁"与地方名结合时，其敬语意义降低，出现
了贬化，多用来称呼保姆、做家事的妇女，如：

(95) 영주댁~! 회장님이 식사하셔.《연인, 3회》荣州大
嫂，会长要吃饭了。

再如电视剧《다시, 첫사랑, 52회》中，因为김말순曾在홍미애
家道中落前给她做过保姆，现在自己已成为大公司的老板娘，当홍
미애称呼自己时仍然沿用过去的称呼时，不禁非常生气，因此有了

下面的对话:

(96) 김말순: 왜 보자고 하셨어요? 您为什么找我啊?

홍미애: 우리 얘기 아직 덜했잖아요? 我们不是还有话
没说完吗?

김말순: 난 다 끝났습니다. 我的话都说完了。

홍미애: 원주댁! 原州大嫂!

김말순: 내가 아직도 원주댁으로 보이세요? 참 사람 만
만하게 보시네. 在您眼里, 我还是原州大嫂
吗? 您真是看不起人啊。

홍미애: 고마워요. 내가 원주댁 마음 여리고 좋은 사람
인 것 잘 알아요. 谢谢你。我知道原州大嫂心
肠很软, 人很好。

上面对话中的"원주댁"指的是保姆, 这里的"댁"已经后缀
化。汉语也可用"家"来表示对女性的称呼, 如"老王家、王家大
嫂", 一般指的是老王的老婆。

"댁"的相关词语还有"시댁(媤宅)", 是"시집"的敬称, 汉
语"婆家、婆婆家"没有敬称。韩国语还有"될뻔댁(--宅)", 用来
嘲笑那些办事好像做成了但最终没成功的人, 如(97)。

(97) 급제 될뻔댁 差点及第的人 진사 될뻔댁 差点中进士的人

韩国语里与"家"有关的词语还有"계집", 这个词是由"겨
집"发展而来, 是动词词干"겨-[住]"与名词"집"结合形成的,
即在家, 因为女主内, 所以产生了"女人"和"妻子"意义(김동

进、조항범 2001:42）。最初没有贬义，但现代韩国语发展成了贬称词。

建筑中还有"门"，汉语里与门有关的称谓语有"门客、门生"等，韩国语有汉字词"문하(門下)、문인(門人)、문생(門生)、문제(門弟)、문제자(門弟子)"等。汉语里还用"门下"来尊称对方，如"窃为门下忧之"。韩国语"문하"也指老师，如(98)。

(98) 그는 정창업의 문하에서 소리 공부를 하고 나서…소리
　　　꾼으로 팔려 다니던 중….《문순태, 타오르는 강》他在
　　　郑昌业门下学唱……在沿街卖唱的途中……

3.7 小结

由于住居文化有丰富的历史，与人的生活息息相关，所以韩国住居文化产生了很多比喻词和惯用语、俗语。

基本建筑类型中，历史长久的建筑形态、传统建筑的内部空间形式、建筑物的内部构造等，尤其是建筑物内部构造中的空间词基本都产生了比喻意义。古代建筑中的"宫殿楼阁"以及"门、家、宅"等还发展成了称谓语。相反，"마천루(摩天樓)、마천각(摩天閣)"等现代建筑物用语却极少用于比喻。

普通住宅的内部建筑物，如"안방、뒷방、사랑채、마당、화장실、당상"本身或俗语等都可分别被用来表达身份、地位、感情、事情的发展状态等意义。

基本的建筑内部构造，如地基、地板、屋顶、梁、柱子、门、

窗、抹楼等相关用语在韩国语里都产生了比喻意义。因为这些内部构造关系到建筑的牢固安全与否，与老百姓的生活息息相关，所以被得以详细观察，当韩国人表达抽象意义时，这些触目可见的建筑构造就被顺手拈来用作比喻了。

韩国语里，最基本的建筑用工具和用品也都产生了比喻意义。例如传统的建筑用品楔子、榫等在现代建筑中虽已经不多见，但其比喻意义仍然被保留了下来。其他传统工具，如螺丝、钉子、锤子、刨子、凿子、锥子、墨斗、墨线、胶漆以及韩国代表性的壁纸等多被用于比喻意义。现代建筑用品和工具，如水泥、柏油、混凝土、推土机等也都产生了比喻意义，但这些比喻意义很多仍然属于语境义。

从语言形式来看，住居语言中汉字词占比近一半，这与前面饮食用语、服饰用语相比，汉字词的占比很高，说明住居语言受到了中国文化很大影响。与其他领域相比，惯用语的表现很突出，主要集中在建筑物的内部构造，如具体的空间词、方位词和具体事物等的惯用语很多，这说明这些具体性的事物容易进入惯用语表达比喻意义。

第四章

出行与语言

4.1 引论

韩国人喜欢旅游，尤其是夏季都去度假。所以在夏天，问韩国人不应该是"휴가 가시나요? 去度假吗?"而应该是"언제 떠나시나요?什么时候去啊?"

韩国人度假多选在七月末，2017年韩国国土部交通研究院于6月22日至25日对全国5000户人家展开问卷调查，对韩国人2017年将度假时期定为7月29日-8月4日之间的原因展开了调查，发现大家选择这个时期出去旅游的原因主要是：48%是因为公司的休假安排，28.3%是因为孩子假期补习班放假，8.4%是因为这是最热的时期，5.3%是因为受其他同行人的日程安排影响，4.8%是因为看到大家这个时期都去休息，5.2%是因为其他原因。[01] 从这份调查可以发现，韩国社会上上下下包括公司、教育培训机构都会放假让大家去度假，这种度假文化已经成了社会的潮流。对七月底八月初的这种旅游旺季，韩国语称

01　资料来自东亚日报2017年7月19日。

作"휴가 피크(peak)休假旺季"。

　　旅游即出行，出行会涉及基础设施、出行方式，如步行、骑行、乘车、坐轿、乘船、坐飞机等。例如，关于车，霍尔、尼兹（2009:34-35）提到：汽车是一个文化创造物，汽车蕴含着丰富的文化意义，如机械知识、个人交通、高速路、汽车旅馆以及大型零售商店等。但对一般人来说，汽车仅在很有限的某些方面具有意义，如汽车运动和表演的爱好者与汽车修理工的关注点是不同的。这是单纯从文化的角度来分析汽车。

　　如果从语言学的角度来分析车的话，与车有关的各种语言表达形式要想发展出比喻意义，则需要得到某种语言使用者共同的认可和使用，所以这必然要求与车相关的知识是语言使用者所都能关注到、认知并能理解的知识。因此这些知识就不可能是非常琐碎的，而应该是具有一定代表性或具有不可替代性的知识。另外，这些知识也包括某种车所独有的特点方面的知识。

　　与出行有关，各种基础设施以及常用的出行手段这些内容与人们的生活息息相关，为人们所熟悉，当然也出现了相应的表达形式，并且很多也产生了比喻意义，表现出了一定的文化特性。相反，不为人们熟知的出行手段、设施等则没有产生比喻意义。

4.2 基础设施

　　基础设施主要表现为陆路和海路设施，并且以陆路为主。陆路出行最重要的设施就是道路，韩国语里与道路有关有很多表达。

4.2.1 陆路

4.2.1.1 上义词

道路在韩国语里既有固有词"길"，也有汉字词"도로(道路)、도도(道途/道塗)"，不过两个汉字词没有比喻意义。固有词"길"是多义词，如下表所示：

[表1]"길"的意义		
1	个人的人生轨迹或社会、历史发展的历程。	인류 문명이 발전해 온 길을 돌아본다. 回望人类文明发展的道路/历程。
2	人生或社会发展的方向、指针、目的或专业领域。	배움의 길 学习之旅；승리의 길 胜利的道路；정상으로 향한 길 走向顶峰的道路
3	伴随某种身份、资格的道理或任务。	어머니의 길 母亲的本分；스승의 길 教师的责任
4	方法或手段。	그를 설득하는 길 说服他的方法；먹고살 길이 막막하다. 前途渺茫；표현할 길이 없는 감동 无以言表的感动
5	某种行动结束的瞬间，马上就。	경찰에서 풀려나는 길로 나는 그 애를 따라 서울로 갔어. 《김성동, 만다라》我一被警察放了，就跟着他去了首尔。
6	做某事的途中或机会。	일을 마치고 돌아오는 길이다. 我这是做完事回去。
7	过程、途中、中间。	그는 어제 산책길에 만났던 그녀와 다시 마주쳤다. 他又碰见了昨天散步时碰见的那个女人。

如上，韩国语的"길"其意义从具体的道路逐渐发生虚化，已经从方向意义（1、2）发展到了身份、道理或任务（3），在此基础上逐渐具有了语法意义，总是借助一定的语法结构来表达意义，如以"-는/을 길"形式表示方法或手段（4），虽然有时也可对应汉语"方法"，但很多时候需要意译；此外还以"-는 길"的形式表示马上就（5），汉语用"一……就"；有时以"-는 길에，-는 길이다"形式表示途中或机会，汉语没有固定的表达；有时还与名词结合，表示过程意义，汉语也没有固定的表达。

　　"길"也可以指街道，当然也可用"길거리"，与"길거리"相比，汉字词"가도（街道）"不指一般的小路，多指大道，以及连接两个城市之间的大道，如（1a）；"가도"还有比喻意义，比喻没有阻碍的坦途、前途，如（1b-d），这种语义引申方向明显是受了固有词"길"的影响，强调的是"路"的作用、方法、手段意义。

　　(1) a. 경인 가도 京仁公路/首尔与仁川之间的公路

　　　　b. 성장 가도를 달리던 면세점 부문《동아일보, 2016.10.19》
　　　　　发展快速的免税店部门

　　　　c. 출세 가도를 달리다 飞黄腾达

　　　　d. 승진 가도를 위해서는 평소에 인간관계를 잘해 두어
　　　　　야 한다. 为了快速升职，平时要搞好人际关系。

　　与汉字词"가도"相反，中国人主要是借助"街道"来比喻差距大，如（2ab），用"差了……街"来表达差距很大；再看（2c），是用"甩……街"来比喻差距大。

　　(2) a. 中国和美国粮食市场究竟差了几条街？《中华粮

网，2016.08.16》

b. 同一个Beckham，粤语和普通话的翻译差了两条街。(李倩 2015:81)

c. 这样穿保证甩路人几条街。(网络)

　　如果是在路上，韩国语有固有词"길바닥"，也有汉字词"도상(途上)"，但汉字词有比喻意义，指某事进行的过程或途中，如(3)。汉语一般用"在……征途/路途/旅途上"等结构来表达类似意义。

(3) 교양은 항상 도상에 있는 것이요, 목적지를 갖지 않는
　　다.《김진섭, 인생 예찬》 教养是不断养成的过程，没
　　有目的地。

　　汽车、火车等经过的道路称作"路线"，韩国语为汉字词"노선(路線)"，也比喻个人或组织为实现一定目标而遵循的方向或行动方针，具有抽象性，与汉语"路线"一致。

(4) a. 정치 노선 政治路线

b. 중간 노선을 걷다 走中间路线

c. 그런 어중중한 태도가 오히려 애들을 망치는 거야. 노
　　선 똑바로 정해야 돼.《그녀는 거짓말을 너무 사랑
　　해, 13회》你这种模棱两可的态度反而会害了那些孩
　　子。你要定好路线。

　　如上，表示道路的"길、가도、도상、노선"等四个词语处于语义互补状态。

4.2.1.2 道路分类

道路分类有多种标准，具体可从十个角度去分类。并且这些与道路有关的词语大部分都产生了比喻意义，这也说明道路在人类生活中的重要性，并且这些比喻意义的产生都与道路本身所具有的具体特点直接相关，是在具体形象特点基础上借助隐喻引申出来的。

第一，道路有大小之分。大路韩国语有固有词"한길、큰길"，都没有比喻意义。但汉字词"대로(大路)"在具体意义之外，还比喻为实现某种目的而展开的活动大方向，如(5)。俗语"대로 한길 노래로 열라"意思是唱着歌去走大道，比喻鼓励用乐观的态度去开创未来，但反义词"소로(小路)"没有比喻意义。

(5) 민주주의로 가는 대로 走向民主主义的道路

第二，道路有新旧之分。旧路称作"구로(舊路)"，新铺的路称作"신작로(新作路)"，也指大路，有俗语"신작로 닦아 놓으니까 문둥이가 먼저 지나간다"，比喻辛苦完成的事情被可恶的人搞砸，没了任何价值。汉语则有"穿新鞋走老路"比喻办事的思维和方式没有改变，只改变了外表。

第三，道路有多少之分。韩国语"일로(一路)"指唯一的一条路，也用于部分名词后，表达那样的趋势，如(6)，与汉语"一路"基本一致，但当表示积极意义时一般多用"一路凯歌、一路高歌"。

(6) a. 성장 일로에 있는 회사 一路凯歌的公司
    b. 수출이 증가 일로를 걷다. 出口是一路高歌/一路攀升。
    c. 여론이 악화일로를 걷고 있어. 《동아일보, 2016.10.12》
       舆论形式一路恶化。

第四，道路有方向性。只通向一个方向的路称作"외길"，如 (7a)；也指只专心于一种方法或者方向的态度，如(7bc)，汉语需要意译。

(7) a. 외길 통행 单向通行

　　 b. 외길 인생 一辈子只干一件事

　　 c. 그는 성직자로 한평생 외길을 걸어왔다. 他一辈子都献给了宗教事业。

在现代交通运行中，通行方向可分为单行线和双行线，如果是单行线则只能单侧同行，称作"일방통행(一方通行)、일방교통(一方交通)"，其中"일방통행"还比喻执行或表示单方面的意见，如(8)，汉语一般用"单方面"。

(8) 그동안 남편의 진짜 모습을 모르고 착각과 일방통행으로 짝사랑만 해왔으니 나도 참 바보지?《사랑이 오네요, 107회》以前我看不清丈夫的真面目，一直活在一种错觉和单方面的爱慕中，我是不是很傻啊？

韩国语里还有"뒤안길"，指一排房子后面的路，也比喻被别的东西所遮挡而得不到关注的凄凉的生活或者处境，如(9)，汉语根据语境需要意译。

(9) a. 인생의 뒤안길 人生的凄凉

　　 b. 역사의 뒤안길 历史的背后

第五，道路还分直达、迂回或岔路。在表达这些道路时汉字词居多。其中直通道路为"직통(直通)"，如(10a)；也指电话等直接接通，如(10b)；指某种结果或效果立即出现，如(10c)；也可用于"직통으로"形式，指不偏不倚正中，如(10d)。但这些意义译成汉语时一般不用"直通"。

(10) a. 서울에서 부산까지 직통으로 간다. 从首尔直达釜山。

b. 국제 전화도 직통으로 쉽게 걸 수 있다. 国际电话也能直接打通。

c. 이 약은 모든 병에 직통으로 듣는다. 这种药万病通治。

d. 날아오는 돌멩이에 직통으로 맞았다. 被飞来的石头打个正着。

韩国语里还有"우회로(迂廻路)"，指不直接去而是绕着去的路，心理学上指当通向目标的近路被堵住而采取的解决问题的间接办法，如(11)，汉语可以用"迂回"。

(11) 최씨는 법인 설립 절차가 오래 걸리는 현지법을 회피하고자 이같은 우회로를 택한 것으로 보인다.《동아일보, 2016.10.30》看来崔氏是为了避开法人设立程序耗时长的当地法律而采取了上述迂回战术。

"갈림길"指岔路，也比喻需要选择哪一方的情况，如(12a)。有时还有惯用语"갈림길에 서다"，比喻处于需要做出选择的位置，

如(12b)。"기로(岐路)"也有比喻意义，如(12c)。这两个词译成汉语时可以用"岔路口"，也可以用"十字路口"。

(12) a. 생사의 갈림길에서 헤매다 徘徊在生死攸关的岔路
口/十字路口。

b. 그는 결혼을 할 것인지 아니면 유학을 갈 것인지 갈
림길에 서 있다. 他站在了是结婚还是去留学的十字
路口。

c. 선택의 기로에 서다. 他站在进行抉择的十字路口。

第六，道路还有上下之分。在表达此意义时主要用固有词，其中"오르막길、오름길"指上坡路，也可比喻力气或气势进入上升阶段。反义词为"내리막길、내림길"，指下坡路，也可比喻力气或气势过了鼎盛期进入衰退阶段，如(13)。

(13) a. 인생의 내리막길 人生的下坡路

b. 이 사업은 몇 년 이내에 내리막길로 들어설 것이다.
这种事业几年内就会走下坡路。

第七，道路有明暗之分。道路一般是裸露于地表的，但也有隧道，隧道有汉字词"수도(隧道)"，也有外来语"터널(tunnel)"，惯用语"터널을 빠져나오다"比喻摆脱困难。

第八，道路有难易之分。在表达此类道路时也是汉字词居多。其中好走的路称作"탄탄대로(坦坦大路)、꽃길"，如(14a)，不好走的路称作"험한 길、험로(險路)、난로(難路)、악도(惡道)、가시밭길、흙탕길"，其中"험로"可比喻危险艰难的生活，如(14b)。山

道险途称作"돌사다리、돌사닥다리",是将多岩石的路比作梯子。

(14) a. 우린 이젠 꽃길만 가자.《딴따라, 11회》现在让我们
一起踏上康庄大道吧。

b. 저항이 만만치 않아 험로가 예상된다.《동아일보,
2017.07.07》抵抗很多，前途渺茫。

难以走出的路称作"미로(迷路)"，主要指岔路口非常多，进去
之后就难以找到出口的路，如(15a)；"미로"也可比喻左右为难、找
不到解决办法的状态，如(15b)。汉语"迷路"是动宾结构，相当于
韩国语的"미로에 빠지다"，并且不用于比喻意义，用于比喻意义的
是"迷途"。韩国语也有"미도(迷途)"，但只有具体意义，与"미
로"的第一个意义相同。

(15) a. 미로를 벗어나다/헤쳐 나가다 从迷宫似的道路中逃
出来。

b. 양측의 관계 정상화를 위한 시도가 미로에 빠져 있
다. 寻求双方关系正常化的工作陷入迷途。

第九、道路有弯直之分，有正路、邪路。韩国语里直路为"곧
은길"，虽然辞典里没有标注，但实际生活中可比喻正确的道路，如
(16a)。正确的道路也可用"정도(正道)"，如(16b)。而不对的道路
"사도(邪道)"，指不正确的道路或道理，如(16c)。韩国语虽然也有
"사로(邪路)"，但语用频率很低。

(16) a. 선의 가치와 공공의 이익을 위한 윤리의 실천을 누구

보다 진지하게, 한결같이 해내며 곧은길을 걸어가시
는 분.《동아일보, 2017.12.08》他非常正直，始终
如一、不折不扣地践行着为善的价值和公众利益而
奋斗的理念，无人能比。

b. 성진아, … 너 명석하지만 내가 보기엔 정도를 벗어
났어.《당신은 선물, 77회》成镇啊，……你虽然很
聪明，但是在我看来，你已经误入歧途了。

c. 사도에 빠지다 走上邪路

第十、道路有死活之分。能够战胜困难活下去的路为"활로(活
路)"，如(17)。反义词是汉字词"사로(死路)"和"사경(死境)"。

(17) a. 외교 다변화의 활로를 찾고 있다《조선닷컴,
2017.07.11》正在寻找多边外交的活路。

b. 활로가 열리다 出现活路

4.2.1.3 轨道和车辙

轨道为汉字词"궤도(軌道)"，指车子碾压过的痕迹所形成的
路，也指事情发展的方向或阶段，如(18)。随着现代交通的出现，
"궤도"开始用来指交通线路，或指天文学上星球的运动路线。

(18) a. 그 문제는 골프리어가 궤도에 오르면 생각해보자
구.《내 사위의 여자, 12회》那个问题等高尔夫系列
服装步入正轨后再考虑吧。

b. 아시아 10개 지사를 성공 궤도에 올리면서 7년이 흘

렸다.《동아일보, 2016.10.16》把亚洲十个分社拉
上成功轨道用了七年的时间。

不管是过去还是现在，所有的交通都有自己固定的线路，所以
"제 궤도에 들어서다"比喻事情的进展进入正常状态，也比喻某
事按照自己的特性正常进行。汉语有"正轨"，比喻正常的发展途
径。韩国语还有"궤를 같이하다"，如(19)，此时汉语多用"如出一
辙"。此外，汉语也有"并轨"，但韩国语多用"합병하다"来表达。

(19) 한국이 아닌 미국과 직접 대화하겠다는 북한의 주
장과 궤를 같이하는 발언이기도 하다.《동아일보,
2017.07.08》这个发言和朝鲜主张与美国而不是韩国
直接对话如出一辙。

与车轮碾压过后会留下痕迹有关，韩国语里所用的都是汉字
词，并且都产生了比喻意义。其中"궤적(軌跡/軌迹)"比喻形成某
事的过程或痕迹，如(20)。"전철(前轍)"指前面推车的车轮印，比
喻前面的人所做错的事情或行动的痕迹，如(21)。韩国语也有汉字
词"복철(覆轍)"，比喻前人的失败痕迹，但多用于俗语"복철을 밟
지 말라"中，即"不要重蹈覆辙"，还有四字成语"복거지계(覆車
之戒)"。

汉字词"전궤(前軌)"与"전철"同义，但语用频率低。

(20) 한국 서예의 궤적을 보여 주는 전시회가 열리고 있다.
正在举行的展览向我们呈现了韩国书法的历史轨迹。

(21) a. 이러한 사실을 전철 삼아 以这种事实为前车之

鉴⋯⋯

b. 이 같은 전철을 밟지 않으려면⋯要想不重蹈覆
辙⋯⋯

4.2.7 水路

　　水路交通一般都会出现桥梁、码头，此外还会有灯塔。其中桥梁和灯塔虽然都是具体的空间建筑，但在韩国语里都被借来表达某种关系或人。因为，韩国人在人际关系的形成中经常需要一个连接人或连接点，이규태(1983/2011(4):70)将这样的文化称作"중개문화(中介文化)"，与此相对的文化为"직결문화(直接文化)"。在韩国这种"中介文化"里起中介作用的人根据所起作用的不同可以被称作"중개자、중매인、거간꾼"等，而这种连接作用则用"다리"来表达。

　　韩国语里"다리"的基本义为桥梁，可比喻连接两人关系的人或事物，如(22a)，汉语也有"搭桥"；"다리"也指中间需经历的阶段或过程，如(22b)；"다리"也指地位等级，如(22c)。这两个意义都无法与汉语"桥"对应，也就是说，韩国语"다리"的意义要比汉语"桥"更加抽象化了。

(22) a. 나는 그 사람을 잘 모르니 자네가 다리가 되어 주게
　　　 나. 我不认识他，你给搭个桥吧。
　　 b. 이 물건은 우리에게 오는 데 다리를 여럿 거친 것이
　　　 다. 这件东西到我们手上之前，经了很多人的手。
　　 c. 그는 삼 년 만에 벼슬이 한 다리가 올랐다. 他三年才

升了一级官。

　　如果没有桥梁，就要搭桥，惯用语 "다리(를) 놓다" 多比喻为成就某事而将两个或几个人连起来，如(23)。除固有词外，还有汉字词 "가교(架橋)"，如(24a)；也比喻连接两个互相分离之物的东西或者事实，如(24bc)。

　　(23) 그가 중간에서 다리를 놓아 물건을 쉽게 팔았다. 他在中间牵线搭桥，所以东西很快就卖掉了。
　　(24) a. 가교 공사 架桥工程
　　　　 b. 사랑의 가교 爱情之桥
　　　　 c. 민간인들의 왕래가 가교가 되어 정식 외교 관계가 수립되었다. 民间人士的交流为建立正式的外交关系起了牵线搭桥的作用。

　　"다리를 잇다" 指将断了的关系重新连起来，使交流，如(25)，汉语也可以用 "断桥"。"다리(를) 건너다[넘다]" 指话或东西等通过某个人传给另外的人，如(26)。而 "한 다리를 건너다" 比喻隔了一层关系，如(27)。这两个惯用语无法与汉语 "桥" 对应。

　　(25) 남북 간에 끊어진 다리를 잇는 일이 시급하다. 现在当务之急是将南北之间的 "断桥" 接起来。
　　(26) a. 물건은 여러 다리 건너서 내 손에 들어왔다. 东西经好几个人的手才到了我手上。
　　　　 b. 말이라는 게 이 사람 저 사람 다리를 넘어서 오면 부풀려지기 마련이다. 话这个东西你传我我传你，肯

定会越来越夸张。

(27) 신전무나 영화는 재민이한테 한 다리 건넜지만 너나 도훈이, 나는 엄마, 아빠, 할머니잖아?《아임 쏘리 강남구, 93회》申专务、英华和在民差一层关系，但你、道训还有我可是他的妈妈、爸爸和奶奶。

由于桥下是比较安静、幽远的地方，所以有了俗语"다리 아래서 원을 꾸짖는다、다리 밑에서 욕하기、다릿목 아래서 원 꾸짖기"，比喻无法把话讲在当面而在听不见的地方发牢骚、骂人。

码头在韩国语里多用固有词"나루、나루터"，汉字词"도구(渡口)"用的不多。码头的作用就是为了上船方便，如果舍弃码头登船，就成了舍近求远，韩国语里用俗语"나루 건너 배 타기"来表达，此外，如果不经过码头，也上不了船，所以这个俗语还比喻做事不能违背一定的顺序，类似的还有"내 건너 배 타기"。

在航行中，很重要的一个设施就是灯塔，韩国语多用汉字词"등대(燈臺)"，有时也用"광탑(光塔)"。此外，"등대"还比喻给他人指明前进道路的人或事实，汉语多用"灯塔"。

4.3 步行

韩国语里步行称作"행보(行步)"，如(28a)；也指走着去某个目的地；也指朝某个目标前进，如(28b-e)。汉语"行步"一般多用于具体意义，所以与"행보"对应的多是"行为、行径、目标、行动"等。用于此比喻意义时，还有近义词"항해"；有时也指去某

个目的地经商。

(28) a. 행보가 더디다 行步缓慢

    b. 김 실장이 관례를 깬 행보를 보인 셈이다.《조세일보, 2018.03.27》这等于告诉大家赵室长的行为已经打破了惯例。

    c. 한혜린, 본격 악녀행보?《시크뉴스, 2018.03.27》韩慧琳，正式开始恶女行径？

    d. 그들은 정치 노선과 행보를 달리 해 왔다. 他们的政治路线和目标不同。

    e. 이런 행보는 스스로 경제철학 부재를 고백하는 것이 아닌지요. 这种行动不是在告白自己没有经济哲学吗？

与走路有关，汉语多用"举步维艰"指行走困难行动不方便，形容处境或行动十分艰难。韩国语里类似的有"파행(跛行)"，指歪歪扭扭地走，也可比喻事情或计划等进展不顺利，朝着奇怪的方向发展，如(29)。

(29) a. 파행 국회 瘸腿的国会

    b. 파행 은행 瘸腿的银行

    c. 장관 후보자에 대한 국회 인사청문회는 오전 파행을 겪었다.《동아일보, 2017.06.15》国会上午举行的长官候选人人事听证会出现了问题。

4.4 骑行

过去用于骑行的动物主要是马，虽然有时也会骑毛驴，但毛驴脚力不行，所以使用范围不如马。

4.4.1 驿马与爱马

驿马是过去的一种交通工具。韩国语里驿马有"역말(驛-)、역마(驛馬)"两个表达，前一个是混合汉字词，后一个是汉字词。

韩国作家김동리(金东里)在短篇小说《역마(驛馬)》中，讲述了一个安稳不下来，到处奔波的儿子与其母亲顺应命运的故事。这篇小说的题目影射了剧中人物的形象。因为驿马的特点就是从这个驿站跑到下一个驿站，总是奔波不停。韩国语因此还产生了词语"역마살(驛-煞)"，指奔波不停的命运，如(30)。此外，还有"역마직성(驛馬直星)"指总是忙忙碌碌不停歇的人，如(31)。

(30) 개나 고양이나 바깥 세상을 구경하고 들어오면 자주 나가려고 그런다. 그 바람 들면 안 되는데 그 녀석 사적 문제 있어? 역말살은 없어?《그래 그런 거야, 40회》就是小狗小猫出趟门看了外面的风景后，也总是想往外跑。如果这样上了瘾就不好了，那小子私下里有问题吗？没有有空就往外跑的毛病吧？

(31) 이름난 역마직성이었던 그는 이제 착실하게 고향에서 농사를 짓고 있다. 那个闻名乡里的"忙碌哥"现在正在农村踏踏实实地务农。

驿马在韩国语里还称作"파발마(擺撥馬)、전마(傳馬)",其中"파발마"也可用来嘲笑急匆匆逃走的人,与此相关有俗语"먹기는 파발[발장]이 먹고 뛰기는 역마[파발마]가 뛴다",意思是吃东西的人是驿夫,但跑路的却是驿马,比喻真正出力的人反而得不到的报酬却被别人得到了。

韩国语里称自己喜爱的马为"애마(愛馬)",也称作"애기(愛騎)",虽然现代交通工具中已没有了马,但很多人将自己最喜欢的交通工具称作爱马。

4.4.2 马的装备

马的装备主要有笼头、马嚼子、轭头、缰绳、鞭子、马刺、马鞍子、马镫、马掌等,此外还有拴马的马橛子,这些物品以及相关表达都产生了比喻意义。

图1-3 笼头、马嚼子、轭头,图片来自《표준국어대사전》

4.4.2.1 笼头

韩国语里笼头为"굴레"(上图1),也比喻束缚,如(32)。汉字词"기반(羈絆)"也有具体和抽象两个意义。但用于惯用语和俗语

的是固有词"굴레",并且惯用语和俗语用的都是"굴레"的比喻意义,因为在现代社会,与马相关的具体事物已经很少见。

(32) a. 삶의 굴레 生活的束缚

b. 언제까지 어머니의 굴레 속에 갇혀 있어야 하는 건지 모르겠습니다.《옥중화, 25회》我不知道还要被母亲束缚多久?

惯用语"굴레(를) 쓰다"指被事情或束缚所牵绊,无法摆脱,而"굴레(를) 씌우다"是使动形式,比喻束缚某人使不能自由行动,而"굴레(를) 벗다"比喻摆脱束缚或管制可以自由行动,如(33)。

(33) 복수의 굴레에서 벗어나 잠시간의 평화를 찾은 듯 보였지만…《포모스, 2018.03.20》虽然摆脱了报仇的羁绊,得到了短暂的和平……

名词形式的"굴레 쓴 말"意思是套了笼头的马,比喻被事情或束缚所累的人。反义结构的"굴레 벗은 말[망아지/송아지]"有两种意义,第一个意义指行动粗鲁的人,如(34a);第二个意义比喻摆脱束缚或管制,身体恢复自由,如(34b)。类似的还有"고삐 놓은 [없는/풀린] 말[망아지]"。

(34) a. 그 아이는 굴레 벗은 망아지처럼 철이 없이 내 속을 썩인다. 那孩子就是脱缰的马驹子,一点也不懂事,总是让我操心。

b. 그는 경찰서에서 풀려나오자 굴레 벗은 말이 된 듯한 기분이었다. 从警察局放出来之后，他的心情就像脱了缰的野马。

4.4.2.2 马嚼子

马嚼子指连着缰绳套在马嘴巴上的金属部分(上图2)，可用来防止马咬人，也可用来控制马匹的活动，骑手一拉缰绳，马嚼子就被拉进马嘴巴里，骑手就这样来控制马匹的行进速度或者让马停步。韩国语里马嚼子称作"재갈"，也指为了不让出声音或说话而给人塞到嘴里的东西，惯用语"재갈(을) 먹이다"指给马嘴里戴上马嚼子，也指封口使不能说话或发声，俗语"재갈 먹인 말 같다"比喻说不出话来。

马嚼子在韩国语里还有汉字词"마함(馬銜)、함륵(銜勒)"，但都没有比喻意义。与马嚼子有关，汉语还有"镳"，有成语"分道扬镳"，相当于韩国语的"갈라서다"。

4.4.2.3 轭头

在过去马与牛一样都被用作交通或农耕工具，让马、牛拉车或耕地时要在它们的脖子上套上"轭头"，韩国语称作"멍에"，惯用语"멍에(를) 메다[쓰다]"比喻受束缚，无法自由行动。汉语"轭头"一般不用于比喻，与韩国语对应的多是"枷锁"，如(35a)；有时根据搭配还可对应"帽子"，如(35b)；有时可直接译成"原因"，如(35c)。

(35) a. 그녀에게 씌어진 멍에(?)는 좀처럼 벗겨지지 않는

다.《부산일보, 2005.07.28》套在她头上的枷锁一点
也没有摆脱掉。

b. 패전의 멍에를 썼다.《OSEN, 2009.12.18》被戴上
了败军之将的帽子。

c. 우리 할아버님 세대는 식민지 백성이라는 멍에를 메
고 고통 속에서 사셨다. 我爷爷那代人戴着殖民地百
姓的枷锁/因为是殖民地百姓的原因, 活得痛苦不
堪。

　　韩国语还有俗语"보지 못하는 소 멍에가 아홉", 意思是给
盲牛带了九个轭头, 比喻给没能力的人一大堆的责任, 让其不堪重
负。汉语类似的有"一牛九锁", 比喻无法解脱。

4.4.2.4 缰绳

　　韩国语里缰绳为"고삐", 本身没有比喻意义, 但有很多惯用
语, 这些惯用语有三种类型, 一种是抓紧缰绳, 一种是松开缰绳,
另外一种与缰绳的长短有关。

　　先看第一种类型, "고삐를 조이다/죄다"指收紧缰绳, 意为使
事态处于紧张状态。"고삐를 채다[잡아채다]"更近一步, 指突然收
紧缰绳, 意为督促着使事情维持紧张状态, 如(36)。"고삐를 틀어쥐
다"指紧紧抓住缰绳, 意为掌控某事使能动地、有力地往前推进,
如(37)。

(36) 이 시점에서 고삐를 잡아채야 승리를 할 수 있다. 这个
时候要"紧握缰绳"才能取得胜利。

(37) 이 일은 지금 고삐를 틀어줘어야 그들에게 큰소리를 칠
수 있다. 这件事现在得"抓住缰绳"，才能压住他们。

如上，这些惯用语汉语可以直译为"勒紧缰绳、紧握缰绳、抓住缰绳"等，但一般要加引号，以示是特殊用法。因为汉语里与缰绳有关，双音节的"脱缰"用的最频繁，是正常用法。

再看第二种类型，"고삐를 늦추다"指放松缰绳，意为使警戒心或紧张感放松，如(38a)，汉语用抽象词"放缓"；"고삐(가) 풀리다"指不受束缚或管制，如(38b)，汉语用"脱缰的野马"；名词形式的"고삐 놓은[없는/풀린] 말[망아지]"与"굴레 벗은 말[망아지/송아지]"同义。

(38) a. 적군은 추격의 고삐를 늦추지 않았다. 敌军没有放缓
追击。
b. 여름 방학이 되자 고삐가 풀린 아이들은 끼니도 잊은
채 산으로 놀러 다녔다.一放暑假，孩子们就像脱缰的
野马到山上去玩，连饭都顾不上吃。

再看最后一种类型，"고삐가 길면 밟힌다"与"꼬리가 길면 밟힌다"同义，意为尾巴长了肯定会露出来。
与缰绳有关，韩国语还有汉字词"농락(籠絡)"，指鸟笼与缰绳，比喻用巧妙的伎俩控制别人，并随心所欲地摆弄或利用。汉语"笼络"多用于主动句，且后面的宾语多是人，而不是抽象的事物，因此(39a)中"국정 농락"对应的是"对国政的掌控"。(39cd)因是被动意义，需要译成"操纵"。

(39) a. 대통령 주변과 최순실의 국정 농락《조선닷컴,
2016.11.07》总统亲信和崔顺实对国政的掌控

b. 농락을 부리다 笼络

c. 농락에 놀아나다 受人操纵

d. 농락을 당하다 被操纵

笼头与缰绳合称"기미(羈縻/羈縻)"，比喻束缚或牵制。

4.4.2.5 鞭子

韩国语里鞭子为"채찍、채、편초(鞭鞘)"，惯用语"채찍을 가
하다"指给予忠告和激励，如(40)，汉语用"鞭策"。韩国语里有时
还用"당근과 채찍"比喻怀柔与威胁。

(40) 나는 선생님의 모습을 떠올리면서 나 자신에게 채찍을
가했다. 我一边回忆老师的模样，一边鞭策自己。

与"채찍"有关，还有"채찍질"，指抽鞭子，也比喻催赶、
督促或者鼓励、激励，有时与汉语"鞭策"对应，如(41a)；但汉语
"鞭策"后面只能带"人"作宾语，所以(41b)对应"剖析错误"。与
"채찍질"近义的还有"채질"，也比喻用东西责打，如(42)，汉语
一般用"棍棒"，因为汉语"棍棒教育"是惯用结构。

(41) a. 앞으로도 방황하는 이들에게 도움이 되고 채찍질이
되는 글 많이 부탁드립니다. 希望今后您也多写一些
对这些彷徨的人有用的、起鞭策作用的文章。

b. 그는 자신의 잘못에 대해 스스로 채찍질을 가했다.
他自觉剖析了自己的错误。

(42) 채질로 아이들을 다스리려 해서는 안 된다. 不能用棍棒
教育孩子。

4.4.2.6 马刺

马刺韩国语为"박차(拍車)",指骑马时穿的马靴的后跟上铁制
的齿轮,用来踢马肚子使其快跑,如(43a);"박차"还指促进事情发
展的力量,如(43bc)。

(43) a. 말에 박차를 가하다 两脚一夹马肚子
b. 기술 개발에 박차를 가하다. 为技术开发加力/助力
c. 우리 병원은 이젠 새롭게 다시 시작합니다. 노인건강
센터 건립 추진에 박차를 가해 21세기 미래형 병원으
로 도약합시다.《닥터스, 13회》我们医院要开始新
的发展。要加快老人健康中心的建立,尽快成长为
21世纪未来指向性医院。

译成汉语时虽然不能用"刺激",但是汉语"刺激"也是用
"刺"这种动作来表达对他人的激励,只不过与韩国语的搭配对象
不同而已,汉语"刺激"多用于人,而韩国语"박차를 가하다"多
用于抽象事物。

这种用刺激性动作来表达抽象意义的现象不仅存在于韩国语
中,还存在于很多其他语言中。例如,英语中的stimulus(刺激)来自
拉丁语,本意是赶牲畜用的刺棒,spur(刺激)源自本意"踢马刺、靴

刺、用踢马刺催促"等意义(伍铁平 2011/2015:113)。

4.4.2.7 马鞍子

骑马需要马鞍子,韩国语为"안장(鞍裝)、마안(馬鞍)、반타(盤陀)、안자(鞍子)"等,其中语用频率最高的是"안장","안장"还指自行车等上面人坐的地方,汉语多用"车座、座子"。

"안장"还有一种是"길마",指为驮运行李而放在牛或马身上的驮子,俗语有"길마 무거워 소 드러누울까",意思是驮子不会把牛压趴下的,比喻无谓地担心无需担心的事情,也用来劝说不要担心自己没有能力做某事。此外,还有"사나운 말에는 특별한 길마지운다",意思是性情暴烈的马会被套上和其他马不同的驮子,并被好好地管教,比喻人如果性格粗鲁,行为凶恶的话,会受到相应的特别制裁。

与"길마"有关,还有俗语"두 길마(를)[길(을)] 보다",意思是如果一方出现问题就会于己不利,所以为避免出现这种情况而脚踏两只船。

4.4.2.8 马镫

骑马时还有马镫,马镫是中国人发明的,西方人管这东西叫"中国靴"(马未都 2017(2):175)。马镫韩国语为"등자(鐙子)、말등자(-鐙子)、발걸이",此外,"등자"还指为防止雪天或上下山时发滑而在鞋跟上钉上钉子的木屐,用于此意时相当于"사갈"。

因为马镫的平面是三角形模样的,所以惯用语"등자(를) 치다"指在文章的开头画"△"标志,表示某文章校对的结果是正确的,如(44)。

(44) 그는 등자를 치면서 꼼꼼히 교정을 보았다. 他一边画三
角一边仔细地进行校对。

4.4.2.9 马掌

马一般要钉马掌，马掌称作"대갈(代葛)"，之所以有这样的
称呼，是因为韩国人过去是给马的脚上缠葛藤，自从开始给马钉铁
质的马掌，这种新型的东西就成了葛藤的代用品，所以被叫作"대
갈"，即代替葛藤的东西。[02]

钉马掌的工具称作"대갈마치"，这种工具还用来比喻经历了各
种风霜而变得非常老练的人，如(45)。此外还有俗语"다 닳은 대갈
마치라"，意思是敲打了多次而破旧不堪的马掌锤子，比喻经历了世
间风霜而内心坚强、老练的人。

(45) 십 년이나 두드려 먹은 목탁처럼 빤질빤질하게 닳아서
대갈마치가 다 된 서울 청년…. 《심훈, 영원의 미소》
就像被敲打了十数年的木鱼，变得又老练又圆滑的首
尔青年……

4.4.2.10 马橛子

因为过去马是非常普遍的军事、交通、运输工具，所以到处都
会有马橛子用来拴马。韩国语马橛子称作"말뚝"。以前在马市场兴
盛的时候，有一些中间商，不出任何本钱，靠帮忙拉客赚钱，这些

---

02   이유원，〈마착철 馬着鐵〉，《임하필기 林下筆記》권 20. (转引自강명관 2010/2011(1)
:134)

人被称作"말뚝 베끼기(抄写)",因为他们干的活就是把马橛子挪个地方来挣钱,就像抄写、誊写东西一样。

与马橛子有关,惯用语"말뚝(을) 박다"字面意义为长期占有某种地位,如(46ab);也可用来俗指义务兵结束服役期限后继续留在部队,转成职业军人,如(46c)。

(46) a. 선배 같은 사람이 높은 자리에 말뚝을 박고 있으니 우리 같은 후배들이야 어디 진급하기가 쉽겠어요. 像您这样早进来的人像马橛子一样占着那些官位,我们这些晚来的人怎么可能往上升啊?

b. 시한부든 말뚝 박든 너하고 상관 없지 않니?《빛나라 은수, 35회》不管是有期限,还是在这儿扎根,与你有什么关系啊?

c. 영만이는 말뚝 박고 군대 생활을 할 셈인지 제대할 생각을 않고 있다던 것이었다.《한승원, 앞산도 첩첩하고》英万好像要扎根军队了,他没有退伍的想法。

有时"말뚝(을) 박다"也可用于一般人,如电视剧《빛나라 은수, 21회》中,当看到饭店的一个老员工多年后仍然还留在店里,所以就有了下面的对话:

(47) 윤순정: 아주마! 아직도 여기서 일해요? 大姐,你还在这儿工作啊?
직원: 군대를 치면 말뚝 박지. 뭐.《빛나라 은수, 21회》相当于军队的职业军人了。

"말뚝을 박다"也多用来比喻欺负人，如俗语"만만한 데 말뚝 박는다"，比喻歧视、欺负没有能力或者势力的人。有时还会往南瓜上砸马橛子，如"자라나는 호박에 말뚝 박는다、호박에 말뚝 박기；有时还往地上砸马橛子，如"무른 땅에 말뚝 박기、마른땅에 말뚝 박기"。与砸马橛子相关的还有"귀에다 말뚝을 박았나"，比喻听不懂话。

4.4.3 骑马

马在过去主要用于军事、交通运输。与马有关的动作有"骑马"，韩国语为"기마"，没有比喻意义。骑马之后就要出马，韩国语为"출마(出馬)"，本意为骑马出去，现在指参加选举，也比喻参与某事。反义词是"불출마하다"。

正因为骑马是过去常见的行为，所以出现了一些俗语，如"말 태우고 버선 깁는다、가마 타고 옷고름 단다"意思是骑着马缝袜子或者缝衣服领子，比喻不提前准备，到了有用之时才匆匆忙忙地做。

马跑起来也有筋疲力尽的时候，所以过去就有了驿站，韩国语称作"역참(驛站)"，其中重要功能之一就是为人提供更换的马匹。从一个驿站到下一个驿站之间的距离称作"한참"，也用来指跑完这段路程所需的时间，之后又发展成了副词，指很长一段时间或超过一定时间、分量或程度的。不仅如此，与站有关的"참06(站)"也发展成了时间名词"참03"（최창렬 2006:130），虽然《표준국어대사전》将两者标注成了同音异义词，但两者是同源关系。

与更换马匹有关，韩国语有惯用语"말을 바꾸어 타다"，发展

到现代社会，已经不再指换马，而指变更人或事物等，如(48)。相反的表达是"역말도 갈아타면 낫다、역마도 갈아타면 좋다"，意思是不要一直只干一件事，到中途可以换一下别的事情，那么就不会厌烦；也可比喻不管是什么如果不合适可以换一下其他的。

(48) 그는 한번 시작한 일은 마무리될 때까지 말을 바꾸어
     타지 않는다. 只要开始的事情，一直到干完，他不会
     换的。

骑马时不小心就会落马，韩国语为"낙마(落馬)"，虽然词典上没有标出其比喻意义，但实际生活中却经常用来比喻失败，与汉语"落马"意义相同。

与马有关还有马力，韩国语称作"마력(馬力)"，但"마력"中"马"的具体意义现在已经消失，完全变成了一种单位名词，相当于746瓦的电能。这也是语言落后于文化的一种表现。

4.5 乘车

乘车主要涉及车的类型、车的构造与运转、交通管理、交通事故以及司机。

4.5.1 车的类型

4.5.1.1 地排车

地排车是过去一种主要的运输工具，可以用来拉人或拉货。虽然中韩两国都有这种地排车文化，地排车的特点也具有世界共性，但中国人却没有关注到这种工具。相反，韩国人却非常关注地排车，因此产生了一系列的俗语，如下表所示：

	俗语	意义
	[表2] "수레"的俗语	
1	빈 수레가 더 요란하다	比喻肚子里没有东西的人话更多。
2	마루 넘은 수레 내려가기	过了坡顶的车开始下坡，比喻事物的进展迅速或形式快得让人把持不住。
3	수레 위에서 이를 간다	被放在已经出发的地排车上咬着牙埋怨，比喻事过之后的埋怨。

如上，这三个俗语都与日常生活经验有关，地排车如果不拉东西走动起来声音非常大，所以有了第1个俗语，虽然可以直译为"空车更响"，但汉语一般用"半瓶醋乱晃荡"，如(49)。

第2个俗语与拉车上下坡的常识有关，韩国人借这种常识来比喻事物发展迅速。第3个俗语也与地排车出发有关，韩国人将地排车与"咬牙"这种人体语言相结合比喻埋怨的心情。这都具有韩国的文化特色。

(49) 빈 수레가 더 요란한다는 말이 있습니다. 조만간 결과물
　　이 나오지 않으면 아무것도 안 한 겁니다.《사랑은 방울

방울, 36회》都说"空车更响"/没本事的人才瞎吆喝/半
瓶子醋乱晃荡，如果出不了成果，那就和没做一样。

"수레"还有下义词"달구지、우마차、마소수레、마차"
等，这些逐渐退出了历史舞台，但在小说里还能看到。马车中还有
"쌍두마차(雙頭馬車)、양두마차(兩頭馬車)、탠덤(tandem)"，其
中"쌍두마차"可以比喻作为某个领域中坚力量的两个人或事物，
如(50)。相反，汉语多以"三驾马车"来比喻起重要作用的人或事
物，如(51)，有时也用"三套马车"，与"两"结合的"两驾马车、
两套马车"出现较少。

(50) 기대를 모았던 여자 쇼트트랙 '쌍두마차' 최민정과 심석
희는 메달 획득에 실패했다.《동아일보, 2018.02.23》
被寄予厚望的女子短道速滑的"两驾马车"——崔敏
静、沈锡熙没有获得奖牌。
(51) 国家财政"三驾马车"

4.5.1.2 汽车、火车、货车

现代社会的日常交通中最普遍、最贴近百姓生活的应该是公共
汽车、火车、货车等。

首先，公交车在韩国语里都是外来语，由此可见，这种交通形
式是西方的产物。公共汽车中大型公交车为"버스(bus)"，小型公交
车为"옴니버스(omnibus)"，后者也可用于其他领域，指电影或演剧
的一种形式，一般指广播节目或综合节目，叫作"옴니버스 연극/드
라마"。此外，"옴니버스"还俗指有多个姘头的妓女。汉语网络小说

中常用"公交车"来俗指异性关系复杂的女性。

其次，韩国人更关注这些交通工具驶离车站出发后的那种场景，因为这些场景更容易诱发韩国人产生落寞的情感，所以在韩国语里汽车、火车(包括高速火车KTX)多用来表达离别、分手、为时已晚、后悔等消极意义。

其中，公交车出发走了叫作"버스 떠났다"，多比喻为时已晚，请看电视剧的对话：

(52) 남은정: 애들 돌반지 훔쳐간 것, 그것 내놓으세요. 您把孩子们的周岁戒指偷走了，交出来吧。

나노라: 버스 떠났어요. 已经晚了。

남은정: 팔아먹었어요?《폼나게 살 거야, 8회》叫你卖了？

(53) 허세달: 후회한대? 他说后悔？

왕광박: 예. 嗯。

허세달: 이미 버스 떠났다 그래!《왕가네 식구들, 17회》你就和他说"已经晚了！"

(52)对话中남은정让나노라把偷走的东西交出来，但나노라说"버스 떠났어"，意为不在自己手里，已经卖了。(53)中허세달要与왕호박离婚，小姨子왕광박找姐夫替姐姐求情，最后허세달说了一句话"이미 버스 떠났다"，意思是现在后悔已经晚了。

此外，"버스 떠났다"还指恋人分手，如(54)。

(54) 그만해. 버스 떠났어. 남자 입에서 돈 애기 나오면 다 끝난 거야.《천상의 약속, 23회》都算了吧。已经结束

了。只要男人提到钱，那就是结束了。

不仅公交车可以表达"为时已晚"或"分手"之意，"기차(汽車)"，即火车，也有此用法，如(55a)。韩国的高速列车称作"KTX"，有时也用于比喻，如(55b)，汉语可译成"高速列车"或"高铁"。

(55) a. 누가 미리 알려줬으면 덜 까불었을 텐데. 어쩌나? 기
　　　 차 떠났네.《사랑이 오네요, 10회》如果有谁提前告
　　　 诉你的话，你就不会这么嚣张了。但是怎么办呢？
　　　 后悔已经晚了。
　　 b. 사랑의 유효기간은 삼 개월이잖아.니들 삼 개월 됐잖
　　　 아? 이걸 잘 넘겨야 한다. 안 그러면 너네 이별에 가
　　　 는 KTX다.《푸른 바다의 전설, 14회》不是说爱情
　　　 有效期为3个月嘛。你们不已经到三个月了啊？要
　　　 好好地度过这个时期啊。否则，你们就会踏上离别
　　　 的高速列车/高铁。

如上，韩国人通过交通手段的驶离所表现出的这种对离别、分手等的慨叹心理其实也是一种民族心理的反映。作为一个从农耕社会发展起来的民族，安居已经渗入骨子里，又因为韩国人历史上饱受战乱与离别之苦，所以对离别有无意识的抗拒，而这种思想也反映在了语言上，这也反映了韩国人重感情的性格。但中国人一般没有这种表达方式，而是多用直抒性的表达，如"晚了、结束了"。因为汉语里多利用交通手段的到站(如"船到码头车到站")来比喻事情成功、完成了，可以歇歇脚了等意义，所以没有伤感之意，反而含

有功成名就的满足感。这反映了中韩两国人不同的观察视角和情感认知。

不过有时中韩文化也表现出一定的共性。韩国语里火车头称作"기관차(機關車)"，比喻推动某件事前进的原动力或者具有这种力量的存在，如(56)。汉语"火车头"也有类似的比喻意义。[03]

(56) 그 신문은 민주화와 통일을 위한 변화의 기관차 구실을
해 왔다. 那家报纸是实现民主化和统一路上的火车头。

韩国语货车为外来语"트럭"，本身没有比喻意义，但可比喻数量多，如(57)。汉语有时也用"车"来比喻多。但汉语的"两车话"和"学富五车"中的车指的不是卡车而是古代的畜力车。

(57) 나야, 아저씨 같은 사람 트럭씩 갖다줘도 싫어요.《우
리집 꿀단지, 72회》像大叔这样的人，就是拉一卡车
来，我也不要。

4.5.1.3 前车、后车、末班车

随着公交车、长途汽车、火车等现代交通手段的出现，韩国语里也出现了"앞차、뒤차、막차"等表达，日常生活中有时用来比喻人，如(58a)。"막차"多用于惯用语"막차를 타다"中，指在结束之际赶上，如(58b)。

03　与火车有关，汉语还有"满嘴跑火车"形容一个人讲话特别有技术，振振有词，侃侃而谈，能把黑的说成白的，死的说成活的，有理的说成没理的，擅于蛊惑人心(百度百科)。

(58) a. 앞차가 가야 뒤차 가죠. 팀장님이 본부장 되고 나는
팀장 자리에 앉고.《아이가 다섯, 27회》前面的车走
了，后面的车才能走啊。系长你成本部长后，我就
做系长的交椅。
b. 이제 인생 막차 탔네. 안됐구만요.《최고의 연인, 69
회》现在你遭遇了人生末班车/完了。也真够可怜
的。

　　如上，韩国人用车来比喻人，并且还用"앞차、막차"作对
比，而前后本身反映的就是一种秩序和竞争，因为只有前面的车走
了，后面的车才能上来。此外，末班车隐含的是不会再有车来，即
不会再有机会，所以"막차"的隐含意义是"完了、没有机会了"。
正因为"막차"有这种消极意义，所以韩国人才将逆境看作"놓치
면 끝나는 막차 错过了就全完了的末班车"，韩国政治界则有"막
차이즘 末班车主义"(이규태 1983/2011(4)：143)，而韩国人的这
种"末班车"思想反映在生活中就是行色匆匆，害怕落后(이규태
1983/2011(4)：62，64)。如果再继续延伸，那就是危机意识和过度竞
争，带来的就是性格的压抑。汉语也有"末班车"思想，但更强调
"最后的机会"之意，而不是"之后没机会了"之意。

4.5.2 车的构造与运转

4.5.2.1 车轮、轮胎
车轮称作"바퀴"，过去的地排车车轮称作"수레바퀴"，车轮

这种圆形的东西在神话思维里被认同于太阳，在抽象思维时代成为一种跨文化符号。在日常生活中车轮和"바퀴"也用来做比喻，如"不能倒转历史的车轮"和"역사의 수레바퀴를 뒤로 돌릴 수 없다"。

车轮的声音也被用来作比喻，因为以前的木质车轮或地排车车轮等因为构造的原因会发出吱吱的声响，李商隐的《无题》中有"车走雷声语未通"，说明声音很大，这种声音称作"알력(軋轢)"，是汉字词，可比喻意见互相不一致而关系不好或者起冲突，这是用声音来比喻抽象的人际关系，但现代汉语里"轧轹"用的不多，经常用的是"倾轧"。汉语类似的俗语有"最坏的车轮，声最响"。

随着现代汽车交通的发展，很多汽车用语开始进入日常生活并被用来作比喻，例如汉语里"备胎"就可以用于"感情备胎、女备胎、男备胎"中，并且已深入人们的日常生活。

4.5.2.2 发动与发动机

汽车的发动机汉语也称作"引擎"，可以比喻网际网络上的一种应用程序，如(59a)；有时也用于其他比喻，如(59b)。也就是说，在汉语里"引擎"的比喻意义主要源于它的功用。

(59) a. 搜索引擎

　　 b. 它在客观上起到促进上海经济发展的"引擎"作用。

　　　《北大中文语料库》

与汉语相反，韩国语里可用于比喻意义的多是与发动机有关的动作以及发动的结果。韩国语里表示发动意义时有两个词，第一个

是汉字词"시동(使動)"，指发电机、电动机、蒸汽机、内燃机等发动起来，如(60a)，汉语用"发动"。"시동"在日常生活中多比喻第一次开始实行，或者使那样，如(60b)，汉语用"开始"。

(60) a. 그는 승용차의 시동을 걸고 출발하였다. 他把汽车发动起来出发了。

b. 박정희 정권은 드라마 통제에도 본격적인 시동을 걸었다.(김환표 2012:76)朴正熙政权正式开始限制电视剧的制作。

"시동을 걸다"的被动形式是"시동이 걸리다"，如(61)，这是一段对话，在최구형的第二句话里用了两次"시동이 안 걸리다"，第一个是具体意义，第二个是用打不着火来比喻自己的人生，使得语言更加有趣，这种用法属于多义双关修辞。

(61) 최소형: 시동이 안 걸리는데 봐줘. 打不着火，你给看一下吧。

최구형: 시동이 안 걸리는 것 나보고 어쩌라구? 보험회사에 연락해. 난 내 인생도 시동이 안 걸린 사람이다. 보다시피.《폼나게 살 거야, 28회》打不着火，叫我怎么办？给保险公司打电话吧。如你所见，我的人生也已经打不着火了。

韩国语还有汉字词"발동(發動)"，其基本义是开始动起来或起作用，如(62a)，无法与汉语"发动"对应；随着现代交通手段的出现"발동"产生了引起动力之意，如(62b)，可与汉语"发动"对应；

"발동"还指公共机关行使法定权限，如(62c)，汉语多用"启用"。

> (62) a. 다 된 사람한테 무슨 허영기 발동하냐?《그래 그
>   런 거야, 32회》都那么大的人了，怎么会有虚荣心
>   啊？
>   b. 차가 너무 낡아서 발동이 잘 걸리지 않는다. 车太破
>   旧了，发动/启动不起来。
>   c. 공권력 발동 启用公权力

　　发动汽车时，由于引擎会发出轰隆隆的声音，所以"发动"还指声音嘈杂的活动或聊天。惯用语"발동을 걸다"指具备做某事的态势或鼓动着做某事，如(63)，汉语"发动"一般适用于较大的范围，且多带宾语，如"发动起义、发动群众"，无法与韩国语"발동"对应。被动形式的"발동이 걸리다"比喻具备做某事的态势，如(64)。

> (63) a. 그가 아직 새로운 사업에 발동을 걸지 않았는지 전혀
>   일이 진행되지 않고 있다. 他好像还没开始着手新的
>   事业，一点也没有工作开始的迹象。
>   b. 그 사람은 무슨 일이든 옆에서 발동을 걸어야 시작한
>   다. 不论什么事，都得有人鼓动，他才干。
> (64) 과장님 다시 발동을 걸리셨나 봐요.《김과장, 18회》我
>   们课长看来又弄出事来了。

4.5.2.3 刹车

要想保证安全，除了要遵守交通规则，车的刹车系统也要灵敏，韩国语里表示刹车有汉字词"제동(制動)"和外来语"브레이크(brake)"，"브레이크"已产生比喻意义。

首先看"제동"，其基本义指刹车，惯用语"제동을 걸다"比喻妨碍事情的进行或使停止，如(65)。与此相关，还有"급제동(急制動)"，指急刹车，也可用来作比喻，如(66)。

(65) 만약 우리 회사 기밀이 유출된 것 확실하다면 상덕
　　　문제를 얘기해서라도 마마스에 제동을 걸어야 하고
　　　요.《사랑이 오네요, 101회》如果确实是我们公司的机
　　　密被泄露了，我们哪怕就是拿商业道德来说事呢，也
　　　要借此来让玛唛斯"刹车"/制止玛唛斯(继续销售)。

(66) 점차 확대할 것으로 예상됐던 원전은 문 대통령의 취임
　　　으로 급제동이 걸렸다.《동아일보, 2017.06.18》本来
　　　预想会逐渐扩大的核电站(建设)随着文总统的就任而
　　　被"急刹车"/受挫。

再看"브레이크"，这个外来语除了指具体的刹车意义外，本身还有了第二个比喻义项，指使某事停下来或使无法进行，如(67a)，句中的"브레이크"表示停止；再如(67b)，这句话中的"브레이크"表示反对。此外还有"브레이크 타임"，此时"브레이크"意为休息。

(67) a. 결혼은 장난이 아니기 때문에 제가 지금 브레이크를
　　　　　거는 게 맞다고 생각합니다.《최고의 연인, 57회》

正因为结婚不是儿戏，所以我认为现在赶快"刹车"
才对。

b. 엄만 너무했어. 다들 결혼을 허락하는데 엄마는 브레
이크를 걸고.《부탁해요 엄마, 9회》妈，你也太过
分了。大家都对我的结婚表示同意了，只有你在这
儿踩"刹车"。

如上，"제동、급제동、브레이크"所表达的意义在汉语里可以
用"刹车"来表达，但一般需要加引号以示是比喻用法。

4.5.2.4 车灯与导航系统

韩国语里车灯为"등(燈)"，警示灯为"비상등(非常燈)"，可
用于比喻，如(68a)。与汽车相关的导航系统为外来语"네비게이션
(navigation)"，由于已经深入人们的生活，所以有时可用于比喻，
如(68b)，在这里，"네이게이션"可以译成汉语"导航仪"。

(68) a. 한국경제에 총체적으로 비상등이 켜졌지만…《동
아일보, 2016.10.12》虽然韩国经济全盘亮起了红
灯……

b. 내 코는 네이게이션이니까.《가족을 지켜라, 73회》
我的鼻子就是导航仪。

4.5.2.5 运转

随着汽车的普及，"운전(運轉)"这个词已成为日常用语，其词
义也在不断演变，"운전"可表达做饭意义，如(69)，汉语一般直接

用"做饭"或用"围着锅台转"。

(69) a. 솥뚜껑 운전조차 힘든데. 연밥도 다 못해.

b. 명동도 한 번 안 나가보고 맨날 집구석에서 솥뚜껑
운전하는 사람이 뭘 알겠어?《왕가네 식구들, 6회》
连明洞都没去过一次，天天在家里围着锅台转的
人，知道什么啊？

开车时司机的位置称作"운전석(運轉席)"，坐在这里的人将
会掌控整个车行方向，所以"운전석에 앉다"可以比喻起主导、核
心作用，如(70)。汉语"驾驶座"没有类似的比喻意义，但"方向
盘"可以表达类似意义。

(70) 그러면서도 북핵 문제의 운전석에 앉겠다는 의지를 재
차 드러냈다.《동아일보, 2017.08.16》(文在寅总统)同
时还反复表达了自己强烈的意志，那就是：(韩国)在
朝鲜核武器问题上要"掌控方向盘"。

4.5.3 交通管理与设施
交通管理可以依靠信号系统、具体的交通疏导。

4.5.3.1 信号系统
外出时遵守交通规则是常识，交通规则之一就是遵守交通信
号，韩国语为"신호등(信號燈)"，信号灯还分红灯和绿灯，韩国语

363

红灯为"적신호(赤信號)、빨간불",除了作交通用语外,还比喻告知危险的各种征兆,如(71),汉语一般用"亮起红灯"。

(71) a. 고혈압은 건강의 적신호이다. 高血压意味着健康亮起了红灯。

b. 앞으로의 조사에도 적신호가 켜진 모양새다. 《뉴스컬처, 2018.03.26》将来的调查也亮起了红灯。

反过来,"청신호(青信號)、파란불、초록불(草綠-)"除了作交通用语,还比喻告知某事将来进展顺利的征兆,如(72)。汉语有时用"绿灯",但有时也多用"吉兆、好兆头、好转"等。

(72) a. 모든 사업이 그렇듯이 항상 청신호가 켜질 수는 없다. 所有的事业都一样,不可能一直是绿灯。

b. 오늘의 승리로 결승 진출에 파란불이 켜졌다. 今天的胜利为他进入决赛亮起了绿灯。

c. 문제 해결의 청신호 问题解决的吉兆

d. 어쩐지 공부의 청신호처럼 느껴지기 때문이다. 《동아일보, 2017.02.01》因为这说不定会让人感觉到这是他喜欢学习的好兆头。

e. 대우건설의 올해 실적에 '초록불'이 켜질 것으로 보인다. 《글로벌이코노믹, 2018.02.06》大宇建设今年的业绩有可能好转。

4.5.3.2 交通疏导

韩国语里交通疏导称作"교통정리(交通整理)",除了用作交通用语,还可用于其他比喻意义:首先,比喻解决工作或会议过程中产生的纷争,但属于比较通俗的用法,如(73)。

(73) a. 학생들이 싸우고 있으니 선생님이 가서 교통정리 좀
　　　 하세요. 学生们在打架,老师您去管一管吧。
　　b. 웬걸요. 사모님 인생 깔끔하게 교통정리시켰다고 오
　　　 히려 속시원해하세요.《밥상 차리는 남자, 18회》哪
　　　 有那回事啊。(别说生气了)她说因为把老板娘您人
　　　 生的障碍物清除了,所以心里很舒坦呢。

其次,比喻男人处理母亲和媳妇之间的关系,如:

(74) 최신형: 우리 엄마는 그런 사람인 걸 몰랐어. 왜 안했던
　　　　　 짓을 하시냐? 我不知道我妈原来是这样的人。
　　　　　 她怎么干一些不像自己的事啊?
　　연구중: 중간에서 교통정리는 잘 해야겠다.《폼나게 살
　　　　　 거야, 5회》你在中间可要把关系处理好啊。

上面的对话是최신형与女朋友拜见自己母亲后的感想,而朋友연구중对他说的话,是让他在女朋友和母亲之间好好地把关系处理好。

第三,有时也用来指处理男女朋友之间的主动权问题,如(75),这里的"교통정리"指的是对主动权的整理。

(75) 어떤 면으로 봐서나 우리 효원이는 갑이고 자네는 을이
야…내가 그렇다면 그런 거야. 내가 교통정리 깨끗하
게 했으니까 이 시간 이후로 질서 흐트러뜨리지 말게.
우리 효원이 자네에게 질질 끌려다니는 게 나 용납 못
해.《월계수 양복점 신사들, 38회》不管从哪一方面来
说，我们孝媛都是甲方，你是乙方……我说是就是。
我已经把你们的关系整理好了，从现在开始不能把这
个秩序搞乱了。我们孝媛被你牵着鼻子走，这绝对不
行。

第四，"교통정리"也可比喻管教，如(76)，这里指的是对儿子
进行管教。

(76) 제발 어머님이 교통정리 좀 잘해주세요. 말년에 멸시
안 당하고 제사밥 제대로 얻어먹으려면 무조건 헌며느
리한테 잘해야 된다고요.《내딸 금사월, 10회》妈，您
一定要好好管教管教他。您要想安享晚年，并且能够
吃上祭祀饭，一定要对我这个旧儿媳妇好啊。

如上，汉语的"交通整理"都没有这些意义，所以译成汉语多
是"管、管教、处理好关系、整理好关系"等。

4.5.4 交通事故

韩国语里交通事故为"교통사고(交通事故)"，韩国人经常用来

比喻爱情，如电视剧《해피시스터즈, 54회》中，当민형주问爱情是怎么开始的，차도훈答到：

(77) 교통사고처럼 갑자기 불연듯. 就像交通事故一样，突然、无意间发生的。

交通事故经常会出现撞车事故，韩国语用动词"부딪치다"，与汉语"撞车"都比喻互相起冲突。有时车事故还可能是爆胎，韩国语用外来语"펑크(puncture)"表达，这个词语义非常丰富，可以用于基本义，如(78ab)；也可指衣服、袜子等破了洞，或那样的洞，如(78c)；也比喻事情在中途出现问题，如(78de)；还比喻得到的学分不到及格的标准，如(78f)。汉语"爆胎"多用于基本义，其他意义需要根据语境意译。

(78) a. 펑크를 때우다 补窟窿
　　 b. 타이어에 펑크가 나다 轮胎爆了
　　 c. 양말에 펑크가 나다 袜子破了洞[04]
　　 d. 이 번에 도대체 몇 번째 펑크입니까?《전생에 웬수들, 15회》这到底是第几次被放鸽子了？
　　 e. 이러다가 우리 작품 또 펑크나게 생겼어요.《아버님, 제가 모실게요, 41회》这样下去，我们的作品又该完蛋了。
　　 f. 그 과목은 저번 학기에도 펑크를 냈던 과목이다. 这门课上学期也挂科了。

04　用于此意时，还有日语外来词"빵꾸(panku)"。

如果是火车或电车，则有可能出现轮子脱离轨道的情况，韩国称作"탈선(脱線)"，如(79a)；还比喻言语或行动等朝着不对的方向发展，如(79bc)，汉语多用"走上弯路"；也指陷入与目的地无关的其他路径。汉语"脱线"没有比喻意义，并且用的不多，一般多用"脱轨、出轨"，并且"出轨"多指出现外遇。"越轨"比喻超越规范。

(79) a. 탈선 사고 脱线/脱轨事故

　　 b. 탈선을 막다/방지하다 防止/阻止走上弯路

　　 c. 탈선을 부추기다/조장하다 引诱别人走上弯路

4.5.5 司机

韩国语里司机为"운전기사(運轉技士)"，并没有比喻意义，不过汉语"老司机"有比喻意义，指老江湖。

作为司机来说，其中有一忌就是开着车门就出发了，对此，韩国语有专门的表达"개문발차"，这是汉字词"개문(開門)"与"발차(發車)"结合形成的合成词，如(80)。

(80) 더불어민주당 우원식 원내대표가 '자유한국당이 워낙 반대를 해서 합의문에는 넣지 못했지만 국회에서 개문 발차해서 추경 논의를 시작할 테니 걱정 말고 잘 다녀 오시라'고 덕담을 건넸다.《동아일보, 2017.06.29》韩 国共同民主党院内代表[05]禹元植(音译)说道："虽然因

05　원내대표(院内代表, Floor leader)란 기존에 원내총무로 불렸던 국회 교섭단체를

为自由韩国党强烈反对所以没有放进协议书里，但是
我们已经给国会下了最后通牒，马上就会讨论'追加更
正预算'的，您就放心去吧"。

中国年轻人中间有流行语"火车司机"，意思是不敢越轨的人，
当然"火车司机"之所以产生这种语义联系，与火车必须沿着轨道
运行、否则会酿成大祸有关(朱跃等 2015:90)，但也与汉语里的"越
轨"已经发生语义的转移有关，否则也无法建立这种语义联系。

韩国语里的"운전수"还有其他表达，如"주전자운전수(酒煎
子運轉手)"是"작부(酌婦)"的隐语，指饭店里给别人端茶送饭、
倒酒的人，而"솥뚜껑 운전"指围着锅台转的家庭主妇。

要想成为真正的司机，就需要驾驶证，韩国语为"면허증(免許
證)"，但有些人虽然有驾驶证，但却长期不开车，这样的驾驶证俗
称"장롱면허(欌籠免許)"。

4.6 坐轿

4.6.1 轿子

过去人们出行还会坐轿，轿子最初是由车演变而来的。将车轮
去掉改由人来抬，就成了轿。坐轿子有很多限制，中国明朝规定官

대표하는 의원을 말한다.

员只有文职可以坐轿，且在三品以上，庶民限于老弱病残者(杨荫深 2014/2015b(戊)：107-108)。也就是说，坐轿是一种身份的象征。

轿子有两人抬的二人小轿，也有四人抬的四人小轿，还有八人以上抬的八抬大轿。八抬大轿是一种排场的象征，所以姑娘出嫁时也会坐八抬大轿。现在八抬大轿多用来指请人的态度诚恳，仪式隆重，用于否定句时则比喻摆架子，如"八抬大轿请不去"，多含讽刺意味。

韩国语的轿子一般不根据轿夫来进行区别，多笼统地用"꽃가마 花轿"来比喻，如(81)是用腰系金丝带、做花轿来比喻身份高贵。"꽃가마"本来指古时姑娘出嫁时坐的轿，现在有时也用来表示讽刺，如(82)。

(81) 사람 앞일은 모르는 거야. 내가 재벌집 회장님 사모 돼서 말년에 금띠 두르고 꽃가마 타고 다닐 수 있다 고.《내 남자의 비밀, 49회》人的未来是不可预测的，我说不定会成为财阀家会长夫人，能系金丝带、坐花轿。

(82) 지들이 들어온다고 해도 언감생심인데 꽃가마까지 태워가지고 모셔오라는 거야?《별별 며느리, 77회》他们就是自己说要回来我都不乐意嘛。什么你还想让我拿八抬大轿去请他们啊？

韩国语还有"쌍가마(雙--)"，指一前一后两匹马抬着走的轿子，也称作"가교(駕轎)、쌍교(雙轎)、쌍교자(雙轎子)、쌍마교(雙馬轎)"，过去是高官厚禄之人坐的，有俗语"쌍가마 속에도 설움은 있다"，意思是做双马轿的人也有自己的苦恼，比喻即使外表光

鲜，但是每个人都有自己的忧愁。

韩国语里还有与女人坐轿有关的俗语，如下表所示：

[表3] 与女人坐轿有关的俗语

	俗语	意义
1	가마 타고 옷고름 단다	比喻不提前做好准备，事到临头才慌慌张张地做。
2	가마 타고 시집가기는 (다)틀렸다	比喻事情出现问题，无法按照规格和准备正常进行。
3	가마 타고 시집가기는 콧집이 앙그러졌다	

如上，这三个俗语都与坐轿有关，其中第1个与汉语"临上轿现扎耳朵眼、临上轿忘穿绣花鞋"对应，不过韩国人是借"临上轿缝衣领"来作比喻，而中国人是借"扎耳朵眼、忘穿绣花鞋"来作比喻。第2、3个俗语与姑娘出嫁有关，因为过去女人出嫁一般都要坐轿，如果坐不上轿，那就说明出问题了。

韩国人还关注坐轿时的感觉。因为坐轿是被人抬起来晃晃悠悠地走，所以"가마를 태우다"比喻多美言几句想混过去或骗人，如(83)。发展到现代社会则出现了类似的"비행기를 태우다"。

(83) 가마를 태워서 대충 넘어갈 생각은 하지 마라. 철저히
     검사할 테니.不要想着说几句好话就可以混过去。我会
     仔细检查的。

4.6.2 轿杆、车把

前面已分析了地排车"수레、달구지"等，这些车子与轿子都有车把、轿杆，韩国语称作"채"，有惯用语"채(를) 잡다"，指具有主导作用或掌控了主导权，这与前面分析的"운전석에 앉다"以及汉语的"掌握方向盘"意义一致。

"채(를) 잡아 주다"在朝鲜语里指给别人以指正或者帮助对方不犯错误。

4.7 乘船

船是一种重要的水路交通工具。船虽然有很多种，但韩国语只有上义词"배"具有比喻意义。此外，与船有关的船长、舵手以及与航海有关的灯塔、触礁等也都产生了比喻意义。

4.7.1 船

韩国语里船的上义词是"배"，其下义词多是由汉字词"선(船)"构成的派生词，如"여객선 客船""유람선 游船""화물선货船"等。与"배"有关，有惯用语"배 지나간 자리"，比喻没有留下任何痕迹的状态，如(84)。

(84) 이제 와서 증거를 찾아봐야 이미 배 지나간 자리일 뿐이다.现在再来找证据那不过是刻舟求剑罢了，上哪儿

去找啊？

　　乘船韩国语为"배를 타다"，有惯用语"한 배를 타다"，比喻共命运，可以表达消极意义，如(85a)；也可表达积极意义，如(85b)，属于语义的正反引申。汉语里根据意义的不同，有时用"上同一条贼船"，有时用"同舟共济"，因为汉语的特点要求语义明确，两种表达的褒贬义不同。汉语的"贼船"，韩国语虽然可译成"해적선"，但没有比喻意义，而汉语"上贼船"比喻在不知情的情况下进入了不好的组织，或者加入了不好的事情。有时也用戏谑之意，如妻子对丈夫可以说："上了你的贼船了。"

> (85) a. 우리 이미 한 배를 탔다는 것 잊지 말라구.《내딸 금
> 　　　　사월, 51회》不要忘了，我们可是上了一条贼船了。
> 　　　b. 피차 볼 꼴 못 볼 꼴 다 본 마당에 한 배를 탈 수 없잖
> 　　　　습니까?《천상의 약속, 8회》彼此该看的不该看的
> 　　　　都经历过了，还能同舟共济吗？

4.7.2 船的主要部件

　　船的发展经历了从手动到自动的过程，过去船行靠手摇桨、摇橹，韩国语里橹为"노(櫓)"。船的行使方向依靠舵来控制，韩国语里舵为"키"，舵手为"키잡이"，有时也用汉字词"조타수(操舵手)"，因为舵手起着掌管方向的重要作用，所以"키잡이"可比喻掌握事情方向的人，如(86a)，汉语也有"大海航行靠舵手"。航行不仅舵手重要，而舵也是非常重要的，所以就有了"见风使舵"。舵在韩

国语还有很多汉字词表达，如"방향타(方向舵)、방향키(方向-)、타(舵)"，其中前两者也用来指飞机的定向翼，也多用来作比喻，如(86b)。

(86) a. 당신이 이 일의 키잡이가 되어 주시오. 希望你能来掌管这件事。

b. 시민운동의 방향타를 잡는 정책포럼《동아일보, 2003.10.19》掌控市民运动"方向舵/方向盘"的政策论坛

韩国语里锚为"닻"，当船停下来时要抛锚，韩国语称作"닻(을) 주다"，如(87a)，抛锚的船就会停止不动，因此这个惯用语就产生了比喻意义，指停留于一定的地方。汉语"抛锚"也用于汽车出故障停在路上，并且还有"思想抛锚"，指人遇到思想上想不通的事，闹情绪。如果船出发则要拔锚或起锚，韩国语用惯用语"닻을 올리다"，比喻开始(想做)某事，如(87b)，可以译成"起锚远航"或"拔锚起航"，也可以意译成"出现、开业"等。有时也用"닻이 오르다"，如(87c)，汉语"运动会"一般与"拉开序幕"搭配，也可用相对抽象的"开始"。

(87) a. 배가 닻을 주어 넓은 바다에 서 있다. 船抛锚停在了大海上。

b. 파주시, 최초 민간 국제교류 단체 닻 올렸다.《일요서울, 2017.12.12》坡州，第一个民间国际交流组织开始起锚远航/拔锚起航/出现/开业了。

c. 서천군장애인체육회 닻 올랐다.《충청타임즈, 2017.

12.13》舒川郡残疾人运动会拉开了序幕/开始了。

拔锚时要不停地把锚链缠起来，因此就有了俗语"뱃사공의 닻줄 감듯"，比喻快速卷某物的样子。如果把锚全部缠起来了，那就表明这件事结束了，所以韩国语里"닻을 감다"比喻放弃正在做的事情，不再去想。

4.7.3 船上的人

在现代意义的船只上，掌握船行方向的人中有前面分析过的"키잡이、조타수"。但船上的人应该首推船长，汉字词为"선장(船長)"，其本身没有比喻意义，但有时也用来比喻领头人，如(88)，这里是用船来比喻整个部门，船长为"팀장"，而船员为"부하직원"。

(88) 선장 없는 배는 따로 없구만. 부하직원들한테만 일 시켜놓고 팀장은 어디로 간 거야?《우리집 꿀단지, 65회》简直就是没有船长的船嘛。光让部下干活，系长干什么去了？

船长在过去称作"뱃사공(-沙工)、사공(沙工/砂工)"，即艄公，有俗语"사공이 많으면 배가 산으로 간다[올라간다]"，意思是如果几个人意见不一致，都按照自己的主张来驶船的话，那么船不但无法入水，还会上山，比喻如果没有主管的人，而只是各持己见的话，那么事情就不会办好。

4.7.4 航海

乘船出行称作航海，韩国语用汉字词"항해(航海)"，[06] 比喻朝着某个目标前进，或者那样的过程，如(89)。前面已分析了"행보"也有此意义，"행보、항해"之所以都产生了朝向某个目标前进的意义，可能与过去的主要交通方式是步行与航海有关。

(89) a. 정국 안정이라는 목표까지는 험난한 항해가 예고되고 있다. 实现政局稳定这个目标是充满艰难险阻的"航海"。

　　 b. 인생의 기나긴 항해 속에 그는 한 번도 포기를 하지 않았다. 在人生漫长的航程中，他没有放弃过一次。

过去航海主要依靠风帆，所以航海就与风有了不可分割的关系，韩国语里有很多与风有关的俗语和词汇。如果船上没有帆或其他动力设备，那么就需要人力来摇橹划桨使船前行，这种动作韩国语称作"배질"，因人摇橹划桨时上身和头部会跟着前后晃动，这种样子与人坐着打盹时的样子非常相像，所以"배질"还用来嘲笑人打盹的样子，如(90)。

(90) 자네는 앉았다 하면 배질이니 어젯밤에 잠 안 자고 무얼 했나. 你一坐下就打瞌睡，昨天晚上不睡觉，干什么了？

航海中有"순항(順航)"，第一个意义指顺利地航行，第二个

06　近义词还有"주항(舟航)、해항(海航)"。

意义指顺着风向或水向航行，第三个意义比喻某事进展非常顺利，如(91)。顺航的反义词是"难航(難航)"，指因暴风雨之类的恶劣环境船或飞机艰难前行，也比喻因为各种障碍事情进展不顺利，如(92)。这两个汉字词译成汉语时一般都需要意译，不能直译，因为现代汉语里"顺航、难航"用的很少。

(91) a. 국내 증시가 이틀째 순항을 이어가고 있다.《조선비
즈, 2018.03.27》国内证券市场连续两天进展顺利。

b. 결혼 생활이 순항하길 바란다. 祝你婚姻生活美满。

(92) a. 하지만 노사 협상에 난항이 예상된다.《동아일보,
2018.02.20》但是劳资协商将困难重重。

b. 그리고 이 번 드라마 제작에 난항을 겪고 있다는 것
도 알고 있습니다.《아버님, 제가 모실게요, 25회》
并且我也知道这次的电视剧制作遇到了困难。

"좌초(坐礁)"指船触礁，也比喻陷入困境，汉语有时也用"触礁"作比喻，但需要加引号以示是特殊用法，如(93a)；并且一般不用作定语，所以(93b)中定语形式的"좌초된"译成"陷入困境"更好。英语的"on the rocks"是用触礁比喻经济困难(帕默尔2016:88)。

(93) a. 개혁이 좌초되다 改革"触礁"/受挫/失败
b. 좌초된 협상 陷入困境的协商

遭遇暴风雨或触礁而破烂不堪或被打翻的船称作"난파선(難破船)"，如(94a)，汉语多用"遇难船只"。"난파선"在语境中也比喻

混乱的事态或局面，如(94b)，汉语用"烂摊子"。

> (94) a. 난파선의 잔해 遇难船只的残骸
>
>   b. 오늘까지 변호사 270명, 고문단 167명이 사임했어
>   요. 이 난파선을 맡을 선장이 필요합니다…빠른 시간
>   내에 태백을 정상화시킬 수 있는 인물을 추임해주셨
>   으면 합니다.《귓속말, 14회》截止到今天有270名
>   律师、167名顾问辞职走了。现在需要有人来接管
>   这个烂摊子。希望大家能推荐一个可以在短时间内
>   使太白恢复正常的人。

为使处于险境中的船只脱险，而设法使其强行、搁靠于浅水海滩上，汉语称作"抢滩"，也比喻抢占市场，如"各种品牌的电视机抢滩上海"，韩国语多用"시장을 점령하다"。

4.8 坐飞机

飞机韩国语为汉字词"비행기(飛行機)"，本身没有比喻意义，但惯用语"비행기(를) 태우다"比喻过度称赞或吹捧他人。此类表达还有"가마를 태우다、사리말을 태우다"，都是借助抬高别人来比喻称赞或吹捧之意。"비행기(를) 태우다"还有一种文化意义，即拷问犯人。

有一种飞机是直升机，是外来语"헬리콥터(helicopter)"，具有低空、低速、机头不变动方向飞翔等特点，并且可小面积垂直起

降(百度百科)，根据这个特点，韩国语里"헬리콥터"可比喻韩国妈妈只要是有关孩子的问题就随叫随到的特点，如(95)。

(95) 그 말로만 듣던 헬리콥터 엄마 맞는 가 봐.《딴따라, 8회》看来是我们曾经听说过的"直升机"妈妈吧。

飞行还需要降落伞，韩国语为汉字词"낙하산(落下傘)"，可比喻在招聘或升职等人事活动中的背后力量的秘密支持或那样的力量，如(96)。

(96) a. 낙하산 인사 空降人事

b. 낙하산을 타고 부장이 되다. 空降成了部长

c. 임원들이나 직원들 아직도 나를 낙하산 취급해.《우리집 꿀단지, 9회》高管们和员工们还是把我当成空降兵/走后门进来的无能之辈。

d. 너 대표이사 낙하산이라서 내가 널 못 자를 줄 아냐?《연인, 13회》你以为你是代表理事的空降兵，我就不敢炒你的鱿鱼是吧？

汉语没有"落下伞"，一般具体意义用"降落伞"，与"낙하산"的比喻意义对应的是"走后门、空降(兵)"两种表达，当然后者与韩国语"낙하산"的比喻方式更接近，不过在感情色彩上，韩国语"낙하산"的贬义性更强，而汉语"空降(兵)"虽然与韩国语都有从天而降之意，但汉语"空降兵"多指高人，多含有"别的地方挖来的、请来的"之意，推崇的成分更多一些，这与中国人思维里的"外来的和尚会念经"这种思想是密切相关的。所以，韩国语的

"낙하산"与汉语"走后门"的感情色彩更吻合。

现在韩国语里还出现了"황금낙하산 黄金降落伞"，如电视剧《사랑이 오네요, 33회》中海人对自己的生父김상호说：

> (97) 극적으로 회장님 따님 만나고 결혼하고 부자집 사위
> 로 초고속 승진하신 게 아닌가요? 저희 세대는 그런 걸
> 황금낙하산이라고 불러요. 你戏剧性地遇到了会长千
> 金，结婚成为富翁的女婿，因此得以急速升职，不是
> 吗？我们这一代人把这称作"黄金降落伞"。

飞行中出现的事故之一是飞行中的飞机因某种原因在空中爆炸、解体，韩国语叫作"공중분해(空中分解)"，也比喻计划等在进行中被取消，如(98)。有时也用"공중해체"，如(99)。汉语可直译成"空中分解"，也可译成"空中肢解"或"解散、取消"等。

> (98) a. 30대 그룹 가운데 대우 등 16개 그룹이 공중분해됐
> 다.《조선닷컴, 2016.11.02》30个集团中大宇等16
> 个集团被空中分解/肢解。
> b. 우리가 세운 계획은 거센 반대에 부딪쳐 공중분해가
> 되었다. 我们制定的计划受到强烈的反对而化作了
> 泡影。
> c. 이런 식으로 나오면 TF팀은 공중분해할 수 있어!
> 《월계수 양복점 신사들, 24회》如果你们这种态度
> 的话，TF科有可能会取消/解散。
> (99) 효주야, MISSA은 돌아가신 아버지의 땀과 청춘이 서려
> 있는 곳이잖니 부도나서 공중해체되게 내버려둘 수 없

잖아?《월계수 양복점 신사들, 47회》孝珠，MISSA是
你去世的父亲用汗水和青春浇灌出来的，我们不能眼
看着它破产被肢解吧？

　　所有飞机上都有两个黑匣子，"一个负责记录发往机上电子系统
的所有指令，一个是驾驶舱内的声音记录仪，让调查员能了解事故
发生之前飞行员在想些什么"（萨伊德 2017:23）。黑匣子韩国语为外
来语"블랙박스(black box)"，黑匣子在航空领域虽然指对事故资料
的记录，但在其他领域则指某事因果之间无法探明、难以预料的演
变过程。

4.9 乘坐

　　韩国语里表示乘坐的基本词是"타다"，是多义词，具体如下表
所示：

[表4]"타다"的意义

	意义	例子
1	把身体放在可乘坐的东西或动物背上。	
2	乘坐	비행기에 타다 坐飞机
3	爬上或沿道路、绳子、树、岩石等行走。	원숭이는 나무를 잘 탄다. 猴子擅长爬树。
4	利用某种条件、时间或机会等。	부동산 경기를 타고 건축 붐이 일었다. 借助房地产的发展兴起了建筑热潮。

5	顺着风、水流、点播等被传播出去。	연이 바람을 타고 하늘로 올라간다. 风筝借助风势飞上了天。
6	利用某种器具在表面光滑的地方跑	썰매를 타려면 꼭 장갑을 끼어야 한다. 要想坐雪橇一定要戴手套。
7	乘坐秋千、跷跷板等游戏器具。	그네를 타다 荡秋千
8	利用自己所依赖的系统、秩序或关系。	연줄을 타다 利用关系

如上，"타다"共有八个意义，其中第1个意义是基本义，就是汉语的"骑"，随着现代交通工具的发展出现了第2个"乘坐"义。第6、7个意义也与"坐"有关。第3个意义相当于汉语的"爬"。其他第4、5、8个意义都有"借助"之意，最终从骑行之意发展到了利用关系之意。这与汉语"乘"的语义引申路线是一致的，但是"乘"没有利用关系之意。

"타다"的派生词"갈아타다"不是多义词，但在具体的语境中，也会出现关系意义，如(100)，表达是"脚踏两只船"。

(100) 일단 마누라한테 비밀로 하고 엄마 말대로 선 봐. 봐서 좋으면 그쪽으로 갈아타고 싫으면 말고.《폼나게 살 거야, 2회》先别和你老婆说，就按妈说的去相亲，如果看上了，就换她，如果不喜欢，就拉倒。

表示坐车时还有汉字词"승차(乘車)"，但如果是货物，则用"상차(上車)"；两者的反义词是"하차(下車)"，指从车上下来，也指把行李从车上卸下来，日常生活中也有比喻意义，如(101)，比喻不干了。

(101) a. 어떻게? 한아정씨, 새로 맡은 프로에서도 하차 소문
　　　이 벌써 도네.《최고의 연인, 75회》怎么办啊？韩
　　　雅静，已经有人说你新负责的节目也干不长了啊。
　　b. 방송 하차하시더니 더 좋아보이시네요.《아버님,
　　　제가 모실게요, 21회》您不做节目了，看起来反倒
　　　更好了啊。

韩国语搭便车、搭便船称作"편승(便乘)"，也比喻利用目前的
事态或他人的势力而谋求自己的利益，如(102)，汉语多用"顺应、
依附、乘机"。

(102) a. 시류에 편승하다 顺应潮流
　　　b. 권력에 편승하다 依附权力
　　　c. AI발생과 미국산 닭고기 수입 중단에 편승해 업계
　　　　와 시장이 닭고기 가격을 인상하려는 움직임을 보이
　　　　고 있어…《뉴시스, 2017.03.13》因禽流感和美国
　　　　鸡肉进口的中断，相关企业和市场有想乘机提高
　　　　鸡肉价格的迹象……

如上，与乘坐有关的"타다、갈아타다、승차、하차、편승"等
都产生了关系意义，这与韩国的关系文化——线绳文化密切相关。

4.10 交通量词

汉语里表示往返的量词是"趟"，韩国语也有类似的词"탕"，但《표준국어대사전》并没有把"탕"标注成汉字词。在词典里，"탕"是依存名词，有两个意义，第一个指装载某种东西或往返到一定地方的次数的单位，如(103a)；第二个是做干某事的次数单位，如(103b-d)。

(103) a. 쓰레기를 세 탕이나 실어 날랐다. 运了三趟垃圾。
　　　 b. 원주에서 서울까지 하루 두 탕 왕복했다. 从原州到
　　　　 首尔一天往返了两趟。
　　　 c. 내가 잘 나갈 때는 여기서 데이트를 하루에 세 탕도
　　　　 뛰고 그랬는데.《내딸 금사월, 22회》我最有人气
　　　　 的时候，有时每天在这里都约会三次。
　　　 d. 엄마, 얘 이번에 고흥자와 DREAM팀으로 옮기
　　　　 게 되었다고 마지막으로 한 탕 하고 튀려고 했나
　　　　 봐.《최고의 연인, 42회》妈，她这次转入了"高亨
　　　　 子和DREAM"部门，看来想最后捞一把就走人啊。

如上，虽然韩国语词典里没有把"탕"标成汉字词，但根据上面的例句，我们可以推测，"탕"就是汉字词"趟"。并且其意义要比"趟"更加虚化。

4.11 出行语言的文化性

韩国语的出行语言和语义引申表现出很多特点，具体如下所示：

第一，形象特点丰富的事物能够产生多种意义，而特点单一的事物所产生的意义则比较固定。例如道路的形象特点比较单一，无非是"直弯、宽窄、长短、路况好坏"等，所以道路的引申意义相对来说比较单一。相反，骑行所需要的"马"具有多种形象特点，骑行也需要很多装备，因此会产生很多动作，相关的引申意义就明显要丰富。

第二，历史久远的事物引申意义更丰富。传统交通中的骑行、坐轿、船行产生了很多比喻意义、惯用语和俗语。相反，与现代交通中的坐飞机相关的语言表达很少，即使有，现在也多是一种语境义，并没有被收录到词典中。坐车出行处于中间位置，因为在古代也有坐车出行，不过随着时代的变换，也出现了很多与汽车有关的表达，并且用于比喻意义，但是很多仍然属于语境义。这说明词语的语义变化需要时间来检验和认可。如果一个词在基本义基础上产生了抽象的比喻意义，那么则说明这个词出现的历史比较久远。

第三，词汇类型出现不同。与基础设施、步行、骑行、坐轿、乘船、传统车辆有关，出现了大量汉字词，占本章所涉及词汇的近百分之七十。但是与现代车辆(如"버스、트럭、브레이크、펑크、네비게이션")、飞机(如"헬리콥터、블랙박스")有关则出现了外来语。

与出行有关的表达中大部分是汉字词，尤其是与道路有关的词语更是绝大部分都是汉字词，并且大部分都有比喻意义。这与前面第一、二章所分析的饮食语言、服饰语言中绝大部分都是固有词形

成鲜明对比。这反映了古代韩国的出行道路、工具等的不发达，所以没有产生相应的固有词，后来输入了中国文化和大量汉字词。道路的不发达也导致韩国过去主要的运输手段是"지게"，而没有发达的各种车辆。现代化的交通手段是十九世纪末才开始出现的。所以이어령(2002/2018:219)质疑道：

> (104) 왜 길을 개조하지 않고 '지게'를 만들었습니까? '길'을
> '나'에게 맞추어 만들지 않고 어째서 '나'를 길에 맞추
> 려 했습니까? 为什么不改造道路而创造了"背架"啊？
> 为什么不让"路"来适应"我"？而是让"我"去适应路
> 啊？

其实，韩国过去的道路与运输工具反映的是韩国人"人顺应自然，而不是让自然顺应自己"这一思想，从社会发展的角度来看，这是一种被动消极的思想。这与中国人"愚公移山"所反映出的积极主动的思想截然不同。

第四，韩国语汉字词虽然源自中国，但是受到韩国文化和韩国人思维认知的影响，有的已经发生了语义变化。

第五，中韩两国人在面对交通手段时表现出了不同的观察视角和情感认知，中国人关注交通手段的到站，表现的是功成名就的满足感，韩国人关注交通手段驶离车站带给人的离别和结束之意，表现的是惜别、后悔的伤感之情。

第六，某些表达的褒贬义不同。韩国语"한 배를 타다"具有正反两种意义，而汉语分别有"上了同一条贼船"和"同舟共济"。比喻人时，"낙하산"有贬义，但汉语"空降兵"是中性意义。

4.12 小结

出行涉及很多的基础设施、交通手段以及相应的工具或人员。其中基础设施是最重要的，陆路、水路是人们最熟悉的基础设施，虽然空运发展到现代社会已经具有了举足轻重的作用，但与飞机和飞翔有关的一些知识对普通百姓来说还比较生疏，因此与空运有关的表达难以产生比喻意义。

与骑行有关，最重要的就是马，因此与马的装备、动作、分类有关的表达都产生了比喻意义。与乘车有关，车的类型、车的构造与运转、交通管理等是非常重要的部分，并且与之如影随形的就是交通事故的出现，这些相关内容因为与现代人的生活息息相关，且非常熟悉，所以相关的表达都产生了比喻意义。

坐轿、坐飞机这些表达相对来说比较少。坐轿因为已经从历史舞台上消失，所以只有与轿子有关的轿杆、车把等还有比喻意义。与坐飞机有关的用语现在都属于新的表达手段，多见于日常用语中，但并没有被词典收录。

表示乘坐的动作"타다、편승"在韩国语里又产生了关系意义。

从语言形式来看，与出行有关的词语中汉字词超过一半，说明出行语言受中国文化影响很大。与出行语言有关，惯用语出现较多的内容主要与骑行和基础设施有关。与出行有关的俗语共43个，与饮食、服饰用语中出现了众多俗语相比，出行语言中的俗语表现不突出。

中韩两国的出行语言虽然有的表现出了一定共性，但也表现出很多差异。

第五章

农业与语言

5.1 引论

中国是一个传统的农业社会，中国的历史也是一个各民族大融合的历史，费孝通(1988:79)曾说"汉族在整个过程中像雪球一样越滚越大，而且在国家分裂时期也总是民族间进行杂居、混合和融合的时期，不断给汉族以新的血液而壮大起来。如果要寻找一个汉族凝聚力的来源，我认为汉族的农业经济是一个主要因素。看来任何一个游牧民族只要进入平原，落入精耕细作的农业社会里，迟早就会服服帖帖地、主动地融入汉族中"。也就是说，农业生产方式与其他生产方式具有很大的不同。

在世界范围内，农业是延续至今的传统生产方式。这种生产方式对社会产生影响的表现有很多，其中一个就是农业用语对其他领域的侵蚀。例如，在西方文化中，与农业有关的词语有"culture"，这个词源于拉丁语"cultrua"，意思是对土地和牲口施以照顾，13世纪末被用来表示一小块被耕作的土地，16世纪初表示行为意义的耕作土地，16世纪中期表示对才能的培养，到18世纪的时候，引申意义的"文化"开始得到承认(库什 2016:9)。此外，还有大量的农业用语被用来比喻一般日常事物或事件，例如"plough the sand 耕沙，比喻徒劳""do the spade work 干铁楸活，比喻为创业而艰苦劳动""sow one's wild oats 播种野生燕麦，比喻年轻时放荡"(帕默尔 2016:87)。与这些词语类似，汉语里的"土地、耕耘"等词语也都具有了比喻意义，并且还有一些农业用语也扩展到其他领域中，如"海底牧场、耕海牧渔"。还有一些表达，虽然本身没有比喻意义，但却可以用来作比喻，如"长征是播种机"。

韩国一直到20世纪60年代初还是一个传统的农业社会，虽然现在已从农业社会发展到工业社会和城市社会(임희섭 1994/2003:291)，但农业生产方式下所形成的传统文化造就了韩国人延续至今的民族性格、社会秩序、思维特征，这些依然对韩国社会和语言发生着重大作用。本章主要分析农业与其他传统生产方式的不同以及在语言上的表现，并探讨农业与民族性格的关系。

本研究中的农业是广义的农业，主要包括最原始的狩猎、渔业、牧业以及狭义的种植业。在远古时期或现代的未开化民族中还有"采集业"，但在种植业出现并发展之后，采集业的作用逐渐减弱并退出了历史舞台，所以与此相关的语言表达很少。此外，还有"养殖业"，韩国的养殖业主要指海产品养殖，与此相关有比喻意义的多是水生动物。[01]

本章将从狩猎、渔业、牧业和种植业四部分来分析相关词汇的语义以及与文化的关系，并分析农业与个人性格、民族性格的关系形成。

01　详见作者的《韩国自然文化语言学》。

5.2 狩猎

过去狩猎是主要的谋生手段，与此相关的"덫、창애"为捕兽的夹子，"함정(陷穽/檻穽)、허방다리"指为捕捉野兽而在地上挖出的坑，上面辅以伪装物，"올무、올가미"指抓鸟兽的圈套，"그물"指抓鸟兽虫鱼的网，因为这些事物是韩国人过去生活中的常见之物，所以被得以详细观察并发展出了比喻意义，"그물"在渔业里具体分析，下面主要分析另外四个词语。

"덫"比喻为了诽谤、诬陷别人而设置的狡猾计谋，多用于"덫을 치다/놓다、덫에 걸리다/걸려들다"等形式，汉语一般用"下套、掉进圈套"。韩国语还有动词"치이다"，除了指撞在重物或被重物所压之外，还指被夹子夹住，这两个意义表达的都是消极意义，在此基础上"치이다"还比喻受某种力量的束缚或妨碍，如(1)，汉语多用"为/被……所累"。

(1) 밖에 나가면 일에 치이고 집에 들어오면 아이들에게 치여서 쉴 만한 곳이 없다. 出去被工作所累，回家后又被孩子所累，没有可以休息的地方。

汉字词"함정(陷阱)"比喻无法摆脱的困境或陷害别人的计谋，多与"빠지다、걸려들다、빠뜨리다"等结合，"함정에서 빠져나가다"意为逃脱。汉语"陷阱"也有类似意义。与"함정"同义的固有词"허방다리"没有比喻意义。

"올무"的基本义为诱捕动物用的装置，比喻引诱别人的小伎俩，"올가미"比喻使人上钩的手段或伎俩。惯用语"올가미(를) 쓰다"比喻中别人的招。"올가미(를) 씌우다"比喻用计使别人上钩。

俗语"올가미 없는 개장사"贬称没有本钱的买卖。汉语"圈套"也可比喻引诱人受骗上当、受害的计谋，多用于"布下圈套"，也可简称"下套"。

　　如上，与狩猎有关的"덫、치이다、함정、올무、올가미"等都产生了"对他人不利的伎俩、无法摆脱的困境、受束缚"等消极意义，汉语的"陷阱、圈套"等也都具有消极意义，这些消极意义的产生与相关事物或动作的具体特点密切相关，同时也因为这些事物和行为反映的是欺诈思想，与儒家文化所倡导的核心思想相违背，因此是受儒家文化所抵制的，受这种文化因素的影响，所以语义引申出来的只能是消极意义了。与韩国语相比，汉语"夹子、夹住"没有产生比喻意义，这反映了两国文化关注点的差异。

　　随着社会的发展打猎开始用枪，猎人称作"포수(砲手)"，也指军事上拥有枪炮的炮手。与"포수"有关的俗语都与猎人有关，如"포수 집 강아지 범 무서운 줄 모르듯"意思是猎人家的狗不知道怕老虎，用来嘲笑那些借助他人势力而为所欲为的行动，"포수 집 개는 호랑이가 물어 가야 말이 없다"意思是猎人家的狗只有被老虎叼走了才不会再叫，比喻只有因自己的缘故遭到祸患才不会找别人的茬。"범 잡은 포수"比喻成就了自己的心愿而得意洋洋的人。

5.3 渔业

　　捕鱼自古以来就是人们的生存手段之一，过去捕鱼的手段有"어살 鱼箭""어전 鱼箭""작살 鱼叉""통발 圆筒形渔网""그물 渔网""낚시 钓鱼"等。这些捕鱼手段中，只有"그물 渔网""낚

시"以及一些相关的表达产生了比喻意义，之所以如此，是因为这两种捕鱼手段最普遍，所以一直延续至今。

首先看网鱼。网鱼需要用网，韩国语里网为"그물"，多用绳子、线、铁丝等做成，随着社会的发展，"그물"还用来统称像鱼网一样的东西；也可比喻用来骗或抓捕别人而设下的巧妙手段和方法，有惯用语"그물을 던지다[치다]"，指运用手段来骗人或害人；有时也用于定语形式的"쳐 놓은 그물"。汉语"网"也有此类意义，有"布网、天罗地网"等表达。

韩国语里与网有关产生了很多俗语，并且都与"그물"的基本义有关，如下表所示：

<table>
<tr><th colspan="4">[表1] "그물"的俗语</th></tr>
<tr><th></th><th>俗语</th><th>字面意义</th><th>比喻意义</th></tr>
<tr><td>1</td><td>그물이 삼천 코라도 벼리가 으뜸</td><td>网即使有三千个眼，但最重要的是手绳。</td><td rowspan="2">比喻不论人、东西有多少，但如果没有统一的主张，也都是无用之物；比喻即使材料再多，如果不好好利用，使之形成正确的组合，那么就没有任何的价值。</td></tr>
<tr><td>2</td><td>그물이 열 자라도 벼리가 으뜸(이라)</td><td>渔网即使有十尺长，但最重要的还是手绳。</td></tr>
<tr><td>3</td><td>얼크러진 그물이요 쏟아 놓은 쌀이다</td><td>缠在一起的网，撒了的米。</td><td>比喻事情已经搞砸、无法收拾的状态。</td></tr>
<tr><td>4</td><td>그물코가 삼천이면 걸릴 날이 있다</td><td rowspan="2">如果网的眼足够多的话，肯定能被撞上。</td><td>比喻如果辛勤劳动肯定会有好结果。</td></tr>
<tr><td>5</td><td>그물이 천 코면 걸릴 날이 있다</td><td>比喻如果摊子摊得足够大，那么肯定有一处会有收获的。</td></tr>
<tr><td>6</td><td>짚그물로 고기를 잡을까</td><td>草编网能捉到鱼吗？</td><td>比喻准备不充分的话无法成事。</td></tr>
</table>

7	금사망(金絲網)을 썼다	被罩上了金丝网。	比喻拘泥于某物，无法摆脱。
8	그물에 걸린 고기[새/토끼] 신세	落网的鱼/鸟/兔子	比喻被捉住，无法动弹，陷于困境。
9	그물에 든 고기요[새요] 쏘아 놓은 범이라	落网的鱼/鸟，中枪的老虎	
10	그물을 벗어난 새	脱网的鸟	比喻摆脱重大危险或险境获得新生。

　　如上，这些俗语分别与网的结构、作用、质地、网到的东西有关。其中第1-3个俗语与网的结构有关，第1、2个与渔网的手绳"벼리"有关，网尤其是手撒鱼网，要想把网撒出去或收回来，都需要手绳来控制，所以这两个俗语强调手绳的作用。另外，网应该是张开的，如果缠在一起就失去了作用，所以俗语3比喻事情搞砸的状态。第4、5个俗语既与网的结构有关，也与网的作用有关，比喻付出劳动就会有成果，并且第5个俗语还有第二个比喻意义，即摊子大了也会有收获。第6、7个俗语都与网的质地有关，分别与草网、金丝网有关，质地不同所产生的结果自然不同，其中第6个俗语用反问的形式来比喻准备不充分就无法成事，第7个俗语则比喻无法摆脱。第8、9个俗语与落网的东西有关，都比喻无法摆脱困境。第10个俗语则与偶然事件有关，意思是落网的东西偶尔也会摆脱网的束缚，比喻获得新生。

　　再看钓鱼。与钓鱼有关，韩国语里有很多表达，如下表所示：

[表2] 与钓鱼有关的词语

词语	意义	例子
낚시	钓钩	
	整套的钓具	낚싯대、낚싯줄、낚싯바늘、낚싯봉、낚시찌
	钓鱼的行为	손낚시、끌낚시、흘림낚시、줄낚시
	比喻为了有利可图而骗人的手段。	순진한 그녀가 그의 간교한 낚시에 걸려들었다. 那个纯真的女人上了他的钩/被他的奸计所骗。우선 자백을 하면 살려 주겠다고 낚시를 던지면 어떨까요?先骗他说 "如果坦白的话就饶了他", 怎么样? 낚시글 骗点击率的文章
낚시질	用钓具钓鱼。	
	比喻使用小伎俩或不正当手段来任意操纵他人的行为, 或借此而得到利益的行为。	이 따위 거짓 동영상을 보내놓고 낚시질 한 인간부터 수배해.《내딸 금사월, 34회》先通缉那个送假录像迷惑/骗人的小子。
낚다	用钓钩钓鱼。	
	用计谋或手段来骗人或为自己争取名誉或利益。	사은품을 내걸고 손님을 낚다 用赠品来诱惑客人
	俗指勾引异性。	계집을 낚다 勾引女人
	突然抓住或拉住某物。	멱살을 낚다 抓住衣领

　　如上, 这三个词语都是多义词。其中"낚시"除了具体的钓具意义外, 还指钓鱼的行为, 也比喻骗人的手段, 多用于惯用语"낚시를 던지다", 指使用手段骗人。汉语一般用"上钩、被骗、骗"等。"낚시"的派生词"낚시질"除了指钓鱼的行为, 也比喻使用不正当手段骗人, 汉语多用"迷惑"。动词"낚다"除比喻骗人外, 还俗指勾引异性或突然抓住。

　　汉语"钓鱼"一般多用来修饰其他名词, 如"稳坐钓鱼台、钓

鱼网站(피싱사이트)、钓鱼执法(함정수사)、钓鱼式推销"等，但一般无法与韩国语上述三个词语对应，因为"钓鱼"是动宾结构的合成词，但"钓"本身有"沽名钓誉、放长线钓大鱼"等比喻词或表达。

钓鱼时还需要用鱼饵，韩国语为"낚싯밥、미끼"，两者都比喻为了骗人或动物而准备的东西或手段，如"미끼를 던지다 抛出诱饵"。有时抓鱼也用鱼叉，韩国语称作"갈고랑이、갈고리"，有俗语"갈고리 맞은 고기"，意思是就像被鱼叉打中的鱼那样吃惊、害怕、不知所措，比喻遇到非常危急的情况，不知怎么是好。像鱼叉那样的铁制用品称作"갈고랑쇠"，也比喻性格怪癖、别别扭扭的人。

如上，汉韩语言里与钓鱼有关的表达都具有消极意义。可见：与"钓"有关的语言意义具有一定的消极共性。这种意义的出现可能与"钓"这类动作的基本义有关，因为要想钓鱼，就需要动用各种手段、花招，需要对对方实行骗术，而这些在传统儒家思想中都是被批判的，所以导致与"钓"有关的事情产生了消极的隐含意义。相反，英语的"fish"就没有这样的消极意义。

发展到现代社会，渔业对半岛国家——韩国来说依然发挥着非常重要的作用，所以在韩国当走投无路时，很多人会选择上渔船去打渔，尤其是远洋渔船。渔业的重要性在语言形式上的表现是：众多的鱼类和其他水产品都有了丰富的比喻意义。

另外，韩国的渔业养殖业也很发达，渔场称作"어장(漁場)"，渔场管理称作"어장관리(漁場管理)"，可用来比喻恋爱关系中的恋爱技巧。此外与渔场管理有关，有俗语"어장이 안되려면 해파리만 끓는다"比喻事业不顺的时候却总是发生没用的令人心烦的事情。

5.4 牧业

与畜牧业有关，汉语有"牧民、牧守、牧伯、牧宰"，韩国则有《목민심서(牧民心書)》，这里的"牧"意为"治"，有时也作官名。"放牧"传入韩国后成了汉字词"방목하다(放牧)"，除了指具体的放养性畜外，还比喻对孩子的自由式教育，如(2a)，汉语用"放羊式的教育"，两者的区别是：韩国语用的是上义词，汉语用的是下义词。有时汉语也用"粗放式管理"，如(2b)，这里的"粗放"是农业用语，指粗耕粗种。

⑵ a. 아들을 방목하다 对儿子进行放羊式的教育

b. 애들을 지금까지 이렇게 키운 거야? 애를 방목하는 것
도 정도가 있는 거야. 애가 없어졌다고. 우주가.《아이
가 다섯, 17회》到现在为止你就是这样养孩子的吗？
对孩子实行粗放式/放羊式管理，也得有个限度啊。
孩子不见了啊！雨竹不见了！

如上，中韩两种文化里都用畜牧业和种植业的用语来比喻对人的治理和教育。畜牧业的产物主要是家畜。[02]

5.5 种植业

不论是中国人还是韩国人，传统的生产方式仍然是种植业，所

02　详见作者的《韩国自然文化语言学》。

以韩国语里与种植业相关的要素都产生了比喻意义，特别是农业作物。[03] 与韩国语相反，虽然中国自古以来就是农耕社会，但是汉语里有关种植业的多是农业谚语、诗词。

5.5.1 上义词

汉语"农事"指农业生产中的各项工作。韩国语里汉字词"농사(農事)"也具有类似意义，农活称作"농사일"。因为务农非常劳累，所以韩国人认为"어리석은 자가 농사일을 한다"，意思是迟钝能忍的人才干得了农活。

"농사"虽然是汉字词，但在韩国语里已发生了语义变化，可以比喻生养培育子女，如(3)。因为培养孩子就像种地一样，需要辛勤培育才可能成才、出成果，两者具有过程上的相似性，并且培养孩子与农业一样都非常辛苦，所以这样的隐喻才得以成立。

(3) a. 다 자식농사 잘못 지은 제 탓이에요.《우리집 꿀단지, 99회》全怨我没把孩子养好。

b. 자식 농사 풍년이십니다.《빛나라 은수, 30회》您把孩子教育得很好啊。

韩国语"농사"还有"마누라 농사"类表达，如电视剧《가족을 지켜라, 24회》中，当丈夫退休的事情被妻子知道后，妻子心里受伤喝了几杯酒，于是公公很不高兴地把家里人聚在一起说道：

---

03   详见作者的《韩国自然文化语言学》。

(4) 아범, 넌 마누라 농사, 자식 농사 반성해라. 他爹，你要
反省一下你是怎么管理老婆、管理孩子的。

这里用的是"管理老婆是农业"这一认知框架。韩国语里在金
矿里开采金子也用农业来表达，称作"돈농사(-農事)"。

汉语经常用的隐喻形式是将育人与种植树木联系起来，如"十
年树木，百年树人"，因为育人就像种树一样，要不断浇水、施肥，
进行管理才能成功，并且要比种树更艰难，所以韩国语"자식 농
사"与汉语"树人"有异曲同工之妙。

5.5.2 土地

古代农耕社会里农业是很重要的谋生手段。对农业来说土地是
最基本的生产资料，所以土地的重要性不言而喻。对一般老百姓来
说拥有土地是梦想，甚至连鬼也想拥有自己的土地，但这种行为是
虚幻的，所以"도깨비 땅 마련하듯"比喻虽然做了，但却没有任何
成果，是徒劳。

韩国语还有很多俗语都是慨叹没有土地的，如"벼룩 꿇어앉을
땅도 없다、송곳 박을 땅도 없다、제 땅이라고는 메밀 씨 모로 박
을 땅도 없다"都比喻没有一点土地，这种意义是借助极小事物——
跳蚤、锥子、荞麦种子的尖来表达的，即连这些极小的东西立足的
地方都没有，可见程度之深。另外，"벼룩 꿇어앉을 땅도 없다"还
比喻非常狭小，一点空隙都没有。

土地根据不同标准有不同的分类，在这里主要分析一下六种具
有比喻意义的土地：

第一，旱地与水田。韩国语里旱地为"밭"，可比喻事物的本质或基础，如(5)中的"마음 밭"，汉语也用"心地"，两者都是将土地视作本质。"밭"也指布满很多东西的地方，如"눈밭 雪地""모래밭 沙地"，也可以与汉语"地"对应。

(5) 그는 마음 밭이 깨끗한 사람이다. 他的心地很纯洁。

即使是旱地，有的离水源近能浇到水，汉语称作"水浇地"；也有的离水源太远，无法浇地，只能靠老天爷下雨，这是名副其实的旱地，韩国语称作"봉천답(奉天畓)"，与此相关有很多表达，如"봉답(奉畓)、불안전답(不安全畓)、수리불안전답(水利不安全畓)、천봉답(天奉畓)、천수답(天水畓)、하늘바라기 靠天吃饭"，从这众多的表达里可以发现过去韩国旱地比较多，这可能与韩国多山地，山地地势高，难以进行浇灌有关。因为靠天吃饭，所以自然是不会嫌弃老天爷下雨的，俗语"봉천답이 소나기를 싫다 하랴"意思是靠天吃饭的旱地会讨厌阵雨吗？比喻肯定会喜欢的。旱地还有"녹두밭 윗머리(绿豆——)"，意思是干旱得只能种绿豆的地。

韩国人还把能生产孩子的女人或女人的生殖器叫作"밭"，这与汉语是一致的。因为汉语里说女人不能怀孕，会说"地不好"。而"밭팔다"俗指女人以出卖肉体为生。韩国语还有俗语"진 밭과 장가처는 써 먹을 때가 있다"意思是黏土地与丑妻也都有各自的用处，这也是将土地视作女人。这种思想具有文化共性，即都将地神化为阴性的母亲神，而将天视作阳性父亲神，这是在很多民族中都常见到的天父地母的原型(叶舒宪 2005b:71)。

韩国语水田为"논"，多用于一些俗语中，如"논에는 물이 장수"意思是种水稻，水是最重要的。而有的水田也是靠天吃饭，这

样的水田称作"천둥지기"。此外，以写作为生的文人还把自己的砚台比作水田，称其为"벼룻논"，写作生活称作"연전(硯田/研田)"。韩国人有时还把非水田的地整理成水田，称作"논풀다"，也俗指孩子把大量的尿尿到尿布上。

如上，通过"밭"与"논"的比喻意义的不同可以发现，在过去，韩国是以旱地为主的，而水田是后来农业技术发展的产物，所以比喻女人时用的是更基础、历史更久远的"밭"。

水田与旱地还经常一起出现，如词语"논밭"，有俗语"논 이기듯 밭[신] 이기듯"，比喻为了让别人听懂，说了一遍的话总是重复说，是用拾掇土地来比喻说话。关于水田与旱地的关系，韩国语有三个俗语，其中"밭 장자는 있어도 논 장자는 없다"意思是通过旱地能发财，但种水稻却成不了大富翁，比喻旱地比水田收入高；"밭 팔아 논 살 때는 이밥[흰쌀밥] 먹자는 뜻"意思是卖了旱地买水田是为了吃白米饭，虽然把不好的地变得更好，但结果反而更不好；韩国的水田要比旱地价高，所以"밭 팔아 논 사면 좋아도 논 팔아 밭 사면 안 된다"意思是不要把更贵的水田卖了去买旱地，比喻过日子要朝着增财的方向发展，而不能越过越差。

如上，韩国人以大米为主食，所以水田受欢迎而价高，但收入却不一定像旱地那样高。对韩国的这种现象，장승욱(2004/2005:160)认为韩国的农民不应是"농민"，而应是"논민"。

第二，贫瘠、荒芜的土地。与此类土地有关，有汉字词"황무지(荒蕪地)、황폐지(荒廢地)、불모지(不毛地)"等，其中"불모지"还比喻某种事物或现象不发达的地方或那样的状态，与汉语"不毛之地"意义一致。此外还有固有词"쑥대밭"，也写作"쑥밭"，指蒿草丛生的贫瘠土地，还比喻非常混乱，无法收拾的场面，因为经常与动词"되다、만들다"结合，如(6)，所以对应的汉语可

以是"完、乱套、弄得一片狼藉、毁"。

> (6) a. 들어보면 모르겠어? 영광엄마 만났나 본데? 이 건 폭
> 탄 터진 거야. 이 마당에 엄마까지 끼어들면 그거야 완
> 전 쑥대밭 되는 거라구.《최고의 연인, 33회》你听了
> 还不知道啊？看来是哥哥见荣光妈了。这相当于炸
> 弹爆炸的威力啊。这种情况下妈你要再掺和，那就
> 全完/乱套了。
>
> b. 쑥대밭을 만들다 弄得一片狼藉
>
> c. 내가 어떻게 가꾼 꽃밭인데 내가 어떻게 지켜온 꽃밭
> 인데 니가 이렇게 다 쑥대밭으로 만들어놔?《천상의
> 약속, 100회》这是我精心培育的花园，是我精心照
> 料的花园，你竟然这样把它毁了？

第三，竹田。韩国语竹田为"대밭"，也比喻杂乱，如(7)，汉
语用"乱糟糟、一团糟"。

> (7) a. 대밭 같은 머리카락 乱糟糟的头发
> b. 대밭이 되다 一团糟

第四，花田。"꽃밭"指种花的土地，也称作"화전(花田)"；
"꽃밭"也指开满花的地方，相当于汉语的"花园"。花园是美好的
地方，所以"꽃밭"也比喻乐园，如(8)。

> (8) 너 꽃밭에 살고 나 시궁창에 살았잖아?《여자의 비밀, 70
> 회》你在乐园里生活，我却生活在臭水沟里，不是吗？

"꽃밭"还比喻美女或女人众多的地方。因为花与女人是非常娇嫩的，所以俗语"꽃밭에 불 지른다"字面意义是在花园里放火，可比喻不懂风流的行动，也比喻处事六亲不认，或者比喻正当幸福之时遭遇厄运。

第五，개똥밭。"개똥밭"有两个意义，可以指肥沃的土地，也指到处是狗屎的脏地方，在很多俗语中用的都是"개똥밭"的第二个意义，如"개똥밭에 굴러도 이승이 좋다"意思是不管过得如何低贱，如何痛苦，但活着总比死了强，类似的还有"말똥에 굴러도 이승이 좋다"。而"개똥밭에 이슬 내릴 때가 있다"意思是好日子总会来临的，"개똥밭에 인물 난다"意思是贫贱之地出了大人物，类似的有"개천에서 용 난다"。

第六，"감탕"。"감탕"可以指用阿胶草和松脂熬成的粘着剂，也指溪边和河边泥泞的滩涂。这样泥泞的土地称作"감탕밭、감탕판、감탕논、감탕벌"。与此相关，"감탕칠"指往身上涂抹淤泥。而"감탕질"指性交时女性发出声音兴奋地扭动身体。

5.5.3 农业器具、装备

在某些文化里农业器具具有特殊的文化意义，如锄头、铁锹等农业器械对中国人来说并没有特别的文化意义，但对喀麦隆的Nso人来说，锄头是妇女的日用工具，所以会出现在结婚仪式中，表示血缘关系、女性气质、异性恋、女人与男人的性别/性角色、祖先以及土地的属性(Goheen 1996；M. 尤施卡 2015:31)。

对韩国人来说有些农器具也具有特殊的文化特色，如铁铲、锄头、三齿耙、铁楸、木锹等(如下所示)。这些器具在中国文化里没有特殊意义，不过现代农业的温室、温床在中韩两种文化里都产生了比喻意义。

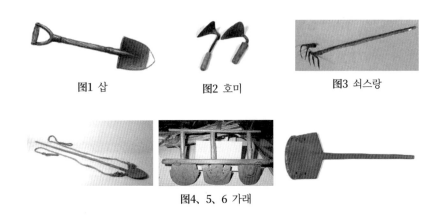

图1 삽   图2 호미   图3 쇠스랑

图4、5、6 가래

图1、2、3、5来自《표준국어대사전》，图4、6来自"e뮤지엄"

5.5.3.1 铁铲

韩国语里铁铲为"삽"，指挖地或挖土的铁铲（见上图1）。过去不论是干农活还是搞建筑，其工作的第一步多是从用铁铲挖土开始的，所以挖第一铲土意味着开工，"첫 삽 팠다"是借具体动作来比喻工程开始，如(9)，汉语一般不用具体动作来表达，而是用"奠基、开工"。

(9) 오늘 드디어 첫 삽 팠다.《별이 되어 빛나리, 123회》今天终于奠基/开工了。

反过来，如果把铁铲收起来则意味着收工或放弃，即使现代社会的工程建设都是机械化的，但这种表达却没有消失。例如，电视剧《운명과 분노, 1회》中，当태인준来阻止태정호在自己的地上建设购物中心时，虽然工地上并没有铁铲只有现代化的大型机械，但他却说道：

(10) 제화공장은 내가 삼년 동안 공들인 거야. 삽 치워라! 쇼
　　핑몰 건설? 웃기지 마. 造鞋厂我已经准备了三年了，
　　把你的家伙什收起来。建购物中心？别逗了！

　　如上，这里的"삽"已失去了具体的基本义，表达的是泛化了的"工具"义。

　　韩国语里还有派生词"삽질"，指挖土的动作，如(11a)，有时用铁铲翻地干活并一定肯定会有成果，所以"삽질"可用来比喻白干活，如(11b-d)，汉语"挖土"没有这种意义，一般用"白费功夫、没有成效、无用功"等抽象表达。

(11) a. 집중 호우로 유실된 둑을 쌓기 위해 군인 장병들이
　　　삽질하고 있다. 因持续的大雨，大堤被冲垮了，官
　　　兵们正在用铁锹进行抢修。
　　b. 매형은 지금 양복점 여직원이랑 혼인신고하고 부부
　　　로 잘 살고 있어. 누나가 지금 매형을 위해서 이러는
　　　것은 완전 삽질하는 거라니까.《월계수 양복점 신사
　　　들, 50회》姐夫现在和西服店的女员工领了结婚证
　　　成了夫妻，现在过得好着呢。姐你现在为姐夫做的
　　　这些都是白费功夫。

c. 일껏 해 놓은 일이 삽질한 결과밖에 안 돼 속이 상했다. 好不容易才干完，却没有任何成效，所以心里很难受。

d. 김 대리는 시킨 일과 거리가 먼, 삽질만 몇 시간째 하고 있다. 金代理一连几个小时做的都是无用功，因为他干的和安排给他的完全不是一码事。

再看下面这一段话：

(12) 불량선배1: 덤벼봐, (약올리듯) 왜? 엄마가 싸우지 말라든? 来啊！(故意让人上火似的)为什么不上？是你妈说不让你打架的吗？

몽 룡: (하늘 한번 보고) 나 정말 조용히 살구 싶었거든요. (看一下天空)我真的是很想安静地生活。

불량선배1: 삽질하네. 야！쳐!《쾌걸 춘향, 1회》少废话！呀！打！

这是电视剧里的一段对话，剧中蒙龙不想与小阿飞打架，但阿飞却说"삽질하네"，译成汉语应该是"少废话"或者"别整些没用的"。

如上，虽然铁锹在普通百姓生活中已经很少出现，但"삽질"这个词却使用频繁，语义已经非常抽象。

5.5.3.2 锄头、三齿耙

韩国语里锄头是"호미"（如上图2）。与锄头有关，韩国有高丽

俗谣《사모곡(思母曲)》，曲中用锄头的刃来比喻父亲的爱，用镰刀的刃来比喻母亲的爱(박갑수 2015:381)。[04]

锄头的作用主要是用来除草或者挖土豆、地瓜，因为一般除草结束后会把锄头清洗收好，所以产生了惯用语"호미를 씻다"转喻七月份除草结束。"호미"在韩国多指小锄头，所以"호미로 막을 것을 가래로 막는다"比喻用很小的力气就能处理的事情却用了很多无用的力气；也比喻本来可以消灭在萌芽状态的事情拖着不解决，导致最后费了很大劲。对农民来说，锄头这些工具都是财产，所以"병신이 호미 훔친다"意思是傻瓜偷锄头，比喻表面上看着缺心眼，但内心却非常关注自己的利益。

韩国语里三齿耙为"쇠스랑"(上图3)，有俗语"쇠스랑 발은 세 개라도 입은 한 치다"，比喻就像三齿耙有三个齿一样，喜欢嚼别人的舌头。

5.5.3.3 铁锹、木锨

韩国语里铁锹为"가래"，虽然有的与中国的铁锹形状近似，但有的却差距较大，如上图4、5所示，这种铁锹需要三人一起合作，一人掌控方向，两人分别往两侧拉，通过这种方式来翻地。与此相关的有俗语"가래 터 종놈 같다"，意思是就像不情愿翻地的下人一样，比喻那些性情粗鲁、没有礼貌，或者对每件事都不满意而故意闷不做声的人。

韩国语里还有木锨(如上图6)，称作"넉가래"，用于铲粮食或

04　这首俗谣转换成现代语言是：호미도 날건마는/낫같이 들 리도 없습니다. 아버님도 어이(兩親) 시지만은/위 덩더둥셩 어머님같이 사랑하실 이(人) 없어라. 아소 님이여, 어머님같이 사랑하실 이 없어라. (박갑수 2015:381)

铲雪，有俗语"넉가래 내세우듯、과부 집 똥넉가래 내세우듯"，比喻做事没有变通的本事却固执地逞能。汉语相关的有"老鼠拖木锨——大头在后面"，比喻事物仅是初露端倪，更大或更重要或更严重的还在后面。

5.5.3.4 温室、温床

在播种时，有的种子可以直接播种，有的则需要育苗。并且在生长过程中，一般需要适当的温度。为保证植物的成长所以出现了"온실(溫室)、온상(溫床)"等农业设施。其中"온실"多用于俗语"온실 속에서 자란 화초、온실 속의 화초"，与汉语"温室里的花"意义一致，比喻生活在安逸环境里没有经历过艰难困苦的人。

"온상"本身产生了比喻意义，比喻某种现象、思想或势力得以成长的基础，如(13)。汉语也有此意。并且"온상"与汉语"温床"都具有消极的语义韵，所结合的定语大多是具有消极意义的"腐败、犯罪、暴力"等词语。其反义词"냉상(冷床)"没有比喻意义。英语"hot-bed"也具有消极的语义韵，如"a hot bed of vice 罪恶的温床"。

(13) a. 범죄의 온상 罪恶的温床
　　　b. 민주주의의 온상 民主主义的温床

在众多植物中，兰花的养育尤其需要合适的温度，所以就出现了"난실(蘭室)"，也指充满兰花香气的房间，相当于"난규(蘭閨)"；"난실"也比喻漂亮女人或善良之人的房间，而"난규(蘭閨)"仅指美女的房间。

5.5.4 开垦土地

韩国语里有汉字词"주경야독(晝耕夜讀)",意思是白天干农活,晚上读书,是用"耕地"这个动作来转喻农业,因为要想种地首先要开垦土地并耕地。这个词语比喻在困难环境里仍然坚持学习,这说明在古人眼里耕种这种生产方式是很辛苦的,所以用农耕来转喻困难环境,但随着社会的发展,"주경야독"的语义已扩大,如(14),意思是白天工作晚上读书。类似的还有"청경우독(晴耕雨讀)"。

(14) 그는 낮에는 직장에서, 밤에는 대학원에서 주경야독하
    는 학구파이다. 他白天上班, 晚上去读研究生, 是个
    昼耕夜读的学究派。

关于开垦土地有很多词语,如固有词"파다、일구다"以及汉字词"개척(開拓)、개간(開墾)、개황(開荒)"等,其中"땅을 파다、일구다、개척"具有比喻意义。

首先,因为耕作最基本的方式就是挖地,所以"땅을 파다"俗指干农业,如(15)。汉语在表示类似意义时,多用"面朝黄土背朝天"来表达,是用人弯腰干农活时身体的空间状态来比喻职业。另外,汉语方言中干农业还称作"啃坷拉",是利用农业的基础"土地、土块"来比喻职业,而韩国语是用干农活时的经常性动作"挖地、刨地、翻地"来比喻职业。

(15) 산지기 내외는 월급 생활보다 땅을 파서 먹는 것이 더
    귀하다고 하면서….《계용묵, 유앵기》看山的夫妇一
    边说与工薪族生活相比, 种地谋生的生活更令人珍

重……

　　因为土地一般种了东西就会长出植物，"땅을 파다"还产生了轻而易举、平白无故地等意义，如(16)。此时，"땅을 파다"多用于否定结构，或者用在疑问句里，表达的都是"没有事情是轻松得到或完成的"这一意义。

(16) a. 우리 땅 파서 장사하는 것도 아니고 이것 말이 안 되
　　　잖습니까?《옥중화, 15회》我们又不是种地白得了
　　　再卖，这不合适吧？
　　b. 사업은 절대 땅 파서 하는 것 아닙니다.《아버님, 제
　　　가 모실게요, 31회》做生意绝不是挖地挖出来的。
　　c. 2호 점은 뭐, 땅 파서 내는 건가?《당신은 선물, 67
　　　회》2号店随随便便地就能开吗？

　　与挖地有关韩国语还有俗语"땅을 팔 노릇"，意思是情况不允许、无法做的事情却固执地去做。因为农业对古代老百姓来说是最平常的工作，所以"땅 파다가 은 얻었다. 挖地时挖到银子"比喻干不起眼的活时获得意外之财。至于挖地是否能得到银子这个疑问，答案好像是肯定的。因为中国的"管宁割席"典故里，就有"管宁、华歆共园中锄菜。见地有片金，管挥锄与瓦石不异，华捉而掷去之"的内容，可见挖地挖到金银不是不可能的事情，但却是非常偶然的事情，所以韩国语里"땅 파다가 은 얻었다"被赋予了比喻意义，即获得意外之财。正因为挖地挖到金银的事情极其罕见，所以韩国语里还有"땅을 열 길 파도 고리전 한 푼 생기지 않는다、땅을 열 길 파면 돈 한 푼이 생기나"，意思是钱不是平白

无故产生的，告诫人们哪怕是一分钱也要节约着花。有时还会有变形，如(17)。

(17) 티끌 모아 태산이야. 땅을 파 봐. 십원 한 장 나오나?
《우리집 꿀단지, 106회》积少成多。你去挖地，看看能不能找到一分钱？

与挖地有关，还有汉字词"개척(開拓)"，指开垦荒芜的土地，使其变成可利用的农田，"개척"还比喻初次找到新的领域、命运或出路，有时可与汉语"开拓"对应，如(18a)；有时与开辟对应，如(18b)。

(18) a. 신문학의 개척 新文学的开拓
     b. 그는 새로운 항공 노선 개척을 위해 노력했다. 他为开辟新的航线而费尽心血。

表达动作"耕地"时韩国语有两个固有词，其中一个是"갈다"，一个是"일구다"。首先看"갈다"，这个词与表示养育的"치다"结合形成了"가르치다"(최창렬　2002/2003:50)，意为教育，这与前面"방목하다"也比喻教育是相通的。"일구다"指翻地使其变成农田，如(19a)；也指田鼠钻地使土堆积于地面，如(19b)。在这两个具体意义的基础上，"일구다"意义发生引申，还比喻引起某种现象或产生某事，如(19cd)，根据搭配汉语一般用"经营、掀起"。汉语"耕耘"一般泛指辛勤劳动，尤其是脑力劳动。

(19) a. 농토를 일구다 翻整农田

413

b. 저것은 두더지가 땅을 일군 흔적입니다. 那是田鼠钻地的痕迹。

c. 평생 일군 회사인데 그렇게 놔둘 수 없잖아요.《내 사위의 여자, 73회》这是(岳父)经营了一辈子的公司，当然就不能这样放手不管了。

d. 그의 예사로운 것 같은 말이 김범우의 가슴에 찡한 파문을 일구었다.《조정래, 태백산맥》他看似平常的话语在金凡宇心里掀起了巨大的波澜。

　　如果对土地不做上述工作而是听之任之，那么土地就会荒芜，韩国语为"황무하다(荒蕪--)"，也比喻文章没有好好润色，非常粗糙、混乱。汉语"荒芜"一般没有第二个比喻意义。

　　韩国语里底肥为"밑거름"，一般在播种或插秧前使用，因为只有底肥肥厚，庄稼才能长得好，在这个意义基础上，"밑거름"还比喻成为某事成功的要因，如(20)，汉语一般用从建筑用语发展而来的"基础"，而不用"肥料"。

(20) 그동안의 경험을 밑거름으로 하여 더욱 공부에 정진하십시오. 你要以积累的经验为基础，更加发奋学习。

　　种植农作物之前一般要平整土地，把土地分出垄沟，韩国语里垄为"이랑"，沟为"고랑"，有俗语"고랑도 이랑 될 날 있다"，意思是艰苦的日子会过去，好运会来临。与沟有关主要有"밭고랑、산고랑、갯고랑"等。

5.5.5 种植

5.5.5.1 播种

韩国语里表示播种的词语是"심다",这个词还产生了四个比喻意义,如下表所示:

[表3]"심다"的比喻意义

	比喻意义	例句	对应汉语
1	比喻使深深扎根于心中。	타인에게 나쁜 인상을 심다 给他人留下了不好的印象;무엇이든지 대충대충 넘기려는 그릇된 관행을 심어 주었다. 让大家形成了不论什么都随便应付的不好的惯习。 부드러운 경찰상을 심다 留下了温和的警察印象;어린이들에게 긍지를 심어 주다 给小孩子们注入自豪感;재소자들에게 갱생 의지를 심어 주었다. 给犯人们输入自力更生的意志;어린이들에게 희망과 용기를 심어 주다 给孩子们带来希望和勇气。	留下、形成、注入、带来、输入
2	比喻给社会带来新思想或新文化。	유럽인들은 미개 사회에 그들의 문화를 옮겨 심었다. 欧洲人将他们的文化植入了未开化社会。	植入
3	比喻为图谋后事而提前将自己人安插在对方集团中。	경쟁 회사에 사람을 심다 在竞争公司安插自己的人。	安插
4	比喻插在定好的框架或对象上。	머리에 머리털을 심다 植发;잇몸에 어금니를 심다 种牙;담장 위에 유리 조각을 심었다. 在墙上插上了玻璃碎片。	植、种、插

如上，"심다"这些比喻意义的产生也证明农业生产中的"播种"对韩国人的重要性。其中第1个意义源于与播种动作和结果相似，既可与积极词汇如"부드러운 경찰상、금지、희망과 용기、갱생 의지"等结合，也可与消极词汇"나쁜 인상、그릇된 관행"等结合，一般不与汉语"种"对应，因为汉语"种下"所结合的两种语言表达与韩国语不同，如(21)。

(21) a. 美好的愿望、脱贫致富的希望、友谊与和平、友谊的种子、象征友好之树、友谊树
　　 b. 苦果、恶果、祸根、病根、矛盾、冲突、罪果、失败的祸因、仇恨(的种子)

韩国语"심다"的第2个意义一般与汉语"植"对应，第3个意义与汉语"安插"对应，第4个意义根据不同搭配，有时可以与"种"对应。

如上，韩国语"심다"的意义已非常虚化，而汉语"种"的语义依然比较具体，并且受汉语语义搭配的限制，不如"심다"的搭配灵活。

韩国语里播种意义还可以用"뿌리다"来表达，一般多用于"뿌린대로 거둔다"，如(22)，意思是自作自受，多用于贬义。

(22) 뿌린대로 거둔다는 말처럼 맞는 말도 없더라.《SKY캐슬, 18회》种瓜得瓜种豆得豆，再没有比这句话还正确的话了。

5.5.5.2 插秧、水利设施

韩国人以稻子为主要农作物，春天下雨时要把育好的秧苗挪到稻田里插秧，称作"모종(-種)"。有俗语"비가 오면 모종하듯 조상의 무덤을 이장해라"，意思是就像下雨要挪苗插秧一样，你把祖坟搬个地方吧。这个俗语之所以用插秧来作比喻，是因为韩国人以稻子为主要农作物，插秧的时间多选在春天下雨时，并且是将育好的苗挪到稻田里再插秧。根据这种农业习俗而产生了上面的比喻，而"비 오거든 산소모종을 내어라"则直接用"산소모종"，意为将坟地像插秧一样挪走。这类俗语的产生与风水思想有关，一般认为如果家里总是出祸患或者子孙不成才，那就是祖坟的风水不好，祖宗没有保佑后代人，出现这种情况，就要迁坟到风水好的地方去。这两个俗语多是对那些总是做坏事的人说的，用的是指责义。

水田需要水，也需要一定的水利设施。其中灌溉水田的设施或围起大坝形成的水渠叫作"보(洑)"，"보"也指这样储存的水，也称作"봇물(洑-)"，其惯用语"봇물 터지듯"多比喻人或事物大量涌出，如(23ab)；有时也比喻感情涌动，如(23c)。在表达类似意义时，汉语用"涌"或"喷泄"，也都与水的运动有关，两者具有文化共性。

(23) a. 경기가 끝나자 관객들이 봇물 터지듯 경기장을 쏟아져 나왔다. 比赛结束后，观众们从赛场上一涌而出。

   b. 정 씨와 관련된 기사들이 봇물처럼 터져 나온다.《동아일보, 2016.11.10》有关郑某的新闻就像决口的水喷泄而出。

   c. 까닭 없는 감정이 봇물 터지듯 솟아올랐다. 心头涌上

一股说不出的感情。

水田里用来引水和排水的通道称作"물꼬"，也比喻某事的开始，如(24)，多用于惯用语"물꼬를 트다"，字面意义是打开水渠，汉语一般用"营造、缓和"。"물꼬"的近义词是"우리구멍"，但没有比喻意义。

> (24) a. 군 당국자는 '회담의 물꼬를 트기 위한 분위기 조성을 위해 북한에 많은 여지를 준 것'이라고 말했다.《동아일보, 2017.07.18》军方负责人谈到："为营造可以进行会谈的氛围，已经给朝鲜提供了很多的方便"。
>
> b. 이젠 이런 식으로 물꼬를 트는 거지.《전생에 웬수들, 40회》现在通过这种方式来缓和关系。

往田里灌水或往器皿里倒水时溢出来的水，称作"벌물"，也指所有溢出来的水，根据水往外溢的这种形象意义，"벌물 켜듯"比喻喝奶或喝酒时乱喝、大喝的样子。与浇水、浇灌有关的词语多与饮水产生关系，这种现象具有语言共性，印尼语的mengairi意为"浇水、灌溉、给水喝"，德语的bejießen意为"浇花、喝酒庆贺"等(黄树先 2012:297)。

5.5.5.3 掐尖、嫁接、插枝

为破坏植物的顶端优势而使植物的侧芽和果枝长得更茂盛，农业上常常将植物的尖端去除，称作"掐尖"，韩国语为"순지르기(筍

---）、곁순치기、눈따기、순따주기(筍---)、순뽕따기、순지름、적순(摘筍)、적심(摘心)、적아(摘芽)"，都没有比喻意义，但汉语"掐尖"多用来比喻攻击、打击、嫉妒优秀的人；现在也比喻学校集中招收尖子生。当然，根据掐尖的结果，还有歇后语"南瓜苗掐尖/小树掐尖——净出杈子、净杈子"，利用了"杈"与"岔"的同音现象。

韩国语里嫁接有"접목(椄木/接木)、접지(椄枝)、접눈(椄-)"等相关表达。其中"접목"比喻使两个以上不同的现象非常协调地结合在一起，如(25)。汉语"嫁接"虽然也可用于类似的比喻意义，但有时多加双引号表示是比喻。"접지(椄枝)"与"접눈"合称"접붙다(椄—)"，比喻天生的性格或习惯成自然难以改变。

(25) a. 강의실 공부와 세상의 변화를 어떻게 접목할 것이냐? 《동아일보, 2016.10.31》怎样才能将教室里的学习与社会上的变化结合起来呢？

b. 새마을 정신을 국제개발에 접목했다. 《동아일보, 2016.10.22》将新农村精神与国际开发"嫁接"起来。

还有一种插枝方法，就是把植物的枝、茎、叶等剪下来插到土里使生根发芽，韩国语为"삽지(揷枝)"，有时比喻干一些不相干的事情，如(26)。汉语"插枝、插条"没有比喻意义，多用"生事"来表达相关意义。

(26) 하라는 일은 안 하고 자주 엉뚱한 데 삽지를 해서 그렇지. 내 마음에 들어온 적 한 번도 없어. 《사랑이 오네요, 2회》让他干的事他不干，总是生出一些没边的事，

我才这样啊。他就没有一次是让我满意的。

英语里也有类似的表达，如propagate意为把压条或接枝安放好，但也比喻繁殖、使蔓延、宣传等意义(帕默尔 2016:88)。

5.5.5.4 除草、稻草人

对搞种植的人来说，草是农作物的敌人，所以要除草、割草，韩国语里与"풀"有关的俗语也多与除草有关，如"풀을 베면 뿌리를 없이하라"，有两个意义，第一个意义比喻不管做什么事情都要彻头彻尾，另外也比喻要根除某种坏事的话，就要除根。汉语"斩草除根"只有第二意义。与除草有关的还有"풀 베기 싫어하는 놈이단 수만 센다"，意思是不愿割草的人光数草捆子的数量，比喻不喜欢工作只期望拥有成果的人。

农民为除杂草会使用很多方法，但是就像俗语"미운 풀이 죽으면 고운 풀도 죽는다"所说，在除去杂草的同时也会使有用的草受到伤害，这个俗语还扩展到一般事物，比喻要想消灭某些不好的事，随之则要付出很多牺牲。

为防止鸟兽来破坏庄稼，农民们会弄一些稻草人放在地里，称作"허수아비"，因为稻草人是假人，发挥不了太大的作用，所以韩国语用"허수아비"比喻只占据位置但却难以发挥作用的人。因为稻草人保护庄稼不是自己的主观意识所为，所以"허수아비"还用来比喻没有主观意志听从他人摆布的人，用于此意义时，韩国语还有近义词"꼭두각시、로봇、망석중、바지저고리"等。汉语有时用"稻草人"，但也用"傀儡"。

5.5.5.5 种植与节气和风向

种植业非常重视时节，韩国语称作"제철"，不合时节称作"철겹다"，不合时节就会招致不好的后果，对这种现象起警示作用的有俗语"철겨운 부채질 하다 봉변 안 당하는 놈 없다"，意思是不合季节地扇蒲扇的人都遭殃了。而"철 그른 동남풍"则比喻需要的时候不来，不需要的时候反而又来了；也比喻说一些不着边的胡话。

时节与历法有关，韩国语里历书称作"책력(冊曆)"，古人主要看着历书来决定农作物的耕作，韩国语还有俗语"책력 보아 가며 밥 먹는다"，字面意义是看历书挑好日子吃饭，言外之意是无法每天都吃得上饭，比喻吃了上顿儿没下顿儿的穷苦日子。

农耕必然要与气候密切相关。例如大麦成熟的季节应该是天气转暖的时候，但任何气候都有异常情况出现，韩国语里表达这种现象用的是俗语"보리누름에 설늙은이 얼어 죽는다"，意思是大麦泛黄的时候年龄不是很大的却冻死了，比喻应该变热的季节反而还很冷。冬季对韩国人来说是比较漫长的季节，其中冬至称作"동지(冬至)"，而十一、十二月合起来可以称作"동지섣달(冬至--)"，因为这个期间是最冷的时候，所以可用来代表冬季。冬天没有闰月，有俗语"윤동짓달 스무 초하룻날 주겠다"，意思是借了钱后在润冬至月的第二十一天还钱，但因为没有润冬至月，所以就是不还钱的意思。

农耕还与风向有关，韩国语有"동풍(東風)"，指春风。风吹之时，草木摆动，对这种现象，韩国语有俗语"동풍 맞은 익모초"，比喻虽然不知道到底是什么事情但却随声附和。与东风有关，还有"동풍에 곡식이 병난다"，意思是谷物成熟的时候却刮起了不合时宜的东风导致农业失败，而"동풍에 원두한의 탄식"意思是辛辛苦苦经营的事情因为意想不到的变故泡汤后发出的感叹，此外还有俗

语"동풍 안개 속에 수숫잎 꼬이듯"意思是就像因东风而卷曲的高粱叶，比喻人心术不正、弯弯肠子多。由此可见，对韩国的农耕业来说，秋天刮东风不是好兆头。此外，韩国语还有"동풍 닷 냥이다"用来嘲弄那些乱花钱的人。

与东风相反，刮南风则有利于作物的生长，反映这一现象的是俗语"마파람에 곡식이 혀를 빼물고 자란다"，相关的还有"마파람에 호박 꼭지 떨어진다"，意思是虽然刮得是南风，但南瓜蒂却掉了，比喻某事起初并没有遇到什么大的障碍但最后却失败了。

5.5.6 收获

5.5.6.1 上义词

韩国语里表示收获有汉字词"수확(收穫)"，也比喻做某事的成果，与汉语"收获"意义一致。固有词"씨받이"可以指收获植物种子或接生动物，但更多地指为延续家族的血统而让别的女人代孕或给别人代孕的女人。用于此意义时，还有相对的"씨내리"，指男人无法生育时，而让别的男人来使自己妻子怀孕，或那样的男人。

韩国的主食是稻米，稻米收割时过去都用镰刀，与此相关有俗语"다 된 농사에 낫 들고 덤빈다"，意思是收获结束后却又拿着镰刀冲了上来，比喻事情都完成后却无谓地插嘴、多管闲事。水稻是古代韩国农民的主要财产来源，如果无钱要赊酒喝，一般会承诺秋天用"벼"来还，所以这样的酒也就有了名称"볏술"。

5.5.6.2 气候与收成

气候会关系到收获的次数，在韩国一般一年能收获两次，即"一年两熟"，称作"이모작(二毛作)、양모작(兩毛作)"，这两个词可以用来比喻人生，如(27)，汉语多用"第二人生、第三人生"。

(27) a. '인생 2모작' 아무나 하나. 창업은 아무나 하나? 你以为"第二人生"是谁都可以的？创业是谁都可以的吗？

   b. 백세 시대에 인생은 일모작 안 돼요.이모작, 세모작 준비해야지요.《우리 갑순이, 47회》现在是百岁时代，人生不能一次就结束了，要准备我们的"第二人生、第三人生"。

气候关系到收成的好坏。如果一年的收获颇多称作"풍년(豐年)"。与丰收有关的俗语有"풍년 개 팔자"，类似于"오뉴월 댑싸리 밑의 개 팔자"，比喻悠闲、无事可做的好命。"풍년 두부 같다"比喻人胖乎乎的很好看。而"풍년에 못 지낸 제사 흉년에 지내랴"意思是在有利条件下都不做的事情在不利条件下更没必要做了。

"풍년"的反义词是"흉년(凶年)"，也比喻某种产物出的特别少，或事物所得非常不起眼，如"보리 흉년이 들다 大麦收成不好"。

造成凶年的原因很多，但其中气候状况的影响非常大，代表性的就是大旱或水灾。韩国语里大旱有汉字词"대한(大旱)"，大旱时人们唯一的愿望就是盼望甘霖下降，所以俗语"대한의 운예(雲霓)"用大旱盼甘霖来比喻渴望某事发生。七年大旱的人们渴求程度自然更深，所以俗语"대한 칠 년 비 바라듯、칠년대한에 대우(大

雨) 기다리듯[바라듯]" 比喻非常渴望。而 "칠년대한 단비 온다"
意为久旱逢甘霖。韩国过去代表性的凶年是朝鲜高宗13年(1876)的
大旱，因为这一年是丙子年，所以有了俗语 "병자년 까마귀 빈 뒷
간 들여다보듯"，意思是就像凶年时乌鸦在空空如也的厕所前转悠一
样，比喻带着一丝希望伸头露脑地转悠着等待的样子。

　　过去，适逢大旱时一国之君就要举行祈雨活动，韩国历史上
祈雨都在 "북방토룡단(北方土龍壇)" 上举行，也简称作 "북단(北
壇)"。国君出行自然有很多士兵做保卫工作，与此相关有俗语 "북단
거둥에 보군진 몰리듯"，意思是国君去北坛进行祈雨活动时，因为
地形狭小，所以步兵急速跑步前进，比喻因某事而紧急集合、现场
嘈杂混乱的样子。

　　除了大旱，还有水灾，韩国的雨季主要集中在七月，因此有了
"칠월 장마는 꾸어서 해도 한다"，比喻雨季按部就班地来临。如
果雨季经久不歇就会引起水灾，韩国语为 "구년지수(九年之水)"，
水灾之日自然盼望天晴，盼望太阳和星星出来，所以有了俗语 "구
년지수 해 바라듯、구 년 홍수에 볕 기다리듯"，比喻极度渴望，
而 "구년지수 해 돋는다" 则比喻长久以来渴望的事情终于实现。俗
语 "칠년대한에 비 안 오는 날이 없었고 구 년 장마에 볕 안 드는
날이 없었다" 比喻困难终究会过去。

　　在凶年岁月里粮食是最金贵的，因此俗语 "흉년의 곡식이다"
比喻物以稀为贵。但根据物以稀为贵的道理，即使是再好的东西，
如果多了就会变得不值钱，反映这一思想的是 "흉년의 떡도 많이
나면 싸다"，意思是即使是凶年的糕，多了也不值钱。并且在凶年时
饭给谁吃就成了问题，一般情况下，不分大人与孩子，大家都靠喝
粥来苟延残喘，所以就有了俗语 "흉년에 죽 아이도 한 그릇 어른
도 한 그릇、어른도 한 그릇 아이도 한 그릇"。但世界上的母爱是

伟大的，与此相关有了俗语"흉년에 어미는 굶어 죽고 아이는 배터져 죽는다"，比喻歉收的年份粮食不足，饭都给了孩子吃，而大人却挨饿；也比喻当吃的东西不够时，又哭又闹的人能吃上东西，相反的人则吃不上东西。韩国语还有俗语"흉년에 한 농토 벌지 말고 한 입 덜라"，意思是年月不好的时候，与其买地不如减少一个吃饭的人。

粮食不够吃的时候，会有政府或个人发放救灾物品，韩国语称作"구황(救荒)"，但是领取救灾物品这件事情本身并不是大家所乐意见到的，所以与此相关就有了俗语"보름달 밝아 구황 타러 가기좋다"，意思是去领救灾物品的时候月亮非常明亮，所以行走方便，比喻不想去干某事的时候，但条件却差强人意地准备好了。

遇到凶年时，老百姓为了破灾，会产生迷信思想而去寻求巫术，因此有了俗语"칠 년 대흉이 들어도 무당만은 안 굶어 죽는다"意思是七年凶年，只有巫婆不会饿死，比喻人越穷越迷信。遇到凶年，人们自然也渴望这样的年月赶快过去，如"흉년에 윤달"意思是凶年时时间应该赶快过去才行，但却遇上闰月，使生活更穷，比喻雪上加霜；"흉년에 밥 빌어먹겠다"意思是遇到凶年的话该讨饭吃了，嘲笑那些做事非常慢、没有手腕的人或那样的处事方式。

5.5.6.3 季节与收获

季节关系到庄稼的生长与收获时间。韩国七月雨季来临之时，庄稼活基本结束，草木繁盛，小牛犊可以尽情吃着青草休息，所以"칠월 송아지"比喻命好享福的人。

过了夏季，秋天是收获的季节。韩国人的主要农作物是水稻，

秋天广阔的田野里水稻成熟的样子韩国语用汉字词"황운(黃雲)"来比喻，中国北方以小麦为主要农作物，所以汉语"黄云"主要指小麦的颜色，[05] 有时也用"泛起金黄色的麦浪"，在颜色上是一致的。与中韩两国相反，西方人却将麦子与白色相连，据德国文学家海勒(2017:201)说，西方语言里白颜色的得名源于他们最重要的食用植物——麦子，例如德语里"白色(weiß)"和"麦子(weizen)"在语言上近似；英语中分别为"white"和"wheat"；瑞典语中分别为"vit"和"vete"。

人类饮食除了主食、蔬菜，还有水果。草莓是夏季的产物，冬天就没有了草莓，所以俗语"동지 때 개딸기"，意思是渴望过了季节难以获得的东西。不过随着农业技术的发展，现在也出现了冬季上市的反季节草莓，但语言的滞后性并没有使这个俗语消失，另外，俗语的意义已不再单纯是字面上的意义，因为其比喻意义的存在使这样的俗语仍然充满活力。

虽然秋天粮食充足，但到了来年春天，粮食储存量减少，粮食就会物以稀为贵，因此韩国语有俗语"가을 식은 밥이 봄 양식이다"，比喻有盈余的时候不要浪费才不会招致后来的窘困。虽然有这样的俗语给人以警戒，但过去由于生产技术落后或灾年的出现，经常会出现春天粮食不足的情况，所以韩国语有了"보릿고개"，意思是储存的粮食吃完了但大麦还没成熟，所以这一时期人们的生活就比较难过。类似的还有"감잣고개"，指储存的粮食都吃光了，但新土豆还没有成熟而导致粮食不够的时候。[06] 韩国语是用具体的食物，

---

05 汉语"白草黄云"多形容秋季时边塞的荒凉景象。如唐·权德舆《赠老将》诗："白草黄云塞上秋，曾随骠骑出并州。"

06 土豆是高寒地区(江原道)的主要农产品。

如大麦、土豆来比喻粮食不够，汉语多用与农作物颜色有关的"青黄不接"来表达。

韩国语还有"보리누름까지 세배한다"，意思是一直到大麦泛黄成熟的四五月份还来拜年，指形式上的礼节过头了。

收获谷物时，一般要将谷物去壳，韩国语称作"바심、타작(打作)"，如果是打谷子则称作"조바심"。谷粒非常小，所以打谷子时格外费心费力，在此基础上，"조바심"这个词产生了感情意义，比喻小心翼翼、焦躁不安的心情(김미형 2012:197)。但《표준국어대사전》将其标注成了同音异义词"조바심01、조바심02"。

如上，农业生产不同季节有不同的事情，需要根据季节来合理安排农事。韩国语里季节有固有词"철"，此外还引申出两个意义，分别指一年中最适合做某事的时间或正合适的时节。韩国人在指一个人懂事时用合成词"철들다"，也就是说如果人像季节一样能够分辨不同的时节并及时调整自己的行为，那就是懂事了(조현용 2017:231)。

5.6 农业与性格

上面我们讨论了大农业下面的渔猎、种植业的各种相关要素及相关语言表达的意义。那么生产方式的异同会影响到人的性格吗？

首先，看相同的生产方式对人的影响。

人类学家瑞德菲尔德(2013/2015:136-137)提到"有的部族与其他部族在谋生方式和方法上虽然相近，但在恪守的道德准则和对世界的看法上却很不相同。"这种现象虽然不是没有，但对(耕种的)农民来说，他们却具有相似的性格特点，并且不论他们所处的时代、地区多么遥远。

至于为什么世界各地从事种植业的农民会产生这种相似性，可以从种植业的特点去解释。前面我们已经从农业生产要素(土地、农器具)、生产劳作(开垦土地、种植、收获)等方面分析了种植业的特点，正像瑞德菲尔德(2013/2015:144)所说："从事于耕作的生活环境易于促使不同地区的农民们对于生活中的重大问题持大体相同的态度"，例如，种植业农民一般都重视劳作、讨厌城里人(148页)；都鄙视经商的人(148页)，中国古代商人就排在"士、农、工"之后。这也可看作是地理环境影响人类生活的一个扩展。当然，但这并不代表这些不同地区的农民们在所有具体的每一个重大问题都持完全一致的态度(144页)。

其次，看不同生产方式对家庭形式的影响。

种植业与牧业是两种不同的生产方式，这也使农民、牧民的生活方式出现了不同，例如恩贝尔(2016:43)就认为"或许是由于小孩在农场能够发挥更大的用处，因而汉族农民家庭要比牧民养育更多的小孩。当然，内蒙古的汉族农民与牧民每户都不只是一个小孩。较之于内蒙古的汉族农民，牧民所需的合作劳动较少，因此牧民更可能远离亲戚独自一家人居住，而较少有传统家庭"，这是从生产方式来解释家庭形式。

第三，看不同生产方式对人的影响。

赫伯特·巴里(Herbert Barry)、欧文·蔡尔德(Irvin Child)和玛格丽特·培根(Margret Bacon)提出："在畜牧社会和农业社会里，未来食物最可靠的保证是坚持既定的放牧和耕作常规，因为一旦失误就会影响一年的食物来源。但是，在大多数渔猎社会中，一时失误只会影响一天的食物来源。因此，墨守成规就不是那么必要了，就有可能鼓励个人的创造性活动"（转引自C·恩伯、M·恩伯，1988:65）。这是对畜牧和种植农业社会以及渔猎社会进行了比较，受生产方式的制约，相对于渔猎社会的人容易从事创新活动来说，畜牧和种植农业社会更容易墨守成规，更务实。

但是，畜牧业与种植业毕竟也是两种不同的生产方式，罗伯特·埃杰顿（Robert Edgerton）对东非四地牧民和农民的人格差异的比较研究发现，牧民比农民更喜欢公开地表现侵犯性。他认为，由于农民必须与他们固定的邻居合作才能生活下去，他们的生活模式便要求他们把自己的感情，特别是怀有敌意的感情压抑下去。而游牧者却与此相反，他们能够更容易地摆脱矛盾环境，因此他们并不那么依靠一组固定的个人，他们不仅能够公开地表现侵犯性，而且这种侵犯性甚至还可能具有适应性。因为侵犯性强的人在因抢夺牲畜而发生的遭遇战中获胜的机会可能更大（转引自C·恩伯、M·恩伯，1988:453）。例如美国南方人要比北方人更加暴力，杀人率更高，但这些杀人多与争吵和矛盾有关，与名誉受损有关（Nisbett 1993）。美国南方人的这种名誉文化与历史上他们的畜牧经济有关，因为过去在法律不健全的时候，牧民要想保护自己的财产就得经常使用武力（Nisbett 1993；Nisbett & Choen 1996）。

同样的观点也出现在瑞德菲尔德（2013/2015:164）的论述中，他通过对三个不同时代不同地区的农民的研究以及与众多的人类学家的讨论后发现："农村生活的特征，就其总体上来说，很可能更倾向于把一个农民的气质改变成沉稳、低调、不富于侵略性。"另外，他还提到农民"对性爱和婚姻的态度上也充分体现出了克制、含蓄、平静、得体的特点。他们在这方面绝不表现出放纵或任何变态。（160页）"农民的这种态度还表现出了超时代、超地区的特点。对中国人来说，农业生产则培养了中国人知足常乐的基本文化精神（费孝

通 1946:12）。这种思想还表现在"구전문사(求田問舍)"上，意思是农民的心思都在自己用于安身立命的土地房屋上，而这种典型的农民思想太追求现实，因此这个词还比喻没有远大志向，这适用于中韩两种文化。

尼斯贝特(2017:35-36)通过对比古代中国与希腊的生产方式发现，适合农业生产的国家的人们因为生存和生产的需要而形成了和睦相处、互相协作的关系，尤其是以水稻种植以及需要灌溉的地方；而像希腊这种临海的山脉国家便于狩猎、放牧、渔猎和贸易，这些行业对合作的要求较低，不要求群体的稳定性。希腊固定的农业生产比中国晚了2000多年，并且很快被商业化了。所以希腊人对合作、和谐的关系的需要低于中国人。

根据上面的分析可以发现，相同的生产方式会形成相似的性格，而不同的生产方式会造就不同的文化心理沉淀和性格文化。这样形成的民族文化一旦形成，就会被代代传承下来，即使随着社会的发展，即使生产方式已在某种程度上发生变化，但其所形成的民族性格特点、精神文化却不会马上发生改变。

이어령(2002/2011:77-78)曾提到：韩国的养蚕业比较发达，过去韩国人的生活曾以蚕为中心，例如切桑叶的时候要分是在大麦秸秆上切，还是在案板上切；如果用案板，还要分案板是松木的还是槐木的，因为不同的材质会影响蚕的质量。此外，在蚕旁边还不能捣米，不能痛哭，如果家里有丧事也要把哭丧这一环节省掉。女人如果是生理期或者挨了婆婆的骂心情不好的时候都不能出入蚕室，否则就出不了蚕茧。也就是说，养蚕的这些禁忌间接地培养了人的品性。所以韩国古代在招儿媳妇时，如果是养了七次蚕的女人，就会背着她回来；如果是养了五次蚕的女人，就会拉着她的手回来；如果是养了三次蚕的女人，就不要。也就是说，养蚕时间长的人品

性好。

综上所述，农业生产对人的性格、品性的培养有非常重要的影响。

第四，看生产方式与生活区域对人的影响。

上面已提到农民一般讨厌城里人，并且与城里人相比，"所有的农民都由于觉得自己比城里的士绅们贫穷和粗鲁而不免觉得自己要低人一等"（瑞德菲尔德 2013/2015：167）。"农民在几千年的漫长岁月中就其总体的情况来说是变化不大的，甚至在某种意义上农民的状况是有点定型化了。……不断扩延的年代里，农民则变得越来越'土'。也就是土里土气和土生土长，一辈子生在什么地方，最后是死在同一个地方，不迁不移，不进不退。"（170页）

正因为生活环境、生产方式形成了农民的这种特点，所以韩国语里与农民有关的词语和与城市人有关的词语都产生了意义截然相反的比喻意义。

此外，韩国作为一个半岛国家，地形多山、多丘陵，山地众多，是小规模农耕，且多是需要很多人手的稻米生产，再加之以多变的气候，所以形成了韩国人早起劳作的勤劳性格以及韩国人的急性子(이규태 1983/2011(3)：285)，因为不在规定的时间内完成相应的工作，就会受到自然的惩罚。自然环境对农业的控制力越强，人类对自然力量就越会产生迷信和无力感，而这也造成了韩国土俗宗教以及其他宗教的盛行，这也是造成韩国人压抑性格的原因之一。此外，半岛国家周围海域非常辽阔凶险，所以韩国语里有"바닷길이 반죽음、바닷길은 저승길의 절반"类俗语，所以这也让韩国人难以去探索海洋并形成海洋思想和文化(이규태 1983/2011(3)：197)。

农业生活的定居性也培养了韩国人对血缘、地缘的重视，对离别的抗拒，也培养了韩国人重感情的性格特点。

5.7 小结

大农业可细分为狩猎、渔业、种植业与牧业。与狩猎渔业有关的表达这里主要分析了工具，渔猎的产物——野生动物与鱼类以及种植业的产物——食用植物等详见作者的《韩国自然文化语言学》。从前面众多的野生动物和鱼类表达，可以发现，渔猎在过去是韩国人非常重要的生产手段。

与狩猎有关的"덫、치이다、함정、올무、올가미"等词语都产生了消极意义，汉语的"陷阱、圈套"等也都具有消极意义，这些消极意义的产生与相关事物或动作的具体特点密切相关，同时也因为这些事物和行为反映的是欺诈思想，与儒家文化所倡导的核心思想相违背，是受儒家文化所抵制的，这种文化因素也影响了词语的语义引申。与钓鱼有关的汉语"钓"以及韩国语里与钓鱼有关的相关表达也具有消极意义，这种意义的出现与"钓"这类动作的基本义有关，也与中韩两国传统的儒家思想有关，相反，英语的"fish"就没有这样的消极意义。与渔场有关的"어장관리(漁場管理)"还被用来比喻恋爱关系中的恋爱技巧。

中韩文化里都用畜牧业和种植业用语来比喻对人的治理和教育，但是韩国语还用"农事、耕地"来比喻教育和管理人，汉语没有类似用法。与种植业有关，土地、农具以及农业生产的一系列行为——开垦土地、插秧、掐尖(嫁接、插枝)、除草、收获等都被韩国人赋予了比喻意义，且具有很强的民族性，很多表达在汉语里并没有产生特殊意义。农耕还与气候和季节有密切关系。

不同的生产方式最终养育了不同性格的人，农耕与畜牧等生产方式对个人和民族性格的养成起到了很重要的作用，这些因生产方式而塑造的性格也被继承到了现在，形成了某种程度上的性格文化。

　　从数据来看，与住居和出行语言相比，与农业有关的汉字词的占比比较低。另外，惯用语主要集中于狩猎与渔业中，种植业中出现的惯用语很少，俗语出现非常多，因为俗语很多与经验有关，而种植业是最需要经验的领域，所以种植业出现大量俗语是非常正常的，而狩猎与传统方式的打鱼偶然性因素很大，所以相关的俗语非常少见。

第六章

政治、法律与语言

6.1 引论

　　不同时代、不同社会有不同的政治制度和法律制度。韩国古代的政治法律制度都以中国的儒家思想为根基，韩国传统社会将政治与儒家思想结合在一起始于高丽光宗(949-975年)、成宗(982-997年)施行科举制度以及创设国子监。朝鲜王朝的建国指导思想是儒家思想，朝鲜初期时，儒家思想就已经渗透到朝鲜人民生活的方方面面(韩基宗 1992:25-30)。

　　中国儒家思想对韩国所产生的影响一直延续至今。虽然随着韩国封建专制国家的消失，韩国已经没有了王、贵族与平民等身份之分，封建制度下的国家管理和法律等也都已经消失，但这些文化却在语言里被大量保留了下来，并被赋予了新的时代意义。此外，随着社会的发展，与韩国现代社会制度有关的部分用语也产生了特殊意义。

6.2 封建社会制度

封建社会制度下主要涉及一些重要的人物，如王与内侍、贵族与平民，也涉及一些重要事件，如官员的选拔、进贡制度等。封建社会特别强调人的身份，与此相关产生了特别的文化形式。

6.2.1 王与内侍

韩国语里王位为"왕좌(王座)"，有很多近义词，[01] 但只有"왕좌"可以比喻最高的位置，如(1a)，汉语一般用"宝座"。当上国王为"등극(登基)"，也有很多近义词，[02] 但只有"등극"产生了比喻意义，比喻登上某个领域的最高位置，如(1b)，汉语一般用"顶端、顶峰"等。欧洲皇帝登基的仪式称作"대관식(戴冠式)"，韩国语也用作比喻，如(2)，汉语多用"戴上……桂冠"。

(1) a. 바둑계의 왕좌에 올랐다. 荣登围棋界宝座。
b. 국제 대회 정상 등극 登上国际比赛的顶端/顶峰
(2) 16일 스켈레톤 대표 윤성빈이 … 압도적인 우승은 '썰매 황제'의 화려한 대관식이었다. 《동아일보, 2018.01.19》
16日俯式冰橇代表尹成彬以绝对优势胜利戴上了"雪橇皇帝"的华丽桂冠。

韩国语里皇帝为"황제(皇帝)"，尊称有"만승지존(萬乘之

01　近义词有"어좌(御座)、옥좌(玉座)、보좌(寶座)、보탑(寶榻)"。
02　近义词有"등위(登位)、등조(登祚)、즉위(卽位)"。

尊)、만승천자(萬乘天子)",此外有 "예황제(-皇帝)" 比喻舒舒服服的王,俗语 "예황제 부럽지 않다" 反映了老百姓如果生活安乐也就别无所求的心态。不管怎样,皇帝毕竟是一国之首,所以可用来比喻最好的东西,如俗语 "약초 중의 황제 하수오" 意思是何首乌是药之王。而 "황제、제왕(帝王)、여제(女帝)" 也用来比喻在某个领域最杰出的存在,如美国滑雪运动员肖恩·怀特被称作 "스노보드 황제 숀 화이트",第一名也被称作 "제왕의 자리 帝王之位",如(3a)。"여제" 也有此类用法,如(3bc)。汉语一般不用 "皇帝、女帝" 等表达,而多用 "女神"。

(3) a. 유리 포드라드치코프(30·스위스)에게 제왕의 자리를
     넘겨줘야 했다.《동아일보, 2018.02.15》不得不把冠
     军之位让给Louri Podladtchikov。
   b. 빙속 여제 冰上女神
   c. 감성 여제 感性之神

王的妻子称作 "왕후(王后)",皇帝的妻子为 "황후(皇后)",皇帝的母亲或前任皇帝的妻子称作 "황태후(皇太后)",可比喻不可一世的人,如(4),汉语可以直译。

(4) 이거 봐요. 다들 사장 사돈 앞에서 벌벌 떠니까 자기가
   황태후라도 된 줄 알고 이러는 것 아니야?《우리집 꿀단
   지, 107회》看看吧。你们在社长亲家面前这样不敢言
   语,所以她觉得自己好像成了什么皇太后似的,才这
   样,不是吗?

韩国语还有汉字词"왕(王)",除了指封建社会的最高爵位,此外还通过隐喻发生了语义的引申,可比喻头领,或者擅长。在比喻头领时,汉语有时也用"头、头头",这也是隐喻意义。这种隐喻进一步发展,韩国语"왕"发生了词缀化现象,发展出两个前缀,一个后缀,如下所示:

[表1]"왕(王)"的词缀形式

词缀	意义	例词
왕06(王)-	更大的	왕개미 大蚂蚁、왕게 大螃蟹、왕느릅나무 大榆树
	很大的、很粗的	왕겨 粗糠、왕모래 粗纱、왕소금 粗盐、왕자갈 大石子
	非常严重的	왕가뭄 严重干旱、왕고집 非常固执
왕07(王)-	成为爷爷辈的	왕고모 祖姑、왕고모부 祖姑父、왕부모 祖父母
-왕08(王)	在一定领域或范围内成为首领的人或动物	발명왕 发明大王、싸움왕 打架大王、저축왕 储蓄大王、컴퓨터왕 计算机大王

如上所示,韩国语三个词缀中,只有后缀"-왕08(王)"能与汉语"大王"对应,韩国语也有汉字词"대왕(大王)",但指去世的先王或德高望重的王,虽然无法与汉语"大王"对应,但也可以做定语修饰事物,如"대왕 오징어 特大鱿鱼、대왕 핫도그 特大热狗"。由此可见,韩国语里用表人的词来比喻事物的现象很突出。

汉语"王"在书面语里也表示辈分高的,如"王父",用法与"왕07(王)-"不同;"王"还表示"最强的",如"王牌"。从认知上来看,韩国语"왕"的这些词缀意义与汉语"王"的语义变化都是通过隐喻实现的。

韩国语的"왕"还继续发展,可修饰动词、形容词,如(5),也

就是说，韩国语的前缀"왕06-"语义已经非常虚化。汉语"王"没有这样的语义变化。

(5) a. 왕부담되는 자리라 안 돼요.《빛나라 은수, 9회》这个
位置让人超级有负担，我不行。
b. 그 집 할머니 왕무서워요.《빛나라 은수, 17회》那
家的老太太可吓人了。

汉语里的"帝"有时也可用作类词缀，如"考证帝、私奔帝、打包帝、特长帝、表情帝、真相帝、黄牌帝、激动帝、语言帝、听证帝"等，这些表达的出现源于敏感事件投射命名，是根据某个偶发事件投射到其中主要参与角色上的方式进行的(刘亚琼 2012:13)，并且之所以选择"帝"，与其帝王义所具有的"最高/强"的意义有关，这种语义可能与参与者的能力、水平或程度有关，有的与参与者的危害性或影响性有关，"帝"也满足了人们追求夸张效果的心理需求(刘亚琼 2012:17)。这与韩国语汉字词"왕(王)"的语义发展是一致的。与"황제、제황、여제、여왕"等有性别之分相比，词缀化了的"왕(王)07-、-왕(王)08"和汉语的"X帝"都没有性别之分。

作为国王理应遵循的道理称作"왕도(王道)"，"왕도"也指以仁德为根本治理天下的道理；还指做某件困难事情的简单方法，如(6)，汉语用"捷径"。

(6) 모든 공부에는 왕도가 없다. 所有学习都没有捷径。

封建社会宫廷里还有一类人是"太监"，韩国语称作"내시(内侍)、내관(内官)"，虽然随着封建社会的消失，这类人也已销声匿

迹，但现在"내시"这个词却常用来指称有男性生殖缺陷的人。例如，电视剧《월계수 양복점 신사들, 9회》中，当성준听说복선녀要撮合自己与이동숙时，赶忙表示反对，说自己是非常有名的人物，并且是处男之身，不会随便找个女人结婚的，于是복선녀说道：

(7) 에, 가죽잠바, 혹시 혹, 내시야?《월계수 양복점 신사들,
9회》哎，皮夹克，你不会是，不会是太监吧？

韩国语里与"내시"类似的还有"고자(鼓子)"，指生殖器官不全的人，相关的俗语有"고자 처갓집 가듯[나들듯/다니듯]、내관 처가 출입하듯"，比喻虽然经常出入但却没有什么实际内容或好处。"고자"的相反词是"고녀(鼓女)"，指生殖器官不完整的女人。

由于太监的嗓音与众不同，所以有了俗语"고자 힘줄 같은 소리"，比喻用尽力气压低嗓子而发出的声音。与"내관"有关，有俗语"내관의 새끼냐 꼬집기도 잘한다"，比喻那些不公开说但却用含蓄的方法来讽刺他人的人。太监这个职业从一般人的角度来看，是比较悲惨的，所以就有了俗语"공궐 지킨 내관의 상"，意思是王出宫后独自守着王宫的太监，比喻哀愁满面、凄凉的表情。

6.2.2 贵族与平民

韩国高丽、朝鲜时期贵族的称号为"양반(兩班)"，虽然韩国已没有了贵族阶层，但这个词的适用范围扩大，成了多义词，如下表所示：

[表2] "양반"的意义

	意义	例子
1	指稳重、有礼貌的人。	그분은 행동거지 점잖은 거며 몸가짐 바른 거며 그야말로 양반이지. 那一位行动举止稳重且端庄，是名副其实的两班/绅士。
2	对他人称自己的丈夫。	우리 집 양반 我们家那一位
3	对男人的一般称呼。	젊은 양반, 길 좀 물어봅시다. 小伙子，问一下路。
4	比喻事情或状况很好。	그래도 전보다 양반되더라. 옛전에 바스 한 장도 못 빨아 입거든.《왕가네 식구들, 47회》但是现在与以前相比已经好多了。以前连裤衩都没得换洗啊；사람들한테 거짓말하고 강의하는 진숙이에 비하면 나는 양반이야.《내 사위의 여자, 59회》真淑在大众面前演讲、撒谎，与她相比，我算好的了；심부름 정도는 양반이지.《사랑이 오네요, 61회》跑跑腿这算是好的了。

如上，"양반"的前三个意义都与人有关，虽然辞典上规定指男性，但现在已失去了性别之分，如(8)，这里提到的"양반"指的是女人。此外，"양반"还比喻事情或状况，语义已非常虚化。

(8) 회장님, 아니, 니 엄마, 참 독한 양반이었어.《미워도 사
  랑해, 12회》会长，不，你妈妈是个很严厉的人。

因为两班也分为不同级别，所以就出现了"반열(班列)、반차(班次)、반항(班行)"，指品阶、身份、等级的序列，其中"반열"仍然用于现代日常生活，如(9)。

(9) 작가 반열에 올랐다. 登上文坛成为作家。

韩国语里平民为"평민(平民)、서민(庶民)、백정(白丁)"等，其中"백정"在韩国历史上指高丽时代可以直接耕作的没有职级的一般农民，也指属于庶人阶层的闲人，由于没有土地，不被看作可以算一个人的"丁"。"백정"也指朝鲜1425年赋予贱民阶层的称号，也被称作"신백정(新白丁)"。随着社会的发展"백정"开始指屠夫，[03] 如(10)。

(10) 나 그냥 손가락질 안 당하고 살고 싶었거든. 백정의 새
    끼라구.《별이 되어 빛나리, 123회》我只是想过得好
    一些，不让别人指指点点说我是杀猪的小崽子。

除了"백정"，过去韩国还有"상놈(常-)、천민(賤民)"，也都属于身份低下的人。因为下层百姓什么都比较随便，不太计较礼仪等，所以"상놈"还指没有规矩、没礼貌的人，而"발간 상놈、벌건 상놈、빨간 상놈、뻘건 상놈"的贬义则更胜一筹。

不同的阶层有不同的特点，贵族一般要摆谱装斯文，表现这一特点的俗语很多，如(11)，这些都反映了普通百姓对贵族某些行为特点的嘲讽。因为平民忙于生计，无暇顾及这些外在的东西，反映这种对比的有俗语"빨간 상놈 푸른 양반"。

(11) a. 양반은 얼어 죽어도 겻불은 안 쬔다
    b. 양반은 물에 빠져도 개헤엄은 안 한다
    c. 양반 김칫국 떠먹듯

---

03 关于屠夫，韩国语还有"도가(屠家)、도살자(屠殺者)、도수(屠手)、도아(屠兒)、도인(屠人)、도자(屠者)、도한(屠漢)、백신(白身)、재인(宰人)、칼잡이、포정(庖丁)、포한(庖漢)"等词语。

d. 양반은 안 먹어도 긴 트림

不同阶层有不同的礼节，贱民不能对两班有无礼的言行。电视剧《옥중화, 48회》就对这种现象进行了刻画，剧中出身低下的종금自恃是贵族윤원형的宠妾，所以对윤원형的女儿신혜大加训斥，这让正妻정난看到后，정난先给了她一个大嘴巴，并厉声喝道：

(12) 니 년이 어떻게 신혜를 학대를 하는 거냐?...니 년이 정
     말 죽으려고 환장을 했구나. 니 년이 아무리 못 배웠다
     하나 반상의 도리를 무시하고 천한 것 주제에 감히 양
     반 앞에서 뭘 하는 것이냐? 니 년을 강상죄로 포도청에
     발걸음해야 정신 차리겠느냐.당장 신혜한테 잘못을 인
     정하지 못하겠느냐?...한 번만 이 따위로 무리하게 굴면
     나 니년의 주리를 틀고 말 게다. 你怎么竟然蔑视信慧
     啊？……你是疯了想找死啊。就算你没文化，也不能
     这样无视班常礼仪啊？以一个低贱之躯竟敢在两班面
     前这样？非得以纲常罪之名把你扭送衙门，你才清醒
     是吧？你现在马上向信慧认错。……你要再敢对信慧
     不敬的话，我定不饶你(就给你上杖刑)！

如上，朝鲜时期如果以下犯上就会触犯"纲常罪"。虽然法律禁止普通百姓正面挑战贵族，但下层百姓会私下对贵族官员做出评论，称作"하마평(下馬評)"，这个词是日本汉字词(박갑수2015:347)，过去马夫们在自己做官的主人进入官衙工作后，就会聚在一起对这些官吏们品头论足，因此才产生了这个词语，现在多用来比喻与官职移动或官职候补有关的各种传闻，如(13)。

(13) a. 새 정부 구성을 앞두고 하마평이 무성하다. 对新政
府领导班子的构成有很多传闻。

b. 외부인사 영입에 대한 목소리도 나오고 있다. 하마평
에 오르내리는 인물은 김병준 국민대 교수다.《동아
일보, 2017.06.06》也有意见说要引入外部人士，而
被提到的人物是国民大学教授金秉俊。

　　不同阶层的生存方式不同，与此相关有很多俗语，其中"상놈
의 발 덕 양반의 글 덕"意思是贵族依靠学识生存，平民靠脚走肩
扛来生存。"양반은 가는 데마다 상이요 상놈은 가는 데마다 일이
라"意思是日子过得好的人到哪儿都受尊敬，但过得困难的人不论
到哪儿都得干活受累。正因为如此，所以贵族与一些物件是不相配
的，如"양반 지게 진 것 같다"意思是两班与背架无缘，所以不知
怎么背，因此会显得很不相配，现在多用来嘲笑样子不合适或做事
很不熟练。"상놈의 살림이 양반의 양식이라"意思是平民辛辛苦苦
的劳动所得就是贵族的粮食，用来讽刺贵族依靠平民的辛苦来享受
荣华富贵。

　　尽管如此，仍有一些俗语反映出普通百姓对贵族生活的向往，
如(14a)，意思是贵族的孩子从小就不一样，即使小时候不怎么样，
但最后都会成才。不过俗语(14b)的比喻和对比很有意思，这里用猫
来比喻贵族损人利己，而用猪来比喻下层百姓愚钝悲惨。这与韩国
文化里猫和猪所具有的消极性象征意义一致。

(14) a. 양반의 자식이 열둘이면 호패를 찬다.

b. 양반의 새끼는 고양이 새끼요 상놈의 새끼는 돼지 새
끼다

不同阶层的思想观念也有很大不同，例如，现代社会的阶层分类中有一类人是"소시민(小市民)"，指介于劳动者和资本家之间的小商人、手工业者、下级公务员、下级工薪阶层。小市民有自己特有的思考方式，韩国语用派生词"소시민적(小市民的)"来表达，指大体是浮动的或中间型的，如"소시민적 발상 小市民似的想法"。电视剧《다시, 첫사랑, 39회》中，谈起会长的位子会不会被儿子抢走时，两个员工之间有了下面的对话：

(15) 직원1: 설마요?대표이사 아들인데.不可能吧，代表理事是儿子，（怎么可能把父亲拽下来啊？）
　　팀장: 이러니 평생 소시민에서 벗어나지 못하지. 야, 경영권은 핏줄이 무슨 상관이야?所以说，你一辈子也不过就是个小市民啊。哎，经营权与血缘有什么关系啊（即使是自己的父亲，该拽下来就得拽下来）。

如上，"소시민적"所表达的意义一般具有消极性。

6.2.3 官员的选拔制度

6.2.3.1 科举考试

韩国受中国儒家文化的影响也曾长期举行科举考试，称作"과거시험"。韩国科举考试分为"초시(初試)、복시(覆試)、어전시(御殿試)"三级，其中"초시(初試)"，主要在"자(子)、묘(卯)、오

（午）、유（酉）"的前一年的秋天举行，初试合格的人次年春天在首尔参加"복시（覆試）"，合格者再参加"어전시（御殿試）"（두산백과）。

科举考试的地方是"과장（科場）"，考试结束称作"파장（罷場一）"。"파장"的语义已发生变化，可以指以"-장"结尾的"백일장（白日場）、시장（市場）"的结束，也指聚会快结束了，或那个时候。

虽然不同朝代考试内容有所不同，但科举考试的内容一般是"四书五经"，所以"四书五经"是过去韩国读书人的必读书目。与此相关就产生了很多故事。从前有个农夫学习《大学》，因非常痛苦所以就又回去种地了，种地时因耕牛不听话，他就说道：《대학》을 가르칠까 보다. 看来得让你学《大学》了。"由此产生了俗语"대학을 가르칠라"，比喻笨人说笨话，而在朝鲜语言里，还比喻要给别人苦头吃。这与中国古代"罚人吃肉"的故事有异曲同工之妙。而与懒人有关，有俗语"사서삼경을 다 읽어도 누울 와（臥）자가 제일"，意思是虽然熟读四书三经，但"臥"字最好，多是懒人偷懒时说的话。

在具体的考题上，有时会有关于时政问题的问答讨论，称作"대책（對策）"，或者指高官写给王的答状，现在"대책"主要指应对某事的计划或手段。

关于试卷，中国从宋代开始，科举考试时在答卷的右端写上应试者的姓名、出生年月日、住址等借此来封考卷（百度百科），这种方式也被韩国所借用，韩国语称作"봉미（封彌）"与"미봉（彌封）"。虽然科举考试已退出历史舞台，但"미봉"依然发展出了比喻意义，比喻临时把事情的漏洞或做坏的地方含糊、掩盖、弥补过去，如（16）。韩国语还有"미봉책（彌縫策）"，也写作"미봉지책"，指掩耳盗铃式的临时对策，如（17）。

(16) a. 과실을 미봉하다 掩盖过失

　　 b. 이번 일은 어떻게 미봉했지만 다음이 문제다. 这件
　　　　事不管怎样算是捂住了，但下一步怎么做是问题。[04]

(17) a. 미봉책에 그치다/불과하다/머물다 这不过是权宜之计

　　 b. 미봉책을 내놓다/쓰다 拿出临时对策

　　 c. 북방의 정세가 다급하다 보니 미봉책으로 택하신 것
　　　　이라 짐작은 하고 있습니다. 《대군, 7회》北方的局势
　　　　危急，所以她这用的是临时对策，我已经猜到了。

　　进行试卷评阅时一般会将最好的答卷放在其他试卷的上面，称作"압권(壓卷)"，这个词也意味着最好的书或作品，也指某本书或作品中最好的部分，汉语"压卷"也有此意，但韩国语"압권"还适用于其他内容，如(18a)，这里指摄影最好的部分；第三个意义比喻多个中间最突出的，如(18b)，指活动最精彩的部分。

(18) a. 눈동자 움직임까지 잡아 압권. 《문화일보, 2018.02.06》
　　　　连眼珠的转动都被捕捉到了，这是最好的部分。

　　 b. 그날 행사의 압권은 선생님의 장기 자랑이었다. 那
　　　　一天活动最精彩的部分是老师您的拿手戏。

　　科举考试宣布成绩称作"放榜"，而取消放榜韩国语称作"파방(罷榜)"，惯用语"파방(을) 치다"比喻整理过去的生活，如(19)。

(19) 서울 살림을 파방 치고 부산 가서 우선 자리를 잡은 뒤

04　《표준국어대사전》将这个意义标注成了同音词"미봉03(彌縫)"。

에….《염상섭, 짖지 않는 개》把首尔的生活整理好去釜山立住脚后……

此外，与"파장、파방"有关，还有俗语"파장에 수수엿 장수、파방에 수수엿 장수"，比喻错过机会、现在没有任何用处的人或那样的状况。

因为初试是最重要的关口，所以韩国语里"초시"发生了转喻，可以转喻第一次考试合格的人，因为这样的人都懂汉文、有学识，过去也用来转喻懂汉文的有知识的贵族两班。因此有了俗语"초시가 잦으면 급제가 난다"，比喻事情的征兆多了，就必然会产生某种事情。义同于"번개가 잦으면 천둥을 한다"。三次考试如果全部通过，称作"급제(及第)"，如果不中，称作"낙방(落榜)、낙제(落第)"。虽然科举考试已消失，但是这些称呼却仍然具有生命力，并且产生了其他意义。

"급제(及第)"指在考试或检查中合格，而"낙방"可以指在考试、招工、选举等中没有成功，如(20)。"낙제(落第)"也有此意，如(21a)；"낙제"也指无法升学或晋级，如(21b)；"낙제"还比喻没有达到一定标准，如(21c)。与"낙제"有关，还有"낙제점(落第點)"，比喻不合标准，如(22)。

(20) 낙방의 고배를 마시다 品尝落榜的苦酒。

(21) a. 필기시험에는 합격했지만 실기 시험에는 낙제를 하고 말았다.虽然笔试合格，但是操作考试中竟然落榜了。

　　b. 그 친구가 한 해 낙제를 해서 남들보다 한 해 늦게 졸업을 했다.那个朋友留级一年，所以比其他人晚毕

业了一年。

    c. 숙녀와의 약속에서 불성실한 태도를 보인다면 그건
      낙제야. 如果在与年轻姑娘的约会中表现出不诚实
      的态度，那就是不及格。

(22) 다만 그 동안 공급된 시니어주택은 안정성과 신뢰도 측
      면에서 낙제점을 받으며 수요자들에게 외면을 받아왔
      다.《동아일보, 2016.10.22》但是之前供应的老人福利
      住宅由于在安定性和信任度上不合标准，所以没有受
      到有需求人群的青睐。

    因为科举考试关系到一个人的仕途命运，所以大家都祈求科举及第，如俗语"걷는 참새를 보면 그 해에 대과를 한다"意思是看到麻雀走路就会科举及第，比喻看到稀奇事情的话就会命运亨通。不过反过来看的话，也说明了科举及第的难度。但也有一些异于常人的人，如"과거 전에 창부"，意思是在科举考试合格之前就开始带着妓女玩乐，比喻事情成功前就忘乎所以、行动轻率、犯糊涂。过去并不是所有人都想考科举，所以有了俗语"과거를 아니 볼 바에야 시관이 개떡"，意思是如果不参加科举考试的话，考试官一点用没有，比喻只要与自己无关，不管对方多么有权势、手握大权，也一点不害怕。

6.2.3.2 落点选拔与捐官

    韩国朝鲜时代在选拔二品以上的官员时，先由"이조(吏曹)"推荐三个候选人，然后国王在合适的人选名字上圈点，表示该人当选，这种官员选拔制度因此被称作"낙점(落點)"，虽然这种官员制

度已经消失，但"낙점"却仍然存在，如(23)。

> (23) 증권금융은 지난해 사장 선임 때도 금융위원회 상임
> 위원 출신인 정지원 사장이 낙점을 받아 논란이 됐
> 다.《동아일보, 2016.10.22》证券金融在去年的社长选
> 任时，曾任金融委员会常任委员的郑志远当选社长，
> 就引起了很多争议。

在过去，还存在捐官一说。例如《红楼梦》第十二回，秦可卿死后，为了把丧事办得风光些，贾珍就用一千二百两银子给儿子贾蓉捐了一个官。捐官不仅在中国古代存在，在韩国也存在，不过韩国有的是用粮食来捐官，因此在嘲笑这样的人时韩国语用"보리동지(--同知)、맥동지(麥同知)"，如(24)。另外，"보리동지"还用来嘲笑有些迟钝、单纯、不太聪明的人，之所以产生这种意义，应该与捐官的人有关，因为这样的人多是科举不中的人，而科举不中的人在人们眼里可能就是不太聪明的人吧。

> (24) 그는 보리동지 주제에 위세를 떤다. 他的官是捐来的，
> 还嘚瑟的不得了。

韩国语里"보리동지"与"맥동지"都是麦子之意，从这两个词可以猜测，韩国人捐官时捐的是麦子，由此可见，虽然现在韩国人的主食是大米，但在过去，水稻栽培[05]不发达的时候，韩国人食用

05　C. 恩伯、M. 恩伯(1988:161)提到：水稻栽培需要一个复杂的灌溉和水利控制系统、各种各样的专业化设备、一整套界限分明起着不同作用的社会经济结构——从地主、佃农和劳动者的作用到磨坊主和米商的作用。所以在过去，水稻栽培要比小

更多的还是麦子，所以捐官的时候能够捐出去的也是家里储存量最多的粮食——麦子。

6.2.3.3官员分类

韩国语里"벼슬"指到官衙担当处理国家大事的人，或那样的事情，现在俗指一般机关或单位的一定职位，日常生活里多用来表达不满之意，并且多用于反问句，如(25ab)；有时也用于肯定句，但表达的是反语意义，如(25c)，译成汉语是"好东西"，也有反语意义；有时韩国语虽然是肯定句，但汉语要译成反问句，如(25d)。

(25) a. 뭔 벼슬하고 왔다 먼저 눕겠다는 거야?《내딸 금사월, 11회》你以为是干了什么大事了啊？回家先躺尸？

b. 임신은 무슨 벼슬이야?《최고의 연인, 39회》怀孕还是什么了不起的事吗？

c. 광장시장에서 사채하는 것들이야. 그래, 돈이 벼슬이다. 벼슬이다.《아이가 다섯, 1회》你们这些在广场市场放高利贷的东西，对，钱是好东西啊。好东西。

d. 큰 벼슬했다! 뭘 잘했다고 퉁퉁거려? 집안망신 혼자 다 시켜놓고.《최고의 연인, 69회》你以为干了什么惊天动地的事情，是吧？你以为你做的挺对，是吧？还这样耍脾气。把一家人的脸都丢尽了。

麦和大麦的种植要求更高。

一个官衙内的首领称作"대신(大臣)",这也是个统称词,不管部门大小,都有一定的权利,所以就有了俗语"대신 댁 송아지 백정 무서운 줄 모른다、대신 집 강아지 범 무서운 줄 모른다"比喻依靠别人的权力而狐假虎威。朝鲜语里还有"홍당지쪽(紅唐紙-)",因为过去官员们都要带着牌子,文官一般拿"홍패(紅牌)",所以武官们嘲笑文官叫作"홍당지쪽"。

下面主要看一下与官阶有关的表达。韩国自古至今已经历了很多朝代,不同朝代有不同的官阶,并且即使官名相同,官阶也不一定完全相同。这里提到的官阶主要是朝鲜时期的官阶,重点是看不同官阶的一些日常生活特点以及老百姓对这些官员的看法,借此来分析相关的韩国语与韩国人的思想。

首先,汉语有"县官不如现管",强调的是比县官更基层的人对老百姓来说更紧要。如果再拿县官与高官大员相比,高官更加脱离老百姓的生活,几乎无法与之产生密切联系,所以与高官产生的语言表达并不是很多,相反与县官有关的表达非常多。

韩国语里与县官类似的官阶是"원(員)",指朝鲜时代的"수령(守令)"。"원"的敬语是"원님",另外,一般百姓和下级官吏称呼自己辖区的"원(員)"时也尊敬地称呼"사또(使道▽)"。虽然县官官职不大,但因为直接管辖老百姓,与老百姓的生活息息相关,因此与其相关的俗语就特别多。如下表所示:

[表3] 与县官有关的俗语

	俗语	意义
1	원 내고 좌수(님) 내고	家里出了很多大人物。
2	원의 부인이 죽으면 조객이 많아도 원이 죽으면 조객이 없다	县官的老婆死了，很多人为了讨县官的喜而来吊丧，如果县官死了，就没有吊丧的了，比喻世上人心都随着利益而走。
3	원을 만나거나 시주를 받거나	要么有县令或者施主的帮助，否则无法成事。
4	원(도) 보고 송사(도) 본다	既见了县令又打了官司。
5	원님도 보고 환자(還子)도 탄다	既见了县令又借了粮食。
6	원님과 급창이 흥정을 하여도 에누리가 있다	即使是县官和衙役讨价还价也肯定有底线。比喻在讨价还价时肯定有底线。
7	원님에게 물건을 팔아도 에누리가 있다.	
8	원님이 심심하면 좌수 볼기를 친다	比喻穷极无聊冲好惹的人找茬。
9	사또 걸어 등영고(登營告)	指没有胜算的行为。
10	사또 떠난 뒤에 나팔 분다/행차 뒤에 나팔	马后炮、作揖作到腚后头。
11	원님 덕에 나팔[나발] 분다	因为和县官同行所以被敲锣打鼓地欢迎，比喻沾别人的光受到礼遇而耀武扬威、装腔作势，狐假虎威。
	사또 덕분에 나팔 분다	
12	사또 행차엔 비장이 죽어난다	裨将为给县官出巡做准备而忙得要命，指因上司或他人的事情而受累。
	감사가 행차하면 사또만 죽어난다.	
13	사또 덕에 비장(裨將)이[비장 나리] 호강한다	跟着县官出去裨将也受到礼遇，指依附他人而沾光。
14	사또님 말씀이야 다[늘] 옳습지	是下属对上司的话进行讽刺时说的话；当看到有人总是固执己见时，不愿继续争论而退一步时说的话。

如上，16个俗语共分了14组。从内容来看，因为县官也是地方官，所以俗语1指家里出了大人物，而俗语2、3之所以产生，是因为当官有钱有势，对自己有帮助，如果没有有权势的人帮助，就无法成事，因此县官死了就没人来吊丧了。类似的还有"좌수(座首)의 상사라"。汉语一般用"太太死了压断街，老爷死了无人抬"。俗语4、5都比喻一举两得，类似的还有"뽕도 따고 임도 보고[본다]"。其他很多俗语都与县官、衙役、罪犯发生关系，也就是说这都与县官的工作内容密切相关。

这些俗语还经常用于日常生活中，例如第11组俗语中的"원님 덕에 나팔[나발] 분다"就经常用于生活中，如：

(26) a. 회장님께 좋은 속담을 배웠습니다. '원님 덕에 나발 분다.' 였던가요? 아들은 나발을 팔아먹었고 아버지는 알면서 쉬쉬했는데 과연 다른 회원사들이 가만있을까요?《불야성, 1회》我曾从会长您那儿学了一个很好的俗语，是"靠着县官出巡吹喇叭"来吧。儿子把喇叭卖了，但是父亲明明知道却装糊涂，那么其他会员公司(如果知道了)会坐视不管吗？

b. 원님 덕에 나발 분다고 며느리 안사돈한테 김장 백포기나 시키고 동네 인심쓰는 여자 대한민국 너밖에 없을 거다.《불어라 미풍아, 30회》都说靠着县官出巡吹喇叭，你(仗着自己是婆婆，所以)让儿媳妇她妈给你腌100棵泡菜，还到处分给别人，你这样的女人可能整个韩国也没有第二个了。

第二，做大官的人一般被认为是优秀的人，会成为称赞的对象，而做小官的人一般被认为是比较普通的，则会成为被贬低的对象。

例如，"정승(政丞)"是韩国朝鲜正一品高官，多用于俗语中，如"정승 날 때 강아지 난다"意思是有优秀的人出现，就必定有不优秀的人出现。而"죽은 정승이 산 강아지만 못하다"有两个意义，一个意义与"산 개 새끼가 죽은 정승보다 낫다"同义，意思相当于汉语的"死皇帝不如生叫化"；此外，这个俗语还有一个意义，指再优秀的人如果不再发展，就没有任何拿得出手的东西，就难以抵挡一直发展的人。所以在韩国"정승"可以说是优秀的代名词。

"풍헌(風憲)"指朝鲜时代在"유향소(留鄉所)"这类机构里管理"면(面)"或"이(里)"[06]的人，有俗语"되놈이 김 풍헌을 안다더냐"，用来批评那些不认识地位高的人并侮辱对方的人。

朝鲜时代来往于"주(州)、부(府)、군(郡)、현(縣)"与"면(面)"之间跑腿的人，称作"면주인(面主人)"，因职业所需，这样的人一般都能说会道，所以俗语"오래 해 먹은 면주인(面主人)"用来嘲笑那些周旋于许多人中间，见人说人话见鬼说鬼话的人。

"패두(牌頭)"是朝鲜时代隶属于"형조02(刑曹)"的低级衙役，主要工作是为犯人行刑打屁股，如"이것은 형조 패두의 버릇이냐"意思是你怎么像邢曹的牌头那样打人？用来批评随便打人不对。

"천총(千摠)"是朝鲜时代各军营的正三品武官，"파총(把摠)"是朝鲜时代各军营的正四品武官，因为四品官官职较低，所以有了俗语"파총 벼슬에 감투 걱정한다"，意思是一个小小的把总却总担心自己的乌纱帽，比喻担任了没有什么了不起的工作后大肆宣扬还做一些无谓地担忧。而"천총 내고 파총(把摠) 낸다"比喻一会说这一会说那，但至于为什么产生这种意义不得而知。

06　韩国语里的"면(面)""이(里)"是地方行政机构，相当于中国的"县""乡镇"。

"참봉(参奉)" 指朝鲜时代各官衙里的从九品官员，因为是最末端的官员，是跑腿打杂的，因此产生了 "땀참봉(-参奉)、물참봉(-参奉)"，比喻被水浸湿的样子，用来嘲笑湿乎乎的人。而 "길나장이(-羅將-)" 指首领外出时引路的人，常用来嘲笑那些无事在街上闲逛的人。

过去还有微服私访的御史，因为穿戴与普通人无异，得不到别人的尊重，所以产生了 "어사상(御史床)"，意思是给御史准备的饭桌，主要用来嘲笑那些看不起人而给准备得非常差的饭菜。

第三，官阶越高权力越大，来请求帮忙的人就越多。如 "병조판서(兵曹判書)" 是朝鲜时代兵曹的一把手，正二品官员，俗语 "병조 판서 집 활량 나그네 드나들듯" 意思是就像到兵曹判书家来请求安排工作的人川流不息一样，现在多用来比喻出入频繁。

第四，高官厚禄带来的必然是责任与繁忙的公务，难以像普通百姓那样享受平凡的日常生活。与官职有关的一些俗语表达了这种思想。上面提到的与 "정승" 有关的 "정승도 저 싫으면 안 한다"，意为即使是高官厚禄，如果我不喜欢，那就没什么好的。再看 "평안감사"，这是朝鲜时代从二品官员，是负责管理当时八个行政区域之一的 "평안도" 的一把手，相当于中国一省之长，让人艳羡不已，但即使如此，也有不艳羡的时候，如 "배부르니까 평안 감사도 부럽지 않다、내 배 부르니 평안 감사가 조카 같다" 比喻对饥饿的人来说，最重要的是吃饱肚子，也比喻在过去吃饭是最重要的问题。而 "평안 감사도 저 싫으면 그만이다" 则比喻不管是什么好事，如果当事人不喜欢，那就无法强求。

再看朝鲜时期承政院的一把手 "도승지(都承旨)"，有俗语 "시청하는 도승지가 여름 북창 밑에서 자는 사람만 못하다"，意思是都承旨天天去服侍皇上，这种生活还不如夏天在窗沿下睡觉的人

呢，比喻与其做官天天处理公务不如在自己家里过舒坦日子。

第四，官职不同业务不同，过去的"이방(吏房)"是朝鲜时代掌管人事的部门，有俗语"두메 앉은 이방이 조정 일 알듯"，意思是就像居住在穷乡僻壤的吏房了解朝廷大事一样，比喻四门不出的人反而很了解外面的事情。"찰방(察訪)"指朝鲜时代负责各道驿站的从六品地方文官，有"잔디찰방"，意思是守护墓地草地的人，是死后被埋葬的委婉表达。

6.2.3.4 官员的到任与离职

韩国语里最先在任的官吏叫作"구관(舊官)"，现在多用于俗语"구관이 명관이다"中，比喻不论什么事情，经验丰富或者熟悉的人会干得更好.

例如，电视剧《최고의 연인, 43회》中，离婚的儿媳妇피말숙为了不让나보배嫁给自己的前夫，所以对前婆婆说了这样一番话：

(27) 어머니 서운하게 이러지 마세요. 뭐니뭐니 해도 구관이
     명관이라고 조강지처가 최고예요. 보배가 들어와서 살
     림을 잘 할 것 같아요? 천만에요.《최고의 연인, 43회》
     妈，您不要这样，我会很伤心的。不管怎样，俗话说
     "旧官比新官好"，还是糟糠之妻我最好啊。宝贝进了
     这个家门，她能把这个家料理好吗？不可能的。

高丽末期、朝鲜初期卸任的官员叫作"한량(閑良)"，这个词在不同年代有不同意义，朝鲜后期还指没有做官经历的武官合格者，也指没有一定职务、整天玩乐的两班贵族。现在多用来比喻能花钱

能玩的人，如(28)。而俗语"한량이 죽어도 기생집 울타리 밑에서 죽는다"比喻人平时所具有的本色或行为一直到死都不会变的。

(28) 그는 놀기 좋아하는 한량이다. 他是个专好吃喝玩乐的 花花公子。

6.2.3.5官吏的评价与处置

前面第一章"1.2.4.9"中已经分析了"백비탕(白沸湯)"，韩国语里用"백비탕 수본이라"比喻随意任命或罢免官员并从中渔利的办事方式，是官吏评价中出现的不正当行为。再如俗语"원님은 책방에서 춘다"，这里"책방"指负责首领秘书事务的地方，这里的人说县官很好，意思是只有熟悉的人才能真正地说明一个人的价值。与县官的评价有关，过去"원(員)、감사(監司)、병사(兵使)、수사(水使)"等首领处理公事的核心建筑是"동헌(東軒)"，在这些地方称赞自己的首领，那肯定都是冠冕堂皇的话，所以俗语"동헌에서 원님 칭찬한다"比喻没有实际内容的称赞或只是为了称赞而称赞。"원님은 책방에서 춘다、동헌에서 원님 칭찬한다"这两个俗语讲的是事物的两个方面，一方面熟悉的人给予的称赞是最真切的，另一方面因为互相熟悉所以受身份、地位高低的影响，又很可能出现为讨好上司而进行称赞，那么就是名不符其实的称赞。

对官员的评价除了能力的差异之外，经常被提到的就是"忠臣"与"贪官污吏"的区别。

首先看忠臣。韩国语有俗语"충신의 편도 천명 역적의 편도 천명"，意思是成为忠臣是天命，成为逆贼也是天命，比喻世上万物都不是人力所能为的，都受命运的左右。虽然这种观点正确与否不

得而知，但至少说明过去不管什么朝代都有忠臣、廉臣，也不乏逆贼、贪官。

对清廉的忠臣，韩国语称作"청백리(清白吏)"，如(29a)。因为清廉所以生活就非常艰难，与此相关的俗语是"청백리 똥구멍은 송곳 부리 같다"，比喻因为清廉，没有财物，所以非常艰难。此外有时还有派生词"청백리적"，如(29b)。

(29) a. 지난해 깨끗한 공무원으로 선정된 그는 …청백리
집안의 자손이었다.被选拔为清廉公务员的那个人
是……清廉之家的后代。

b. 내가 집을 하사하는 것은 백성들이 그대의 청백리적
삶의 자세를 보고 느끼게 하고자 함이다.《동아일보,
2014.07.19》[07] 我赐给你房子是为了让百姓对你的
清廉有所感触。

韩国语还有俗语"충신이 죽으면 대나무가 난다"，意思是忠臣死后，在原地会长出象征高尚节操的竹子。也就是说忠臣廉臣虽然生前受苦，但死后却会获得万世景仰。

第二，看贪官污吏。有清廉的，就有不清廉的，过去称不清廉的官吏为"탐관(貪官)、오리(汚吏)、묵리(墨吏)、탐리(貪吏)"，有俗语"탐관의 밑은 안반(安盤) 같고 염관의 밑은 송곳 같다"，意思是贪官的屁股胖得就像案板一样大，而清官的屁股瘦得一点肉都没有，就像锥子一样。

有受贿的就有行贿的，韩国语里行贿可用"기름칠(--漆)"来

---

07 [여행, 나를 찾아서]조선시대 행정달인의 청빈한 삶 생생

表达，这个词的本义是用油做成的漆，也指上油、抹油，现在用来指行贿，如(30)。德语里也有类似的表达，并且对象更加具体，是用"j-m die Hünde schmieren 往手上抹油"来比喻收买某人(김수남 2003:206)。汉语没有类似用法。

(30) 꼬마 강은 파출소 직원들에게 미안하다고 하면서 기름
칠을 한다.《황석영, 어둠의 자식들》小个子姜对派出
所的人一边说对不起，一边给他们好处。

现代社会对贪官污吏有纪检、公检法部门来处理。但在封建专制国家王拥有至高无上的权利和对他人的生杀予夺大权，如果大臣犯了罪就要等候王的处分，这称作"석고대죄(席藁待罪)"，有时也称作"석고대명(席藁待命)"，封建专制制度虽已消失，这两个表达仍然存在，如(31)。

(31) 하라는 대로 하겠습니다. 석고대죄하라면 하겠고 만배
를 하라면 하겠습니다.你让我干什么我就干什么。你
让我负荆请罪也行，让我磕一万个头也行。

为官之人不全心全意为人民服务有多种表现，其中之一就是打着考察的旗号用公款去游山玩水，韩国语对这种行为进行嘲笑时，用"유산여행(遊山旅行)"。

第三，如果犯了罪自然要接受处置。韩国语有俗语"뺨(을) 맞을 놈이 여기 때려라 저기 때려라 한다"，意思是要挨耳光的人却说扇这儿扇那儿，用来嘲笑那些犯了罪应该受罚的人不乖乖等着处分，反而自己提要求。

过去官员受到的非常普遍的处置就是"폄하(貶下)"，主要指政绩不好的首领被降级，此外，"폄하"的适用范围发生扩大，还比喻价值被贬低，如(32)。此外还有"좌천(左遷)"，即降职。

　　(32) 그 화가의 나이가 어리다고 해서 그의 작품까지 함부로
　　　　 폄하할 수는 없다.不能因为那个画家年龄小就胡乱贬
　　　　 低他的作品。

　　降级或降职之外，还有一种方式为"귀양"，即流放，其原型是汉字词"归乡"，后来发生形态变化成了"귀양"。有俗语"귀양이홑벽에 가렸다"，意思是流放地不在别处，就在一墙之隔的地方，比喻灾祸总是在近处，所以要万事小心才是。而"귀양(을) 가다"俗指从很高的地位上被降到很低的位置。另外，"말만 귀양 보낸다"意思是把话流放了，但实际指的是话虽然已经说了，对方却没有反映，所说的话就成了白说了。

　　与流放有关，韩国语还有"정배(定配)"，指将罪人流放到地方或岛上去，一段时间内过着受监视的生活，但即便是这样的出行，如果说去又不去了也觉得有点失落，俗语"정배도 가려다 못 가면섭섭하다"，比喻想去哪儿结果没去成而感到很失望。

　　有时犯罪之后还会挨打，但做官之人自有逃脱罪责的方法，很多会花钱买人来代自己挨打，这种代人挨打的人称作"대경주인(代京主人)"，俗语"대경주인을 보았나"即由此而来，意思是没家的人会到处碰壁、挨无数的打，过得非常艰难。此外还有俗语"삯매모으듯"，意思是就像收钱替别人挨打一样，比喻做非常不情愿的事情。

6.2.4 进贡制度

过去还存在进贡制度，韩国语为"진상(進上)"，指向王或达官贵人进献珍贵的东西或土特产，近义词有"진봉(進奉)"。

在选择贡品时，一般要先由官员进行检查，用来检查的东西称作"간색(看色)"，即样品，而样品肯定要选最好的，所以有了俗语"썩은 공물이요 성한 간색이라"，比喻样品比实际的东西要好。因为是进贡的物品，所以非常珍贵、重要，与此相关产生了很多俗语，如下表所示：

[表4] 与进贡有关的俗语

	俗语	意义
1	진상 가는 꿀병 동이듯	比喻非常小心翼翼地捆绑某种东西。
2	진상 가는 꿀병[봉물짐] 얽듯	
3	진상 가는 송아지 배때기를 찼다	比喻因为做了无谓的事情而遭到祸患。
4	진상 퇴물림 없다	比喻没人讨厌给自己送礼。
5	진상은 꼬챙이에 꿰고 인정은 바리로 싣는다	意思是给王的进贡用东西串着，而给地方官员的进贡却是一大驮，比喻人们更倾向于巴结与自己有直接利害关系的人，也可比喻下级官员反而更有权势。
6	인정은 바리로 싣고 진상은 꼬치로 꿴다	
7	코 아래 진상	比喻给人行贿。

如上，这七个俗语分别讲了与进贡有关的不同方面。其中俗语1-3从两个方面讲了贡品的珍贵。俗语4-7都与一般人性有关，也从侧面反映了为什么行贿受贿是自古至今未决的难题。并且通过俗语5、6可以知道，好东西一般都被用来行贿了，而直接用于进贡的东西反

而不一定质量好，所以"진상"还产生了另外一个意义，俗指外表一般、质量不好的东西。

6.2.5 身份地位与仪仗

身份地位除了表现在服饰之上，也可表现在其他一些装饰品之上，例如，因为王是一个国家至高无上的代表，所以王的出现就与众不同，最特别的就是要有很长的仪仗队，前面要锦旗飘飘，队伍前列的旗称作"용대기(龍大旗)"，而王头顶上还要打着一种仪仗用的伞，称作"일산(日傘)"，这种伞本来是遮阳伞，后来被用作王的仪仗器具，也作为过去贵族、官员赴任时打的仪仗伞。

因为旗、伞这两种东西都是比较特殊的，因此产生了与此相关的俗语，其中"용대기 내세우듯"比喻因为有点小才能，所以动不动就卖弄一番。旗子随风飘扬时固定旗子的绳子就会绷紧，所以俗语"온몸의 힘줄이 용대기 뒤 줄이 되었다"比喻人极度紧张、兴奋的状态。"벼슬하기 전에 일산 준비"意思是在科举及第前就开始准备只有官员才能用的仪仗伞，比喻在不知事情会进展到什么情况之前，就像事情已经成功了一样做准备。

过去大臣作为使臣出访一般都要带着"符节"，韩国语为"부절(符節)"。符节多用石、竹、玉做成，一分两半，一半放在朝廷里，一半由使臣带着作为身份的证明，两半合起来就是完整的一个，所以产生了俗语"부절을 맞춘 듯하다"，比喻正好相配。

6.3 民主共和社会制度

6.3.1 共和国

与封建专制相对的就是实行共和政治的国家，称作"공화국(共和國)"。中国为"中华人民共和国"，韩国摆脱日本统治成立的国家也是共和国，韩国语的"공화국"现在经常用来比喻某种事物非常多，如：

(33) a. 술 공화국、먹거리 공화국
　　 b. 감투 공화국
　　 c. 아파트 공화국、학원 공화국
　　 d. 아이디어 공화국
　　 e. 소년 공화국
　　 f. 성형 공화국、압수수색 공화국、보복 공화국、고소
　　　 공화국
　　 g. 26일 청와대 국민청원 사이트에는 '한국은 살인공
　　　 화국입니까? 안전하게 살고 싶습니다'라는 제목
　　　 의 청원글이 등장해 눈길을 끌고 있다.《아주경제
　　　 2018.10.26》
　　 h. 김웅 검사가 밝힌 대한민국이 '사기 공화국'으로 불
　　　 리게 된 배경은 본 방송에서 공개된다.《한국정경신
　　　 문 2018.10.24》

如上，韩国语里"공화국"可结合的范围非常广，可以是食

物，如"술、먹거리"；可以是服饰，如"감투"；可以是空间、机构名词，如"아파트、학원"；可以是抽象事物，如"아이디어"；可以是人，如"소년"；还可以是表达事件或行为的动词性名词，如"성형、압수수색、보복、고소、살인、사기"等。汉语"共和国"没有这样的用法。

6.3.2 万岁

韩国人庆祝独立时所喊的口号是"대한 독립 만세"，现在这个口号经常被用来比喻获得自由或表达极度高兴的心情，如(34)。

> (34) 세희 엄마 '땡자 잡았다.' 두 다리 딱 뻗고 만세 부르며 살아.《그래 그런 거야, 41회》世姬她妈，你就想自己发大财了，(现在)舒舒服服地伸开腿喊着万岁高高兴兴地享受生活吧。

6.3.3 民主投票

民主共和国家代表性的制度之一就是选举制，有选举权的人选举时记录自己意愿的东西称作"표(票)"，"표"的本义是可以作为证据的凭证。与选举有关的"표를 던지다"转喻行使选举权，如(35)。

> (35) 저도 아버지 반대쪽에 표 던졌습니다.《다시, 첫사랑, 97회》我也把票投给了(爸爸)您的反对方。

6.3.4 总统

韩国的"대통령(大统領)"也是选举制的产物，是代表一个国家的国家元首。但在韩国却有"문화 대통령"，指的是韩国嘻哈音乐歌手"서태지"，这种表达的意思是"서태지"统领了韩国的文化。韩国还有家具品牌为"가구대통령"，意思是家具之王。有时也可以单独使用，如(36)。也就是说，"대통령"可用来强调水平高，是用最高职级来比喻最高水平。这与前面"6.2.1"中所分析的"황제(皇帝)、제왕(帝王)、여제(女帝)、왕(王)"以及汉语的"X+帝"的语义引申理据相同。

(36) 형님 사람 간 보는 것 대통령이잖아요?《친애하는 판사
   님께, 23회》大哥你看人不是总统级别的吗？/大哥你
   不是最擅长看人吗？

6.3.5 无政府

现代社会管理国家的统治机构为政府，如果没有政府管理则会限于混乱，这样的状态称作"무정부(無政府)"，派生词为"무정부적(無政府的)"，意思是没有统一的制度和秩序的、混乱的，如(37)。

(37) a. 무정부적 혼란 无政府似的混乱
   b. 이를 일러 문화교육의 무정부 상태라고 한다면 지나
   친 말인지 모르겠다.《김대행 2008:14》即使把这称
   作文化教育的无政府状态，也毫不为过。

6.4 世态与个人性格

韩国高丽王朝末期政治混乱，法令更替频繁，因此产生了"고려공사(高麗公事)"，《표준국어대사전》的解释是：比喻难以长久、总是变更的计划等，俗语有"고려공사 사흘[삼 일]"，比喻着手的事情总是变来变去，类似的还有"조정 공론 사흘 못 간다、중의 공사가 삼 일"。但是박갑수(2015:63)引用《세종실록(世宗实录)》第73卷(世宗18年1436年闰六月)的记录说，"고려공사 사흘[삼 일]"是人之常情之意，而表示朝令夕改的是俗语"조선공사 삼일"，并且《어우야담《於于野談》》(朝鲜宣祖时代)有例子为证。不管表示朝令夕改意义的俗语是哪一个朝代，但从两个俗语可以发现，高丽末年和朝鲜宣祖末年是两个比较混乱的时代。

不论古代社会，还是现代社会，政治的目标应该是国家太平，人民安康富足，也就是说要实现太平盛世。太平盛世韩国语里用汉字词"태평(太平/泰平)"来表达，如(38a)；"태평"还用来指内心没有烦恼忧愁，如(38bc)。"태평"指个人性格时，具有消极意义。

(38) a. 태평을 누리다 享受太平盛世
   b. 아버지가 남긴 재산으로 한참 동안은 태평히 살 것 같다. 靠父亲留下的财产，我能舒舒服服地过一阵子。
   c. 참 태평한 성격이네.그러니까 그렇게 소중한 것들 다 뺏기고 살지.《내 남자의 비밀, 60회》你性格真是很悠闲啊。所以才会叫人把自己最珍贵的东西都抢走了啊。

韩国语还有"천하태평(天下泰平)"，指政治清明社会稳定，

也用来嘲笑那些对某事漠不关心而没有任何忧愁的舒适态度。所以"천하태평"的语义与"태평"在指个人性格时都是消极的。韩国语还有"무사태평(無事太平)"，意思是非常平安，没有任何问题，如(39a)；还指对任何事情都安于现状没有任何忧愁，如(39b)。

> (39) a. 전쟁이 사라지니 온 나라가 무사태평이로구나. 战争结束了，全国上下一片太平。
>
> b. 시험이 코앞에 닥쳤는데도 무사태평이니 걱정이다. 马上就要考试了，他还悠闲地要命，真让人操心啊。

如上，当"태평、천하태평、무사태평"比喻世事、世道时具有褒义，但当比喻个人的性格特点时都产生了贬义。类似的还有俗语"복장이 따뜻하니까 생시가 꿈인 줄 안다"，意思是心口窝里是热的，所以认为现在在梦里呢，即心里平安、没有忧愁就像在梦中生活一样，用来嘲笑那些安于现状、不知忧愁的人。这些词语和俗语都反映了韩国人的危机意识以及竞争心态，也反映了韩国人对安于现状、不知忧愁这种性格特点的否定，而这种思想与其他各种复杂因素的结合最终形成了韩国人的急性子、压抑的民族性格。

韩国语还有"태평성대(太平聖代)、태평성세(太平聖歲)"，指天下太平，如：

> (40) 요순 시대의 백성들은 배 두드리며 태평성대를 노래하였다. 尧舜时代的百姓们拍着肚皮歌唱太平圣世。

6.5 法律

从法律类型来看，有刑法、民法、公司法等众多法律。日常
生活中，人们经常提到的有知识产权，韩国语称作"저작권(著作
權)"，汉语"知识产权"一般不用于日常生活中，但韩国语"저작
권"可用于一般生活中，例如：

(41) 양과장: 우리 앞에서는 어리바리한 척 하면서 뒤에서
　　　　막 딸랑딸랑한 거 아냐?(达洙)他是不是在我们
　　　　面前装傻，但是在背后去拍领导马屁啊？
　　하대리: 딸랑딸랑은 양과장님한테 저작권이 있는 거
　　　　고.《내조의 여왕, 15회》拍马屁是杨课长的专
　　　　利啊。

上面对话中，양과장与하대리在讨论달수是不是暗中捣鬼，在
两个人面前装傻，但背后却对上司阿谀奉承？但하대리却说"阿谀奉
承是杨课长的专利"。也就是说，虽然韩国语用"저작권"，但汉语用
"专利"来进行比喻。

除了"저작권"，韩国语里其他法律形式并没有产生相应的比喻
意义。产生比喻意义的多是与具体的官司审理、罪行以及刑罚有关
的表达。

6.5.1 打官司、审问、宣判

过去老百姓有了纠纷可以写诉状请求官府给予裁决，称作"송
사(訟事)"，现在也指各种民事、刑事或行政诉讼。

官府为了判明案件需要对官司当事人进行审问，与其相关有汉字词"고문(拷問)"，如(42a)，与汉语"拷问"一致；"고문"还可用于日常生活，如(42bc)，此时汉语一般用"折磨"。

(42) a. 고문을 받다 接受/被拷问

    b. 쫓아내는 것보다 더한다니까. 날 태호씨 자리에 앉혀 놓고 완전 고문이야.比把我撵走还厉害。把我塞到泰浩你的位置上，这完全是折磨人啊。

    c. 그럼 나를 계속 고문하겠다고? 나 뻔뻔한 인간 못 돼! 나연을 보면서 계속 윤애 생각해야 돼?《천상의 약속, 4회》那么你要一直折磨我吗？我不是那种厚脸皮的人!你要让我看着娜妍然后一直想允爱的事情吗？

打官司一般都不是大家所希望的，所以在强调说话要小心时，会用俗语"실없는 말이 송사 간다"，比喻无心说出的话有时会招致大的祸患。

但如果真要打官司，就要有诉状，韩国语为"소장(訴狀)"。过去老百姓提交的诉状被判决后，官府会在诉状上写上判决意见或者指令，这种行为称作"제기다"，这个词后来发生变化成了感叹词"제기랄"，缩写为"제길"，多用于心情不好骂人时，如(43)。

(43) 제기랄, 더러운 짓은 고루고루 찾아서 하네.《한수산, 부초》该死的，他是专捡坏事干。

现代社会对官司的审判结果一般要公开宣布，称作"선고(宣

告)",如(44a),与汉语"宣告"的意义一致;但韩国语"선고"也可用于日常生活,指宣布,如(44b)对应汉语的"宣布",(44c)中的"선고"用于医院对患者重大病情的通知,汉语一般用"通知"或"下达病危通知"。

(44) a. 무죄 선고 宣告无罪/无罪宣判

b. 퇴장 선고 宣布退场

c. 암이야. 얼마 안 남았대. 병원에서 선고 받았어.《폼나게 살 거야, 27회》是癌症。没多长时间了。医院里已经下了通知了。

如果有事不诉诸法律而不计后果地用武力来解决的话,在韩国语里用俗语"주먹은 가깝고 법은 멀다"或"법은 멀고 주먹은 가깝다"来表达,当然这两个俗语还有一个意义,指暴力比法律更见效。

6.5.2 犯罪类型

韩国语里有汉字词"죄(罪)",指作恶或犯法的行为,还指违背良心和道理的行为,如"죄를 범하다 犯错""죄가 많다 做坏事做得太多",为了更好地说明,请看下面的对话:

(45) 나대라(아들): 쟤 왜 저래요? 요즘 주라 얘기만 나오면쌍심지를 켜고 덤비네. 那孩子是怎么回事啊,最近只要一提到侏罗,她就朝我瞪着眼发火。

모성애(모친): 지가 지은 죄가 있으니 그렇지. 그냥 넘
      어가자.《폼나게 살 거야, 37회》她有对不住侏
      罗的地方，所以才这样。算了吧，别再说了。

从上面的对话，可以比较明显地知道，"죄"并不是犯罪，而是
指错误，所以译成汉语可以用"对不住别人"。汉语"罪"虽也有过
失、错误之意，但多用于古代汉语，现代汉语里多用来指苦难、灾
祸，如"受罪"。

韩国语里"죄"还指因错误或过失而应接受惩罚的事，如
(46)。此时，汉语多用"毛病、错误"等。

(46) 형은 다리병신인 죄로 시집을 못 가거니와 동생이야 왜
    시집을 못가겠습니까. 姐姐因为腿有残疾的毛病，无
    法找到婆家，但妹妹为什么就不能找婆家？

犯罪的罪行有多种，在过去经常提到的是"역적(逆贼)"，指反
叛国家、民族、统治者的人，也称作"국적(國賊)、조적(朝敵)"。
逆贼虽是贬义词，但是隐含的信息很多，其中之一就是善于谋划，
并且凶暴无比，所以韩国语里用"역적의 기물(器物)"来比喻这样
的人，字面意义为"是成为逆贼的材料"。因为对普通人来说，逆贼
是贬义词，所以韩国语"역적 대가리 같다"比喻让人生厌的大胡子
模样，言外之意逆贼等都长着大胡子，正因为人们有这样的思想认
识，所以影视剧里类似的人物都有这样的形象特点。

罪行中还有一项就是"间谍罪"，因为朝鲜半岛特殊的历史和现
实原因，所以在韩国"간첩(間諜)"这个词用得很频繁，并且在日常
生活中还产生了另外一种意义，如(47)中用"간첩"来强调众人皆知。

(47) 그것 모르면 간첩이지요. 《별난 가족, 47회》如果不知
道那儿的话，那就是间谍啊。

罪行中还有一项是"盗窃罪"，韩国社会里小偷小摸的人称作
"소매치기"或"도둑"。这里主要看一下"도둑"，这个词意为"偷
盗"，但是可以有多种搭配，如下表所示：

[表5]"도둑"的用法

~+도둑	作定中结构的中心语	신발도둑 偷鞋的	偷……的人
		밥도둑 下饭的菜	形容菜肴好吃
		오육도둑 五六贼	五六十岁还不退休的话，就是贼。
도둑+~	修饰表人名词	도둑년 女小偷	……样的小偷
	修饰动物名词	도둑 고양이 鬼鬼祟祟的猫/野猫	偷偷摸摸的、鬼鬼祟祟的
	修饰名词性事物名词	도둑물건 偷来的东西	偷来的、偷盗
	修饰动词性名词	도둑여행 偷偷去旅行	偷偷(地)干

如上，"도둑"的用法非常丰富，除了作定中结构的中心语，
也可以作定中结构的修饰语，尤其是可以与"밥"结合形成"밥도
둑"，这是一种隐喻。而"오육도둑"与韩国的企业退休制度有关。
此外比较特殊的是还可以修饰动词性名词，表达"偷偷干"意义。
"도둑"还有另外一层意义，如：

(48) 이배달: 내가 완전 기막힌 일 듣고 왔어. 我刚才听说了
一件让人非常生气的事。

이미달: 무슨 기막힌 일? 什么让人非常生气的事？

이배달: 우리고기정육점 마사장 알지? 도둑놈이야! 도
둑놈! 그 인간은 얼마전에 상거리에 5층 건물을
짓고 나서 띠동갑 아래 여자를 골라서 맞선 보
고 다닌대. "我们精肉店"的马老板知道吧？就
是强盗！强盗啊！这小子前不久在商业街建
了座五层楼的商业楼，然后就开始专挑小他
一旬的女人相亲见面。

이미달: 얼빠진 인간! 마흔 훌쩍 먹은 나이에 웬 수작이
래? 《우리집 꿀단지, 23회》这是疯了啊？他
都四十好几了，还搞什么鬼花样啊？

上面是姐弟两人的对话，说精肉店的马老板是小偷，而这个小
偷不是指偷东西，而是指要与小自己很多的女人结婚。中国人对这
种情况多比喻成"老牛吃嫩草"，而苏东坡还为八旬的朋友娶十八岁
的小妾作了一首诗为："十八新娘八十郎，苍苍白发对红妆。鸳鸯被
里成双夜，一树梨花压海棠。"看来不论是韩国人还是中国人，对这
种年龄差距太大的婚姻都持否定态度。

韩国语还有与"도둑"相关的俗语"늦게 배운 도둑이 날 새는
줄 모른다、늦게 시작한 도둑이 새벽 다 가는 줄 모른다"，比喻虽
然干事情比别人开始的晚，但是尝到甜头后却比别人更热衷。类似
的还有"늦게 배운 도둑질이 무섭다"，如：

(49) 유금: 원래 내금위 종사관였는데 항아님이랑 연분이 나
서 같이 궐에서 도망쳤다네요. 얼마나 연모를 했
으면 죽음을 불사하고 그랬을까요? 他原来是内禁

卫，说和年轻的宫女有了情分，从宫里逃跑了。
他们得多么相爱啊，才会这样置生死于不顾。

지천득: 야, 멋있다. 멋있어! 야! 太帅了！真是帅呆了！

유금: 그렇지요. 얼마나 사랑했으면 목숨을 버릴 각오를 하고 여인을 택했을까요? 그런데 그분이 어떻게 생겼어요?잘 생겼어요? 对。他得多么爱那个女人啊，才会冒着生命危险来选择女人？可是，他长得帅吗？帅吗？

유종회: 참! 놀고들 있네! 놀고들 있어! 니들 눈에 배는 것 사랑노릇밖에 없냐? 哎嗨！真会玩啊！真会玩！在你们眼里，就只看到了爱情吗？

유금: 왜요? 멋있잖아요?怎么了？不帅吗？

유종회: 참, 멋있긴? 그놈이 주상전하의 여인을 건드린 놈이야. 그건 역모에 버금가는 불충이야. 嗨，还帅呢？那小子动了王的女人。这种不忠就是谋反！

유금: 역모예요? 谋反？

유종회: 그래! 역모! 늦게 배운 도독질이 무섭다더니 다 늙어빠진 것들이 뭐? 멋있네? 어쩌네? 아이구! 꼴값을 떨어요!《옥중화, 47회》对！谋反！都说晚学的小偷更危险，你们这两个老头老太太还说什么"帅不帅"的？哎哟，别不知羞耻了。

    上文是电视剧中的一段对话，讲的是听到国王的侍卫官与宫女私奔后所发生的三人之间的对话，지천득与유금虽然已是中年，但是新婚夫妇，所以听说这个事件后，不断地慨叹爱情的力量，유종회对

此极为不满，用了俗语 "늦게 배운 도둑질이 무섭다"，这里 "도둑질" 指的是恋爱，而不是盗窃，相当于汉语 "七十岁的老人谈恋爱就如同火上房——可怕"，意思是지천득、유금两人看不到这是谋反事件，只是去说男主人公奋不顾身的爱情。

韩国语里盗贼还可用 "밤이슬 맞는 놈、찬 이슬(을) 맞는 놈"，意思是晚上出行被露水打湿的人，即夜行人——盗贼。而 "밤털이、밤도둑" 意为夜里去偷别人家东西或那种人。有的俗语与盗贼水平高超有关，如 "포도군사 은동곳 물어 뽑는다" 意思是盗贼在被捕快抓走的同时，却把捕快头上插的银簪子拔走了，比喻贼性难改，也比喻偷技高超。因为盗贼是做无本生意的人，所以韩国语里用来嘲笑盗贼时多用 "무본대상(無本大商)"。

犯罪的人称作犯人，韩国语为 "범인(犯人)"，现在也常用于日常生活中，如电视剧《빛나라 은수, 46회》中，过新年时윤수호偷偷拿着家里的新年礼物去女朋友은수家拜年去了，当回家妈妈问起时，却装作不知道，于是妈妈和姑姑说道：

(50) 매가리 없는 것 보니까 걔 범인 아니네요. 看他一点精
     神都没有，这事不是他干的。

这句话里的 "범인" 译成汉语时不用 "犯人"，而用 "他"，因为中国人不把 "犯人" 这种话用于日常，更不用在自己孩子身上。

如果不是单独犯罪而是集团犯罪，那么就有主犯、从犯之别。韩国语里主犯为 "주범(主犯)"，除了用作法律用语，还用来比喻使某事产生坏结果的主要原因，如(51)。汉语的 "主犯" 一般不用于日常生活，平时可用 "罪魁祸首"。

(51) a. 환경 오염의 주범 环境污染的罪魁祸首

　　 b. 오라, 그러고보니 여기 주범이구나. 啊，原来罪魁祸
　　　 首在这里啊。

　　在押送罪犯时一般都会使用专用车辆，韩国的这种车辆一般
四周都装上了铁丝网，看起来像鸡笼子一样，因此这种警车被称作
"닭장차(-欌車)"。被公判之前或公判之后去往监狱前，法院里用来
临时关押犯人的地方，称作"비둘기장(――欌)"，即指鸽子笼。

6.5.3 各种刑罚与刑具

6.5.3.1 捆绳

　　在过去，韩国捆绑盗贼或犯人时多用一种红色的粗绳子，称作
"오라、오랏줄、홍사(紅絲)、홍줄、색등거리"，如(52a)。"오라지
다"指把犯人用红绳子捆上，这个词也可用于"오라질、오라지게"
形式，俗指非常不满意的东西，如(52bc)。汉语一般多用"挨千刀
的、当炮灰、吃枪子的、挺尸、千刀万剐、天打五雷轰"等，并且
多是女人来骂男人时才用(孙汝建 2012:82)。但韩国语"오라질"却
没有性别之分，可以用于男女不同性别。

(52) a. 이놈, 꼼짝 말고 오라를 받아라.《유현종, 들불》你
　　　 小子，别动，等着挨绑吧。

　　 b. 이런 오라질 년! 조밥도 못 먹는 년이 설렁탕은.《현

진건, 운수 좋은 날》这种该死的娘们！连谷饭[08] 都
吃不上还牛肉汤呢？

c. 오라지게 기합을 먹고 두 끼나 밥을 굶었다.《오영
수, 명암》该死！被罚了训练不说，还饿了两顿
饭。

韩国语"오라질"还发展成了感叹词，意思是该被捆走的，多
用来指责、批评自己厌恶的对象或自己不满意的事情，如(53a)。并
且还发展出了异形词"우라질"，多用于事情不顺心或者不顺利时自
言自语骂人时，如(53b)。

(53) a. 이런 오라질! 되는 일이 하나도 없네. 该死的！没有
一件事让人顺心。

b. 날씨가 우라질 나게 덥다.《오마이뉴스, 2018.02.08》
天气热得要死。

"오라"的近义词还有"포승(捕繩)"。因为绳子是长长的，所
以过去"포승"还有隐语称作"국수 面条"或"국숫줄"，"국수"
也可作一般绳子的隐语。

6.5.3.2 脖子、手、脚上的刑具

手脖、脚脖上的刑具统称"삼목(三木)"，因为以前的刑具都是
木质的。这三种刑具还有单独的名称，其中套在脖子上的为"칼"，
多用于惯用语"칼(을) 쓰다、칼(을) 씌우다"中，汉字词有"가

08　在韩国语里"조밥"是劣质食物的代名词。

（枷）、항쇄(項鎖)"。

戴在犯人脚腕上的铁链，韩国语称作"족쇄(足鎖)"，也比喻束
缚自由的对象，如(54)。套在手上的称作"수갑(手匣)"，指手铐，
其俗称是"쇠고랑、고랑"。这些表达一般都与动词"차다、채우
다"结合。脚链和手铐的统称为"질곡(桎梏)"，现在多比喻受到束
缚，失去自由，备受痛苦的状态，如(55)。

> (54) a. 이제야 무거운 족쇄에서 풀려나는 기분이에요.《여
> 자의 비밀, 72회》现在终于可以摆脱沉重的镣铐
> 了。
> b. 이제야 그 족쇄에서 벗어났나 싶었는데.《사랑이 오
> 네요, 63회》以为现在可以摆脱这种束缚了。
> (55) a. 질곡의 세월 自由被束缚的岁月
> b. 질곡에서 벗어나다 摆脱束缚
> c. 질곡에 빠지다 陷入桎梏

如上，随着社会的发展，束缚犯人的刑具逐渐从木质发展成了
铁质的，现代监狱也被称作"철창"。

6.5.3.3 笞刑、杖刑与刑具

过去杖刑是比较常用的刑罚之一，根据打的身体部位不同有不
同的名称和刑具。

首先，"태형(笞刑)"与"장형(杖刑)"都指用棍棒打屁股，用
来行刑的工具称作"태장(笞杖)、곤장(棍杖)"，两种工具也同样可
用来指两种刑罚，是用工具转喻事件本身。虽然这种刑罚已消失，

但现代韩国语却有惯用语"곤장을 내다",指砸烂,如(56)。

(56) 깡패들이 가게를 곤장을 내 버렸다. 黑社会的人把店给
砸了。

另外，还有俗语"곤장에 대갈 바가지、태장에 바늘 바가
지"，意思是不光挨棍子打，还被用带钉子的瓢或者带针的瓢打，比
喻被用棍棒打个半死，陷入困境。此外还有俗语"곤장을 메고 매
맞으러 간다"，比喻白费力气还惹祸上身。

第二，与打臀部相关的还有"치도곤(治盗棍)"，指朝鲜时代用
来打犯人臀部的一种刑杖，最长的有5尺7寸，宽5寸3分，厚4分，主
要用来杖责偷盗犯，所以取名为"治盗棍"，现在主要用来比喻被狠
狠地斥责，如(57)。

(57) a. 중앙정보부가 출동해 김성곤은 콧수염까지 뽑혔
고 20여 명의 항명 의원들도 끌려가 치도곤을 당했
다. 《동아일보, 2016.09.26》中央情报部出动，金成
坤连胡子都被拔了，20多名反抗议员也被押走受到
了惩治。
b. 가족들앞에서 치도곤을 당했다고요. 《아버님, 제가
모실게요, 41회》在家人面前遭到了批判。

使动形式的"치도곤을 안기다[먹이다]"比喻给予重罚，如
(58a)；或者比喻使别人遭受灾祸，如(58b)。

(58) a. 어머니는 나의 거짓말을 아시고 치도곤을 안기셨다.

母亲知道我的谎言后，把我收拾了一顿。

b. 남에게 치도곤을 먹이면 언젠가 그 화가 네게 다시
돌아온다. 你让别人吃苦头，最后会惹祸上身的。

第三，杖刑中还有"난장(亂杖)、난장형"，主要存在于高丽和
朝鲜时代，一般不区分身体部位，多用草席等东西裹住身体后乱打
一气；也指多人拥上来乱打一气，类同于"모다깃매、무릿매、물
매、뭇매"。多用于"난장을 맞을、난장을 칠"结构，用来骂人，
相当于汉语的"挨刀的、挨千刀的"，不过韩国语也有"칼(을) 물고
뒈질 녀석"，意思是嘴里插着刀而死的小子，也用来骂人。

与此相关，韩国语还有"제기 난장 맞을、제기 난장 칠"，缩
写为"젠장할"(박기복 2011:171)，现在发展成了感叹词"젠장"，
一般是不合心意自言自语地表达不满时用，如(59)。类似的还有"옌
장"。

(59) 나는 '젠장, 해냈어!'라고 외쳤다.《포포투, 2018.03.22》
我喊道："该死的，终于完成了。"

第四，韩国还有一种杖刑，是将两腿绑住后，然后由人从两侧
各把一根长棍插入两腿之间，然后分别往两侧交叉挤压大腿，称作
"주리"或"주뢰형"，有时这种刑罚也可用"주리경(--黥)、주릿
대경(一黥)"表达，虽然这种刑罚已经消失，但这种语言形式依然存
在，与这种刑罚相关的词语多用于惯用语中来表达比喻意义。其中
"주리(를) 틀다、주릿대(를) 틀다"比喻施与各种严酷刑罚或用鞭
子责罚，而"주리 참듯"则比喻勉强承受各种难以承受的苦痛，"주
리경을 치다、주릿대를 안다"意为挨鞭子、挨骂或遭受恶刑。

用来行刑的木棍称作"주릿대"，也可用来比喻特别恶的人，惯用语"주릿대(를) 안기다"比喻给予非常重的责罚。

第五，韩国还有一种私刑，是用草席裹住之后再用棍打，称作"멍석말이"，如(60)。

(60) 내 친구가 지금 잡혀 있어. 아침 전까지 구하지 못하면 보나마나 멍석말이. 잘하면 골병에, 잘못하면 죽게 생겼다 이말이다. 《장사의 신:객주 2015, 10회》我朋友现在被抓住了。如果到早上救不出来的话，肯定就会被裹上席子打一顿，再好也得落一身病，不好的话，就会没命的。

第六，还有一种置人于死地的刑罚，就是"박살(搏殺/撲殺)"，意为打死，多指用手打死。此外韩国语还有一个同音词"박살"，意思是碎成碎片，但词典里并没有标注这个意义的语源，천소영(2005:185)认为这两个词同源。

(61) a. 내가 어떻게든 밝혀서 그 집안 이 집안 박살 낼 테니까. 《내딸 금사월, 9회》我一定查明情况，把这家和那家全都让他分崩离析。

b. 당신 가만 두지 않을 거야. 다 박살 낼 거야. 《최고의 연인, 72회》我绝不会放过你的。我会让你身败名裂的。

c. (우리집 간판) 발로 걷어차서 박살냈으면서 왜 그래요? 《아이가 다섯, 14회》你把(我们家的招牌)用脚踢了个稀烂，为什么不承认啊？

如上，韩国语的"박살"经常与"내다"结合，根据搭配汉语
一般译成"分崩离析、身败名裂、稀烂"等。

6.5.3.4 死刑

除了以上刑罚外，最严重的的刑罚就是死刑，宣判死刑为"사
형선고(死刑宣告)"，有时也用于比喻，如(62)。

(62) 테릴러에게 시력을 잃는다는 게 사형선고나 마찬가진
데 어떻게 아무렇지도 않을 수가 있겠냐?《월계수 양복
점 신사들, 69회》对服装师来说，失去视力就像被宣
判死刑一样，怎么会一点感觉都没有啊？

过去死刑有多种执行方式，其中之一就是上断头台，韩国语为
"단두대(斷頭臺)"，多用于惯用语"단두대에 오르다"，比喻被处
以死刑或因犯罪受到审判，而"단두대의 이슬로 사라지다"则比
喻在断头台上被处死，如(63a)。第二种处死方式就是砍头，所以
现在韩国语里还经常用"목에 칼이 들어와도"比喻死不屈服，如
(63b)。

(63) a. 역사 속의 많은 영웅들이 단두대의 이슬로 사라지는
비참한 최후를 맞이하였다. 历史上很多英雄豪杰的
结局都是悲惨地上了断头台。
b. 내 목에 칼이 들어와도 나 도장 못 찍어. 就是刀架在
脖子上，我也不会盖章的。

在被砍头之前，韩国还有一种仪式，就是把犯人的脸上抹满石灰，然后进行游行，称作"회술레(回--)"，如(64)。这样做的目的是为了把犯人的罪行昭示天下，根据这个意义，现在"회술레"多比喻把别人的秘密都抖露出来。

(64) 마을 사람들은 그 죄인에게 회술레를 시켰다. 村民们给那个罪犯脸上抹上石灰，然后在村里游行/游街。

第三种方式是对已经死亡的人再施以砍头的刑罚，韩国语称作"육시(戮屍)"，也可用于骂人，如(65)。

(65) 이 육시할 자식아. 너는 국적이다. 병역 기피자니까 너는 국적이나 같아.《손창섭, 혈서》 你这个挨千刀的。你是国贼啊。你逃避兵役，那就是国贼。

韩国朝鲜时代执行死刑的地方是"새남터"，位于首尔"신용산(新龍山)"的"신용산철교"和"인도교"之间的"이촌동(二村洞)"，俗语"새남터를 나가도 먹어야 한다"意思是即使马上就要去死了也要先吃饭，比喻不管遇到什么大事也要先填饱肚子振作精神。

在中国，现在执行死刑一般是用枪击毙，称作"枪毙、枪决"等，也可比喻某项事物被废弃不用，如"他的论文被枪毙了"。

6.6 小结

从社会制度来看，韩国社会经历了封建社会到民主共和社会的发展历程。封建社会虽已退出历史舞台，但与封建社会有关的朝代更替、阶层、官员的选拔、进贡制度等一系列文化产生了大量文化词汇与表达，反映的是韩国人过去的思想和价值观。但这些词汇与表达并没有随着封建制的消失而消失，而是在经历了从具体到抽象的语义泛化后，在现代社会产生了新的比喻意义而保持着生机与活力，这同时也是语言落后于文化的代表性表现。相反，与民主共和有关的表达产生比喻意义的情况还非常少，这也说明语义从具体到抽象需要一段很长的时间。

韩国语里与太平盛世有关的表达在比喻人的性格时多含有消极意义，这反映了韩国人对安于现状的否定，反映了韩国人的危机意识和竞争心态。

从法律制度来看，与审讯、犯罪类型、刑罚等有关的文化有的虽已随着封建社会的消失而消失，但相关的表达有的依然用于韩国人的日常生活中，并且很多发展成了骂人用语。

从语言形式来看，本章汉字词占比非常高，达百分之七十多，说明韩国的政治法律领域受中国文化影响深重。与政治法律有关有众多俗语，主要集中于官职名称和进贡制度上，反映的是韩国人对世态的认识和人生观、价值观。

第七章

经济与语言

7.1 引论

经济现象都具有非常相似的表现形式，但是不同国家在经济现象上表现出了不同的文化现象，同样的经济现象在不同国家有不同的语言表达形式。

例如，汉语有经济学术语"透支"，指支出超过可供使用的金额，也可用于日常生活中，如"体力透支"。但韩国语里"透支"为"가불하다、초과 인출하다"等，没有比喻意义。而关于物价，韩国则有很具民族特色的表达，如电视剧《전생에 웬수들, 7회》中，우양숙埋怨香油太贵，说道：

(1) 귀신이 안 무섭고 물가가 무서운 세상이라니까. 现在这
个世道，物价高的比鬼还可怕。

如上，用鬼来比喻物价高，这是韩国文化的产物。韩国语里具有文化色彩和比喻意义的表达主要与货币、商业、保险业、经营方

式与经营权、经济状况、税收等有关，韩国还存在"万物有价"的
倾向。

7.2 货币

货币根据年代分为古代货币与现代货币。不管是哪个时代的货
币，成为语言标志项的都是面额很小的货币形式。

7.2.1 古代钱币

7.2.1.1 货币类型

受过去物物交换和财产形态的影响，在世界很多文化里表示货
币的语言大多与牲畜或布帛有关，但不同文化里所涉及的具体牲畜
有可能出现不同。例如汉语的"物"和"物件"的"件"都从牛，
说明在中国文化中牲畜尤其是牛曾是一般价值形态的体现者(吴承仕
1984:146-147)。与汉语相反，韩国语里钱为"돈"，与意为猪意义的
"돈(豚)"是同源词，也就是说，在韩国文化里牲畜尤其是猪曾是
一般价值形态的体现者，之所以出现这种语言现象，是因为牲畜在
畜牧社会甚至是农耕社会都是非常重要的财产，因此牲畜成了过去
价值形态的一般体现物，而在农耕社会里，农具有时也会成为价值
形态的一般体现物，例如汉语的"钱"就曾是一种像铲子似的农业
工具(伍铁平 2011/2015:108-109)。

随着社会的发展逐渐出现了专门的货币形式，韩国过去主要的货币有"엽전(葉錢)、고리전(--錢)、소전(小錢)"等，这些货币都以汉字词的形式出现，说明这些货币形式都来自中国。其中"엽전"是用铸铁造的钱，外圆内方，也称作"엽"。"엽전"还用来贬低韩国人，如(2)。韩国人之所以被贬称为"엽전"，这是与外国人相比较而言的，因为过去普通韩国百姓没有钱。

　　(2) 내 말이 안 들려? 여긴 한국 사람 상대하는 술집이 아냐.
　　　　엽전들은 들어올 수 없게 돼 있다고.《최인호, 지구인》
　　　　你听不见我说的话吗?这里不是招待韩国人的酒吧。穷
　　　　光蛋不得进入。

　　"엽전"根据形状特点还被称作"공방(孔方)"，或者称作"공방형(孔方兄)、공방씨(孔方-)"，后面都加了表示人的"-형、-씨"，是借用拟人来表达诙谐的感情。这是对中国文化的传承。

　　过去还有叫作"고리전(--錢)"的铁质环状钱，但是相关资料查不到，估计与叶钱差不多，有俗语"땅을 열 길 파도 고리전 한 푼 생기지 않는다"，意思是就是挖地三尺也挖不出一分钱来，类似的还有"땅을 열 길 파면 돈 한 푼이 생기나"，意思是钱不是凭空产生的，哪怕一分钱呢，也要珍惜，不能乱花。

　　此外还有叫作"소전(小錢)"的铜钱，是中国清朝时期的钱币，在韩国曾经被非正式地使用过，称作"쇠천"，因为这种铜钱后面都刻着字，时间长了，字就被磨得看不清了，所以就有了俗语"소전 뒤 글자 같다"，用来比喻无法看清别人的内心想法。

7.2.1.2 货币单位

韩国古代货币有三种货币单位，分别为 "푼、리(釐/厘)、닢"。其中 "푼" 是过去数叶钱的单位，仍然保留到现在，但一般多用来比喻很少的钱，多与 "一、三、七、几、半、单位词" 等结合，具体有以下五种用法：

第一，与数词 "한" 连用，形成 "한 푼도 없다" 结构，如(3)，是强调意义。

> (3) 두 번째 항목, 혹시 생길 지 모를 이혼의 경우 위자료는 한 푼도 없다.《최고의 연인, 89회》第二条：如果出现需要离婚的状况，一分补偿费也没有。

第二，与数词形成合成词 "서푼、서푼짜리、칠푼"。其中 "서푼" 比喻非常小的钱，如(4a)。"서푼짜리" 意思是价钱不足三分钱，比喻非常不起眼的对象，如(4bc)。"칠푼" 比喻非常小、不起眼的东西，一般不单独使用，多用于俗语中，如 "칠푼짜리 돼지 꼬리 같다"，意思是就像七分钱的猪尾巴一样，比喻没有一点用处的东西。

> (4) a. 서푼도 안 되는 물건 连三分钱都不值的东西
> b. 서푼짜리 소설 三流小说
> c. 서푼짜리도 못 되다 连三分钱都不值

第三，"푼" 与疑问词 "몇" 连用表示否定，如(5)，汉语用 "几分钱"。

(5) 닭 한 마리 팔아봤자 몇 푼 남는다고?《월계수 양복점 신사
들, 12회》卖一只鸡，能挣几分钱啊？/挣不了几分钱。

　　第四，"푼"与"반"结合形成"반 푼"，意思是半分钱，可以
比喻傻瓜；也可作修饰语，如(6)中的"반 푼도 안 되는 자존심"，
译成汉语是"半分钱都不值的自尊心"；还可用于"어림 반 푼 어치
도 없다"结构，意为大致推测的话连半分钱的价值都没有，如(7)，
比喻非常不恰当或没一点根据的话。类似结构的汉语有"半毛钱的
关系"，也多用于否定句，如"两者没有半毛钱的关系"，用来指没
有任何关系。所以(7)译成汉语是"门儿都没有、异想天开、不可
能"等。

(6) 너 그 반 푼도 안 되는 자존심 세워서 날아간 회사는 다
시 돌아와?《우리집 꿀단지, 116회》光讲究自己那连半
分钱都不值的自尊心，那被抢走的公司能再回来吗？

(7) a. 니딸 금봉이가 우리 광이를 홀려서 결혼이라도 하려는
모양인데 어림 반 푼 어치도 없어.《천상의 약속, 59
회》你女儿金凤诱惑着我们光儿想结婚，门儿都没
有/别异想天开了！

b. 또 계약하자구? 어림 반 푼 어치도 없는 소리 하지도
말구 그만 가봐요.《별난 가족, 72회》又要让我和你
们签合同啊？不要说这种不可能的话，回去吧。

　　第五，形成合成词"푼돈"，指很少的钱，如(8)。

(8) 그 깟 푼돈으로 되겠니?《최고의 연인, 88회》就靠那几

495

个小钱，能行吗？

与钱有关的单位还有"리(釐/厘)"，这个词本身是表示比率的单位，是"1푼"的十分之一，用于此意时有近义词"할(割)"；"리"也是长度单位，"1리"相当于0.3mm；"리"也是贵金属的重量单位，"1리"约0.0375克。因为过去的钱币都是金属的，所以"리"也可作钱的单位，如俗语"싸라기 쌀 한 말에 칠 푼 오 리라도 오 리 없어 못 먹더라"，意思是一斗碎米即使只有7分5厘钱，但缺那5厘钱，就吃不上，比喻不管多么少的钱都要珍惜。汉语类似结构和意义的有"一分钱难倒英雄汉"。

钱的单位还有"닢",[01] "세 닢"也表示很少的钱，有俗语"세 닢짜리 십만 냥짜리 흉본다"，意思是三分钱的东西笑话十万两的东西，比喻不起眼的存在竟然笑话与自己不可同日而语的对象，或无缘无故地找这样的人的毛病。

7.2.1.3 小钱

表示非常小的钱，前面已经分析了"푼돈、서푼、서푼짜리、칠푼(짜리)、반푼、세 닢짜리"等。与"푼돈"有关，其逆序词"돈푼"也多以"돈푼이나"的形式来表示数得清的小钱，类似的还有"돈냥、돈닢、쉿냥、전냥(錢兩)"，都是用钱的单位来表示小钱。如(9)。

(9) 왕한은 돈푼이나 더 줄까 하고 그 학생의 얼굴만 쳐다보

01　"닢"除了钱之外还可用作"가마니 草袋子""멍석 垫子"等扁平东西的单位，如"가마니 다섯 닢 五张草袋子""멍석 두어 닢가량 大约两张草垫"。

았다.《한용운, 흑풍》王涵一直看着那个学生的脸，想他会不会给点小钱。

此外，还有"땡전(-錢)、노린동전(--銅錢)、노린전(--錢)、피천、오리동록(五釐銅綠)"等，以及前面提到的"쇠천"，都用来比喻非常小的钱。这些表达多用于俗语中，如"땡전 한 푼[닢] 없다、피천 한 닢 없다、피천 대[반] 푼(도) 없다、피천 샐 닢 없다、쇠천 샐 닢도 없다"。

此外，烟钱意义的"담배값"也比喻很少的钱，但用的不太多。"쌈짓돈"也比喻很少的钱，语用频率很高，如(10)，汉语多用"私房钱、压箱底的钱"。

(10) a. 쌈짓돈 모아서 뭇돈을 만들어야 되는데 말은 넣어볼게요.《우리집 꿀단지, 117회》他们也得一点点地攒钱过日子了，我来说说看吧。

　　 b. 엄마, 좋은 일을 했다 치고 빨리 쌈짓돈 풀어.《최고의 연인, 89회》妈，你就当做好事了，把你的私房钱/压箱底的钱拿出来吧。

7.2.2 现代货币

韩国现代货币有硬币和纸币，硬币有"십 원、오십 원、백원"之分，纸币有"천 원、오천 원、만 원、오만 원"。在所有币值中，"십 원"是最小的单位，如(11)，这里虽然指的是钱，但后面的单位是"한 장"，这与韩国现实生活中的10元钱是硬币不是纸币明

显不符，但从这种看似矛盾的搭配里也可以发现"십 원"已经不再指具体的钱，而是一种虚化的钱。

(11) 나 당신한테 십 원 한 장 줄 생각 없는데.《비켜라 운명아, 65회》我一分钱也不想给你。

语义已经虚化了的"십 원"可比喻极其没有价值的东西，如下所示：

(12) a. 가만 보면 언니 입이 나보다 더 싸. 아예 십 원짜리야.《당신은 선물, 2회》这样看来，嫂子你的嘴比我还贱，简直不值一分钱。
b. 십 원짜리도 안 되는 연설에 감동의 눈물을 쏟고 있나 보지.《내딸 금사월, 26회》看来在为那不值一分钱的演讲流泪、感动吧？
c. 그런 십 원짜리도 안 되는 여자, 엄마가 왜 상대해?《이름없는 여자, 13회》那种低贱的女人，妈你理那样的女人干什么？
d. 의리란 건 십 원어치는 없는 분이야. 아버님은.《돈꽃, 11회》公公他真是一点义气都不讲啊。

如上，"십 원"可以用来指称人的嘴、演讲、人的价值以及义气。中国过去最小的币值是一分，所以韩国语的"십 원"可以译成汉语的"一分钱"，如(12ab)，两者都是用最小币值来比喻无价值可言。此外，当"십 원"直接比喻人或比喻抽象的义气时，因为汉语表达受语义搭配的限制，一般不能用"不值一分钱"来与这些

事物搭配，而是用抽象的"低贱"或"一点……也不"来表达，如(12cd)。从句型来看，韩国语"십 원"虽然多用于否定句(12bcd)，但也可用于肯定句(12a)，而汉语"一分钱"多用于否定句。

7.2.3 钱的正反和数钱的动作

钱不论是硬币还是纸币都有正反两面，正面韩国语称作"액면(额面)"，也指面额，汉语"额面"和"面额"也都有此意。另外，"액면"还比喻话语或文字所表达的事实或外露的表面，如(13)，但汉语"额面"没有这种意义，一般用"表面"。

(13) 그 사람 말은 액면 그대로 받아들여선 안 돼. 他的话不
　　　能只听表面意思。

汉语里提到钱都是用手指做出点钱的动作，这种动作与纸币有关。而韩国语里一般提到钱都是用拇指和食指做出一个圆形的模样，这好像与过去多使用铜钱有关。当然韩国语口语中也会说"동그라미"，是钱的俚语，如(14)。

(14) 누가 하기 싫어서 안 해? 다 이 동그라미 없어서 그
　　　래.《폼나게 살 거야, 34회》谁是因为不想(做头发)才
　　　不做的啊？都是因为没有钱啊。

韩国语"동그라미"在表示钱时，可以用手做动作，也可用语言表达出来，即身体动作与语言表达两者是统一的，都是用形状来

转喻物。相反，中国人是用手数钱的动作来转喻钱，如果用语言来表达"钱"，只能用"钱、票子、大钞、大洋"等，并且"大洋"现在已几乎不再使用，也就是说，在表达"钱"时，出现了语言与身体动作的不同。

7.3 商业

经济活动中最传统的当属商业，与商业有关，主要涉及商人、经商类型、商业场所、商业宣传、买卖流程、支付方式以及产品质量与售后等。因为这些是商业活动最基本的要素，也是老百姓非常熟悉的活动，因此很多与此相关的表达都被拿来作比喻。此外，做买卖的细节之处还具有很强的民族性和文化性。

7.3.1 商人

韩国语里买卖人用汉字词"상인(商人)"、固有词"장사치、장사꾼"等来表达。

现代社会大家都买水喝，也会有人把纯净水送上门，同样，在过去也有打水卖水的人，叫作"물장수"，虽然现在卖水挣钱，但在过去卖水并不挣钱，所以有了俗语"물장수 삼 년에 궁둥잇짓만 남았다、물장수 삼 년에 남은 것은 물고리뿐"，意思是卖了三年水，剩下的只有撅屁股这一动作或水桶钩子，比喻长时间的辛苦没有留下任何东西。有时卖水的也会在买水人家里蹭顿饭吃，所以"물장수 상(床)이다"比喻吃完的饭桌非常干净，只剩下了空碗。민충환

(2003)曾对这个俗语提出疑问，说这个俗语的来历到底是因为卖水商饭量大呢？还是卖水商把吃剩下的饭也全都打包走呢？但是笔者看到这个俗语后首先想到的是买水家的人给卖水商的饭桌是剩饭桌子，桌子上什么都没有了，所以卖水商什么也没吃到。

过去韩国合伙经营的商人们聚在一起商谈生意的场所叫作"도가(都家)"，这种地方在过去身兼各种功能，可以指负责会合、巫事等的地方、租借婚礼场所的地方(세물전(貰物廛))，也指商店、丧葬用品店(상둣도가)。因为这样的地方人来人往，所以有了俗语"눈치가 빠르기는 도갓집 강아지、도갓집 강아지 같다"，是用狗来比喻有眼力、善于观察动静的人。

自古以来做生意讲究和气生财，所以韩国语有了俗语"장사치의 손님"，意思是做买卖的人不论对谁都很亲切，比喻即使心里不乐意但表面上不论对谁都很好。

做买卖的目的是追求利益，表达这一思想的有俗语"오 리를 보고 십 리를 간다"，有两个意义，第一个意为不管多么琐碎的事情只要有益就不顾辛苦地去做；第二个意义指做买卖的人哪怕是能挣不到一分的钱也会不顾一切地去做，用来嘲弄商人对钱的不可割舍之情。

7.3.2 经商类型

经商类型可以有多种分类方式，先看坐商与行商。坐商指在一个地方开店做买卖，韩国语为"앉은장사"，又称作"좌고(坐賈)、좌상(坐商)"，因为坐商是"守株待兔"，所以就有了俗语"앉은장사 선동무"，比喻见闻或交际太少，不懂世上行情，因此受到很多损失。

到处转悠着做买卖的人称作"도붓장사(到付--)"，也称作"선

장사、여상(旅商)、행고(行賈)、행상(行商)", 汉语为 "兜售、下乡"。行商中还有 "보따리장사", 而中国晚清民国时期有 "包袱斋", 就是开不起店铺而把商品用包袱包着走街串巷上门卖东西(马未都 2015/2017:153)。随着社会的发展, 虽然表达形式变了, 但经商形式并没有发生变化, 现代社会的保险业、销售业中也有行商形式。

与坐商和行商有关, 还有俗语 "방앗공이는 제 산 밑에서 팔아 먹으랬다", 比喻不管什么东西都要在产地卖才不会出现问题, 如果想多赚点钱而去外地卖反而受损失。不过这是过去交通、物流不发达时的现象, 现在反而需要扩展到全国甚至是全球来销售, 才会赚大钱。

商品的销售方式可分为零售和批发。韩国语里零售为 "소매(小賣)、산매(散賣)", 都没有比喻意义。批发买为 "도매(都買)", 批发卖为 "도매(都賣)", 两者本身没有比喻意义。但与此相关有 "도매금(都賣金)", 指批发销售价, 多用于 "도매금으로" 形式, 比喻不管各自的差异而将大家都看作一类, 如(15), 在表达此类意义时, 汉语有时用 "一路货色", 具有贬义。"도매금" 与 "一路货色" 都是用经济语言来喻人。

(15) a. 비리 유치원이 있다고 해서 모든 유치원이 도매금으로 취급돼선 안 된다. 不能因为有腐败幼儿园就将所有的幼儿园都当作一路货色。

b. 잘못한 사람이나 안 한 사람이나 모두 도매금으로 욕을 먹었다. 做错了的人和没做的人都被当作一路货色挨了顿骂。

随着社会的发展, 现在还出现了新的售货方式, 就是自动销

售，这样的机器韩国语里叫作"자동판매기"，多用来销售饮料、图书等，根据自动售货机的特点，韩国人有时拿它来做比喻，如(16)，利用的是自动售货机出货的形态和动作特点。

(16) 너 요즘 무슨 거짓말 쪽지게 학원 같은 데 다니고 있는 모양이구나. 어쩜 거짓말이 자동판매기에서 종이컵 따박따박 나오듯이 그렇게 잘 나오는지 몰라.《내딸 금사월, 15회》看来你最近是去什么撒谎培训班受训，是吧？怎么那些谎话就像自动售货机里的纸杯子那样一个一个地出来得挺顺溜啊？

7.3.3 商业场所

商业场所最普通的是集市和商店。首先看集市。与此有关的词语都是汉字词或汉字混合词，其中"시장(市場)"没有相关的比喻意义或俗语，但"장(場)、장날(場-)、초장(初場)"却有比喻意义或者用俗语来表达比喻意义。与"초장"有关的"중장(中場)、종장(終場)"也没有比喻意义。

市场有正常的合法市场，也有非正常的市场，后者叫作"도떼기시장(——市場)"，指没有任何秩序、乱哄哄的兼具批发和零售、黑市交易的市场。此外还有"도깨비시장(——市場)"，指闹哄哄的什么东西都有的市场。

集市一般都有固定的场所，被称作"장바닥(場——)、장마당(場—)"，也指集市中心，有俗语"장바닥의 조약돌 닳듯、장마당의 조약돌 닳듯"，是用市场上的鹅卵石来比喻人的性情变得非常圆滑。

"장(場)"指集，也指固定的销售东西的一定场所，相当于"시장(市場)"，俗语"장 가운데 중 찾기"比喻非常容易找到，而"장마다 꼴뚜기[망둥이] 날까"比喻不可能总是有好机会产生，也可用来嘲笑傻得不懂世事万变这一道理。

"장날(場-)"指有集的日子，虽然地区不同会有差异，但韩国一般一个月6次集市，叫作"육장(六場)"，因为集市日期都是固定的，所以"육장"做副词，指一次也不缺、总是，并且有俗语"육장 줄로 친 듯하다"，比喻一次也不缺、没有变化。韩国还有一种"난장(-場)"，指在定好的集日外特别弄出来的连续几天的临时集市，或者指地摊商形成的市场，如"난장이 서다 形成了临时市场"。

与集相关，有俗语"가는 날이 장(場)날"，意思是去干活时，结果碰巧是集，比喻干什么事情时，不巧碰上什么事情，如电视剧《불어라 미풍아, 24회》中，当미풍的妈妈遭遇抢劫，장고找到警察问能不能看一下监控，结果警察说道：

(17) 가는 날이 장날이라고 얼마 전에 고장이 나서 구청 교
체 신청한 상태더라구요. 真不凑巧，不久前出了故
障，刚提交了报告让区政府来给换呢。

集刚开始的时候，称作"초장(初場)"，也可用来比喻事情刚开始的时候，如(18)。用于比喻意义时还有俗语"초장 술에 파장 매、초장에 까부는 게 파장에 매 맞는다"比喻开始时如果不知深浅地折腾，最后会倒霉的。

(18) 부당한 일이 있으면 초장에 잡아야 빛나도 편하지 않겠
나?《별이 되어 빛나리, 4회》如果有什么不妥当的事

情，开始的时候纠正过来，那样光娜才舒服不是？

　　过去赶集买卖东西的人叫作"장꾼"，唱歌卖艺的人称作"풍각쟁이(風角--)"，有俗语"장꾼보다 풍각쟁이[엿장수]가 많다"，比喻比例正相反，而"장꾼은 하나인데 풍각쟁이는 열둘이라"比喻很多人找借口从一个人那里拿走钱物，也可比喻与重要人物相比不相干的、看热闹的人更多。

　　韩国语还有汉字词"문전성시(門前成市)、문정약시(門庭若市)"，比喻来的人非常多，家门口就像市场一样。

　　第二，商店。朝鲜时期，首尔有六大拥有专卖权的商店，总称为"육주비전(六注比廛)"，分别是"시전(市廛)、선전(縇廛)、면포전(綿布廛)、면주전(綿紬廛)、지전(紙廛)、저포전(紵布廛)、내외어물전(內外魚物廛)"，也有说法说是八大商店，称作"팔주비전(八注比廛)"。

　　其中，"지전(紙廛)、지물포(紙物鋪)"指过去卖纸的商店，有俗语"지전 시정에 나비 쫓아가듯 한다"，意思是纸店主人看见飞过去的蝴蝶误以为是纸飞了而去追赶，用来嘲笑那些虽有很多财产仍然非常吝啬的人。"선전(縇廛/線廛)"指朝鲜时代卖绸缎的商店，有俗语"선전 시정의 비단 감듯"，意思是就像绸缎商店的主人缠绸缎一样，比喻熟练地缠绕长东西。

　　除上述六大商店外，还有一些其他商店，如"푸줏간(--間)、관(館)"指过去卖牛肉、猪肉的地方，俗语"푸줏간에 들어가는 소걸음、관에 들어가는 소(의) 걸음"，意思是就像进肉店的牛一样，比喻哆哆嗦嗦地害怕或者不情愿而被迫去做的样子。

　　此外，"동상전(東床廛)"指过去在首尔钟路钟街这个地方的杂货店，有俗语"동상전에 들어갔나"，比喻在要说话的时候却不说话

只是笑。这个意义的产生与"동상전"的性质有关，这个商店还卖成人用品，过去宫女们无法结婚，解决性需求的方式之一就是利用成人用品，但进入商店后又不好意思开口说，只是笑不说话，所以店主人就会意会而把东西卖给这些宫女(박갑수 2015:405)。

7.3.4 商业宣传

商业宣传主要可以借助三种方式，第一是招牌，第二是产品的实质性包装，第三是做广告。

招牌韩国语为"간판(看板)"，当用于"간판을 걸다"时，指开业或团体等开始活动，而"간판을 내리다"则指相反意义，意为停业或团体等终止活动。因为对一个店铺或团体来说，代表性的特征就是招牌，所以挂招牌和卸下招牌可以分别指开业或关门。汉语多用"挂牌、开张"等来表达开业，虽然有时用"摘牌子"来表示停业，但用的不多，多用"关门"来表达，如(19)，因为"门"也是一个店铺或团体的代表性部分之一。

> (19) 오빠가 그렇게 아끼던 회사가 간판 내리게 될 거예요.《달콤한 원수, 113회》哥哥你那么珍惜的公司就要关门了。

韩国语"간판"还可通俗地指显现在表面的外貌、学历、经历、名分等，有多种用法，如下表所示：

用法	例子
单独使用	그 사람은 간판이 괜찮다. 那个人名头还行。
作定语	간판 모델 招牌模特、간판 스타 招牌明星、간판 메뉴 招牌菜
	차태현의 간판 이미지는 '귀여움' 이다. 车太铉的招牌表情是"可爱"。
	그럼 엄마가 사장님한테 우리 태호가 풍길당 간판외모니까 양복 입고 근무해달라고 해볼 까?《우리집 꿀단지, 22회》那老妈去和老板说,我们泰浩是冯吉堂的标准帅哥,让她允许你穿西服上班怎么样?
作中心语	박사 간판 博士名头 명문대 출신이라는 간판 名牌大学毕业的名头
	어디 내세울 만한 간판이 있어야지.《우리집 꿀단지, 60회》要有拿得出手的东西啊。

[表1] "간판"的用法

如上表所示,"간판"可以独自使用,也可作定语,也可作中心语。其意义已经不再限于商店的招牌,主体扩大到了人,可以指人的各种外在的东西。

商品还需要包装。韩国语有俗语"보기 좋은 떡이 먹기도 좋다",比喻内容与形式都很好,也比喻装饰是非常必要的。"떡도 떡이려니와 합(盒)이 더 좋다"意思是年糕虽然也不错,但装年糕的盒子更令人满意,由此可见商品包装的作用。包装韩国语用汉字词"포장(包装)",除了表示在商品外面进行装饰或指包装商品的纸盒、瓶子等外,还比喻做表面功夫,也比喻对人或事物从形象上装扮、美化,如(20),与汉语"包装"用法一致。

(20) a. 가수의 이미지를 포장하다 包装歌星

　　　b. 나한테서 포장할 것 없어요. 있는 그대로의 해상씨

모습이 너무 좋으니까.《내딸 금사월, 24회》你没有
必要在我面前包装自己，因为我喜欢海尚你本来的
样子。

当然，韩国语还有 "보기 좋은 음식 별수 없다"，强调的是内
容的重要，比喻虽然外表不错，但内容不好。

"广告" 本来指广而告之，现代汉语里 "广告" 多用来指做宣
传广告或那样的广告，但韩国语 "광고(廣告)" 仍然多用来表达广而
告之之意，如(21)。

(21) a. 내가 뭐때문에 사람을 죽였다고 광고를 하고 다닐
　　　까?《동네변호사 조들호, 13회》我有什么理由到处
　　　说我杀人了啊？
　　 b. '나는 속물 시어머니다' 광고를 하지. 그래.《빛나라
　　　은수, 30회》你干脆打广告说 "我这个当婆婆的是俗
　　　物一个。"

过去的广告形式多是靠嘴，即用嘴来宣传商品，靠嘴做广告的
人代表性的就是穿街走巷 "卖膏药" 的江湖人，韩国语为 "약장수
(藥--)"，与此相关的表达都产生了贬义。但是发展到现代社会，广
告成了经济活动的重要部分，而备受推崇。所以费孝通(1946:13)不
禁叹道："回想起在乡下被人贱视的 '卖膏药' 的走江湖，真不免为
他们抱屈了。同是广告，而在人们眼中的价值竟相差得这么远。时
代的距离！"

7.3.5 买卖流程

7.3.5.1 上义词

韩国语里买卖用固有词"장사",意为做买卖。做买卖陈列商品时,一般会把新鲜漂亮的挑出来摆在外面,俗语"장사 옷덮기(다)"比喻只注重外貌,外表打扮得很漂亮。

"장사"还有其他用法,如电视剧《아이가 다섯, 14회》中,二儿子호태是个不出名的导演,当家里人笑话他时,他说道:

(22) 그게 무슨 상관이에요? 수박장사가 수박 안 팔린다고
해서 수박장사 아닌 것 아니잖아요?이게 무슨 관계啊?
卖西瓜的不能因为西瓜卖不动就不是卖西瓜的吧?

这句话意思是难道就因为电影不叫座就不是电影导演了吗?这反映的是一种辩证思想,也是一种典型的"阿Q"精神。

客人多、买卖好,韩国语有固有词"세나다",俗语"세난 장사 말랬다"意思是做买卖时不能因为某个产品卖得好就随便卖,那样不但不会有利润反而会遭受损失,而在朝鲜语里还多用来告诫人们,能挣钱的买卖肯定有很多人加入进来,晚进来的人就很容易失败。

做买卖还有固有词"사고팔다"和汉字词"매매하다(賣買—)",都很少用于比喻意义。

与买卖有关,需要先买后卖,买韩国语为"사다",意义非常多,如下表所示:

[表2] "사다"的意义

	意义	例句
1	卖掉自己拥有的东西获得金钱。	꽃 사세요 卖花了。
2	可以不做的事情却故意去做。	사서 고생하다 找罪受。
3	对别人的态度或某事的价值进行认可。	공로를 높이 사다 对功劳致以高度评价；나는 그 친구의 성실함을 높이 산다. 那个朋友非常认真，我非常欣赏。
4	为一起吃饭而支付一定金钱。	친구에게 저녁을 사다 买晚饭请朋友吃/请朋友吃晚饭。
5	支付一定代价来使唤他人。	짐꾼을 사서 이삿짐을 날랐다. 雇搬家工人来帮忙搬家。
6	使他人产生某种感情。	그에게 호감을 사기 위해 그녀는 별의별 노력을 다 했다. 为获得他的好感，她尽了各种努力。
		남한테서 의심을 살 만한 일은 하지 마라. 不要做让人起疑的事。

如上表所示，"사다"用于第1个意义时，汉语"买"无此意义，表达此意义的是"卖"，所以上面的例句译成汉语应该是"卖花了"，如果要用"买"来表达，前面一般有对象或隐含对象，如"阿姨买束花吧"；或者面对着他人，但话语里不说出来，如"（您）买束花吧。"第4个意义与第1个意义"获得金钱"正好相反，指的是"付出一定金钱"，此时与汉语"买"的意义一致。用于第5个意义时，汉语"买"没有此意义，一般用"雇用"，但有固定搭配"买卖人口"表示贬义。

当"사다"用于第2个意义时，表达的是对"고생하다"的肯定，而汉语用"找罪受"，表达的是对受苦的否定，这反映的中韩两

种文化里对"受苦"的两种不同人生态度。

"사다"第3个意义比喻认可，这种意义的产生与人的心理有关，也就是说在看到有价值的某人或某物时，人自然会产生一种想买下来据为己有的想法，根据这种心理，所以借用"사다"这个动作来比喻对某人或某物的满意及认可，因此"사다"也就产生了这样的抽象意义。同样，第6个意义也源于这样的心理，只不过换成了使动形式，指为了让他人对自己产生好感继而产生购买欲望而努力，当然这种感情一般是肯定意义的，因为没有人想让对方对自己产生不好的感情。之后，随着"사다"语义的虚化，也开始适用于消极意义的感情，如"의심을 사다"意为让人起疑心，惯用语"감정(憾情)을 사다"意思是伤别人的感情。

表示购物时除了用"사다"，也可用外来语"쇼핑"，而受固有词"사다"对象泛化的影响，外来语"쇼핑"也用于"닥터쇼핑、병원쇼핑"结构，这是一种新的购物行为，指的是患者对治疗没有信心而辗转于多所医院进行检查、治疗的现象。这种现象在中国也非常普遍，导致出现了"大医院忙小医院闲"的现象。

> (23) 내과에 병원쇼핑하는 환자들이 너무 많아. 이 병원 저
> 병원 다니면 낫는 것도 아닌데.《가족을 지켜라, 95
> 회》内科里有很多患者是转了很多次医院的。但是并
> 不是说医院转多了病就能好。

下面再看卖，韩国语为"팔다"，有五个意义，如下表所示：

[表3] "팔다"的意义

	意义	例句
1	一般的买卖行为。	쌀을 팔다 卖米
2	为金钱将女性转到娱乐场所或将人像物品一样进行交易。	지금까지 4,000명이 넘는 여자아이를 팔아넘겼습니다. 《디스이즈게임, 2017. 10. 11》到现在为止有四千多名女孩被卖了。
3	注意力分散、不集中。	정신은 어디서 팔고 다니는 거야? 《혼술남녀, 10회》脑子不知道放哪儿了？
4	以其他东西或人为借口来谋取自己的利益。	아무리 니가 대표이사가 되고 싶어도 그렇지. 돌아가신 아버지 이름을 팔고 어떻게? 《월계수 양복점 신사들, 8회》就算你很想当代表理事，但是怎么能去出卖你去世的父亲的名声啊？
5	花钱买粮食。	친구에게서 싸게 쌀을 팔아 오는 덕분에 근근이 생활을 꾸려 나가고 있다. 多亏从朋友那儿买了点便宜大米，所以勉强能糊口。

如上，韩国语 "팔다" 有五个意义，其中第1、2个意义与汉语 "卖" 一致。"팔다" 用于第3个意义时，一般与和人有关的 "눈、정신" 等结合使用。有时，"팔다" 还与 "얼굴" 结合，如 "얼굴을 팔다"，指到处露脸，被动词 "팔리다" 也有类似用法，如 "얼굴이 팔리다 被熟知" "쪽팔리다 丢人"。

"팔다" 用于第四个意义时，汉语多用 "出卖"。此外，"팔다" 还有合成词 "팔아먹다"，如(24)，汉语多用 "利用"。

(24) 그 남자 떨어져 나가라고 내가 얘를 팔아먹은 거야. 결혼은 아니야. 친구는 무슨 결혼을 해? 《그래 그런 거야, 41회》我为了让那个男人死心，才利用这朋友的。不

是要和这朋友结婚。朋友之间怎么结婚啊？

如上，韩国语的"사다、팔다"与汉语的"买、卖"意义差距很大，对中国人来说，无法买卖的东西，如"不愿做的事情、态度、价值、使唤人、使产生感情或者分散注意力、谋取利益"等，这些在韩国语里都被具体化、物质化了，成了买卖的对象。这表现在"사다、팔다"的语义上，就是发生了语义的泛化。而这种现象的产生也与韩国语的配义性和模糊性有关，所以才导致在语义搭配上所受限制很小，搭配范围可以扩大化，表现出了很强的搭配灵活性。

汉语一般多是"出卖""卖弄"等可以与抽象意义的词语结合，如"出卖名声""卖弄风骚"，偶尔也有单音词"卖"可应用于"卖勇""卖身"等表达中。

7.3.5.2 开业与开张

开业韩国语用汉字词"개시(開市)"，指首次开业，做买卖，也可以指一天中头一单生意或开店以来的第一单生意，如(25a)；"개시"也指营业开始，如(25b)，用于此意时与"개점(开店)"同义。"개시"逐渐从经济领域扩展到一般事物，指还没有开始干某事，可以指新开通手机，如(25c)；也可以指新衣服，如(25d)；也可以指追求人，如(25e)。汉语的"开市、开业、开张"很少有这种用法。

(25) a. 여태 개시 못했어? 손놈 한 마리도 없었어?《그래 그런 거야, 1회》到现在还没开张啊？一个人毛也没有吗？

b. 그 백화점의 개시 시간은 오전 10시이다. 那个百货

513

大楼上午十点开始营业。

c. 첫 개시로 남구한테 전화해봐.《아임 쏘리 강남구, 42회》新手机刚开通第一个电话打给南九吧。

d. 내가 이것 안 입을래. 개시도 하지 않은 옷 내가 어떻게 입어?《천상의 약속, 8회》我不想穿。你都没穿过的衣服，我怎么能穿啊？

e. 개시도 하기 전에 거절해서 미안합니다.《다시, 첫사랑, 38회》在你追我之前就拒绝你，很对不起。

买卖开张后，通过最初的情况可以推测一天的商运，韩国语称作"마수"，也指第一次卖货得到的利益，义同"마수걸이"。名词"마수걸이"还比喻第一次遇到的事情，如(26)。而"마수걸이하다"也比喻第一次遇到。

(26) 이종민이 주축이 된 철벽수비를 앞세운 부산이 마수걸이 승리를 신고했다.《국제신문, 2018.03.19》釜山派出了以李宗民为首的铁墙守门员，并且取得首胜。

如上，韩国语的经济用语"개시、마수걸이"都从经济领域发展到了日常生活中，语义也都泛化为"开始干某事、第一次遇到某事"。

7.3.5.3 价钱

与价钱有关，汉语有"掉价、掉价儿"，除了指物品价钱降低外，还可比喻地位降低，如(27)，隐含的是"人也是有价的"这种思想。

(27) 他已无话可说，对于小知识分子来说，谁先撕破脸，
谁才最掉价。《北大中文语料库》

韩国语固有词"값"指商品的价钱或支付的钱以及付出努力或牺牲的代价，如(28a)；或者用于名词后表示价钱费用，如(28b)；或者指数值，如(28c)；或者指某事物的重要性或意义，如(28d)；此外还指合乎某事的行为，与此相关产生了很多表达，如(28e)。

(28) a. 주인은 수고한 값으로 쌀 한 되씩을 주었다. 作为劳动报酬，主人给了每人一升大米。

b. 기름값 油价

c. 분석값 分析值

d. 값이 없는 일 没意义的事情

e. 밥값、인물값、나잇값、사람값、허우대 값、덩치값、코 값、이름값、아들 값

其中(28e)的各种表达如下表所示：

[表4] "~+값"的合成词或词组

表达	例句
밥값	밥값은 하시네요.《가족을 지켜라, 122회》对得起自己吃的饭了啊。오래만에 한아름이 제대로 밥값은 하는구나.《최고의 연인, 36회》韩雅凛终于做了件事，对得起自己的工资了。

이름값	과연 배사장 이름값하는 멋진 술 빚으셨어. 대단해요.《우리집 꿀단지, 121회》裴社长您果然酿出了名副其实的好酒啊。太厉害了。일위한 것 축하해. 오래만에 채유나 이름값 제대로 했네.《그녀는 거짓말을 너무 사랑해, 10회》祝贺你得第一名。这下子终于把(蔡友娜)你的实力证明出来了啊。
인물값	인물값 못하고 내 원망만 하고 있는 한심한 것들.《그래 그런 거야, 12회》连自己的外貌都利用不好，光知道埋怨我，真让人无语。
나잇값	내외 손잡고 와서 아버님 어머님, 고자질하라고 그래… 나잇값도 못해.《그래 그런 거야, 23회》让他们两口子手牵手来向父母打小报告。……这么大年纪了，一点也不懂事。
사람값	그 녀석 사람값엔 가지도 못한다니까그려. 억지로 치자면 건달이지.《이무영, 농민》那小子对不起人这个称呼，如果给他估个价的话，那就是个无赖。 뒤로는 뇌물을 받아먹으면서 말만 잘한다고 사람값에 들까? 在背后受贿，以为只要嘴头子行就是人了吗?
허우대값	배우 조동혁이 '허우대 값 못하는 근육남'으로 불리며 굴욕을 당했다.《스타뉴스, 2010. 06. 20》演员赵东赫被别人称作"对不起自己一身肌肉的肌肉男"，而倍感屈辱。
얼굴값	제발 얼굴값 하지 말고 허우대값 좀 하고 살아!《뉴스엔, 2009. 06. 16》不要光靠脸蛋吃饭，要对得起自己的大块头啊。
덩치값	덩치값 좀 해. 对得起这么大个子吗?
코값	코 값도 못하는 것 一点儿也不像大男人
아들값	너 언제간 아들 값 할 줄 알았어.《최고의 연인, 70회》我就知道你早晚会做个好儿子，让我脸上增光的。

　　如上表所示，从结构上来看，"밥값、이름값、인물값、나잇값、사람값"等已经发生词汇化，成为合成词，但"허우대 값、덩치 값、코 값、아들 값"等仍然是词组形式。

　　从意义上来看，与人有关的抽象表达"이름、인물、나이、사

람”等都被赋予了一定价值，汉语“价”没有这种表达。此外，韩国语里的各种身体部位，如“허우대、덩치、얼굴、코”等也被赋予了一定价值，意思是体格壮的人、长得漂亮的人、鼻子大的人就要有相应的行动或能力。其中“얼굴 값”意思是长得漂亮的女人能做相应的事情，但多用于反语，意思是长得漂亮的女人行为多有不端(박갑수 2014(상)a:30)。而“코 값을 하다”指像大丈夫一样庄重，之所以出现这种惯用语，与鼻子的观相说有关，即认为鼻子高挺才是男人，[02] 所以办事应该像高挺的鼻梁那样才是男人。

　　关于价钱的影响因素，最重要的应该是质量。汉语有“一分钱一分货、贱钱无好货”的说法，意思是价钱与质量是成正比的，韩国语类似的意义用“물건을 모르거든 금 보고 사라”，意思是当不知道物品价值如何时就看价钱来决定买不买，比喻价钱反映的就是物品的质量。

　　价钱还受供给的影响，汉语有“物以稀为贵，物以多为贱”，韩国语有“흉년의 곡식이다”。大批商品上市的时候，从商品质量上来说，是好时候，从价钱上来说也是便宜的时候。其中蔬菜、水果、鱼类等大量出仓或者正上市的时候称作“한물”，如(29a)；“한물”也可用来比喻人的好时候，如(29bc)。

(29) a. 이제 곧 봄이니 귤도 한물이 지났다. 现在马上就是春天了，橘子该下市了。

　　 b. 이 자식 한물 갔네. 한물 갔어.《옥중화, 9회》你小子(偷钱的手艺)已经不行了。不行了啊。

02　巴赫金在《拉伯雷的作品与通俗文化》V(1965)中曾提到鼻子是阳具的替代物(转引自艾柯 2012/2015:147)，韩国语里“코 값을 하다”用的也应该是此意义。

c. 나도 한물 갔나봐. 채린이한테 졌어.《사랑은 방울방
　울, 55회》看来我的好时候已经过去了。我败给了
　蔡琳。

　　从反面来说，多了就便宜。"흉년의 떡도 많이 나면 싸다"，
意思是即使是凶年的糕，多了也不值钱。表达这一现象的韩国语还
有汉字词"지천(至賤)"，虽然字面意义是非常贱，但现在多用来表
达非常多，非常常见，这种意义的产生其实是用结果来转喻现象，
因为东西多了才会贱，贱是多导致的结果。汉语里"至贱"多用于
古代汉语，现代汉语很少使用，表达类似意义的多是"到处是"，如
(30)。

　　(30) a. 봄이 한창이라 들에는 꽃들이 지천으로 피어 있다.
　　　　　 正是春天，田野里到处是盛开的野花。
　　　　 b. 김장철이 가까워지면서 시장에 지천한 것이 배추와
　　　　　 무였다. 随着泡菜季节的来临，市场上到处是白菜
　　　　　 和萝卜。

　　价钱高低还受意外因素的影响。如俗语"조 한 섬 가진 놈이
시겟금 올린다"，意思是就拿一石谷子却把大米的市价抬上去了，主
要嘲笑不起眼的人却产生了消极影响。
　　价钱还受人为的销售方式的影响。有时商家会把剩下的商品
降价处理，称作甩卖，韩国语有固有词"떨이"，有时也用于人，
如(31a)。甩卖还有外来语"세일(sale)"，大甩卖则用"바겐세일
(bargain sale)"，有时也用于其他方面，如(31b)，用于年龄，意思
是年龄白长了。

(31) a. 딸아이한테 완전 떨이취급이야? 파혼 두 번 한 게 무
슨 흠이라고?《천상의 약속, 20회》完全是想把女儿
减价/贱价处理掉啊。两次罢婚难道是什么缺点吗？

b. 제발 나잇값 좀 해라. 나이는 바겐세일했나? 求你干
点正事吧。你的年龄都白长了啊？

关于价钱高低，韩国语还有"갯값"，指离谱得低价，如"갯값
으로 넘기다 卖得非常便宜"，从这个词语里可以推测狗肉在过去很
便宜。类似的还有"똥값"。而比喻价钱高时，韩国语用"하늘 높은
줄 모르다、천정부지로"或"천장을 모르다、다락같다"等表达。

7.3.5.4 讨价还价

做买卖时不可避免的就是讨价还价，韩国语为"흥정"，在韩国
如果有人还价太厉害，则可以对他说："포도청 뒷문에서도 그렇게
싸지 않겠다"，这里"포도청 뒷문"指的是官府后门的赃物交易，
所以这句话意思是就是买卖赃物也不会这么便宜啊？也就是说，可
用这句话来嘲笑对方还价太厉害。大幅杀价韩国语称作"후려치다"，
"후려치다"的本义是用拳头或鞭子使劲地打，如(32a)；也比喻不
合常理地砍价，如(32b)。而中国人砍价一般用"拦腰砍"或"砍脚
脖子"。

(32) a. 따귀를 후려치다 扇耳光

b. 예술작품을 그렇게 후려치면 무식하다는 소리예
요.《별별 며느리, 1회》艺术品这样砍价的话，就
是说自己无知。

韩国人讨价还价有几种方式，一种是"가오리흥정"，因为鳐鱼价钱比较低廉，所以意思是讨价还价时弄不好会把本来较低的价钱抬高了。第二种讨价还价的方式为"물에 있는 고기 금 치기"，意为看着水里的游鱼，给鱼定价，比喻对无法预测的结果进行讨价还价。这两种方式都与鱼有关。此外还有一种方式为"배부른 흥정"，指"成最好，不成也无所谓"的讨价还价方式，如(33)。

(33) 대단히 오만하고 배부른 흥정이다.《코나스, 2017.05.19》
　　　这是非常傲慢、无所谓似的谈判。

7.3.6 支付方式

支付方式会随着时代的变化而变化，从古至今主要有四种支付方式，这些支付方式有的已经消失，但依然保留在语言里。有的虽然是新产生的支付方式，但也被人们用来作比喻。

过去生活困难时，人们手里没钱，很多时候是用粮食来进行物物交换。粮食充当了货币的功能。韩国语有俗语"동무 몰래 양식 내기"，意思是凑份子吃饭时替朋友偷偷地交粮食但朋友却不知道，比喻白费力气却没有任何效果。这个俗语反映的是过去的支付文化，凑份子也用粮食来代替。

韩国语里一次性支付为"일시불(一時拂)"，也可用于比喻，如(34)。分期支付为"할부(割賦)"。

(34) 작가가 된다는 건, 로또 당첨처럼 벼락같은 행운을
　　　일시불로 수령하며 끝나는 게 아니다.《동아일보,

2018.01.12》成为作家这件事，不是就像中彩票一样，将从天而降的幸运一次性签收后就结束的。

　　与支付有关，还有赊账这种方式，并且相关的语言表达很多，这也说明赊账行为的普遍性。首先看两个动词，"긋다"的本义是划斜线，后来产生了赊账之意，因为过去有的饭店、酒馆老板不会写字，所以就用划斜杠来表示次数，[03] 如(35)。这与汉语里用"正"字来计数不同。与此相关，有俗语"무식하고 돈 없는 놈 술집 담벼락에 술값 긋듯"，比喻就像不识字，赊了酒钱后就在酒店的墙上划斜杠一样，指总是画斜杠。动词还有"달다"，也有挂账之意，如(36)，这与汉语"挂账"理据是一致的。

(35) 내일 드릴 테니 오늘 밥값은 장부에 그어 두세요. 明天我给您钱，今天的饭钱您先记在账上吧。

(36) 오늘 술값은 장부에 달아 두세요. 把今天的酒钱挂在帐上吧。

　　赊账还有名词"외상"，如"외상 사절 概不赊账""외상 술값赊的酒帐""외상을 긋다 挂账"。账簿在韩国语里为"치부장(置簿帐)、치부책(置簿冊)、장부(帳簿)、장책(帳冊)"，与此相关，有"묵은 치부장[치부책]"，意思是陈年旧账，比喻没用的东西，忘到脑后头去的东西。

　　发展到现代社会，韩国语还产生了"후불(後拂)"，即后付款的方式，但有时也可用于非经济意义，如(37)，汉语用"下次"。

03　出自《동아일보，2016.07.26》：[손진호 어문기자의 말글 나들이]빈대떡。

(37) 뽀뽀는 나중에 후불로 받을게.《가족을 지켜라, 107
회》接吻留到下次我再要。

分期付款也是赊账的一种表现形式，"在第一次世界大战之前就
已出现，但只有穷人才采取这种形式，而且总是带有不太光彩的欠
债的意味"（霍尔、尼兹 2009：168）。后来出现了信用消费，不用商
家定期来催账，而只要把账单寄给买家就可以。这种信用消费虽然
也是一种赊账行为，但商家不使用"债务"这样的字眼。

赊账行为自古有之，如俗语"외상이면 소[당나귀]도 잡아먹는
다、외상이면 사돈집 소도 잡아먹는다"，比喻不计将来后果如何，
先顾眼前而行动。由此可以看出古人已深知赊账的危害。发展到现
代社会，即使是信用消费，但赊账毕竟是赊账，如果一旦还不上信
用卡，就会出现严重后果，导致现代社会出现了很多的信用不良之
人。

随着社会经济的发展，人们在购物时除了用现金外，还可以
用支票进行支付。支票有很多种，其中一种是空白支票，韩国语为
"백지수표(白地手票)"，指出票人在签发支票时有意识地将支票上
必须记载的事项不予记载完全而留待以后授权持票人补充记载的票
据(百度百科)。因为这种意义，所以韩国语里"백지수표"可用来作
比喻，如电视剧《별별 며느리, 4회》中，关于交女朋友的问题，出
现了下面的对话：

(38) 신영애(엄마): 근데 너는 여자를 안 만날 거니? 올해 너
라도 가야지. 할머니도 계신데. 我说，你不找媳
妇吗？今年哪怕是你呢，(你们兄弟俩中)总得
结一个吧。得考虑你奶奶啊(她年龄大了)。

최한주(아들): 응, 이 여자 싫은 여자 만나면 한 달 안에
　　　　　라도 갈게요. 嗯，如果有中意的女孩，我一个
　　　　　月之内就可以结婚。
신영애: 흐흐, 어쩜 백지수표 같아? 哈哈，怎么听着像
　　　　是空头支票啊。
최한주: 잔짜예요. 엄마. 나타나기만 하면요.《별별 며
　　　　느리, 4회》真的。只要有这样的女孩就行。

　　对话中，当妈妈听儿子说如果有中意的女孩，一个月之内就会
结婚，不相信他说的话，所以笑着说："这怎么像空头支票啊？"
　　支票中的"空头支票"韩国语为"공수표(空手票)"，指在银
行里没有业务或业务被终止的人发行的支票，也指有活期存款业务
的人发行的支票，当去银行申请支付时由于账号没有余额而被拒绝
支付的支票，韩国语也称作"부도수표"。由于这种"공수표"是不
具有支付功能的，因此产生了比喻意义，指不去践行的约定，与汉
语"空头支票"同义，如"공수표를 날리다/띄우다/떼다 发空头支
票"，有时可以与汉语"空头支票"对应，如(39a-c)；有时与"说
空话"对应，如(39d)；有时"공수표"还与被动意义的动词"당하
다"结合，如(39e)，对应汉语"被骗"。

(39) a. 좋습니다. 나중에 술 산다는 말, 공수표 떼지 마세요.
　　　好，你说以后请我喝酒，记住不要玩空头支票。
　　b. 술을 안 마시겠다는 공약이 완전히 공수표가 되어 버
　　　렸다. 不喝酒的公约成了空头支票。
　　c. 어느 것 하나 해결할 수 없는 입장에서 공수표만 남
　　　발해서는 안 된다. 什么都解决不了，这种情况下不

能光发行空头支票。

d. 허우대만 멀쩡해가지고 공수표만 날려! 아이구!《사랑은 방울방울74회》白长了个好模样，天天光说空话！哎呦！

e. 내가 당신한테 공수표 당한 건 한 두 번이야.《가족을 지켜라, 106회》我被你骗了又不是一次两次了。

"부도수표(不渡手票dishonored check)"相当于汉语的"拒付支票"，也可用于比喻意义，如(40)。有时还有"부도수표를 남발하다"，比喻虚张声势或者说一些不能兑现的话。有时韩国语还用"고무풍선을 띄우다"来表达类似意义。

(40) 나사장은 당장 우리 사장님을 금방 데려갈 것처럼 굴더니 왜 날을 안 잡아? 역시 부도 수표 내는 것 아니야? 이거?《사랑이 오네요, 63회》罗社长的行动好像马上就要娶我们老板似的，但这都什么时候了，为什么不定日子啊？他这是不是想当缩头乌龟啊？

7.3.7 产品质量与售后

对东西或作品进行评价，韩国语用汉字词"품평(品評)"，如(41a)。"품평"的宾语一般不是人，但有时在特殊语境下也可以指对人的评价，如(41b)，汉语一般用"品头论足"，具有贬义。日常生活中经常用的还有汉字词"평가(評價)"，本义指给物品定价，后来发展成给事物的价值或水平做出判断，其宾语可以是人，其实这反映

的也是"人是有价的"这种思想。

(41) a. 자네만 내 작품을 좋게 품평하는군. 只有你看好我的
作品啊。

b. 아주마가 지금 남의 자식을 품평할 때가 아니잖아요.
언니 오기 전에 나가요. 당장! 《빛나라 은수, 50회》
大妈，现在可不是你对别人的孩子品头论足的时
候。在我姐回来前给我走！立马！

产品质量如果有问题，韩国用汉字词"하자(瑕疵)"来表达，
一般情况下也多用于物品，但有时也用于人，如(42)，这里是把人
比作了次品。

(42) 내가 무슨 하자전담반도 아니고.《가족을 지켜라, 29
회》我又不是专门处理次品的？

在日常生活中，如果买的东西出现问题，我们可以选择退货，
韩国语用汉字词"반품(返品)"，现在经常被用来比喻离婚的人，如
(43)。

(43) 모성애: 의사라면 대한민국 최고로 알아주는 신랑감인
데 우리 아라가 보통이 아닌 가 본다. 医生可是
大韩民国最认可的新郎候选了，看来我们雅
罗很有本事啊。

나노라: 최고 신랑감이긴, 헌 것! 헌 것! 还最佳新郎候
选呢，是旧的！旧的！

모성애: 헌 것이라니? 什么旧的？

나노라: 한 번 가다 와서 반품 된 거라구. 사은품으로
12살 먹은 계집애 딸려서 한 마디로 애딸린 이
혼남이다 이 거지.《폼나게 살 거야, 17회》结
过一次婚又离婚的。作为赠品还带着一个12
岁的女儿，一句话带着拖油瓶的离婚男。

上面的对话是母亲모성애与大女儿나노라关于二女儿나아라与
医生조은걸的谈话，其中提到医生조은걸是离婚男，用的是"반품되
다"，而其女儿被比喻成了"사은품(謝恩品)"。

退货还可用鱼类来比喻，如"가재(를) 치다"，因为小龙虾喜
欢倒退着走，所以可以比喻把买来的东西退回去。

7.3.8 买卖与民族性

韩国有一种文化现象，就是做买卖时很多情况不用秤来称重，
如水果、蔬菜，尤其是在农贸市场上，水果一般按个卖，香蕉按提
卖，葡萄按串卖(有时也用盆、箱子盛着来卖，则按盆、箱子来计
价)，蔬菜一般按堆、按捆，鱼按条，鸡蛋按盘(一盘30个)，肉食鸡
按只计价(烤鸡也是按半只、一只来卖)，卖豆谷类、栗子都按"되
升"(有时也用塑料瓢子、盆子等)，只有卖猪肉、牛肉等或贝类海
鲜时才用秤称。但是卖肉的和卖贝类海鲜(无法论条卖)虽然都按斤
计算，但卖肉的是600克一斤，而卖海鲜的是400克一斤。关于这种
计算方法，笔者曾对韩国卖海鲜的商贩提出过质疑，而对方的解释
是：如果按照600克一斤就赚不着钱了。所以在韩国买东西一定不能

看斤数，要看克数或者公斤数。

　　韩国人还用升、瓢子等来卖粮食，并且都会堆出一个尖，称作
"고봉(高捧)、깨끼"。

　　韩国一般的市场交易中如果讨价不成，可以要求主人给"덤"，
指在原价之外又给添上一点东西，或者被添上的东西，如(44a)。
如果卖主不给点赠品，那么就可以说"벌도 덤이 있다"，意思连惩
罚都有赠品呢，这是用让步来表达要求。"덤"也比喻白得的，如
(44b)。也就是说"덤"不仅指具体的东西，也可以指抽象意义。[04]

　　(44) a. 귤을 열 개 샀더니 가게 주인이 덤으로 두 개를 더 주
　　　　　었다. 买了十个橘子，店主人又让给了两个。
　　　　b. 어차피 재민이 없는 순간부터 내 인생은 덤이에
　　　　　요.《아임 쏘리 강남구, 98회》反正从在民死去的那
　　　　　一瞬间，我的人生就没有了任何意义。

　　如果在百货大楼等不能讨价还价的地方，也可以要求卖方提供
打折优惠或者给赠品，如买大衣可以要求送双袜子，但这时一般不
用"덤"，而用外来语"서비스(service)"。

　　在中国，一般市场上购买蔬菜、水果、肉、粮食等几乎一律都
要用秤称，所以没有韩国人的"高捧"文化、"덤"文化，但中国
人在计价时有"减零头"的文化，这与韩国人的文化只是两种不同
的表现形式而已，性质是一样的。这与西方人要求准确无误、客观
的文化有所不同。例如이어령(2002/2011:85)提到在巴黎买辣椒时，
多放一个，秤星就上去了，少放一个，秤星就下来了，而卖菜的主

04　"덤"还用作围棋用语。

人就拿来一把剪刀，把一个辣椒剪成两段，放上一段来把重量调整到最准确的程度。

7.4 保险业

发展到现代社会，保险业已经是非常重要的经济活动之一。尤其是在韩国，保险业非常发达。"保险"在汉语里没有比喻用法，但可以指安全可靠。韩国语"보험(保險)"在日常生活中除了指保险业，也用来比喻人或事情，但与汉语"保险"不同，如：

(45) 아버님 마음을 아는데요. 어차피 그 분은 오래 사실 것
　　도 아니고 그럼 아버님도 아버님 사실 길을 찾아야 되
　　는 것잖아요? 또 아버님 혼자 남으실 텐데 그냥 보험이
　　라 생각하고.《폼나게 살 거야, 22회》我明白(公公)您
　　的心意。(您现在)那一位已经活不长了，反正公公您
　　最后也得找自己的活路，不是吗？您最后还得一个人
　　过。就当作是入保险了(去见一下那个女人吧)。
(46) 최신형: 잠깐 나랑 얘기 좀 해. 밥 안 먹었지? 어디 가
　　　　서… 你和我谈一下吧。还没吃饭吧？我们去
　　　　哪儿……
　　나아라: 사람 놀리지 마. 你不要耍我。
　　최신형: 놀리다니? 什么耍你啊？
　　나아라: 알잖아? 그러면서 나한테 왜 이러니? 내가 니
　　　　보험이니? 你心里清楚。你自己干的好事，为

什么还对我这样？我是你的备胎啊？

최신형: 알아듣게 말해 봐. 보험이라니?《폼나게 살 거
야, 14회》你把话说明白点。什么备胎啊？

　　(45)是剧中儿媳妇이해심劝说公公조용팔放着生病的女朋友再去见另外的女朋友，以防现在的女友病死后，公公身边没有人了，意思是将见新女友当做入保险。(46)是一段对话，剧中나아라因母亲患癌症之后，害怕拖累已经谈婚论嫁的최신형而提出了分手。但看到최신형与婚介所的人在一起之后，还是觉得非常伤心。这时又见최신형来找自己，所以很生气地说"내가 니 보험이니?"，意思是你自己通过婚介所准备着相亲，却还来找我，这是怕万一找不到合适的，拿我做备胎啊？

　　这两段话中的"보험"的意义都是从保险的基本意义发展而来的，因为保险是为了备不时之需而提前准备的资金保障，所以上面两段话中所说的保险也是从提前做好准备这个角度来进行比喻的。"보험"虽然有保障之意，但多是为了防备万一而准备的，所以都是有一定威胁、杀伤作用的东西，如：

　　(47) 지원: 설마 그걸로 누나 협박하려는 것 아니지요? 你不
　　　　会拿这个去威胁姐姐吧？

　　지원엄마: 내가 왜 그러겠니? 다 너하고 나 살자고 보험
　　　　으로 갖고 있으려고 할 뿐이야.《가족을 지
　　　　켜라, 114회》我为什么那样做啊？我只不过
　　　　是为了给你我留一条活路罢了。

　　(48) a. 그건 저한테 보험일 뿐입니다. 찬빈씨와 저와의 만남
　　　　을 막지 않겠다는 약속을 지키시려면 그 정도의 보험

이 서로에게 필요하지 않을까요?《내딸 금사월, 20
회》那个对我来说只是为了以防万一的杀手锏。为
了让您遵守不阻挡我和灿彬见面的约定，对我们来
说这种程度的杀手锏还是需要的，不是吗？

b. 백회장 약점 하나 쥐고 보험 장만해 두는 것도 나쁘
지 않지요.《최고의 연인, 68회》抓住白会长的一个
把柄当作最后的杀手锏，也没什么坏处。

(47)是剧中지원엄마为了让继女听从自己而拿到了对继女不利
的证据，并称这是为了自己和儿子지원准备的保险。用于此类意义
时，"보험"有时也与汉语"杀手锏"对应，如(48)。

如上，韩国语里的"보험"已经不仅仅用于保险行业，而是从
基本意义出发发展出了多种意义，有时可以直译成汉语"保险"，但
有时需要意译。

7.5 经营方式与经营权

7.5.1 股份

韩国语里股份为"주식(株式)"。买股票时，如果在最高点买
入，韩国语称作"상투(를) 잡다"，因为"상투"是发髻，高高在
上，所以可用来俗指股市的最高点。

韩国语里股票价格为"주가(株價)"，多用于惯用语中，其中

"주가가 오르다/높아지다"比喻价值、名声等上升，如(49a)，"주가가 내리다"比喻价值、名声等下降，使动结构的"주가를 올리다"比喻使价值、名声上涨，如(49b)。

(49) a. 이 테입이 공개되면 배우 강민은 치한을 퇴치한 영웅으로 더욱 주가가 높아지겠죠.这盒磁带一旦公开，演员江民将一跃成为击败色狼的英雄，人气更旺啊。

   b. 강하늘은 영화와 드라마에서 최고 주가를 올리다 지난해 9월 현역으로 입대했다.《미디어펜, 2018.05.10》姜哈尼(音译)在影视界大火之后，去年9月份入伍了。

不同股票形式有不同的称呼，由于炒股成为现代社会的寻常事，所以汉语里很多股票用语，如"绩优股、垃圾股、新股、成长股、红筹股、蓝筹股"等逐渐蔓延到了日常生活中。于是就有人利用股票术语对男人进行了一番分类比喻，如(50)。韩国语里相关的表达也有类似的比喻用法，如(51)。

(50) 有钱、有房、有车、有工作、有上进心的男人是绩优股，没钱、没房、没车、没工作、没上进心的男人是垃圾股，有工作、有上进心的男人是新股，刚升官发财的男人是成长股，从香港回大陆发展的男人是红筹股，家境十分富有的富家子弟是蓝筹股。《北大中文语料库》

(51) a. 손흥민, 저평가 우량주 2위《OSEN, 2019.03.20》孙

興民，被低估的绩优股第2名

b. 스피드스케이팅 장거리 유망주로 주목받았다. 被认
为是长距离速滑的升值股。

c. 금메달 기대주 金牌希望之星

7.5.2 黑骑士与白骑士

"흑기사(黑骑士, 法语:chevalier noir)"指穿黑衣、骑黑马
的武士，也比喻在遇到难堪之事时挺身而出的人，多指男人，如
(52)。如果是女人，一般用"흑장미(黑一)"。

(52) 이게 무슨 전부인 흑기사라도 하겠다는 거야, 뭐야?
《천상의 약속, 27회》这是给前妻当黑骑士，还是怎
么？

在经济学里，"흑기사"指接收经营权时，为使经营权的接收顺
利进行而引入的友好势力。"백기사(白骑士)"指穿白衣骑白马的武
士，经济学中指在经营权受到威胁时，为了维护自己的经营权而引
入的友好势力。

7.5.3 签署合同——图章文化

中国人签合同时，在签署重要的公对公合同或公对私合同时会
盖章，一般个人在面向行政机关签署合同或办理重要事情时，除了
签名，一般会按手印。韩国以前也有这种方式，称作"수결(手决)、

수례(手例)、수압(手押)、판압(判押)", 如"수결을 놓다 签字"。

但在现代社会，韩国人更喜欢用图章，不论是去银行，还是办什么事情，韩国人都需要盖章，因此每个成年韩国人都有自己的图章。正因为如此，所以韩国语里与图章有关的表达很多。

7.5.3.1 图章

韩国语"도장(圖章)"经常用于惯用语"도장을 찍다"，指签合同，而签了合同后，就意味着成为自己的东西，所以当前面的处所状语即使不是合同而是其他东西时，也可以用"도장을 찍다"来表达所有权，如(53)。

> (53) 내 거라고 도장을 확 찍어야 돼요.《왕가네 식구들, 12회》我一定要盖上章证明这是我的。

在韩国不仅签署合作合同要盖章，离婚时填写离婚协议书，也要盖章，也算是合同的一种，所以"도장을 찍다"根据语境具有了离婚意义，如(54)，因为中国人没有这种生活经验，所以汉语"盖章"没有这种文化意义，译成汉语时一般要译成"盖章离婚"或"离婚"。中国人结婚或离婚都要去民政局办手续，因此"去民政局"根据语境也有了结婚或离婚意义。

> (54) a. 벌써 서류에 도장을 찍은 지 오래됐어요. 헤어졌다고요…(최지훈 2010:204)很久以前就盖章离婚了，说是分手了……
> b. 재영은…아버지 없어도 끄떡없다고. 그러니까 도장

찍자.《내 사위의 여자, 7회》载永……现在即使没有父亲也没关系了。所以我们盖章离婚吧。

韩国语还有被动形式的"도장을 찍히다",表示打上烙印,如(55)。

(55) a. 도장 찍힌 깡패 打上痞子的烙印/上了黑名单的痞子
　　 b. 얼굴에 고생티가 도장 찍힌 부인 脸上布满了岁月印记的妇人

7.5.3.2 图章与上班打卡

关于测考勤的方式,过去中国是点卯,现代社会则有多种方式,如"刷卡、刷手指、刷脸"等。但韩国小公司考勤最基本的方式是盖章,例如有的公司沿用传统的出勤盖章器,出勤后,把写有自己名字的卡片插入机器,出勤时间就会被机器自动地记录下来,下班时,再按同样的步骤做一遍,那么下班时间也会被自动记录下来。这种机器记录上下班时间就像盖章一样,所以韩国语里"출근도장"指上班打卡,如(56a)。经常到一个地方也可用"출근도장을 찍다",如果句子中出现处所状语,那么还好理解,如(56b);如果没有出现处所状语,就表现出语义的模糊性,如(56c)。

(56) a. 신입사원이면 제일 먼저 출근도장을 찍어야 한다며.《우리집 꿀단지, 47회》不是说新人要第一个上班打卡吗?
　　 b. 집에서 살림이나 하시지. 왜 맨날 회사에 출근도장을

찍어?《월계수 양복점 신사들, 5회》你不在家干家
务啊？怎么天天到公司来？

c. 아이구, 모자가 하루 멀다 하고 아주 출근도장을 찍
어, 찍어!《우리집 꿀단지, 51회》母子两个是轮番上
阵啊，轮番上阵！

7.5.3.3 图章与身体器官

图章可以与身体器官结合，如汉字词"지장(指章)"，汉语一般
没有这种表达，而是多用"手印"。韩国语里"도장"也可与身体器
官结合形成合成词，其中"발도장"指脚印，如(57a)，汉语用"脚
印"；"발도장"也指去过某地，如(57bc)，根据语境可以译成"去、
走遍"等。

(57) a. 발도장 안 보여요? 看不见脚印吗？

b. 가까스로 발도장 찍었어요. 勉强去了一次。

c. 나는 조선팔도를 발도장을 꾹꾹 찍고 다니면서 …
《역적, 7회》我走遍了朝鲜八道……

"도장"也可与眼睛、脸结合形成"눈도장、얼굴도장"，指让
别人认识自己或者见面，如(58)，汉语可以用"混个脸熟、得到认
可、见面"等。

(58) a. 오봄씨 가는 줄 알았으면 나도 따라가서 눈도장 딱
찍어놓은 건데 아쉽다.《우리집 꿀단지, 56회》我要
提前知道吴春去的话，我也跟着去混个脸熟，太可

惜了。

b. 근데 오해상 걔가 아빠한테 눈도장을 확 찍은 마당
에… 但是现在的情况是吴海尚已经得到爸爸的认可
了。

c. 저도 들어와서 얼굴도장 찍겠습니다.《폼나게 살 거
야, 50회》我也会回来，和您再见个面。

7.5.3.4 印与封印

图章在韩国语里也用汉字词"인(印)"来表达，有两个惯用语
"인을 치다"与"인을 찍다"，其中"인을 치다"是具体意义，"인
을 찍다"指某事件或某人被打上难以洗刷的不名誉的印记，与"도
장을 찍히다"都表达消极意义。

韩国语还有汉字词"봉인(封印)"，指在密封处盖章，或者盖上
的图章，其对象一般是具体事物，但日常生活中也可用于比喻，对
象可以是抽象事物，如(59)，汉语可用"保持"。

(59) 무려 37년간 봉인된 최동원의 기록을 경신했다.
《OSEN，2021.10.24》崔东元（音译）保持了37年之
久的记录被打破了。

7.5.3.5 印泥

韩国语里印泥有多种表达，如"인주(印朱)、도장밥(圖章-)、
인니(印泥)、인육(印肉)、주육(朱肉)"，多用于"인주/도장밥도 안
말랐다"形式，表示时间短，如(60)，汉语可直译。

(60) a. 가게를 사다니? 우리 여기 보증금 올려주고 계약서
　　 에 인주도 안 말랐어.《우리집 꿀단지, 57회》你说
　　 什么？买店铺？我们这家店给房东涨了保证金，合
　　 同上的印都还没干呢？

　　 b. 이혼서류에 도장밥도 안 말았는데.《왕가네 식구들,
　　 39회》离婚书上的印泥还没干呢！

7.6 税收、债务、信用

　　经济还会涉及税收，韩国语里有多种表达，如"세(税)、세금
(税金)、조세(租税)"等，这些税收用语有时用于日常会话中，如
(61)。

(61) 착각에 세금 무는 것 아니지만 정도껏 하세요. 안대리
　　 가 푼수기 있는 것 물론 잘 알고 있지만 안대리 제 타입
　　 아닙니다.《아이가 다섯, 8회》虽然自我猜测不用交
　　 税，但是也得适度啊。我很清楚安代理有点缺心眼，
　　 但你不是我喜欢的类型。

　　与税有关，韩国语还有"유명세(有名税)"，俗指因变得有名
而遭受的不便和屈辱，如(62ab)。但现在这种消极意义已消失，如
(62c)，意义发生了变化，开始表达积极意义。[05]

05　유석재, 한자문맹 벗어나자 21, 조선일보 2014-10-27.

(62) a. 유명세가 따르다 被名声所累

　　b. 유명세를 치르다 为名所累

　　c. 한국을 대표하는 배우로 유명세를 떨쳤다. 他成了代
　　　表韩国的知名明星，因而备受瞩目。

　　经济往来还会牵涉债务，韩国语里有"청산(清算)"，指将双方的债务、债券关系计算清楚并解决掉，也可用作经济学专用语，指企业、法人破产或解散而停止活动并整理财产的工作。"청산"不再局限于经济领域，还可用于一般生活，比喻把过去不正当的东西干干净净地整理掉，如(63ab)。但在实际应用中，"청산"也比喻不再干某件事，如(63c)，可以是中性意义的，不一定含有贬义。有时"청산"还比喻整理与他人的关系，如(63d)。汉语需要根据语境译成"清除、整理、不干、分手"等。

(63) a. 봉건 잔재의 청산 清除封建社会的余孽

　　b. 이젠 건달 일은 다 청산하고 배 탈게.《월계수 양복
　　　점 신사들, 45회》我这就去把黑社会的事都整理
　　　了，去当水手。

　　c. 전 기자 생활 청산한 지 오래요. 지금 사업하고 있
　　　습니다. 기자님이라는 호칭은 별로 마음에 안 드네
　　　요.《최고의 연인, 94회》我不当记者已经很久了。
　　　现在在做事业。我不太喜欢记者这个称呼。

　　d. 이 자식 빨리 청산하지 않으면 내가 내일이라도 당장
　　　소송을 걸어서 새롬을 데리고 갈 거야. 알았어?《최
　　　고의 연인, 97회》你要不赶紧和这小子分手，我明
　　　天就起诉把赛罗带走，知道吧？

与经济有关，还会牵涉到信用问题，现代社会还会给企业或个人制定信用等级，称作"신용등급(信用等級)"，日常生活中也指个人的信赖度，如(64)。

(64) 너 때문에 우리집에서 신용등급 떨어지고 회사에서 손해본 돈이 얼만데?《가족을 지켜라, 110회》因为你，我在家里的信用等级下降，在公司里也损失了很多钱。

7.7 从万物有灵到万物有价

过去我们的原始思想认为"万物有灵"，这也被称作"万物有灵论"。尽管如此，人类还将人也物化了，形成了"万物有价"的思维认知，这种思维也最终保留在了语言中。例如汉语"贵、贱"都从贝，说明这两个字都与货币和价值有关，但这两个字也用来表达身份的高低，这说明"古时曾以贝之多少作为衡量人的品质的标准"，其他语言如英语、德语、俄语、法语中也都直接或间接地表现出了这种现象(伍铁平 2011/2015:110)。随着社会、经济的发展，重商主义越来越被人们所接受，西方工业文明所带来的的资本主义思想也更加深重地影响了人们的思维方式，尤其是韩国，在资本主义生产方式和文化的影响下，几乎一切都成了商品，被物化、价值化，这种思想也被语言形式一一记录了下来。

上面我们分析到的各种货币类型，包括古代、现代货币、小钱，除了表达基本的商品价值外，还用来比喻人的价值大小；商业宣传用的招牌也用来比喻人的外貌、学历、经历、名分等；买卖的

动词"사다、팔다"可以比喻做不愿做的事情、对人的态度进行评价、使唤人、使人产生某种感情、注意力分散；开业和开张比喻开始干普通的事情；与人相关的一切，包括长相、年龄、个子、鼻子、名字、身份(如：儿子)、人之所以为人的"사람"都被价值化。不仅如此，物品的大量上市被用来比喻人的好时候，人或者人的年龄也可以被降价处理，人的接吻等私密行为也被价值化可以后支付，乱说话、说空话成了空头支票。此外，商品的质量和售后也用来比喻人，离婚被比喻成退货、带来的孩子比喻成赠品。

随着保险业的兴起，以防万一所做的准备、威胁他人的把柄被比喻成了"入保险"。股票业的发展使全社会的人都被分类划分成了不同价值的股票。而现代社会的审批制度使结婚、离婚也成了合同，合同式的生活方式使图章在韩国产生了巨大作用，不仅离婚需要盖章，连上班、去某地、见面、让别人认识自己都要盖章，所以就产生了奇特的"발도장、눈도장、얼굴도장"。

现代经济带来的是税文化的发达，不仅一般的商品买卖会产生税务问题，就是有名人士为名所累也要交"유명세"。人活着肯定会发生债务问题，而对韩国人来说，不再干某事、与人分手等日常生活也成了债务清算。最终的结果是，每个人都因经济和信用情况而被划分了各个等级信用等级。

7.8 小结

经济必然涉及货币，古代货币虽然有多种形式，现在依然用于日常生活中的多是具有明显特点的指小词，根据这些明显特点而产生了其他引申意义。货币单位中，不论是传统货币还是现代货币，都是最小的货币单位被用来作比喻。不同国家数钱的动作及语言表达也各不相同，都是特殊的文化现象。

商业经营中，商人具有的普遍性特征以及一些特殊身份的商人成了韩国人关注的对象，也被语言形式记录了下来。经商类型中产生了与坐商特点有关的语言形式。关于商业场所，与集市有关的表达最多，这说明集市与老百姓的生活最密切。商业宣传中的招牌语义最丰富，因为这种宣传方式最古老，现代意义的广告并没有发生太多的语义变化。

与买卖的一般流程有关，最基本的买卖动词都产生了丰富的意义，但在具体意义上中韩两种语言出现了较大的不同。表示开张的韩国语"개시"可以用于日常生活中作比喻。与价钱相关的"값"产生了很多合成词与词组，可以表达丰富的抽象意义，有的还反映了韩国人的外貌观。讨价还价的表达有的与过去的政治制度有关，有的与身体语言有关，有的则与鱼类有关。

支付方式中，传统的支付方式有的虽已退出历史舞台，但仍然留存在语言中，一些新型支付方式被韩国人大量用于日常生活中作比喻。与产品质量有关的表达都被韩国人用来评价人，而表达退货时却用了与鱼类相关的表达。

买卖时是否称重，是否严格计算重量和价钱等也反映了民族性。韩国人一般不用秤称重，对重量不太计较，经常会多给一些赠品。中国人一般都用秤，对重量比较看重，但是在计价时，却经常"减零"。西方人做买卖则讲究准确无误的客观性。

保险业虽然是新兴的业种，但韩国人对保险的认识非常深刻，表现在语言上就是"보험"发生了意义引申，既可以比喻保障，也比喻杀手锏。

经营方式与经营权主要涉及现代社会的股份、合同等。与股票有关的表达现在经常被用来形容人的价值。韩国人在表达与股市有关的情况时，也采用了传统的服饰用语或西方文化中的军事用语。因为韩国人的经济生活与日常生活都离不开图章，所以与图章有关的表达产生了很多比喻意义，并且图章还可以与身体中的脚、眼睛、手、脸等结合表达抽象意义。连印泥也被韩国人拿来比喻时间短。

与经济有关的上述表达都用于日常生活。这反映了韩国社会"万物有价"思想已根深蒂固，包括人在内的一切都已被价值化。

从语言形式来看，本章汉字词超过一半；此外还出现了6个外来语，混合词有17个，这说明韩国人的经济领域受中国文化的影响很大，并且随着现代经济制度的发展，外来语也开始影响韩国人的经济生活。

第八章

军事与语言

8.1 引论

军事语言是一种专业语言，但很多的军事语言却经历了语义的一般化，发展成了一般性语言。例如，在军人这个特殊群体里，有一些军事用语表达一般意义，如"政委(指妻子)、整理内务(做家务)、原地踏步(工资、军衔未长)、向后转(退伍)"等(张博宇2015:30-31)。

很多专业领域也充满了军事用语，例如，体育界用语中有很多军事用语，而使用军事用语更多的还有证券类报刊及普通报纸的证券专栏的名称，如(1a)，除了名称之外，这些报刊里也经常出现军事用语，如(1b)。有些组织的命名也采用了军事用语，如"上海红色文艺轻骑兵"是用军事用语"轻骑兵"来命名文化工作队。

(1) a. 信息烽火台、沙场点将、沙场点兵、点将台、超级
       主力动向、股市行情情报站、实战透视、金天平近
       期精彩战绩

b. 为股市的稳定保驾护航、谁将率领多方突围、主力
抢攻占先机、参股券商扩军忙、多方反击战开始打
响、中国股市——反黑之战、三无板块是唯一能演
出轰轰烈烈的收购战的战场、多方节节败退、这只
个股能否成为沪指大举进攻的信号弹(刘英凯、钟尚
离 2005:112)

军事用语还进入了日常生活，如"打嘴仗、说话夹枪带棒、
开战、冷战、游击战、闪电战、歼灭战、持久战、拉锯战、突击、
战斗、战役、战争、火力、引爆、制高点、把关、攻关、失守、孤
军、增兵"等。

关于汉语军事用语的泛滥，刘英凯与钟尚离(2005:113-114)从
社会语言学的角度分析到，这与中国古代和近现代的战争历史、军
人在中国的崇高地位有关。但如上所述，汉语这些军事用语多局限
于特定领域以及军人群体中，泛化到一般人群中的词语相对来说还
比较少。

与汉语相比，韩国语里与军事有关的很多词汇被大量运用于日
常生活中，表现出了比汉语更强、更普遍的生活化现象。本章主要
从战争的开始、形态和结局、军队、武器弹药、战争和旗帜等五个
方面来探讨韩国军事用语的生活化。

8.2 战争的开始、形态与结局

8.2.1 烽火、狼烟、战云

在古代，传递战争信号时多点燃烽火台上的"烽火"，古代中国点燃烽火时多燃烧狼粪，所以比喻战争或战火时可用"烽火"，如"烽火连三月"，也可用"狼烟四起"。韩国点燃烽火时多用兔子粪，[01] 但韩国语没有关于"兔子烟"的说法，多用汉字词"봉화(烽火)、봉홧불(烽火-)"。惯用语"봉화(를) 들다[올리다]"可以指具体点燃烽火，如(2a)；也可比喻站在某事或某种运动的最前沿、首先开始某事，如(2b)，用于此意时还有惯用语"봉화를 일으키다"。汉语不用"烽火"，而用"火炬"或"熊熊烈火"，因为汉语"烽火"主要用于战争或比赛。

(2) a. 외적의 침입을 알리는 봉화를 올렸다. 点燃烽火，告知敌人的入侵。

b. 여성 운동의 봉화를 올렸다. 点燃女性运动的火炬/熊熊烈火。

烽火的燃烧时间不是固定的，有事时才会点燃烽火，具有很大的不确定性、不可操纵性，根据这一特点，韩国人就有了俗语"봉홧불에 김을 구워 먹는다、봉홧불에 산적 굽기、봉홧불에 떡 구워 먹기"，意思是用烽火烤裙带菜、肉、年糕吃，比喻做事随性、没有

---

01 参考《표준국어대사전》中的"봉화"解释。

诚意，所以不会有好的结果。这种俗语的产生也与韩国传统的"烤食"文化有关，也说明对韩国人来说，"火"具有特殊的饮食联想意义；另外，俗语里所出现的"김"与"떡"也是韩国人的代表性饮食。

如果有战事发生需要烽火传信时，烽火将一个接一个地被连续点燃，所以"봉홧불 받듯"用来比喻连续地传递某物。狼烟、烽火意味着战争即将来临，这种局势可以用汉字词"전운(戰雲)"来表达，如(3a)；现在多用于政治领域，如(3b)。

(3) a. 전운이 감돌다 战云密布

b. 내각 인선을 놓고 여야 간의 전운이 고조되고 있는 가
운데…《동아일보, 2017.06.15》因内阁人选问题，
在野党与执政党之间是战云密布。

8.2.2 挂帅、出师表与请战书

汉语"挂帅"指担任军队的总领导，现在多用于日常生活中，如"GDP挂帅"。中国三国时期有著名的蜀汉丞相诸葛亮挂帅七出祁山。在北伐中原前，诸葛亮给后主刘禅上书的表文为《出师表》。韩国语里也有汉字词"출사표(出师表)"，多用来指出兵时写给皇帝的文章，其惯用语"출사표를 내다、출사표를 던지다"多用来指表明参加比赛或战争等的意愿，如(4)，汉语表达此意时一般用"出马"。虽然汉语也有类似的"请战书"，但一般表达请求做某事，与韩国语无法对应。

(4) 출사표를 던진 사람 중 눈을 씻고 봐도 차기 대통령
    감을 찾기 힘들다는 목소리가 높았다.《동아일보,
    2016.9.19》大家都说，现在出马参加选举的人中，再
    怎么仔细找，也找不出下一届的总统苗子来。

8.2.3 总动员

"总动员" 本来是军事用语，指为了使政治、经济、社会、军
事等转入战时状态而采取一整套措施，这一词在俄国于1870年被正
式使用，之后传入中国，现在除了用于军事意义外，还指发动大家
行动起来参加某种活动；还多用于广告语中，如 "手机总动员"；有
时也是为了迎合时尚，如《Finding Nemo》被译成《海底总动员》
(咬文嚼字 2005(1):28)，但同一电影在韩国译成了《니모를 찾아서
寻找尼莫》，是对英语的直译。

韩国语也有汉字词 "총동원(總動員)"，多指集结人力、物力，
但并不一定为了某种活动，如(5)，此时汉语用 "集结"。

(5) 잃어버린 아이를 찾는 일에 식구들이 총동원되었으나 허
    사였다.虽然家人们都被集结起来去找走失的孩子，但
    一无所获。

8.2.4 战略、指挥

作战需要战略，韩国语为 "전략(戰略)"，这个词已不再局限
于军事，还适用于政治、经济活动方面的策略，如(6)。汉语有时用

"战略"，但更常用生活化的"策略"，如(7)。

(6) a. 전략 상품 战略商品
(7) a. 판매 전략 销售策略
　　b. 학습 전략 学习策略

　　战争中，指挥的人要站得高，才能看得远。所以在流动作战时指挥官都有高大的战车，而军舰、航空基地等地方则有塔状的高台，韩国语里这种地方称作"사령탑(司令塔)"，而站在这儿的指挥的人也称作"사령탑"，是用处所来转喻人。"사령탑"还指发出作战命令或指示的中枢部，如(8)。汉语"司令塔"仅限于军舰，所以根据搭配与韩国语"사령탑"对应的多是"中枢、核心工作、龙头宝座"等。

(8) a. 한국 축구 사령탑 韩国足球的中枢
　　b. 그는 새 경제 팀의 사령탑을 맡게 되었다. 他开始负责
　　　新组建的经济系的核心工作。
　　c. 한국 대표기업의 사령탑에 오른 이재용《동아일보,
　　　2016.10.28》荣登韩国代表企业龙头宝座的李在镕

　　战争中，指挥官为了鼓舞士气，往往会身先士卒，韩国语称作"진두지휘(陣頭指揮)"，但现在也多用于日常生活中，如(9)。汉语"阵头指挥"用的非常少，一般根据事情的大小，有时用"挂帅指挥"，如(9a)，有时用"亲力亲为"，如(9b)。

(9) a. 실제로 그는 중국에 돌아가서 중국 로켓과 미사일 개

발을 진두지휘했다.《동아일보, 2016.10.31》实际上
他(钱学森)回到中国后就开始挂帅指挥了火箭和导弹
的开发。

　　b. 일본 지사로 가고 싶은 열망에 도쿄 지사 오픈을 진두
　　　 지휘했지만 결국 지사장 자리는 젊은 백인 여성에게
　　　 돌아갔다.《동아일보, 2016.10.16》因为想去日本分
　　　 公司工作，所以对准备东京分公司开业的事情都是
　　　 亲力亲为，但结果分公司负责人的职务却被年轻的
　　　 白人女性抢走了。

8.2.5 战争打响

　　战争韩国语为汉字词"전쟁(战争)"，经常用于日常生活中，比
喻极度的竞争、混乱或对某些问题的积极对应，如"예매전쟁、입시
전쟁、귀가전쟁、주차전쟁"，这些情况下汉语一般不用战争，多用
"抢票进入白热化、高考冲刺、上下班奔波、抢停车位"等。

　　比喻场面混乱时，韩国语也用"전쟁"，如(10a)，有时也用
"전쟁터(戰爭-)战场"，如(10b)。在表达此类意义时，汉语不用
"战争"或"战场"，而是用"乱套、鸡飞狗跳、炸锅"等生活语
言。不过有时汉语也用"冷战、热战"来比喻夫妻吵架，这与韩国
语"전쟁"一致，如(10c)。

　　(10) a. 내가 뭐라 그랬어. 애들을 그런 쉰내 풍기는 골방에
　　　　　 쳐박으면 안 되잖아. 이젠 어쩔 거야?지아 지가 심통
　　　　　 이 나서 여길 쳐들어오기라도 하면 여기 전쟁이야.

전쟁!《우리집 꿀단지, 18회》我说什么来。不能让
孩子们呆在那种散发着霉味的小房子里。现在怎么
办啊？如果智雅生气闯进来的话，就乱套了!乱套
了！

b. 어제 우리 집은 완전 전쟁터였어.《폼나게 살 거야,
2회》昨天我们家弄了个鸡飞狗跳/炸锅了。

c. 니네 아직도 전쟁이냐?《부탁해요 엄마, 18회》你
们还在冷战？

上战场，韩国语为汉字词"출전(出戰)"，如(11a)；也指去参
加比赛或竞赛，如(11bc)。但汉语"出战"更常用于战争，而不用于
比赛或竞赛。

(11) a. 출전을 이틀 앞두고 있었다. 还有两天出战。

b. 올림픽 출전 参加奥运会比赛

c. 맞춤양복 경쟁대회에 출전하기로 했어요. 아버
지.《월계수 양복점 신사들, 20회》我们决定参加西
服定做大赛了，爸。

8.2.6 排兵布阵

作战需要排兵布阵，韩国语称作"진(陣)"，也指队伍所在的地
方，如(12a)；也指阵营。惯用语"진(을) 치다"已不单纯用于军
事，其语义发生泛化，可以指占据位置，如(12b)，汉语用"占着地
儿"。韩国语还有汉字词"포진(布陣)"，指为战争或比赛排兵布阵，

如(13)，汉语也不用"布阵"，需要意译。

(12) a. 군사적 요충지에 진을 설치하였다. 在军事要地安营扎寨了。

b. 우리 집에 금봉이 진을 치고 있는데 내가 어딜 가? 《천상의 약속, 83회》我们家有金凤在那儿占着地儿，我去哪儿啊？

(13) 박 장관 정책 보좌진에는 다단계 수사 역량이 풍부한 전문가가 포진해 있다. 《동아일보, 2018.01.13》朴长官的政策智囊团里的很多专家具有丰富的查处传销的经验。

军队建立自己阵地的地方称作"진영(陣營)"，如(14a)；现在多用来指被从政治、社会或经济上区分开的对立势力的一方，如(14b)，汉语"阵营"也有此类用法。此外，韩国语还可形成"名词+진"类的合成词，如"교수진、연구진"等，汉语没有这种用法。

阵营情况或状态为阵容，韩国语为汉字词"진용(陣容)"，也可用来指一个团体或集体组成人员的情况，如(15)。汉语"阵容"也有此类用法。

(14) a. 동서 대립 진영 东西对立的阵营

b. 이런 진영을 대표하는 사람이 미국 인디애나대 의대 소아과 교수인 애런 캐럴 박사다. 这一阵营的代表是美国印第安纳大学医科大学小儿科教授亚伦．卡罗尔博士。

(15) a. 편집 진용 编辑阵容

b. 진용을 갖추다 具备一定阵容

　　上面讲的是排兵布阵的总体情况，阵还分为多种类型，其中在韩国语里用来作比喻的有"장사진(長蛇陣)"，这是古代兵法中的一种阵，这种阵法作战虽已退出了历史舞台，但"장사진"依然存在，并被用来形容许多人排成一个长队的样子，如(16)，汉语"长蛇阵"也有此类用法，有时还用"一字长蛇阵"。

　　与阵法有关，还有"배수진(背水陣)、배수지진(背水之陣)"，源于汉朝韩信攻击赵国的"背水一战"这个典故，主要指以大江大海为依靠排兵布阵；也比喻为了成就某事而无法再退缩，如(17)。汉语一般用"背水一战"。

(16) 기자들이 벌써 장사진을 치고 있고.《내조의 여왕, 14
　　 회》记者们已经排起了"长蛇阵" / "一字长蛇阵"。
(17) 국민의당 이용주 의원은 27일 '당에서 조작을 지시했다
　　 는 사실이 밝혀지면 의원직을 사퇴하겠다'고 배수진을
　　 쳤다.《동아일보, 2017.06.28》人民党李龙洲(音译)决
　　 定背水一战，27日宣布："如果事实证明党操纵了造
　　 假，我将辞去议员一职。"

　　如上，中韩两国在"阵营、阵容、长蛇阵、背水阵"的应用上具有较大的共性，都可以用于日常生活，只有个别情况下不对应，或者是变形对应。

8.2.7 作战

8.2.7.1 作战

韩国语里作战有汉字词"작전(作战)",现多指为干成某事而谋求的必要措施或方法,如(18)。汉语"作战"多用作动词,与韩国语"작전"对应的多是"作战计划"或"方法"。

(18) a. 그쪽에서도 나름대로 작전을 짜고 그렇게 역전시키려고 하지 않을까요?《동네변호사 조들호, 15회》他们不也会制定作战计划准备反击吗?

   b. 엄마, 지금 엄마 작전은 완전히 잘못 짠 거야.《우리집 꿀단지, 9회》妈, 你把方法全搞错了。

8.2.7.2 战线

作战就要涉及战线。其中前线为汉字词"전선(前線)",指战争前线,也比喻直接参与的一定活动领域,如(19),而汉语一般不会将"生活、恋爱"等视作前线,根据语境,汉语一般用"开始挣钱、恋爱"。

(19) a. 외숙모도 생활 전선에 뛰어들었는데 무거운 짐 좀 나누자고 해.《전생에 웬수들, 19회》舅妈现在也已经开始挣钱了, 这些沉重的负担让她也和你分担一些吧。

   b. 연애 전선에 무슨 문제라도….《빛나라 은수, 56회》你的恋爱是不是出问题了?

战争的最前线称作"최전선(最前線)"，近义词是"최전방(最前方)"。"최전선"也指最前面的线，用于此意时还有"일선(一線)、제일선(第一線)"，这两个词也是军事用语，如(20a)；也指工作地的最前面，如(20bc)。汉语"一线、第一线"也有此类意义。

(20) a. 일선 부대 一线部队

　　b. 일선 교사/기자 一线教师/记者

　　c. 회사가 안정되면 때를 봐서 일선에서 물러날 까
　　　 해.《당신은 선물, 57회》公司稳定后，我想找个合
　　　 适的时机退出一线经营。

8.2.7.3 放哨、警戒、侦查

韩国语里放哨为汉字词"보초(步哨)"，也经常用于日常生活中，如(21)，汉语"步哨"用的较少，一般用"放哨"或"望风"，并且"放哨"经常和"站岗"一起连用。韩国语里负责警戒、侦查的人或部队用汉字词"첨병(尖兵)"，也用作比喻，如(22)，汉语"尖兵"也有此用法，但一般要加引号，有时也用"尖刀队"。

(21) 당신은 강도질 옆에서 보초 서주는 사람이야.《사랑이
　　 오네요, 15회》你是给抢劫的人放哨/望风的人。

(22) 지금 국정원은 국가 안보의 첨병이 아니라 3류 정치 흥
　　 신소라고 해도 과언이 아니다.《동아일보, 2016.12.16》
　　 现在国政院已经不是国家安保的"尖兵"，即使把它说
　　 成是三流的政治私人侦探所也毫不为过。

8.2.7.4 进攻

粮草准备好了，士兵也吃饱了，阵也布好了，那么下一步就要发动攻势。攻势韩国语为汉字词"공세(攻势)"，其意义也发生了一般化，可用于日常生活，汉语有时也用"攻势"，如(23a)，但有时由于语法和搭配的原因也会出现不对应的情况，如派生词"공세적"对应汉语的"进攻性的、攻击性的"，并且汉语"攻势"也不与"礼物、问题"等结合，如(23cd)。

(23) a. 공세를 퍼붓다 展开攻势

b. 공세적 국면 进攻性/攻击性的局面

c. 질문 공세 不断提问题

d. 선물 공세 用礼物收买

攻击中还有突击，韩国语为"돌격(突擊)"，指在攻击作战中最后阶段的突然攻击，如(24a)；也指突然的打击，如(24b)。派生词"돌격적(突擊的)"指突然攻击的，如(24c)。汉语"突击"虽然也用于日常生活，但因语法和搭配的问题，有时并不对应，如(24b)对应汉语"突然一击"，(24c)对应汉语"突发行动"。

(24) a. 돌격 앞으로! 现在开始突击！

b. 그의 느닷없는 돌격에 나는 그만 중심을 잃고 쓰러졌다.被他突然一击，我失去重心摔倒了。

c. 그의 돌격적 행동에 모두 깜짝 놀랐다.大家都被他的突发行动吓呆了。

攻击时还有"집중 공격"，而"집중 공격을 맞다"比喻成为多

人的攻击对象。如果双方展开火力互攻，则称作"맞불을 놓다"。

作战中还有孤军作战，韩国语为"고군분투(孤軍奮鬪)"，现在多用来比喻在不接受他人帮助的情况下自己做力不从心的事情。近义词还有"고전분투(孤戰奮鬪)"。汉语"孤军奋战"也有此类用法。

8.2.7.5 先锋

韩国语里先锋为汉字词"선봉(先鋒)"，也指一群人的最前列或位于最前列的人，但汉语"先锋"多用于积极向上的事业或活动，适用范围较大，所以(25a)用于个人时一般多用"冲在前头"。"선봉"也比喻位于最前列的东西，如(25b)，此时，汉语多用"排头兵"。

(25) a. 오늘부터 내가 선봉에 서서 우리 만후랑 대적해야
       겠어. 《내딸 금사월, 27회》从今天开始我要冲在前
       头，和我们万厚一起抗敌。
    b. 불고기는 김치와 함께 한식 세계화의 선봉에 서있는
       음식으로 고기를 양념에 재워 직접 구워먹는 방법은
       세계에서 유일한 요리법이다. 烤肉与泡菜是韩式料
       理世界化的排头兵，用调料把肉腌制好以后再直接
       烤着吃是世界上独一无二的料理方法。

过去在队伍最前面指挥的将领称作"선봉대장(先鋒大將)、선봉장(先鋒將)"，后者还比喻在一线担负重要任务的人。过去冷兵器时代，发生战斗时将领们都会全副武装，穿戴盔甲。因为盔甲是

从头上套到身上，根据这种穿戴方法有了俗语"선봉대장 투구 쓰듯"，比喻从头往下一下子套上的模样。

8.2.7.6 伏兵

伏兵指为了奇袭敌人而秘密埋伏在敌人必经之地的士兵，或这种排兵布阵的方式，韩国语用汉字词"복병(伏兵)"，还比喻意想不到的竞争对手，并且有时并不指人，如(26)，汉语用"挑战"，因为汉语"伏兵"一般不用于日常生活。

(26) 여름철에 오전 4시면 해가 뜨는 북유럽은 또 하나의 복병이었다. 《동아일보, 2016.10.16》夏天早上四点就烈日高照的北欧是(开车出行的)又一大挑战。

8.2.7.7 撤退

战争中，如果军队将自己的阵地往后撤退，称作"퇴진(退陣)"，现在多比喻具备一定阵容的团体或负责人退位，如(27)。汉语"退阵"也有类似用法，但并不局限于负责人，语用频率很低，所以与韩国语名词"퇴진"对应的多是"退位、下台"，与动词"퇴진하다"对应的多是"不再做……"。

(27) a. 파트너급 변호사들이 아빠의 퇴진을 요구했어. 《동네변호사 조들호, 18회》合作方级别的律师要求爸爸退位。
　　 b. 대통령이 퇴진해야 할 이유는 차고도 넘칩니다. 《온타임즈, 2016.10.30》需要总统下台的理由多得是。

c. 나는 스승님께서 양복 만드는 일선에서 퇴진하는 것
에 대해서 서운하기만 했지.《월계수 양복점 신사들,
49회》我只是对老师不再做西服感到惋惜。

8.2.7.8 凯旋

战争胜利为凯旋，凯旋归来唱 "개선가(凯旋歌)、개가(凯
歌)"，现在多指取胜或获得成果时的欢呼声，所以惯用语 "개가를
올리다" 可用欢呼来转喻取得重大成果，如(28)。汉语也有类似的用
法，但一般多用 "高唱凯歌" 或 "高奏凯歌" 等。

(28) 탐사 1년 만에 개가를 올리고 돌아온 대원들. 队员们考
察一年后终于高唱凯歌回来了。

8.2.8 战斗形态

与战斗形态有关，韩国语里有 "산전수전(山戰水戰)"，指在
山上战斗过，也在水里战斗过，比喻经历了世上的所有困苦，如
(29a)。有时还有 "산전수전공중전(山戰水戰空中戰)"，如(29b)。
有时还用 "산전수전공중전우주전(山戰水戰空中戰宇宙戰)"，如
(29c)。汉语没有类似的表达，一般多用 "什么没经历过" 或 "什么
都经历过/见过" 等。

(29) a. 나 애 둘을 데리고 산전수전 다 겪은 사람이야.《최
고의 연인, 34회》我带着两个孩子什么事没经历过
啊？

b. 왕년에 내가…산전수전공중전 모든 전을 다 겪어봤
   는데.《여자의 비밀, 35회》过去我是什么事情都经
   历过。

c. 흐흐, 산전수전 공중전, 우주전까지 겪은 이 장애녹
   은 이 정도쯤이야…《이름없는 여자, 10회》呵呵,
   我张爱绿什么东西没见过啊，这是小菜一碟啊……

战争形态还有生化战争。第二次世界大战时日本的731部队曾以活人为对象进行生化实验，被用于实验的人称作"마루타"，有时也用于日常生活中，如(30)，汉语译作"实验对象"。

(30) 3년간 프랜차이즈 3전3패… '우리는 본사의 마루타였
   다.'《동아일보, 2017.07.18》三年期间申请特许经营
   权，三战三败，"我们成了总公司的实验对象。"

韩国语里还有"외교전(外交戰)"，这是用战争来比喻动用各种外交手段来谋求有利于自己的形势发展，汉语"外交战"也有类似用法。韩国语还有"홍보전(弘報戰)"，是用战斗来比喻企业或商店等下大力气宣传自己，如(31)，汉语用"宣传战"。

根据双方力量的消耗情况，还有"소모전(消耗戰)"，指投入众多人员、兵器、物资无法很快结束的战争，也多用于日常生活中，如(32)，汉语"消耗战"也有类似用法，有时还用"疲劳战"。

(31) 가전제품 회사들이 주부들을 대상으로 대대적인 홍보
   전을 펼쳤다.家电制品公司面向家庭主妇们展开了大规
   模的"宣传战"。

(32) 기가 막혀. 말숙하고 이렇게 소모전을 하게 될 줄은 꿈에
　　도 생각못했어요.《최고의 연인, 56회》真让人无语。
　　我做梦也没想到会和末淑打这样的消耗战/疲劳战。

8.2.9 战争的结局

观战韩国语有汉字词"관전(觀戰)"，指直接观察战争实况，
也指观看运动比赛或围棋的对弈，汉语"观战"也有此类用法，如
(33a)，但动词"관전하다"带宾语时一般与汉语"观看"对应，因
为汉语"观战"是动宾结构的合成词，不能再加宾语，如(33b)。

(33) a. 볼링 경기의 관전 요령 保龄球比赛的观战要领
　　 b. 권투 경기를 관전하다 观看拳击比赛

战争的结果是残酷的，尤其是战争发生在自己国土上的时候，
战争会带来焦土一片，韩国语用汉字词"초토화(焦土化)"，但现在
不一定只限于战场，也可用于其他地方，如：

(34) a. 적의 무차별 공격으로 도시는 초토화되었다. 因敌人
　　　　的大肆攻击，城市变成了焦土/废墟/瓦砾。
　　 b. 생태계가 초토화되다 生态界是一片狼藉
　　 c. 함정을 초토화하는 임무를 수행했다. 执行了要将对
　　　　方核潜艇炸毁的任务。
　　 d. 요리한다고 주방을 초토화시키고.《해피시스터즈,
　　　　39회》做个饭恨不得把厨房都烧了。

e. 결국 이혼하기 싫으니까 어머님을 내세워서 가족들을 싸우게 만들고 초토화시켰네요.《해피시스터즈, 37회》最终还是不想离婚，所以把婆婆她抬出来，让一家人火拼。

f. 가죽잠바, 너때문에 집안이 초토화됐고 한바탕 생난리가 났다.《월계수 양복점 신사들, 15회》皮夹克，因为你，家里是鸡飞狗跳，全乱套了。

　　如上，"초토화"可用于多个领域，而汉语"焦土"一般多用于城市、国土，不用于其他事物。所以根据搭配，"초토화"对应汉语的"一片狼藉、炸毁、烧了、火拼、鸡飞狗跳"等。

　　过去战争需要很多马、牛作为战斗和运输的工具，所以韩国语里有了"귀마방우(歸馬放牛)"，意思是把牛马都放了，转喻不再战争。汉语一般用"放马归山"或"刀枪入库"。

8.2.10 战争与韩国

　　韩国语里"선전포고(宣戰布告)"是政治用语，指一个国家向另一个国家正式宣布战争开始，如(35a)；但也多用于日常生活，如(35bc)，汉语"宣战"也有这样的用法。

(35) a. 정식 선전 포고 없이 침략하다. 没有正式宣战就侵略了进来。

b. 지금 그 자식 나한테 선전포고한 것 맞죠?《동네변호사 조들호, 2회》他现在是向我宣战是吧？

c. 지금 강우한테 회사를 물려주겠다고 선전포고하시는
거잖아요?《여자의 비밀, 45회》您说把公司传给江
宇，这是向我宣战呢？

众所周知，二次世界大战后韩国与朝鲜以三八线为界分离成了
两个国家。之后又爆发了朝鲜战争，这场战争因为是六月二十五日
开始的，所以在韩国称作"6.25 전쟁"，朝鲜战争的结局就是南北以
北纬38°线为界各自为政。因此6.25和38线成了韩国社会的核心词，
并且被老百姓赋予了很多生活意义。

例如，"육이오(6.25)"意思是如果62岁还在公司呆着的话，那
就是五贼"오적(五贼)"，形容如果一直在公司干到正式退休的话，
就不得不看下属们的脸色。2008年韩国出现了"3.8선"和"삼초
땡"，前者意为只能在公司干到38岁；后者意为在公司中干到三十岁
露头，就需要考虑名誉退职了(《대중문화사전》)。

8.3 军队

8.3.1 部队

"부대(部隊)"一般指按照一定规模编制而成的军队组织，如
(36a)；也指为共同目的聚在一起的一群人，如(36b)。此外还有"오
빠부대、줌마부대"，分别指年轻男艺人的女粉丝和中老年男艺人的
大嫂级女粉丝，如(36c)。"넥타이부대"指在办公室工作的穿西服系

领带的三四十岁的中产阶层(박문각, 시사상식사전, 网络版)。汉语
"部队"没有此类用法。

(36) a. 보병 부대 步兵部队

　　 b. 박수 부대/응원 부대 啦啦队

　　 c. 스타들이 가는 곳이면 으레 오빠부대가 몰려든다. 明
　　　　 星们到哪儿，哪儿就有追星族出现。

　　韩国与部队有关有一道菜叫"부대찌개"，指以火腿、香肠等为
原料煮的汤，最初指用美国部队里的肉来煮的汤，后来就成了一道
菜名，并且深受韩国人喜爱，现在韩国专营"부대찌개"的饭店有
五千多家。[02] 军队里吃的饭为"잔반"，也可变形成为"짬밥"，是军
队、职场、学校等地方的隐语，指年轮，军队里的炊事员为"취사원
(炊事員)"，也可贬称为"밥쟁이"。

　　"연대(連隊)、분대(分隊)、군단(軍團)"等是韩国军队的某
些级别分类，有时也用于比喻，如(37)。译成汉语时可以直译。

(37) a. 우에서 이야기한 똑똑하고 능력 있는 사람들이 분
　　　　 대 정도를 이룬다면, 능력없고 모자라는 사람들은 군
　　　　 단 규모라고 할 수 있다.《장승욱, 2004/2005:337》
　　　　 如果上面所说的有能力的聪明人可以组成一个小分
　　　　 队，那么没有能力的笨人则是一个军团的规模。

　　 b. 김희선 얼굴에 전지현 몸매 미녀군단이 들이대도…
　　　　《쾌걸 춘향, 2회》即使是脸长得像金喜善，身材像

02　　资料来源于KBS第一广播电台 "빅데이터로 보는 세상" 2019年4月17日节目。

8.3.2 军人

8.3.2.1 军人服役类型

韩国的军人可分为"현역(現役)"或"예비역(豫備役)",两个词都是军事用语,但"현역"也指现在正从事某种职务的人,或正在从事的那种工作,如(38)。汉语"现役"一般仍然多局限于军人,所以"현역 국회의원"多用"现任国会议员",如(38a);而做状语的"현역"可以译成"亲自",如(38b)。

(38) a. 현역 국회의원이나 자치단체장에게 일방적으로 유리
한 사전선거운동의 개념을 정치 신인들에게 충분한
기회를 주는 쪽으로 대폭 확장한 판결이다.《동아일
보, 2016.10.03》之前的选举运动基调是无条件地对
现任国会议员和地方自治领导提供便利,现在的判
决对此做了很大的改动,这样可以给政治新秀们以
充分的机会。
b. 현역으로 뛰어야 늘지.《빛나라 은수, 9회》只有亲
自干才会有长进啊。

虽然"현역"可比喻正从事某种工作的人,但"예비역"并没有发展出"没有工作、待业的人"这一意义,因为这类人有固定称呼为"백수",所以就影响了"예비역"比喻意义的产生。

韩国语还有"구군(舊軍)",比喻长期从事某事,熟悉某事的人,义同于"노련가、베테랑、익수、숙수"。汉语"旧军"指的是旧军队,如果指军人要用"旧军人",但没有比喻意义。

在军队里每个军人都有自己固定的番号,韩国语称作"군번(軍番)",也俗指必须做某事的地位,如(39),汉语一般用"军籍",但一般不用于日常生活,所以韩国语"군번"可译成"职务"。

(39) 나도 이제는 이런 허드렛일을 할 군번이 아니다. 我现在的职务可不是做这种杂活的。

8.3.2.2 军人的职级

军队的将领为"장수(將帥)",多用于一些俗语中,其中,"장수이 죽이듯"比喻不费吹灰之力就完成某事。"장수 나자 용마 났다"指英雄遇到好世道,吉人天相。"장수가 나면 용마가 난다"意思是无论何事要想成功自然就会产生机会,类似的还有"장사 나면 용마 나고 문장 나면 명필 난다"。"장수"也可比喻物,如"논에는 물이 장수",意思是水田最重要的是水,这是用"장수"来比喻重要的东西。

学习时严师出高徒,训练军队时,只有将领严格治军,士兵才会强大,韩国语用俗语"장수가 엄하면 군사가 강하다"表达。打仗时自古就是"擒贼先擒王",而要想抓住主帅或将军,就要射他的马,韩国语用"장수를 잡으려면 말부터 쏘아야 한다"来表达,比喻在所有的争斗中要想取胜,要先攻击对方直接依存的东西。

军队将领也称作"장군(將軍)",可以比喻力量极大的人,如(40)。俗语"나는 놈마다 장군이다"比喻某个家族里出了一连串的大人物。与"장군"有关,还有"동장군(冬將軍)",是用人来比喻

非常严酷的冬日严寒，属于拟人用法。

(40) 그 사람이야말로 힘세기로는 천하 으뜸인 장군이로다.
　　那个人力气大，简直是天下第一将军啊。

韩国语还有汉字词"대장(大将)"，指一群人的头头，如(41a)；也可用来嘲笑那些擅长或喜欢做某事的人，如(41b-e)，此时一般无法与汉语"大将"对应，不过汉语日常生活中常说"大将风度"，比喻行事果断、胸怀宽广、敢于抓起困难问题等，这些都是积极意义，相反，韩国语"대장"所表达的多是消极意义。

(41) a. 대장 노릇을 하다 当头头

　　 b. 거짓말 대장 骗人精

　　 c. 싸움 대장 打架大王

　　 d. 욕 대장 骂人精

　　 e. 그러니까 얘가 오늘 달라 대장을 해서 술을 많이 마신 것 있지.《사랑은 방울방울, 37회》所以他今天突然带头喝，就喝大发了。

"노장(老将)"指老将军，也指战斗经验丰富、有军事头脑的将军，第三个意义指具有很多经验、工作老练的人，如"노장 선수 老选手"，俗语"노장은 병담(兵談)을 아니 하고 양고(良賈)는 심장(深藏)한다"比喻真正优秀的人都是深藏不露的。而"노장이 무용이라"多用于老年人自谦，意思是说人老了就没用了。

与老将有关，韩国语还有"백전노장(百戰老将)"指经历过很多战斗的将军，"백전노졸(百戰老卒)"指经历过很多战斗的士兵，

两者都可比喻经历过多种困难的老练的人。此外，还有"유연노장
(幽燕老將)"，指中国汉朝之后在"유주(幽州)、연지(燕地)"等地
与北胡人作战的老练的将领，比喻战争经验丰富的名将。"촉중명장
(蜀中名將)"意思是中国蜀汉时期的名将，比喻非常优秀的人才。

　　韩国语里还有"고문관(顧問官)"，指负责解答咨询的官吏，在
军队里主要用来嘲笑那些傻乎乎的人，如(42)。

　　(42) 분위기 파악 제로, 생각 없이 나서고 돌진하는 고문관
　　　　　스타일이라 대부분 큰 도움은 되지 못한다.她是顾问官
　　　　　类型的人，不看眼色，办事不经大脑，大部分情况帮
　　　　　不上大忙。

　　军队士兵韩国语可称作"병정(兵丁)"，对军人来说服从命令是
天职，所以惯用语"줄 맞은 병정이라"比喻丝毫不违拗要求、切实
按照要求行动的对象。战争中，兵丁是多多益善，韩国语里比喻兵
丁多时用"천군만마(千軍萬馬)、천병만마(千兵萬馬)"，如(43)，
汉语"千军万马"也有此类用法。

　　(43) 아버님께서 이렇게 제 편이 돼주시니까 천군만마나 얻
　　　　　은 것 같습니다.《월계수 양복점 신사들, 31회》您能这
　　　　　么支持我，我感到就像得了千军万马一样。

8.3.2.3 士气与军纪

军人平时训练称作"조련(操鍊/操練)"，本指操作演练，也
指折磨别人，让别人不得安生，如(44)。汉语"操练"没有此类意

义，一般与韩国语对应的是"调教、戏弄"等。

(44) 질투하지 말랐더니 날 조련하고 있어. 《아이가 다섯,
22회》说是不让我嫉妒，这是在调教/戏弄我呢。

行军打仗军人的士气非常重要，可以称作"사기(士氣)"，但在
《표준국어대사전》里却没有最基本的意义，而是与汉语一样都指文
人的气节，其使用范围还扩大到了日常用语中，指不会屈服，意欲
或自信心很强，如"직원의 사기 员工的士气"。

对军队来说，军纪是最重要的，军纪韩国语为汉字词"군기(軍
紀)"，其惯用语"군기를 잡다"意为整顿军纪，但这种军队用语却
经常用于日常生活中，使语义发生了泛化，例如：

(45) a. 김나나 기자는 김빛이라는 기자를 지켜보며 '너 되
게 독하다. 너 몇 기야? 차이가 너무 많이 나가지고'
라며 갑자기 군기를 잡자, 김빛이라는 기자는 '38기
이고 86년생이다'라고 잔뜩 긴장했다. 《여성신문,
2015.02.09》金娜娜记者看着叫金光的记者，突然
严肃地说："你挺能啊。你哪一届的？差得太大了
啊？"叫金光的记者紧张地说道："38届的，生日是
1986年的。"

b. 강민수 기자는 '여기자들 사이의 군기는 남기자도
터치할 수가 없다'고 혀를 내둘렀다. 《THE FACT,
2015.02.15》姜敏洙记者咂着舌头说："女记者之间
的秩序问题连男记者也管不了。"

上面(45a)这段话讲的是김나나记者问김빛是哪一届的？然后김빛就赶紧作答并且非常紧张，之所以如此，是因为韩国人有"高一届压死人"的现实，김나나这种行为被称作"군기를 잡다"。(45b)讲的是女记者们之间的秩序问题。这两段话反映出韩国是从上到下的秩序社会，上下之间的秩序无法打破。

除记者这种特殊群体之外，学校、一般社交、家庭里都会出现这种对纪律和秩序的强调，如(46)，但因为中国没有这种文化，所以"군기"译成汉语时，有时可译成"纪律"，如(46a)；有时可译成"军纪"，如(46d)；有时要根据语境翻译，如(46bcef)，汉语译成"教训、下马威、被管住、严厉"等。

(46) a. 학교 안 갔어?이런 군기 빠진 고3생 봤나?《딴따라, 5회》你没去上学啊？哪有这种纪律散漫的高三学生啊？

b. 신입생 군기잡다 큰코다친다.《충북인뉴스, 2006.03.07》给新生下马威，小心惹来大麻烦。

c. 아주마, 지금 내 군기 잡으려고 그러는 거죠?꿈 깨세요.《폼나게 살 거야, 27회》大妈，你这是教训我呢？别做梦了。

d. 형수님이 채리 군기반장이야. 애 꼼짝도 못해.《부탁해요 엄마, 50회》嫂子完全是彩丽的军纪班长。她一点也不敢反抗。

e. 너 군기는 제대로 들었다. 시어머니가 무섭긴 무섭구나!《폼나게 살 거야, 36회》你真是被管住了啊。看来你婆婆真不是简单人物啊。

f. 여보, 당신 김서방 군기 적당히 잡아.《아이가 다섯,

49회》老公，金女婿你可不要说他说得太严厉了啊。

　　但任何事物都是物极必反，借助过度强压式的上下秩序（"군기를 너무 잡다"）获得的权威一般是不长久的，所以韩国语里就出现了词语"똥군기"，这个词的出现表达了对这种不分方式和后果的强调纪律的行为的反感。

　　与"군기"类似的还有"기합(氣合)"，这个词本来指为积聚某种力量而凝聚的精神或力量，或因此而发出的声音，如(47a-c)；也指军队或学校等集体生活环境里，为锻炼犯错的人而给予精神或肉体上的痛苦，如(47d-f)。汉语"气合"多用于古代汉语，"기합"译成汉语时要根据语境意译。

(47) a. 기합을 넣다 运气

　　　b. 기합이 빠지다/풀리다 泄气

　　　c. 기합 소리가 우렁차다 呐喊声响彻云霄

　　　d. 기합을 받다 受罚

　　　e. 호된 기합을 주다 给予严惩

　　　f. 내가 아래동서인데 어떻게 기합을 줘요?《빛나라 은수, 76회》我是小辈的兄弟媳妇，怎么能教训(嫂子)她啊？

8.4 武器、弹药

军纪严明了，秩序井然了，但也不一定会打胜仗，因为需要有武器。武器有上义词，也有很多下义词，如冷兵器、热兵器，热兵器还需要弹药，武器还涉及发射、威力等情况。韩国的这些武器用语被大量用于日常生活中。汉语里虽然也有"你吃炸药了吗?"等表达，但与韩国语相比，这种表达少之又少。

8.4.1 武器的上义词

韩国语里武器的上义词是汉字词"무기(武器)、병기(兵器)"等，其中"무기"也比喻做某事或成就某事时的重要手段和工具，如(48)。虽然"병기"没有比喻意义，但也可用于"비밀병기"，不过一般要加引号，如(49)。

> (48) a. 내 아버지를 무기로 삼아서 강만후하고 거래를 해?
> 《내딸 금사월, 32회》你竟然拿我爸当武器和江万
> 厚做交易？
>
> b. 하반기 우리 회사의 비장의 무기였어.《사랑이 오네
> 요, 100회》那是我们公司下半年的秘密武器。
>
> (49) 무명에 가까웠던 차민규는 대표팀 내에서는 일찌감치
> '비밀병기'로 통했다.《동아일보, 2018.02.20》曾经是
> 无名之辈的车闵奎在代表团内早就是公认的"秘密武
> 器"。

8.4.2 武器的下义词

8.4.2.1 冷兵器

冷兵器有很多，中国自古以来就有十八般武器，其中很多具有了比喻意义，如"干戈"比喻战争。"剑拔弩张"指表现出彼此的敌意或敌对的行动，准备交手；也可比喻形势紧张，一触即发。"强弩之末"比喻强大的力量已经衰竭，不再有力量。"矛盾"比喻言行自相抵触。"折戟"形容失败惨重。"冷箭、冷枪"都比喻背后攻击。

韩国语里用于比喻意义的主要是与箭、刀、长枪、三叉戟、铁槌、盾牌等有关的表达。

1）弓箭

韩国语里箭为"화살"，可与具有方向感的动词结合形成惯用语来表达攻击方向，其中"화살이 날아오다"，比喻处境危险，如(50a)，汉语有"众矢之的"，意义相同。韩国语还有动宾结构的"화살을 돌리다"比喻将指责、攻击等转向其他方向，如(50b)；有时也可用于主动结构的"화살이 돌아가다"，也比喻进行指责和攻击，如(50c)。用于这两个意义时，类似的汉语有"矛头"，指矛的尖端，比喻攻击的锋芒。"화살"与"矛头"都是用武器来比喻攻击、指责。

> (50) a. 너한테 너무 이른 기회야. 너무 잘 보인 데 서 있으면 화살도 훨씬 많이 날아와. 위험해질 수도 있다구.《질투의 화신, 23회》这个机会对你来说来得太早了。站在太显眼的地方，就会成为众矢之的。你有可能变得很危险。

b. 근데 그 화살 시아버지한테 돌리는 이유가 뭐야?
《최고의 연인, 45회》不过，你把矛头对准我公公，理由是什么？
c. 혹시 은수랑 미래한테 그 화살이 돌아갈까 겁나.《최고의 연인, 40회》就怕矛头指向恩秀和美莱/真害怕恩秀和美莱成为出气筒。

箭射出去穿透空气前行时会发出响声，叫作响箭，韩国语有汉字词"효시(嚆矢)"，与"우는살"同义，比喻某种事物或现象最初出现，与汉语"嚆矢"意义相同。

过去士兵练习射箭会编成组来进行比赛，称作"편사(便射)"，有俗语"편사 놈이 널 머리 들먹거리듯"，意思是比赛射箭的人却对一点关系都没有的跷跷板品头论足，比喻对不合适的事情说三道四惹麻烦。

对弓箭来说，非常重要的是弓，韩国语里弓为"활"，本身没有比喻意义，但有俗语"활과 과녁이 서로 맞는다"，意思是弓和靶子很适合，比喻想做某事正好来了机会；而"활을 당기어 콧물을 씻는다"意为拉开弓擦鼻涕，比喻本来想做某件事，正好有了很好的借口，所以借这个机会一起处理了。此外还有"활이야 살이야"，本来指在靶场上为防止闲人进入受伤而不断地喊"放箭啦"，现在多用来比喻长时间地大声训斥别人。此外还有俗语"당겨 놓은 화살을 놓을 수 없다"，意为"箭在弦上不得不发"。

弓的制作非常重要，而有了问题的弓也要进行修正，进行修正的工具称作"도지개"或"뒤집"，汉语称作"弓匣"或"张台"。修正弓时的动作肯定是左看看又看看，身体是不停歇地动弹的，所以现在"도지개를 틀다"用来比喻不安安静静地坐着，身体总是动来

动去。

对射箭或射击来说，非常重要的工具还有"靶子"，韩国语为"과녁"，也可统称某种事情的目标，如(51)。还有外来语"타깃(target)"，也可指某事的目标，或攻击、批评的对象，如(52)。汉语"靶子"也有此类用法。

除此之外，还有汉字词"정곡(正鵠)"，指靶子的中心，即靶心，也可比喻最重要的要点或核心，如(53a)，用于此意时，还有近义词"곡적(鵠的)"。"정곡"还用于"정곡으로"形式，指没有一丝差异的，如(53b)。现代汉语"正鹄"已基本不用，对应的汉语可以是"痛处"或副词"正"等。

(51) 조심스럽게 처신해 오기는 했지만 털어서 먼지 안 나오는 게 없다는 말이 있듯 한번 과녁이 되자 구석구석에서 비판이 쏟아졌다. 《이문열, 영웅시대》虽然一贯从事小心，但俗话说"哪有没毛病的人啊"，一旦成了大家的靶子，各种批判是铺天而降。

(52) 타깃으로 삼다 当作靶子

(53) a. 내가 정곡을 찔렀나 보네. 펄펄 뛰지 않은 걸 보면.《월계수 양복점 신사들, 24회》看来我是戳到了你的痛处了啊，看你不敢说什么的样子。

b. 그는 심장에 정곡으로 칼을 맞고 죽었다. 他胸口正中一刀死了。

2) 刀

刀作为饮食器具在前面第一章饮食用语中已分析过，但韩国语里"칼"也指武器，如(54)。与作为武器的刀有关也有很多表达，主

要涉及刀刃、刀柄，以及与刀有关的动作等内容。

(54) 진변은 나한테 소중한 칼이야.《최고의 연인, 39회》陈
律师是我的重要武器。

(1) 刀刃

韩国语里刀刃为"칼날"，如(55a)。此外，还有"떨어지는 칼
날 잡지 마라"比喻不要硬碰硬，如(55b)。在表达此类意义时，汉
语一般用"枪、枪口"，而不用"刀"。

(55) a. 뻔하지. 조들호를 칼날로 삼아서 날 치려는 거
지.《동네변호사 조들호, 12회》很明显，这是拿赵
德浩当枪使来攻击我啊。
b. 윤대표가 끝까지 반대하면 어쩔래? 떨어지는 칼날은
잡지 말라는 법이랬어.《달콤한 원수, 34회》尹代表
如果坚决反对，你怎么办？俗话说的好"不能硬碰
硬，往枪口上撞啊！"

"칼날"有时也用"날"，多用于惯用语"날(이) 서다"，指工
具的刃变得很锋利，如(56a)；也比喻风等的气势非常强，如(56b)，
汉语也有"风如刀割、风刀霜剑"类表达；"날(이) 서다"也比喻
性格、表达、判断力等非常敏锐，如(56c)，对应"犀利"。汉语的
"刀"也与"话"结合形成"话里藏刀"，比喻心口不一，与韩国语
意义不同。

(56) a. 숫돌에 갈아 날이 선 칼 在磨刀石上磨得锃亮的刀

　　　b. 겨울이라 그런지 바람에 날이 섰다. 可能因为是冬天
　　　　的原因吧，风就像刀割一样。

　　　c. 그의 말은 날이 서고 조리가 분명하다. 他的话犀利
　　　　而又条理分明。

　　"날(이) 서다"的使动结构是"날(을) 세우다"，指使工具的
刀非常锋利，如(57a)；也指集中精神，如(57b)；有时也指气势逼
人，如(57cd)，汉语虽然有类似的"拔刀相向"，但一般比喻动武，
所以与韩国语意义有区别，因此可以译成"咄咄逼人、刻薄"等；
有时也比喻互相竞争，如(57e)，汉语多用"针锋相对"。

(57) a. 풀을 베기 전에 숫돌에 낫을 갈아 무뎌진 날을 세웠
　　　　다. 割草前用磨石把刀磨好了，很锋利。

　　　b. 신경의 날을 세우고 集中精神

　　　c. 의논 좀 해보랬더니 왜 날을 세워서?《그래 그런 거
　　　　야, 32회》本来想和你商量一下，但你怎么这么咄
　　　　咄逼人啊？

　　　d. 도대체 왜 매번 그 애엄마한테 날을 세우고 칼을 들
　　　　이대는 건데?《내 남자의 비밀, 63회》你到底为什
　　　　么每次都对那个孩子她妈那么刻薄？

　　　e. 전 형님과 날 세우고 싶지 않습니다.《이름없는 여
　　　　자, 7회》我不想和大哥您针锋相对。

　　有刃就有背，俗语"날로 보나 등으로 보나"比喻从各方面来
看都没错。刀还有双刃的，称作"양날의 칼"，多用于比喻意义，如

(58)，汉语多用"双刃剑"。

> (58) 정회장은 양날의 칼이야. 나한테 주춧돌이 될 수도 있
> 지만 하루아침에 썩은 동아줄이 될 수도 있어. 나도 보
> 험 하나 있어야지.《동네변호사 조들호, 12회》郑会长
> 是把双刃剑。可以成为我的垫脚石，也可能成为我的
> 软肋。我也应该提前做好保障措施。

刀刃或者其他铁质工具、玻璃锋利的部分称作"서슬"，相当于
汉语的"锋"，也可比喻强大、咄咄逼人的气势，经常与形容词"시
퍼렇다、파랗다"等结合，如(59ab)；有时也直接用于"서슬에"，
如(59cd)。

> (59) a. 왜 진짜 단이가 윤재랑 같은 회사 직원이라고 말하지
> 않았냐 하면서 서슬이 시퍼런데 내가 난감해 죽는 줄
> 알았다니까요.《별난 가족, 97회》她问为什么没告
> 诉她丹怡和允在在一个公司上班，那气势不知多么
> 咄咄逼人，我都难堪死了。
>
> b. 남편도 아닌 앞집 남자가 서슬이 이렇게 파래도 되
> 는 겁니까?《내 뒤에 테리우스, 7회》你又不是她老
> 公，只是住在对门的邻居男人，怎么这么盛气凌人
> 啊？
>
> c. 집안일이야. 시어머니 서슬에 며느리 눈물 빼는 건
> 흔한 일이지 뭐.《당신은 선물, 83회》这是家事。被
> 婆婆训两句，儿媳妇掉几滴眼泪，这种事不是多了
> 去了吗？

d. 기다려봤자 큰오빠 서슬에 엄마 면회 못해.《당신
은 선물, 106회》你就是等也是白等，有大哥的命令
(不让进入病房)，你是无法进入病房看咱妈的。

如上，韩国语的惯用语译成汉语时，根据不同的语境，译成
汉语时并不完全相同，并且一般不用与"刀、刀刃、锋"有关的表
达。

(2) 刀柄

刀包括刀刃和把柄，其中把柄是用来握的，而刀刃是无法握住
的，所以俗语"날 잡은 놈이 자루 잡은 놈을 당하랴[당할까]、칼
날 쥔 놈이 자루 쥔 놈을 당할까"比喻绝不能与处于有利条件的人
作对。

"칼자루"指刀把，在惯用语中也会产生比喻意义，其中"칼
자루를 휘두르다"比喻使用权力，汉语有时用"大刀阔斧"，如
(60a)；有时需要意译，如(60bc)。"칼자루(를) 잡다[쥐다]"比喻
具备实际的权限，如(61)，汉语一般意译成"主动权"。类似的还有
"도낏자루를 쥐다"。

(60) a. 신임 장관은 취임하자마자 칼자루를 휘두르면서 인
사 개편을 했다. 新任长官刚一上任，就开始大刀阔
斧地进行了人事改组。

b. 산업 현실을 모르는 기획재정부와 금융위원회
가 금융 논리로만 칼자루를 휘둘렀다.《동아일보,
2016.12.14》企划财政部和金融委员会不懂产业现
状，只会动用金融逻辑处理事务。

c. 니가 나랑 진의원의 약점을 잡고 칼자루를 휘두르려
   는 모양인데.《내 남자의 비밀, 88회》你这是想拿我
   和陈议员的弱点来威胁/整我……

(61) a. 칼자루는 그쪽 집에서 쥐고 있으니 내가 어떻게 해
   볼 수가 없네요.《왕가네 식구들, 24회》主动权掌握
   你们家手里，我也无能无力啊。

   b. 강만후 그 사람한테 또 이상 칼자루 쥐어지지 않도
   록 뭐라도 해야 하는 것 아니에요?《내딸 금사월, 24
   회》我们不能再这样坐视主动权又一次被送到江万
   厚手里啊，总得做点什么吧？。

（3）与刀有关的动作

与刀有关的动作，首先有"磨刀"，韩国语用"칼(을) 갈다[벼
리다]"，比喻做好战斗或侵略的准备，如(62)，多译成"磨刀霍霍、
摩拳擦掌"。汉语还有"磨刀擦枪"，但一般多比喻准备战斗，不用
于日常生活中。

(62) 윤태원이 형님한테 복수하겠다고 칼을 갈고 있는
   데.《옥중화, 16회》尹泰源正磨刀霍霍 / 摩拳擦掌地
   要向大姐报仇。

其次，拔刀后的动作是端着刀，韩国语为"칼을 빼 들다"，比
喻解决某种缺陷或问题，如(63a)，汉语一般用"大刀阔斧"。另外，
"칼을 빼 들다"也可用于个人，如(63b)，虽然可以直译，但汉语
日常生活中一般很少用这种表达。汉语类似的有"拔刀相助、拔刀

相济",指见义勇为,"拔刀相向"指动武,"抽刀断水"比喻无济于事,意义或用法与韩国语不同。

(63) a. 정부가 언론 개혁의 칼을 빼 들 것인지에 관심이 쏠린다.大家都关心政府会不会大刀阔斧地来改革舆论(机构)。

b. 기어코 니가 칼을 빼 들었구나. 나랑 칼춤이라도 춰 보겠다.《달콤한 원수, 4회》你终于还是把刀拔出来了啊。看来是想和我较量一番啊。

第三,拔刀之后的动作有挥刀,韩国语为"칼을 휘두르다",比喻采取某种极端的行动。此外,韩国语还有"칼을 뽑고는 그대로 집에 꽂지 않는다",意思是不论什么事情只要下定决心就一定要有结果,汉语相关的有"开弓没有回头箭"。疑问形式的"장부가 칼을 빼었다가 도로 꽂나"意思是下决心干某事时不能因为困难半途而废,汉语一般也用武器来表达类似意义,如"开弓没有回头箭"。此外,韩国人日常生活中送礼但对方不接受时,可以用这个俗语来劝说对方接受礼物,而汉语没有这种用法。

正因为韩国人有"拔刀后不能再插回去"的这种思想,所以还产生了"칼을 뽑았으면",强调要干点事情,经常与食物名词"무"结合,如(64)。有时也用切烂萝卜来表示强调,如(65)。有时也用切熟南瓜来比喻,如(66)。这也说明,用刀作比喻这类表达在韩国人的日常生活中是司空见惯的。

(64) 내가 정말 어렵게 결심을 했는데 이왕 칼을 뽑았으면 무라도 썰어야지.이 지원서 내고 단번에 떨어지면 내가

정말 속상할 것 같다, 야.《우리집 꿀단지, 40회》我是做了很长的思想斗争才下定的决心，既然刀已经拔出来了，那至少得切点萝卜吃不是吗？交了志愿书，如果第一轮就掉下来，我真的会很伤心的。

(65) 이호태(아들): 남자는 칼을 뽑았어. 썩은 무라도 끝까지
　　　　　잘라봐야지. 男人既然刀已出鞘，哪怕明明知道
　　　　　是个烂萝卜呢，也得切开看看啊。

　　오미숙(엄마): 칼질에 대해서는 이 집에서 내가 제일 잘
　　　　　알아. 이 놈아! 자를 것 없으면 칼질을 때려쳐야
　　　　　지! 썩은 무를 잘라 어딜 써!?《아이가 다섯, 4
　　　　　회》这个家里我最擅长切东西了。你小子！没
　　　　　有可干的，就不要切，不就是了。把烂萝卜切
　　　　　了，干什么用啊？

(66) 칼을 뽑았으면 삶은 호박이라도 자르라고 했지.《미워
　　도 사랑해, 10회》我不是说了吗？既然拔出刀来了，
　　哪怕是煮熟的南瓜呢，也得来一刀(才不枉费了心思
　　啊)。

　　第四，与刀的动作有关还有乱砍，韩国语为汉字词"난도(亂刀)"和派生词"난도질"，除具体意义外，还比喻随便对待某个对象，对象可以是人的私生活，如(67a)；也可以是别人的感情，如(67b)；也可以是别人的文章，如(67c)。"난도질"的近义词还有"뭇칼질"。这些意义译成汉语时需要意译。

(67) a. 기자라구? 기자는 남의 사생활을 들춰서 아무렇게
　　　　나 난도질하고 있는데 내가 너 같은 쓰레기의 멱살을

못 잡을 것 같애?《천상의 약속, 100회》你说你是记者？记者随意挖掘别人的私生活，并且随意报道，我为什么就不能抓你的脖领子啊？

b. 남의 순수한 감정을 갖고 이렇게 난도질을 해?《전생에 웬수들, 8회》拿着别人没有一丝杂念的感情竟然这样乱说话？

c. 다 바꿔야 한다? 아예 난도질해 놨어! 그러면 자기가 쓰든가?《아버님, 제가 모실게요, 16회》什么？都要改？这简直是乱改一气啊！那自己怎么不写？

第五，与刀有关，还有含刀和怀抱刀。因为刀是非常危险的东西，韩国语里用"칼 물고[놓고/짚고] 뜀뛰기"比喻用冒险的方式去做非常危险的事情。而"칼을 물고 토할 노릇이다"则比喻无法言说的冤枉和愤恨。如果怀里藏着刀，则必有杀意，韩国语用"칼을 품다"来表达，如(68)，汉语虽然偶尔也用"心里藏刀"，但"心里藏着几把刀"过于具体，所以意译成"心里有无数仇恨"更符合汉语的表达习惯。此外，汉语还有"笑里藏刀"形容人表面和气，内心阴险狠毒，"话里藏刀"比喻心口不一。

(68) 가슴에 여러 칼을 품었다. 心里有无数的仇恨。

3) 长枪

过去作战时还有一种武器是长枪，本身没有比喻意义，但有惯用语"창창(을) 쓰다"，意思是我能使长枪，比喻豪言壮语地说能做到。这种长枪的枪杆子称作"창대(槍-)"，韩国语里下雨又大又急也被比喻成枪杆子，所以有了"창대비(槍--)"，如(69)。

(69) 창대비가 내리치다 下瓢泼大雨

枪或刀锋利的一面称作"예봉(銳鋒)"，也比喻锐利的攻击气势，如(70)；此外，"예봉"还比喻尖锐的论调或表达。

(70) a. 아군은 적의 예봉을 꺾었다. 我军挫败了敌人的锐气。

b. 이 같은 방법으로 아프리카의 나라들은 유엔 제재의 예봉을 피해가고 있다.《조선닷컴, 2017.07.11》非洲的众多国家正在用这种方法来躲避联合国制裁的锋芒。

4) 三叉戟

过去还有一种三叉戟，有三个叉，韩国语称作"삼지창(三枝槍)"，但是"三叉戟"还指吃饭用的叉子，与外来语"포크(fork)"同义。此外，"삼지창"还产生了一些新的用法，如(71)中的"삼지창"可以译成"三大核心问题"。

(71) 트럼프-시진핑, 북핵·무역·대만 두고 날선 '삼지창' 토크 《한겨레, 2017.07.03》习近平与特朗普对朝核、贸易、台湾等"三大核心问题"展开了针锋相对的对话。

5) 铁槌

过去还有很多铁质兵器，其中有"철퇴(鐵槌)"，惯用语"철퇴를 가하다[내리다]"比喻给予严厉的处罚或打击，如(72a)。"철퇴(를) 맞다"比喻受到严重处罚，如(72bc)。汉语"铁槌"用的很少，多用于具体意义，"铁锤"一般强调打击意义，处罚意义一般多

用"重锤"。韩国语还有类似的"철추(鐵椎)",但没有比喻意义。

> (72) a. 뇌물을 받은 공무원들에게 철퇴를 가하다. 给受贿的
> 公务员一记重锤。
>
> b. 불법 유흥업소를 운영하던 업주들이 잇따라 철퇴를
> 맞았다. 不法娱乐场所业主们接连受到了"重锤打
> 击"。
>
> c. 자칫 '시범 케이스'가 돼 철퇴를 맞을 수 있다는 부담
> 에서다. 《동아일보, 2017.07.19》 因为害怕成为"典
> 型"而被"重锤出击"。

6) 盾牌

韩国语里盾牌为"방패(防牌/旁牌)",也比喻做某事时可以拿来放在前面的东西或那样的人,如(73)。汉语"防牌"多用于古代汉语,现代汉语多用"挡箭牌"。

韩国语类似的还有"방패막이(防牌--)",如(74a),与汉语"挡箭牌"类似。但韩国语"방패막이"具有积极意义,如(74b)所示,当用于积极意义时,汉语不能用"挡箭牌",因为"挡箭牌"多比喻推托或掩饰的借口、理由,具有贬义。

> (73) 여론을 방패로 삼다 拿舆论当挡箭牌
>
> (74) a. 주주들의 절대적인 지지를 받는 도윤이가 방패막이
> 되어줘야 가능해. 《다시, 첫사랑, 24회》 只有获得股
> 东绝对支持的道允给我们当挡箭牌, 我们才有可能
> 成功。
>
> b. 앞으로 …어떤 일이 있어도 방패막이 되겠습니

다.《우리집 꿀단지, 24회》以后不管发生什么事情，我都会为大家遮风挡雨的。

8.4.2.2 热兵器

1）枪

枪的上义词为汉字词"총(槍)"，本身没有比喻意义，但在日常生活中却有多种用法，如(75)。汉语也有"你中枪了吗?"类表达，有时还有"放冷枪"，但与韩国语用法不同。

> (75) 내가 총 맞았냐. 너한테 배우게.《쾌걸 춘향, 3회》我疯
> 了/脑子进水了/脑子被驴踢了，跟你学？

韩国语还有俗语"소리 없는 총이 있으면 놓겠다"，意思是如果有消音枪的话真想给他一枪，比喻非常嫉妒、厌恶对方。

枪有很多种分类，其中有手枪，韩国语为"권총(拳銃)"，因为形状与英文大写字母"F"相像，所以韩国语里把考试得F称作"권총을 차다 戴手枪"，"쌍권총을 차다 戴双枪"指两门不及格。反过来，手枪还被称作"돼지발 猪蹄""닭다리 鸡大腿"，都是隐语。枪还有机关枪，韩国语为"따발총(--銃)、다발총"，指苏式机关枪、转盘枪。"따발총"还比喻话多或说话快的人，如(76)，汉语也有这种表达。

> (76) 경륜장의 따발총 아나운서 竞技场上说话像机关枪似的
> 播音员

枪还有火枪，韩国语称作"뎃포"，也有汉字词"조총(鸟铳)、화승총(火繩銃)"，与此相关还有"무뎃포"，这个词由日语"無鐵砲"中发展而来，意思是赤手空拳地与有枪的人对峙，如(77)。

(77) 이렇게 앞뒤 안 가리고 무뎃포로 덤비는 사람은 김성룡 과장은 처음입니다. 这样不顾后果、肉搏上阵的，金成龙课长是第一个。

韩国人还用枪来比喻人的眼神，如"눈총"比喻恶狠狠的眼神，如(78)。惯用语"눈총(을) 맞다"比喻被别人厌恶，"눈총(을) 쏘다"形容瞪人。汉语没有"眼枪"，所以韩国语的惯用语需要意译，可译成"惹人眼热、挨……白眼"。

(78) a. 우리 너무 오바해서 잘해왔다구…눈총 받는 거 아냐?《내조의 여왕, 3회》我们有点太过了，不过做得很好……太惹人眼热了吧？
b. 최근 우리 파파그룹은 일련의 사건으로 사기는 땅에 떨어지고 국민들의 따가운 눈총을 받고 있습니다.《사랑이 오네요, 108회》最近我们帕帕集团因为一系列的事件士气低落，还到处挨老百姓的白眼。

枪都有枪托，韩国语为"총대(銃-)"，惯用语"총대(를) 메다"指背起枪，意为担任大家都不愿出头的共同事务的代表，如(79)。译成汉语时虽可直译，但汉语"枪杆子"泛指武力，如"枪杆子出政权"，一般不用于日常生活。

(79) a. 모두들 머뭇거리며 주저하자 과장이 총대를 메겠다며 나섰다. 大家一犹豫，课长站出来说他来扛枪杆子。

b. 역시 당신과 나는 천생연분이야. 일단 총대는 당신 메.《가족을 지켜라, 96회》所以你和我是天生一对啊。你先把枪杆子扛起来再说。

2) 地雷

韩国语里地雷为汉字词"지뢰(地雷)"，在日常生活中也常用作比喻，如(80)，汉语可直译成"地雷"，但中国人一般日常生活中很少用这样的比喻表达。

(80) a. 오늘 밤 우리 집은 지뢰밭이 되겠구나.《가족을 지켜라, 59회》今天晚上我们家该变成地雷窝了啊。

b. 약간 무식하고 돌기 충만하고 지뢰 같애. 건들면 어떻게 터질지 몰라.《빛나라 은수, 24회》他有点无知，非常楞，就像地雷。一戳他不知道会怎么爆炸？

3) 炮

汉语有很多与"炮"有关的表达，如"一炮打红"，现在又出现了新词"约炮、物种炮、炮灰"等。大炮韩国语为"대포(大炮)"，多用来嘲讽说大话、撒谎，或者善于说大话、撒谎的人，如(81a)；多用于惯用语"대포(를) 놓다"，比喻吹牛或撒弥天大谎，如(81b)，汉语"放炮"也有吹牛之意，但因为"放炮"的具体意义太强，在表达吹牛之意时，一般要添加其他成分。

(81) a. 종혁은 대포인 것을……. 종혁이 술에 취하면 십구
　　　세기 포쯤은 될 것이다.《이정환, 샛강》宗革好放
　　　炮、吹大牛……宗革喝醉酒的话，就会变成十九世
　　　纪的大炮。

　　b. 그는 멀쩡한 건물이 무너졌다고 대포를 놓고 다녔다.
　　　他放炮撒谎说好端端的楼房塌了。

　　由于大炮威力非常大，所以"대포알 만 개"是用夸张来强调
威力大，俗语"말 한마디가 대포알 만 개도 당한다"比喻好口才
具有强大的力量。

　　大炮有多种类型，从作用来看，可分为"주포(主砲)、부포
(副砲)、보조포(補助砲)"，后两者都是辅助用的，韩国语里也经常
把这些词用于日常生活中，如(82)，汉语一般不用"主炮"，而是用
"主力"。

(82) 삼성은 또 외국인 선수도…주포로 활약할 수 있는 특급
　　　선수들로 데려오기로 했다.《동아일보, 2016.10.14》
　　　另外，三星决定援引外籍选手时也要挑那些能够成为
　　　主力的特级选手。

　　从类型来看，炮中有"속사포(速射砲)"，指能够快速装弹进
行发射的炮，也用于比喻，如(83)，汉语为"连珠炮"。韩国语还有
"공포(空砲)"，指没有装实弹只发出声音的炮，也比喻为威胁对方
装了实弹却射向空中或其他地方。惯用语"공포(를) 놓다"也比喻
威胁恐吓，如(84)，汉语也有"放空炮"。韩国语还有"물대포"，指
高压水枪，如(85)。

(83) 새누리당 의원의 계속된 질문에도 이 시장이 '속사포'로
　　 답변을 이어가자 여당 의원석에서는 탄식 섞인 감탄이
　　 나오기도 했다.《동아일보, 2016.10.13》面对新国家
　　 党议员的一连串提问，李社长也报以"连珠炮"似的回
　　 答，执政党议员席上不禁发出了一阵阵伴有叹息的赞
　　 叹声。

(84) 아무 데서나 공포 놓고 다니면 누가 무서워하나? 你以
　　 为你到处放空炮，大家就怕你了？

(85) 백씨의 급성경막하출혈은 경찰이 쏜 물대포가 원인이
　　 됐고.《동아일보, 2016.10.16》白某的急性硬脑膜下出
　　 血是警察发射的高压水枪导致的。

　　从结构上来看，大炮最突出的部分是炮口，称作"포문(砲
門)"，用于惯用语"포문을 열다"时，除了指具体的放炮意义，还
比喻开始发言攻击对方，如(86a)，汉语一般多用"炮口"，而不用
"炮门"，形成"把炮口对准……"结构。"포문을 열다"还可以表
示正式开始某事，如(86bc)，汉语"炮口"没有此类用法，可译成
"开启、开演"等。

(86) a. 그는 상대편이 주장한 내용의 허점을 지적하며 반론
　　　　 의 포문을 열었다. 他把炮口对准了对方主张中的弱
　　　　 点，开始进行反击。
　　 b. 이 책이 정치 풍자 유머집의 포문을 열었다. (网络)
　　　　 这本书的出版开启了政治讽刺幽默集的先河。
　　 c. 명품 주말극의 포문을 열었다.《뉴스1, 2018.03.26》
　　　　 周末名剧开演了。

发射枪炮时炮口喷出的是"포화(砲火)",如(87a);也比喻强烈的攻击,如(87b)。汉语可以直译成"炮火"。

(87) a. 포화에 휩싸인 도시 被炮火淹没的城市
　　　b. 안 전 후보자에게 야당의 화력이 집중되는 사이에
　　　　 나머지 장관 후보자가 야당의 포화에서 비켜갈 수
　　　　 있다는 현실적인 기대감이 작용했다.《동아일보,
　　　　 2017.06.19》现实情况是大家期待当前候补——安
　　　　 候补接受在野党的集中攻击时,其他长官候补可以
　　　　 躲过在野党的炮火。

发射大炮或导弹等时因反作用会在后面引起强风,称作"후폭풍(後爆風)",也比喻某事发生之后产生的巨大或不好的影响,如(88)。汉语称作"反冲力、后坐力",没有比喻意义。所以韩国语译成汉语时多用"大暴风"或"后遗症"等。

(88) a. 섣불리 조들호를 건드렸다가 후폭풍이 엄청날 거
　　　　 야.《동네변호사 조들호, 12회》不小心惹了赵德
　　　　 浩,会引起大暴风的。
　　　b. 나중에 진실이 밝혀지고 나서 후폭풍 몰아쳐도 다 감
　　　　 당내셔야 할 것 같습니다.《동네변호사 조들호, 13
　　　　 회》以后事实曝光之后,即使出现后遗症,好像也
　　　　 都需要您担着啊。

4) 保险装置

枪炮的保险装置韩国语为"안전장치(安全裝置)",也指炮弹、

炸弹的保险装置；有时也用于机械。此外，还用于日常生活，如电视剧《다시，첫사랑，101회》中当하진担心도윤会因为相关的材料交到检察厅而被逮捕时，도윤安慰她说道：

(89) 말했잖아. 안전장치 해뒀다고. 我不是说了吗？我已经
　　 准备好安全措施了。

5）扳机

枪炮等都有扳机，韩国语里扳机为"방아쇠"，主要用于步枪或手枪，有时也指以前的火枪，如(90a)；有时也比喻冲着某个对象开火，如(90b)，汉语可以直译成"扣动扳机"。此外，"방아틀뭉치"在军队里多用来嘲笑那些总是出事故的人。

(90) a. 방아쇠를 당기다 扣动火枪
　　 b. 왜 동준이가 보국산업에 방아쇠를 당겼을까?《귓속
　　　　말, 5회》为什么东俊冲宝国实业扣动了扳机啊？

6）弹药

弹药的上义词在韩国语里是"탄(彈)"，统指子弹、炮弹、炸弹等，"탄"还作依存名词，指一系列顺序的单位。

第一，子弹。韩国语里子弹为"총알(槍-)"。由于子弹的速度很快，所以韩国语用"총알"作定语来比喻速度快，如(91)，虽可直译，但汉语一般多用"风"形容快速。

子弹是用来射击的，而"총알받이"指中敌弹的状态，也比喻为挡住飞来的子弹而站在前面的人或军队，相当于汉语的"枪靶子"。"총알받이"也可用于日常生活，如(92)，根据语境，译成了"背黑

锅"。

(91) 완전 총알 배송이네.《내딸 금사월, 32회》这送货速度
完全就是子弹啊/这完全是风一样的送货速度啊。

(92) 딸랑 사장 딸이라는 하나 보고 우리 태호 짝으로 허락
시켜줬더니 내 아들 총알받이로 만들어?《우리집 꿀단
지, 23회》就看中你是老板的女儿这一点，我才同意
你和我们泰浩的婚事的，结果你让我儿子背黑锅？

韩国语里还将豆粒与子弹联系在一起，如"감장콩알、검정콩
알"都俗指子弹。

第二，炮弹。炮弹韩国语为汉字词"폭탄(爆彈)"，在实际运用
中也常用作比喻，如下表所示：

[表1] "폭탄"的用法

结合动词	例句	汉语
들다	더 무서워요. 이러다 더 큰 폭탄을 들고 온 것 아닌가 싶어서요.《가족을 지켜라, 37회》那更可怕。这样下去，说不定会抱着个更大的炸弹回来呢。	抱着炸弹
안다	엄마 생각해봐, 아가씨 결혼하면 다 같이 살면서 폭탄 안고 사는 거야, 그렇게 살 자신 있어? 엄마는.《가족을 지켜라, 86회》妈，你想想。如果他和我小姑子结婚了，那就相当于搂着个炸弹睡觉啊。你有信心这样过吗？	搂着炸弹
터지다	이번에 안채 언니가 사고 쳤나봐. 좀 있다 폭탄 터질지도 몰라.《가족을 지켜라, 59회》看来这次是房东姐姐闯祸了吧。说一会可能就会闹翻天呢。	闹翻天

맞다	우리팀 완전 망했어. 안팀장님이 쫓겨난 것도 모자라서 그 자리에 최본부장이 왔다구. 완전 폭탄 맞았어. 《우리집 꿀단지, 21회》我们系全完了。安系长被赶走了不说，崔本部长又来当系长。我们全完了/全被打了一闷棍。	完/被打一闷棍
떨어지다	두 사람 모자지간인 걸 알면 나한테 당장 헤어지라는 폭탄이 떨어질 텐데. 《사랑이 오네요, 80회》如果知道他们两人是母子关系的话，(爸爸)他肯定会立刻大发雷霆地让我分手的。	大发雷霆

如上，"폭탄" 可以与动词 "들다、안다、터지다、터뜨리다、맞다、떨어지다" 等结合。汉语虽然有时可译成 "抱着炸弹、搂着炸弹"，但日常生活中很少使用。其他用法汉语一般也不用 "炸弹" 或 "炮弹"。

韩国语 "폭탄" 还可用于 "폭탄선언"，比喻爆炸性言论，如 (93)，汉语用 "爆炸性"。

(93) 저게 또 무슨 폭탄선언하려고 그러는 거 아냐?《내조의 여왕, 10회》她该不会又说一些什么爆炸性言论吧？

韩国语里，炮弹类型也非常多样，如下表所示，除了现实生活中实实在在的传统炮弹外，韩国人还创造了大量新型 "炮弹"，这些 "重量级" 词语都被韩国人非常轻松地用于日常生活中，如下表所示：

[表2]韩国语炮弹的类型

分类		例句	汉语
传统炮弹	시한폭탄	그 여잔 건드리면 터지는 시한폭탄이니까요.《최고의 연인, 72회》因为那个女人是个一戳就炸的 "定时炸弹"。	定时炸弹
	콩알탄	지금 그거 따질 때야. 콩알탄이든 원자폭탄이든 일단 피하고 봐야 될꺼 아냐.《쾌걸 춘향, 2회》现在哪有功夫管这些啊。不管是 "子弹" 还是 "原子弹",一旦先避开再说。	子弹
	원자폭탄		原子弹
	핵폭탄	회장님댁에서 지금쯤이면 핵폭탄 터졌을걸.《당신은 선물, 37회》会长家现在肯定已经乱成一片了。	乱成一片
	빚폭탄	원래 그러신 분이 아닌데 요즘 빚폭탄을 맞아서 그래.《우리집 꿀단지, 18회》她本来不是这样的人,最近突然债台高筑,所以才这样。	债台高筑
新型炮弹	선물폭탄	그 남자 선물폭탄으로 널 넘어뜨리려나 보지? 사귀는 사이도 아닌데 왜 선물공세야?《그래 그런 거야, 31회》看来那个男人想用礼物来把你俘虏了吧?恋爱还没谈呢,怎么就开始用礼物 "轰炸" 啊?	用礼物 "轰炸"
	물폭탄	15, 16일 200mm를 훨씬 넘는 물 폭탄을 맞은 충북 도내 곳곳에서는 이날 새벽부터 폭우의 참상을 지우려는 손길로 분주했다.《동아일보, 2017. 07. 18》忠清北道境内15、16日经受了200毫米以上的暴雨袭击后,从今天(17日)凌晨开始,人们就开始忙着打扫暴雨过后的烂摊子。	暴雨
	건강보험료 폭탄	내년 7월부터 퇴직·실직 뒤 최대 3년간 '건강보험료 폭탄'을 피할 수 있게 된다.《동아일보, 2017. 7. 19》明年7月起可以避开因退职、下岗所导致的3年 "健康保险费危机" 了。	健康保险费危机

문자폭탄	지난달 국민의당 주승용 의원도…정규직 채용을 장려하려다가 문자폭탄에 시달려야 했다.《동아일보, 2017.07.22》上个月人民党周承龙(音译)议员⋯⋯提出要奖励将合同工转换成正式工的行为，却因此遭到了短信攻击。	短信攻击
말 폭탄	북-미가 말 폭탄을 넘어 저주에 가까운 위협을 주고받으면서 한반도 정세는 한 치 앞을 내다볼 수 없는 상황에 빠져들고 있다.《동아일보, 2017.09.22》因为朝鲜与美国之间的攻击已经跳过了"语言炮弹"级别一跃到了接近诅咒级别的相互威胁，朝鲜半岛局势陷入了前途未卜的僵局。	语言炮弹
비난폭탄	날카로운 비난 폭탄을 쏟아부었다.《동아일보, 2017.10.02》进行了尖锐批评。	尖锐批评
비밀폭탄	부부가 세트로 비밀 폭탄을 안고 있으니 떨리기도 하겠지.《내 남자의 비밀, 53회》夫妻两个都怀揣一个"秘密炸弹"，不害怕才怪呢。	秘密炸弹
엽산폭탄	바로 임신초기용 엽산폭탄식사예요.《밥상 차리는 남자, 46회》这就是适合早期孕妇食用的"叶酸组合套餐/礼包套餐"。	叶酸组合/礼包套餐

如上表所示，韩国语里不论传统炮弹还是新型炮弹都被用于电视剧台词、新闻等日常生活语言中，这些词语虽然有的可以直译成汉语的"炸弹"，但汉语一般要加双引号，表示是特殊用法，有的则干脆需要意译。因为汉语在日常生活或新闻报道中极少用这种极端性的语言。

除了上述各种炮弹类型外，韩国语还有"폭탄돌리기"，如(94)。汉语多用"烫手的山芋"来比喻棘手问题。

(94) 정부가 정규직 교사들의 반발을 의식해 기간제 교
사 문제를 '폭탄 돌리기' 하듯 미뤄둔 채 공공부문 정
규직 전환 가이드라인을 발표한 셈이다.《동아일보,
2017.07.22》但是政府意识到公办老师的反对呼声，就
像"炮弹接龙"一样，把民办老师问题给搁置了下来，
而只是发表了公共部门正式员工的转换指导意见。

第三，手榴弹。韩国语里手榴弹为汉字词"수류탄(手榴彈)"，
有时也用于比喻，如(95)，两部电视剧台词里的"수류탄"都比喻会
造成较大冲击的事情。

(95) a. 헤어지면 그만이지. 남의 집에 수류탄은 왜 던져?
《사랑이 오네요, 48회》分手就是了，为什么给别
人家里"扔手榴弹"啊？

b. 겨우 평화다, 좋다 했는데 왜 그 집에 수류탄을 던져
서 …참, 이젠 어떡하냐구?《그래 그런 거야, 23회》
好容易安稳下来，松口气，你为什么又给他家里
"扔颗手榴弹"，唉，你说怎么办吧？

第四，烟雾弹。烟雾弹指为了掩藏我军的军事行动而使用药品
放出的浓烟，韩国语为汉字词"연막(煙幕)"，如(96a)。"연막"也
比喻为掩盖某种事实而说一些巧妙或假惺惺的话或采取一些类似的行
动，如(96b)。有时也用惯用语"연막(을) 치다"来比喻使用手段巧
妙地隐藏自己的真意，如(96c)。汉语"放烟雾弹"也有此类意义。

(96) a. 연막에 휩싸이다 被烟雾所弥漫

b. 오카다 아키노부(55) 감독이 연막을 피우고 있
　　　 다.《조이뉴스24, 2012.03.27》岡田彰布教练在放
　　　 烟雾弹/打迷魂战。

　　c. 나랑 붙을 자신 없으니까 그런 식으로 연막을 쳐서
　　　 두 남자한테 동정표나 얻어볼 까 엄살 떠는 것 아니
　　　 냐구?《최고의 연인, 60회》你没信心和我比试，所
　　　 以用这种方式来放烟雾弹，企图获得两个男人的同
　　　 情票，所以在这儿装病，是吧？

　　第五，信号弹。信号弹指发射信号时用的弹药，通过发射烟雾
的特征或光的色彩来表达多种信号，韩国语为"신호탄(信號彈)"，
可比喻告知将要开始某事的事件，与汉语"信号弹"意义一致。

8.4.3 武器的发射、攻击效果

8.4.3.1 瞄准

　　要想开枪，首先要瞄准，韩国语里对着目标调整弓或枪的方
向、距离用动词"겨누다"，"겨누다"还指用可以成为标准的东西来
比量其他东西的长短，如(97)。

　　(97) 백화점에서 산 치마를 집에 있는 치수가 같은 옷과 겨
　　　　 누어 보니 조금 컸다. 用家里同样尺寸的衣服一比照，
　　　　 发现从百货大楼买来的裙子大了。

"겨냥"指对准目标，多用于惯用语"겨냥(을) 대다"中，如(98a)；"겨냥"也指以某物为参照制定的尺寸或样式，多用于惯用语"겨냥(을) 보다"中，相当于"校样"，如(98b)，汉语用"量"。动词"겨냥하다"指对准目标，也指将某事物当作行动的对象，如(98c)，汉语用"矛头对着"。

> (98) a. 그는 한참 겨냥을 댄 후 방아쇠를 당겼다. 他瞄准很长时间后扣动了扳机。
>
> b. 그는 목재를 자르기 전에 대략 겨냥을 보았다. 在锯木材前，他先量了一下。
>
> c. 화웨이와 ZTE 등 중국 통신장비 업체를 겨냥한 조치로 풀이된다.《디지털타임스, 2018.03.27》大家认为这项政策的矛头是对着华为、ZTE等中国通讯设备公司来的。

8.4.3.2 发射

韩国语里放枪放炮用固有词"쏘다"，也比喻用话或视线等攻击对方，如(99a)；也指虫子用针样的东西扎肉，如(99b)；也指辣味或很冲的味道强烈刺激人的口鼻，如(99cd)；现在，韩国语"쏘다"又有了一种用法，指掏钱请吃饭，如(99e)，韩国人在说这样的话时，还会用两手做出发射枪的动作。

> (99) a. 버릇없는 아이에게 따끔한 말을 한마디 쏘다. 对那些没礼貌的孩子说了几句批评的话。
>
> b. 벌이 얼굴을 쏘다 蜜蜂螫了脸

c. 고추가 입 안을 쏘다 辣椒味呛得嘴里难受。

d. 백도희씨는 꽤 매력이 있어요. 턱 쏘는 탄산수랄까?
《천상의 약속, 26회》白道姬很有魅力啊，可以说
是味道很冲的碳酸饮料？

e. 그런 의미에서 회식은 저희가 쏘겠습니다. 《최고의
연인, 94회》从这个层面上，今天的聚餐我们掏钱。

与发射有关，还有很多表达，如下表所示：

[表3] 与发射有关的词语

词语	基本义	引申义	例句
발사 (發射)	射箭、放炮、发射火箭、光线、播放音波等。	说出某种话。	만약에 그 일을 차도윤에게 발사할 생각 하면 그땐 돈으로 설득할 일 따위는 없을 거예요. 《다시, 첫사랑, 49회》如果你想把那件事告诉车道允，那时我可就不会用钱来劝说你了。
총질 (銃-)	开枪。	比喻针锋相对。	홍 후보는… '내부 총질로 붕괴된 정당에 서 또다시 내부 총질과 허위사실 폭로로 전당대회를 치른 것은 참으로 유감' 이라 고 평가했다. 《동아일보, 2017. 06. 29》洪候补评价说："我们党已经因为内部互相攻击而分崩离析，现在又召开全党大会进行内部攻击、互相诽谤中伤，对此我感到很遗憾。"
몰방(沒放)	枪炮或其他爆破物朝一个方向集中射击或爆破。	比喻集中做某事。	파파그룹의 주식 또 한번 폭락하게 될 거야. 그때 가지고 있는 현금으로 몰방하면 돼. (网络)帕帕集团的股票还会暴跌的。到那时候我们再用手里的现金集中购买股票。

불발(不發)	枪弹等不发射或者发射出去没有爆炸。	比喻计划的事情无法实行。	계획이 불발에 그치다 计划失败了。영장 재집행 역시 불발로 끝날 가능성이 높은 상황이다. 《동아일보, 2016. 10. 30》搜查令的再执行很有可能会以失败而告终。
허발(虚發)	发射枪弹或放箭时没有命中目标。	比喻未达目标的事情或行动。	만약 거기 갔다가 허발을 치는 날에는 그 자리에서 너희들은 그대로 간다. 알겠냐? 《송기숙, 녹두 장군》如果去那儿但没有做成什么事，那么你们就当场走人，明白吗？

如上，前三个词语都与发射有关，后两个与发射不成功有关，第一个"발사"的比喻意义还止于语境义，但其他四个词语的比喻意义都已被词典收录，成了词典意义。虽然这五个军事用语都用于日常生活中，但汉语没有此类用法，所以需要意译。

8.4.3.3 威力和攻击效果

攻击效果主要看能否击中目标，根据效果主要分为"곁불、선불、유탄(流彈)、직격탄(直擊彈)、치명탄(致命彈)、결정탄(決定彈)"等类型，这些军事用语都产生了比喻意义，并且都用于日常生活中。

"곁불"指在目标附近呆着而挨上的子弹，也指虽然与某事无关但因为在附近而摊上的灾祸。"선불"指没有切中要害的子弹，其结构是表示不熟练的前缀"선–"与词根"불"结合形成的派生词，因为是无法切中要害的子弹，所以惯用语"선불(을) 놓다、선불을 지르다"比喻给予不构成威胁的打击，反义结构"선불(을) 맞다"比喻受到没有威胁力的打击。与此相关有俗语"선불 맞은 노루[날짐승] 모양"，比喻像遭受了非致命的枪弹后而到处乱窜的獐或野兽

那样乱跑的样子。"선불(을) 걸다"比喻随便惹事，也比喻参与无关的事情而受害。

"유탄"指没有打中瞄准的地方而斜了的子弹，比喻受到连带影响，如(100)。"직격탄"指命中的子弹或炮弹，也比喻直接给以致命的伤害或打击的事情，如(101)。"치명탄"意为致命的一击，如(102)。"결정탄"指决定性的一击，如(103)。

(100) '최순실 게이트'의 유탄을 맞고 취임 5개월 만에 대통령비서실장 직에서 물러난 것이다.《동아일보, 2016.11.03》他遭到了"崔顺实门"的流弹攻击，就任五个月就失去了总统秘书室长一职。

(101) a. 조갑제 …박근혜에게 직격탄을 날리는 발언을 했다.《동아일보, 2016.10.30》赵甲齐(音译)发表言论，给朴槿惠以致命一击。

b. 당장 산란계 농장은 계란 출하 중단의 직격탄을 맞았다.《동아일보, 2017.08.16》首先是蛋鸡农场受到了禁止出售鸡蛋的直接打击 / 致命一击。

(102) 그래봐야 법적으로 다 끝난 일이라 치명탄 입힐 수 없어.《닥터스, 12회》就算这样，因为法律上已经无法追责，所以不会给我致命打击的。

(103) 혼수상태의 남편의 지분을 앞세워서 동정표로 회장직에 취임한 민희 무너뜨리는 결정탄인 것 아는데.《다시, 첫사랑, 75회》对借丈夫昏睡不醒之机利用同情票登上会长一职的敏姬来说，这是拉她落马的最重要的一击，这我都知道，但是……

此外，还要看枪炮的威力。韩国语有汉字词"화력(火力)"，指火燃烧时的热力，也用作军事用语，指枪炮等武器的威力；"화력"也比喻调查的强度，如(104)。火药等爆破物突然爆破时产生的力量或效果称作"폭발력(爆發力)"，也可比喻人，如(105)。

(104) 검찰이... 전 대통령의 뇌물수수 혐의 입증을 위해 대기업 수사에 화력을 집중하고 있는 모양새다.《아시아투데이, 2017.03.19》为了搜集前总统受贿嫌疑的证据，检察院好像正在加强对大企业的调查/把"火力"集中到了大企业的调查上。

(105) 보통 키가 크면 스피드가 떨어지는데 볼트는 엄청난 폭발력을 보여줬다.《동아일보, 2017.07.06》一般情况下，个子高了速度就会降低，但博尔特却展现了极大的爆发力。

8.5 战争与旗帜

在中国古代战争中，旗鼓是不分家的，因为迎风招展的旗帜与隆隆作响的战鼓是士气和军威的象征，并且旗鼓现在多用作比喻意义，如"打着……旗号、大张旗鼓、旗鼓相当、偃旗息鼓"等。其中"偃旗息鼓"表示投降或作为一种计谋。韩国语里也有"기 들고북 치기[쳤다]"，但《표준국어대사전》的解释是，举着旗敲鼓，比喻投降，也比喻失败了再也没有希望。这种解释实在是让人费解。

本章主要分析旗帜，其中"깃발(旗-)、반기(反旗)、백기(白

旗)"等多用于比喻意义。

8.5.1 旗帜

"깃발"指旗杆上的布或纸的部分，多用来比喻明确提出自己的思想或目的的那种态度或主张，如(106)，汉语多用"旗帜鲜明地"。

> (106) 세희와 소희는 널 내보내라고 깃발 들고 나섰대.《그래 그런 거야, 35회》听说世姬和苏姬旗帜鲜明地说让放你走。

因为旗子最突出的特点是遇风飘扬，所以惯用语"깃발(을) 날리다"俗指扬眉吐气、趾高气扬，如(107a)。在战争中，将旗帜插在对方阵地上象征着自己的胜利，因此惯用语"깃발을 꽂다"多用来比喻占领某地或某领域，如(107b)。

> (107) a. 전북의 깃발을 드높이 날리는 해가 되고 천년비상을 할 수 있도록 합심이 필요하다.《전북일보, 2017.09.12》今年我们要同心协力使全罗北道彩旗飘飘，实现千年飞跃。
> b. 기아차, 멕시코에 깃발 꽂았다. 起亚汽车把(红)旗插到了墨西哥。

韩国语还有汉字词"기치(旗幟)"，过去多指军队的旗子，现在

多指为一定目的而亮出的态度或主张，如(108)，用于褒义，与汉语"旗帜"意义一致。汉语还有"旗号"，比喻某种名义，此时韩国语一般用"명목、명분"等。

(108) a. 개혁의 기치를 올리다 高举改革的旗帜
b. 민주화의 기치를 내걸다 高举民主化的旗帜

8.5.2 反旗

有时战争的失败并不总是源于外因，有时内部的自乱更可怕。韩国语"반기(反旗)"指引起叛乱的人作为标志所举的旗，也比喻表示反对的行动或表示，经常用于惯用语"반기를 들다"，如(109)。汉语"反旗"虽也有此意，但语用频率很低，经常使用的是"扯旗造反"。所以与韩国语对应的汉语是"投反对票"，或用直抒性表达"反抗"。

(109) a. 개, 지 엄마한테 반기를 들고 회사에서 사고를 쳐서 집을 나간다면서?《우리집 꿀단지, 16회》听说她扛反旗反对自己老妈，在公司里闯了祸，离家出走了。
b. 갑자기 반기를 든 이유가 뭐야?《빛나라 은수, 23회》为什么突然扯反旗啊？/为什么突然反抗(父亲)啊？

8.5.3 白旗

战争持续下去后，无力应付的一方肯定要屈服，屈服时有的把军旗放在地上，即偃旗息鼓；有的则会举白旗表示区分。韩国语白旗为汉字词"백기(白旗)"，经常用于"백기를 들고 투항하다 举白旗投降"结构，"백기"本身也有降服、屈服之意。

"백기"常用于惯用语"백기를 들다"中，如(110)，并且还有汉字词"백기투항(白旗投降)"，如(111)。汉语虽然也用"举白旗"来表示投降，但一般不单独使用，而多用于"举白旗投降"。并且汉语"举白旗"一般不用于日常生活，所以一般多译成"认输"等表达。"백기를 들다"的使用范围越来越广，还比喻放弃某事，如(112)，汉语多用"关门"。

(110) a. 잔칫날 가기 전에 한아름 백기를 들어봐...《최고의 연인, 47회》在庆典之日前，韩雅凛如果举白旗投了降……

   b. 아버진 여기 오신 건 백기 드신 거야. 얼른 가.《왕가네 식구들, 9회》爸爸到这儿了，就是认输了，你赶快跟他走吧。

(111) 어차피 6개월동안 잘 못하시면 해성에 백기투항하고 들어가실 거고…《황금빛 내 인생, 40회》反正六个月内您做不成的话，就得认输回到海城……

(112) 내수 불황에 따른 매출 부진으로 '백기'를 든 소상공인들도 증가 추세다.《충청일보, 2015.08.17》很多小商人因内需不足而引起经营困难并最终关门，这种趋势在不断增加。

8.5.4 旗手

扛旗的人称作旗手，韩国语为汉字词"기수(旗手)"，现在也多用于日常生活中，指搞活动时站在队列最前面扛旗的人，也称作"기잡이"。此外，"기수"也指拿着旗子用来指挥信号的人，如(113a)，也称作"기두(旗頭)"。"기수"还比喻社会活动中起领导作用的人，如(113b)。中国一般用"三八红旗手"来指颁发给优秀女性的荣誉称号。

(113) a. 도로 공사 때에는 차량 운행을 통제할 기수가 필요하다. 在进行道路工程时，需要有人拿着小旗来疏通车辆运行。

b. 오늘 밤 선배한테 중요하겠네. 비리 판사가 될 수도 있고 사법계역의 기수가 될 수도 있어.《귓속말, 5회》今天晚上对前辈很重要啊。你可以成为腐败法官，也有可能成为法律界的旗手/领头人。

8.6 小结

军事与战争如影随形。从战争的防御、开始一直到战争的结束，从军队、营盘与防御工事一直到武器弹药、旗帜，所有与军事有关的这些丰富表达在现代社会中不仅用作军事用语，还被韩国人大量、频繁、灵活地运用于日常生活中。根据前面的分析可以发现，汉语里也有一部分军事用语与韩国语一样都发生了语义泛化，可以用于日常生活中，如(114a)；但大部分并不像韩国语那样使用频繁，如(114b)。

(114) a. 전략(戰略)、진영(陣營)、진용(陣容)、외교전(外
交戰)、출전(出戰)、일선(一線)、첨병(尖兵)、관
전(觀戰)、소모전(消耗戰)、무기(武器)、병기(兵
器)、초요(僬僥)、장수(將帥)、장군(將軍)、노장
(老將)

b. 봉화(烽火)、봉홧불(烽火-)、출사표(出師表)、총
동원(總動員)、사령탑(司令塔)、전쟁(战争)、진
(陣)、포진(布陣)、전선(前線)、최전선(最前線)、
최전방(最前方)、보초(步哨)、공세(攻势)、돌격
(突擊)、선봉(先鋒)、선봉대장(先鋒大將)、선봉장
(先鋒將)、복병(伏兵)、퇴진(退陣)、부대(部隊)、
현역(現役)、예비역(豫備役)、구군(舊軍)、군번
(軍番)、대장(大將)、고문관(顧問官)、병정(兵
丁)、천군만마(千軍萬馬)、천병만마(千兵萬馬)、
조련(操鍊/操練)、사기(士氣)、군기(軍紀)、야영
(野營)、보루(堡壘)、교두보(橋頭堡)、효시(嚆
矢)、철퇴(鐵槌)、총(槍)、창대(槍-)、총대(銃-)、
권총(拳銃)、총대(銃-)、지뢰(地雷)、대포(大炮)、
주포(主砲)、부포 (副砲)、보조포(補助砲)、속사
포(速射砲)、공포(空砲)、포문(砲門)、포화(砲
火)、안전장치(安全裝置)、탄(彈)、폭탄(爆彈)、
시한폭탄(時限爆彈)、원자폭탄(原子爆彈)、핵폭
탄(核爆彈)、수류탄(手榴彈)、연막(煙幕)、신호탄
(信號彈)、발사(發射)、유탄(流彈)、화력(火力)、

기치(旗幟)、반기(反旗)、백기(白旗)、백기투항
(白旗投降)、기수(旗手)、기두(旗頭)、오빠부대、
줌마부대、넥타이부대、부대찌개、난도질(亂刀
-)、창대비(槍--)、따발총(--銃)、다발총(--銃)、총
질(銃-)、폭탄돌리기(爆彈---)、빗폭탄(-爆彈)、총
알(槍-)、총알받이(銃---)、물대포(-大炮)、전쟁터
(戰爭-)、콩알탄(--彈)

对韩国语里军事语言日常化现象的产生，从社会影响因素来看，这是文化对语言产生的深重影响；从民族性格来看，这是用军事战争语言来表达极端思想；从语言学角度来看，这是一种语义的泛化。

首先，过去韩国战争频繁，国家的安危是韩国人心中最重要的事情，这导致人们接触到或有意识地去认知到的军事语言非常多。

第二，发展到现代社会，朝鲜半岛南北分裂导致的战争威胁使韩国实行全民皆兵的义务兵役制，规定健康的韩国男性到了一定年龄就必须义务去服兵役，这导致普通百姓不但认可了具有特殊性的军队文化，而且对军队的沟通文化和语言比较熟悉，这也导致与军队、军事有关的语言被更多地运用于生活中。

第三，韩国是男性社会，男性语言在社会语言中占据了极大优势，这也导致大量的作为男性语言的军事用语进入了社会语言中，并渗透到生活中。

第四，韩国人喜欢极端性语言的性格特点也是导致军事语言生活化的原因之一，并且还利用夸张手法不断创造新词，如在"산전수전(山戰水戰)"基础上又创造出"산전수전공중전(山戰水戰空中戰)、산전수전공중전우주전(山戰水戰空中戰宇宙戰)"，在"폭탄

(爆彈)"基础上又創造出"빚폭탄、선물폭탄、물폭탄、건강보험료
폭탄、문자폭탄、말 폭탄、비난폭탄、비밀폭탄、엽산폭탄"等新式
炮弹。

军事用语尤其是武器用语，由于特点突出，给人带来的联想意
义具有文化共性。韩国语里这些日常化了的军事用语虽然可以直译
成汉语的相关军事用语，一般不会形成交流障碍，但是翻译要符合
汉语的语言习惯，韩国语的这些军事语言译成汉语时应该采用中国
的语言表达习惯。

军事语言中有时也会出现联想意义不同的情况，如韩国人用
"권총을 차다"比喻挂科，"포문을 열다"比喻正式开始某事，汉
语没有这样的比喻。韩国人还关注炮弹发生时产生的后坐力，所以
"후폭풍(後爆風)"发展出了比喻意义，但汉语"后坐力、后冲力"
却没有发展出比喻意义。

文化词汇代表一个民族和国家最特殊的东西，是固有的东西，
具体到韩国语里，这些文化词汇大部分是固有词，例如前面分析过
的人体、动植物、食衣住行、农业等领域的文化词，大部分都是固
有词，相反，韩国语里与军事用语有关的文化词绝大部分都是汉字
词，只有冷兵器里表示弓箭意义的"활、화살"以及刀"칼"是固有
词。汉字词高比例现象的发生说明中国文化对韩国军事文化的重大
影响，即中国从非常久远的过去就直接影响到了韩国，导致战争频
发的古代韩国人早早地接受了中国先进的武器设备、军事思想，这
也丰富了韩国语的词汇系统，也说明关系到国家民族命运的军事战
争领域的技术革新和思想变革最大。

当军事用语有很多近义词时，一般只有其中一个具有更广泛的
日常生活意义，这说明语义是有系统的，近义词之间保持着各自的
义域。但从另外一个角度来看，也是军事用语日常化进程中出现的

必然现象。

　　军事语言中出现的惯用语和俗语比较少。也就是说，军事语言主要是词语发生语义泛化用于日常生活中。

第九章

医学与语言

9.1 引论

专门领域与普通领域词语的互相渗透，是触发隐喻式新义词的一大因素(汪榕培、杨彬 2011:245)，医学领域的术语也经常被用作日常词汇，例如汉语"感冒"用于否定句时表示不感兴趣;"小儿科"比喻被人瞧不起的行当，价值不大、不值得重视的事情，极容易做的事情，也可形容小气、被人看不上;"打预防针"比喻提前做工作;"换汤不换药"比喻名称、形式等变了，但内容没有变。

韩国语里与医学活动有关的词汇虽然是专业词语，但也有很多被用到日常生活中，从而产生了文化意义。关于医学用语的比喻研究集中在文学作品、经济领域，例如，有的分析了医学用语在文学作品中出现的意义和作用(우미영 2004, 이경 2007, 2008, 박명숙 2014)，其中우미영(2004)分析了韩国近代初期文学作品中的疾病的意义主要是为了象征殖民地时代个人欲望遭受挫折而产生的病态个人，尤其是知识分子复杂内部世界的外在表现，是知识分子因挫折而产生的发疯的表象。이경(2007, 2008)分析了小说《土地》中出现

的疾病隐喻，认为对疾病的看法和观念随时代的变化而变化，并且是卫生部门监视和处罚的机制。박명숙(2014)分析了三篇现代小说，主要着眼于疾病在小说里作为医学叙事和病人的故事展开。也就是说，文学作品中的疾病用语主要考察疾病所具有的社会意义和作品人物对疾病的态度。此外，전혜영(2016)以"세종 말뭉치 世宗语料库"为中心以"*병"为检索词，对疾病进行了语言学分析，分析了"疾病是魔鬼""疾病是战争""疾病是植物"等隐喻模式。김해연(2016ab，2017ab)从隐喻理论分析了舆论语料中所出现的描述经济不景气的医学用语。김해연(2018)分析了经济领域中疾病用语的隐喻现象。从这些研究可以发现，医学用语被大量应用于其他领域，尤其是舆论和经济领域。

本研究不局限于某个特定领域，而是主要分析病症、诊断方法、治疗方法、时机与效果以及医生与医术等相关的医学用语，以此为基础来具体探讨韩国语医学用语如何发生语义泛化与生活化的，表现出了哪些特点，具有哪些文化特色。

9.2 病症

关于病症，先看上义词"癖、病、症"，然后再看神经类、皮肤病类、妇产科类、外科类、内科类等，最后看与癌症有关的表达。

9.2.1 上义词

9.2.1.1 癖

中医认为"癖"是潜匿在两胁间的积块，分为食癖、饮癖、寒癖、痰癖、血癖等。之后"癖"被用来指嗜好。韩国语里也有汉字词"벽(癖)"，有两个意义，第一个意义指过分喜欢某种东西的性情，如(1)。

(1) a. 수벽(睡癖)、전벽(錢癖)、주벽(酒癖)
　　 b. 가벽(歌癖)、석벽(石癖)、고벽(古癖)、수집벽(蒐集癖)
　　 c. 간서벽(看書癖)、서벽(書癖)、시벽(詩癖)、과벽(科癖)
　　 d. 여벽(旅癖)、호기벽(好奇癖)

虽然"벽(癖)"是汉字词，但形成的很多派生词在汉语里不存在或很少使用。因为这些词语其实反映的都是韩国人对各种社会现象的观察与思考，其中(1a)与一般的人性有关，因为人要睡觉，并且生存需要钱，饮食文化的内容之一是喝酒，而用"벽"来表达反映的是韩国人对睡觉过多、过于喜欢钱财以及过量饮酒的告诫。(1b)反映的是韩国人的业余生活，即喜欢唱歌跳舞、收集东西，反映出韩国人喜欢收集石头、古玩等，这些表达也反映出韩国人对这些业余生活的抵制思想。(1c)与学习和科举考试有关，韩国人将这些也视作"癖"，反映了韩国人不同的思想文化，汉语里有"书癖、读书癖"，但没有"诗癖、科癖"。(1d)的"旅癖"反映的是韩国人对外出旅游的否定认识，这个词在汉语里不存在，因为中国人自古以来就强调"读万卷书，行万里路"，并且有"百闻不如一见"，都是

对外出旅游的肯定和支持。古代汉语虽然有"好奇癖",但中国人鼓励人们多读书、要远行其实是对"好奇"的肯定。

"벽"的第二个意义指难以改掉的痼习,如(2)。

(2) a. 방랑벽(放浪癖)
　　 b. 간벽(癎癖)、냉소벽(冷笑癖)、감상벽(感傷癖)
　　 c. 사색벽(思索癖)、고집벽(固執癖)
　　 d. 완전벽(完全癖)、기벽(氣癖)、호승지벽(好勝之癖)、
　　　　강벽(強癖)、자승지벽(自勝之癖)、자시지벽(自是之
　　　　癖)
　　 e. 도벽(盜癖)
　　 f. 낭비벽(浪費癖)、사치벽(奢侈癖)

　　 如上,这些词反映了韩国人对人的性格的一种界定,根据这些词语可以解读韩国人心目中不理想的性格特点,首先(2a)中的"방랑벽"强调的是对不安居一处、到处游荡之人的否定,这与前面(1d)中的"여벽"所反映的思想是一致的。其次,(2b)反映的是对动不动发火、喜欢冷笑和感伤等性格的否定,而这与儒家文化所倡导的"喜怒不形于色"的思想是一致的。(2c)和(2d)分别反映的是对喜欢较真、固执以及争强好胜性格的否定,这也与儒家文化所倡导的"谦恭礼让"思想一致。(2ef)是对盗窃、浪费、奢侈等生活习惯的否定,这也反映了儒家思想中的"君子爱财取之有道"以及满足于"一箪食物,一瓢水"的清高思想。总之,韩国语里的这些词语表达的是韩国人对相关的人的性格的否定,也反映了儒家思想对韩国人人生观与价值观的影响之大。

9.2.1.2 病

"병(病)"指生物体的不健康状态，如果是长期患病不愈的人则俗称为"병쟁이(病--)"。此外，还有"약골(弱骨)、병골(病骨)"指身体虚弱的身体或人，也指体弱多病的身体或人。汉语里也有"弱骨、病骨"，但口语中经常用"病秧子"或"药罐子"。

"병"也用来比喻一种错觉，即过分地认为自己很漂亮，如"공주병(公主病)"俗指年轻女性错认为自己就像公主一样高贵漂亮。"왕자병(王子病)"俗指男人自认为自己长得好看、潇洒，而自以为了不起，看不起别人。"도끼병(--病)"是"공주병、왕자병"两者的综合，俗指认为别人都喜欢自己的那种错觉，如(3)。汉语在表达此类意义时会用"孤芳自赏、山鸡舞镜"等，根据语境也可用"自我感觉良好"。韩国现在又出现了新词"대통령병"，指张嘴闭嘴就只谈总统大选、想当总统的人。

(3) 내가 이런 줄 알았어. 또 혼자 착각하기에 바쁘시겠지. 도끼병이야. 도끼병.《아이가 다섯, 11회》我就知道会这样。你又忙着自我陶醉了，是吧。完全是自我感觉良好啊。自我感觉良好。

韩国语还有"병집(病-)、병처(病處)、병통(病-)"等合成词，这些词以及上义词"병"都可比喻积重难返的错误或缺点，但类似结构的"병터(病-)"却没有比喻意义。另外，"병벽(病癖)"指成为痼疾，难以改变的病一样的坏习惯。

9.2.1.3 症

韩国语里"-증(症)"也可形成很多合成词，但一般都是病名，

如"고독증(孤独症)、궁금증(一症)、답답증(一症)、싫증(-症)、염증(厭症)"等表达的都是一种心理状态。但一些与人的直接生理感觉有关的词语却产生了比喻意义，如下表所示：

[表1]"-증(症)"合成词

词语	意义	例子
갈급증 (渴急症)	比喻就像口渴一样非常急切地渴望某种东西。	전문 대학으로는 교육에 대한 내 갈증이 해소되지 않았다. 专科大学没有满足我对教育的渴望。
갈증 (渴症)		
체증(滞症)	饭不消化的症状，也比喻交通不顺畅，道路阻塞的状态。	도로가 극심한 체증을 빚고 있다. 道路出现严重堵塞。
불감증 (不感症)	在医学上指性交时感觉不到快感的病症，在日常生活中比喻感觉迟钝，或者因习以为常而没有特殊感觉。	이번 사고는 도덕적 불감증에 걸린 우리 사회의 분위기를 말해 주는 것이었다. 这次事故告诉我们，这个社会充斥着道德冷漠。
멀미、멀미증(症)	晕车、晕船、晕飞机，或那种症状，比喻让人讨厌得要命，或那种症状；比喻沉醉于某种氛围时所感到的眩晕。	그 일이라면 모두 멀미를 내었다. 提到那件事大家都头疼。그는 남들이 자신에게 아첨하는 소리에 멀미를 느꼈다. 他听到别人奉承自己就觉得恶心。

如上，"갈급증、갈증、체증、불감증、멀미、멀미증"都是人的生理感觉，而人类认知世界时最基础的就是借助感官知觉，所以这些感觉词能够发展出比喻意义，既可以比喻抽象的心理感情，如"갈급증、갈증、멀미、멀미증"；也可以以人喻物来比喻交通、社会现象，如"체증、불감증"。类似的还有后面的"식상(食傷)、감질(疳疾)、몸살"等。

9.2.2 神经类

神经性疾病中常见的有麻痹和癫痫。麻痹为汉字词"마비(痲痺/麻痺)",指神经或肌肉虽然没有形态变化,但却没感觉、无法用力,比喻原来的机能减弱或停止,如(4)。汉语一般用"瘫痪"。

(4) a. 직원들의 집단 사표로 업무가 마비 상태다. 因为员工们集体辞职,所以业务全瘫痪/中断了。
   b. 사고로 교통이 완전히 마비되어 있다. 因为事故,交通完全瘫痪了。

韩国语里癫痫称作"간질(癎疾)",还俗称"지랄병(--病)、지랄、지랄증(--症)",也俗指精神病。"지랄"还用来俗指变化无常、发疯似的行动,如(5a)。有时还与"세상"结合,如(5b),汉语一般用"世事难料",因为中国人很少说"这个世界要发疯了"。

(5) a. 지랄을 떨다/부리다/치다 发疯
   b. 지랄 같은 세상 世事难料

癫痫也可称作"용천",当然"용천"也指麻风病,韩国语为"나병(癩病)"。因为癫痫和麻风病是两种比较令人头疼的病,所以与此相关,"용천"可以俗指发疯撒野,有时也用"용천지랄、지랄용천",形容词"용천하다"还指非常不好、令人产生避忌心理。这些意义都源于与疾病发病特点的相似性。

9.2.3 皮肤类

皮肤病中常见的有过敏，叫作"두드러기"，指因药物、饮食或环境等产生的一种皮肤病。

因疥螨引起的皮肤病为"옴"，如"옴이 오르다/붙다"，俗语"옴 덕에 보지 긁는다"比喻有了干别人忌讳的事情的借口。而"재수가 옴 붙었다[붙다]"意思是财运长疥疮了，这是将财运视作人体的一种隐喻，就像人体长病一样，比喻没有一点财运。而"설날에 옴 오르듯"意思是在新年第一天长病，比喻不走运。这反映的是一种民俗思想，中国人也忌讳新年长病或出意外情况。疥疮表面凝结的痂称作"옴딱지"，俗语"옴딱지 떼듯"比喻毫不留情地撕下扔掉，而"옴딱지 떼고 비상 칠한다"比喻为了快速治愈疥疮而把疥疮的痂撕下来抹上砒霜，反而使病情更加恶化，比喻想快速处理某事但用了不合适的办法反而弄巧成拙。与疥疮有关的俗语众多反映了韩国过去这种皮肤病比较常见，因此才会被韩国人随手拿来作比喻。

9.2.4 妇产科类

非正常的生产为"流产"，韩国语为汉字词"유산(流産)"，可以比喻计划或推进的事情没有成功，如(6)。汉语"流产"也有类似比喻意义，但是经常与"计划、法案、政策、法规"等结合，因为这些事物都具有"从无到有的"孕育过程，与人的生产具有相似性，韩国语的"유산"在搭配上却没有这样的限制，译成汉语时，可以先在前面添加"计划、……案"等内容，然后再将"유산"译成"流产"，如(6a)如果与"比赛"结合，最好用"取消"，如果要用

"流产"，前面则要用"比赛计划"；(6b)则将"매각"译成了"抛售案"，后面再搭配"流产"。

(6) a. 대회가 유산되다 比赛取消了/比赛计划流产了

　　b. 어떻게 될 것 같아? 매각이 유산될 것 같아?《달콤한 원수, 113회》你觉得情况怎么样？抛售案会流产吗？

正常生产时会出现阵痛，韩国语有汉字词"산통(産痛)、진통(陣痛)"，其中"진통"与汉语"阵痛"除具体意义外也都可比喻新事物产生过程中出现的暂时困难，这是将新事物视作人体的一种隐喻，事物的孕育就如同人的生产会出现阵痛，如(7)。

(7) a. 대리 운전에 이상한 회사까지 들어가고. 다 진통이었나 봐요. 제일 찬란해야 할, 20대에 고생 많았지요.《빛나라 은수, 121회》他去跑代驾，还进了奇怪的公司。现在看来那都是黎明前的阵痛啊。二十多岁本来应该是最灿烂、最阳光的，但他却吃尽了苦头。

　　b. 청렴사회를 만들기 위한 진통이다.《동아일보, 2017.01.05》这是建立清廉社会过程中产生的阵痛。

9.2.5 外科类

外科类疾病主要分析创伤、瘤子、眼疾、聋哑、兔唇、肢体残疾等。

9.2.5.1 创伤

创伤分为外伤和内伤，韩国语里内伤为"내부손상(内部損傷)、내상(内傷)"，可用于日常生活中作比喻，如(8)，不过汉语一般要加引号以示是特殊用法。

(8) (김상곤 후보) 낙마하게 된다면 … 대통령이 입을 내상이 적지 않을 것이란 지적이다.《동아일보, 2017.06.18》分析认为，如果(金尚坤，音译)落马，……总统将遭受很重的"内伤"/打击。

与外伤有关，韩国语有"멍"，指遭到毒打或碰撞而在皮肤里淤积的血，多用于惯用语"멍(이) 지다"，比喻事情在内部出现问题，也比喻内心留下伤痛的痕迹。与肿块有关，还有"멍울"，本义指牛奶或草里凝结成的小圆疙瘩，医学上指淋巴结或身体内部组织内产生的肿块，也比喻因某种打击而产生的心灵上的创伤或苦恼，如(9)。

(9) 처절한 좌절감과 비애는 씻을 수 없는 멍울로 자리를 잡고 있다.《제주일보, 2017.12.13》一种沉重的挫败感和悲哀变成了无法消除的伤痛留在了心头。

伤口发炎出脓称作"곪다"，因为炎症脓肿是从伤口内部先发起的，所以"곪다"还比喻积聚在内的腐败或矛盾到了一触即发的地步，如(10)。而"곪아 빠져도 마음은 조방에 있다"意思是虽然伤口都化脓身体动弹不得却仍然心系朝房，比喻不顾自己的处境总是想做心有余力不足的事情。脓最终是要流出来的，所以俗语"곪으면 터지는 법"比喻怨恨、矛盾积聚到一定程度肯定要爆发的。

(10) 곪을 대로 곪은 사회 已经腐烂透顶的社会

"곪다" 的名词为 "고름"，指脓肿，多用于俗语 "고름이 살 되랴"，意思是脓肿能成为肉吗？比喻已经搞坏的事情不会再变好，类似的还有 "부스럼이 살 될까、코딱지 두면 살이 되랴"，多用于反问句表示否定意义，但有时也用于肯定句，如电视剧《사랑이 오네요, 75회》中当得知被自己抛弃的女朋友就要和自己现在的小舅子结婚了，김상호很落寞地说道：

(11) 끝내 그 거머리 같은 게 내 인생의 피를 뽑으러 달려드
는 구나. 고름이 살 됐어.《사랑이 오네요, 75회》那个
吸血鬼一样的东西最终还是来吸我的血了。(她竟然要
和我成一家人了)真是脓肿变成肉了啊。

与 "고름" 有关，有 "고름통"，比喻淘气包、捣乱分子，也比喻坏的本质。

9.2.5.2 瘤子
韩国语里瘤子称作 "혹"，有五个意义，具体如下表所示：

[表2] "혹" 的意义

	意义	例句
1	瘤子	그의 목덜미에는 커다란 혹이 나 있다. 他后脖子上长了一个大瘤子。
2	因碰撞鼓起来的包。	돌에 이마를 부딪쳐 혹이 불거져 나왔다. 额头碰到石头上鼓起了一个大包。

3	指植物的根茎上的突出部分。	콩 뿌리의 혹 豆棵根部的突起
4	表面突出的部分。	등에 혹이 하나인 것은 단봉낙타, 둘인 것은 쌍봉낙타이다. 背上有一个突起叫作单峰驼，有两个突起叫作双峰驼。
5	比喻造成负担的东西或事情。	전과 기록이 평생 혹처럼 붙어 다닌다. 前科记录就像瘤子一样跟着我。
		너 아까 그 집 보고도 그런 소리 나와? 아이구, 부자 할아버지는 커녕 개 친정엄마랑 조카까지 혹을 두 개나 달고 시집왔어.《불어라 미풍아, 28회》你刚才明明看了他们家什么样，怎么还说这样的话？哎哟哟，别说什么有钱的爷爷了，她是带着两个累赘/包袱嫁过来的啊，她娘家妈和侄子。
		유란이가 가자고 했는데 내가 가면 누가 봐도 혹이잖아요?《역류, 7회》幽兰说让我一起去，但是我去了肯定是电灯泡啊。

　　如上，"혹"的意义从身体逐渐扩大，不但适用于人体(1、2)，还适用于植物(3)、动物(4)，最后扩大到抽象领域(5)，其意义从表面上的突起逐渐发展为造成负担的东西或事情，其隐喻理据是"瘤子是负担"，因为在韩国人一般思维里皮肤光滑是令人向往的，如果出现了突出的部分就是令人感到有负担的。

　　如上表所示，当"혹"用于人体或动植物时，汉语分别是"瘤子、包、突起"，当用于抽象意义时，如果用于事物可以译成"瘤子"，如果用来指人，一般不用"瘤子"，而多用"累赘/包袱"或"电灯泡"等。

　　因为"혹"长在身上不好看，所以就有了传说《혹부리영감》，由此有了俗语"혹 떼러 갔다 혹 붙여 온다"，比喻本想减轻自己的负担，结果却又被安排了别的事情，如(12)。

(12) 그러다 남자까지 데려와서 함께 살겠다고 하면 어떡하려고? 혹 떼려다 혹 붙일 수 있어.《미워도 사랑해, 48회》万一她带着男人要和你一块住怎么办？你本来想把瘤子摘掉，但有可能会再冒出来一个。

有时眼睛上也会长瘤子，韩国语有"눈 위에 혹"。

9.2.5.3 眼疾

韩国语里眼病可称作"안질(眼疾)"，是"눈병"的医学用语，有俗语"안질에 고춧가루"，因为眼病与辣椒粉是相克的，所以这个俗语指相克、造成很坏的影响，也指雪上加霜、带来严重后果的措施，类似的还有"눈 앓는 놈 고춧가루 넣기"。从另外一个角度看，这两个俗语都与辣椒粉有关，这也从侧面反映了辣椒和辣椒粉在韩国人生活中的重要性。

眼睛生病要用"안약(眼藥)、눈약(-藥)、청안수(清眼水)"等。汉语里给眼睛上药叫作"上眼药"，这是北京方言，现在被用来比喻打小报告，之所以产生这个意义，是因为上眼药与打小报告的结果都是让人不好受，前者让眼睛火辣辣的，后者是让人心里不舒服。这与韩国语俗语的关注点不同，所表达的意义也不同。

有眼病时，一般会出黄色的眼屎，那么用来擦眼的毛巾也会变黄，所以俗语"안질에 노랑 수건"比喻身旁最要紧的东西，另外，眼病和黄色的毛巾是不可分割的东西，所以这个俗语也比喻非常亲密的人。有眼病时，眼睛还会布满血丝，湿乎乎的，这样的眼睛称作"진눈"，有俗语"진눈 가지면 파리 못 사귈까"，意思是眼睛生病有湿乎乎的分泌物自然就引来苍蝇了，比喻只要有才干自然有人

来聘你，只要有钱财自然有人来追随。与眼病有关的这两个俗语的比喻方式极具民族特色，也反映了韩国人幽默诙谐的一面。

患眼病而眼睛总是红通通的人被嘲笑为"눈짓물이"。还有一种眼病是眼里充满血丝、出脓、在亮处睁不开眼睛，韩国语称作"개씨바리"。[01]

近视、短视等也属于眼病的一种，近视眼韩国语为汉字词"근시안(近視眼)"，也称作"졸보기눈"。除医学意义外，"근시안"还比喻纠结于眼前的事情，没有预测未来之事的智慧，派生词为"근시안적(近視眼的)"，如(13)。

(13) a. 근시안적 행정 急功近利的行政
　　 b. 근시안적인 교육 개혁안 短视的教育改革方案

"근시안"的近义词有"단시(短視)"，医学意义上并不相同，"단시"与"단일시(單一視)"同义，指看物体都看成单个的，无法看重叠事物的眼睛状态。但在比喻意义上，"근시안"与"단시"同义。也就是说，两个词比喻意义的产生都取自"无法正常观看事物"这一共同特点，据此而产生了比喻意义。反过来也说明，词语意义的发展不会纠结于实际事物的具体的某一详细细节，而是根据细节来抽象出规律性的东西并赋予其意义。

眼疾有很多，如"白内障、青光眼"，如果是因为眼里长白内障而失去视力，这种人被戏称为"굴젓눈이"，这利用了牡蛎的颜色是灰白色以及形状类似眼球这两个特点。汉语里与白内障有关有谜语"割除白内障——刮目相看"。与"白内障"有关的汉韩两种不同

01　"개씨바리"的原形是【←개+씹+앓-+-이】(표준국어대사전)。

的语言形式反映了语言的文化性和民族性，即使面对完全相同的事物，不同民族和文化的人所产生的联想以及所赋予的语言学意义有可能出现完全不同的现象。

韩国语里青光眼称作"당달봉사"，如(14)。也称作"청맹(青盲)、청맹과니(靑盲--)、눈뜬장님"。青光眼严重会失明，但表面上却看不出眼睛有什么异样，根据这一特点，"청맹과니、눈뜬장님"用来比喻不明事理、瞪着眼睛看不清是非曲直，这种意义的产生源于"视觉是人认知世界的重要手段"这一思想。并且"눈뜬장님"还用来指不识字的睁眼瞎。

(14) 당달봉사요? 저기 제기 아니면 뭐요?《그래 그런 거야,
1회》你是青光眼吗？那不是祭器是什么啊？

如果一只眼睛没有视力，汉语称作"独眼龙"，韩国语有多种称呼，如"애꾸눈이、일목장군(一目將軍)、진사、가락잡이、외눈(깔)"。如果两只眼睛都没有视力，则称作盲人。盲人在韩国语里有几种表达，如"봉사、소경、장님、눈 먼 사람"等，日常对话中经常使用，如(15)。

(15) 알아! 누굴 봉사로 아나? 왜 또 주인 없는 집에서 이러
고 있어?《당신은 선물, 2회》知道！你以为我是瞎子
啊！我家里没人，你在这里干什么啊？

盲人的眼睛异于常人，盲人为了极力看清东西，会努力睁大眼睛，因此就会出现白眼珠，韩国语称作"보름보기"，意思是像半月型的眼睛。眼盲是比一般眼病更严重的疾病，所以"소경의 안질"

可以比喻有没有都无大碍的东西。因为明眼人到了晚上看东西要点灯熬油，但盲人却不需要，所以"소경 기름값 내기、봉사 기름값 물어 주기"比喻非常冤枉地就某事进行赔偿。因为盲人眼前一团黑，这与人不识字或者对世事不了解时所产生的心理感觉有相似性，所以"소경"产生了比喻意义，指不明世事或者不识字的人，如(16)。

(16) 그가 공부는 잘하는지 모르지만 세상일에는 소경이야. 他学习好不好不知道，但是在人情世故上却是个瞎子。

盲人看不见东西，所以"소경 문고리 잡듯[잡은 격]、봉사 문고리 잡기"比喻非常侥幸。类似的还有"여복이 바늘귀를 꿴다"，意思是女瞎子穿针，比喻不清楚怎么做但约摸着非常侥幸地做对了。盲人看不见是致命的弱点，如果被提起会让盲人大怒，所以"소경더러 눈멀었다 하면 노여워한다"比喻自己的弱点不愿意被别人提起。人保持平衡时视力非常重要，没有视力的盲人很难保持平衡，更何况转圈时，因此"소경 맴돌이 시켜 놓은 것 같다"比喻一下子经历了很多事情就像盲人转圈一样晕头转向。为弥补视力的缺失，盲人出行多用右手拿着拐棍，左手拿着蒲扇，所以"막대잡이"指右边，"부채잡이"指左边。"막대잡이"也指向导。盲人如果没有盲杖则寸步难行，所以"막대 잃은 장님"比喻失去依靠、束手无策的处境。

9.2.5.4 聋哑

韩国语里耳聋称作"귀먹다",[02] 这个词还比喻无法理解别人的话，如(17)。根据这个意义，有了惯用语"귀먹은 욕"意思是当事人听不到的辱骂，而"귀먹은 푸념"则指当事人听不到的不满。俗语"귀먹은 중 마 캐듯"比喻任凭别人说三道四，自己装作没听到只顾干自己的事情，另外，通过这个俗语也可以发现，"마 山药"是韩国比较重要的农产品之一，因为排除偶然因素外，只有韩国人常见的事物才更有机会出现在韩国语俗语里。

(17) 아무리 일러도 말뜻을 모르는 귀먹은 사람 不管怎么说
就是听不懂的聋子

韩国人还贬称聋人为"귀머거리"，因为聋人听不到别人说的话，所以只能按照自己的想法说话，所以有了俗语"귀머거리 제 마음에 있는 소리 한다"比喻不听他人的话只说自己的话。不过聋人更多的时候是用察言观色来揣摩别人的心思，因此视觉能力增强，所以有了"귀머거리 눈치 빠르다"，比喻聋人更善于察言观色。

"十聋九哑"，聋人一般都是哑巴，韩国语里哑巴为"벙어리"。哑巴有口说不出话而内心干着急，汉语有"哑巴吃黄连——有口难言"，韩国语有俗语"벙어리 냉가슴 앓듯"，但与汉语的意义并不相同，有时也会变形用"벙어리 냉가슴"，如电视剧《당신은 너무합니다，6회》中，当看到유지나对自己不关心的样子，박정환落寞地说道：

---

02 "귀먹다"还指器皿有了缝隙而发出卡啦卡啦的声音。

(18) 하여간 나만 벙어리 냉가슴이라니까. 反正只有我是剃
头挑子一头热啊。

此时汉语用"剃头挑子一头热"。

9.2.5.5 兔唇

豁子嘴、兔唇韩国语为"언청이"，因为有这样的生理缺陷，所
以看起来非常不美观，并且还会导致吃饭、说话、吹乐器时出现一
些特殊的特征，这些都被韩国人用惯用语或俗语记录了下来。

与长相有关，有俗语"언청이 아니면 일색"，用来嘲笑当缺
点非常明显时如果不是因为这个缺点将会非常完美。但即便是豁子
嘴也会自我欣赏，所以"언청이도 저 잘난 맛에 산다"比喻自我
欣赏、山鸡舞镜。并且很多人只看到他人的缺点而看不到自己的缺
点，所以就有了"쌍언청이가 외언청이 타령한다[타령이다]"，比喻
看不到自己的大缺点反而埋怨别人的一点瑕疵。但如果有了明显的
缺点，那么任凭怎么看也难以看出美感，会感到不舒服，韩国语用
俗语"찢어졌으니 언청이"来表达。

韩国语还有很多俗语与豁子嘴吃饭有关，例如，与吃生牡蛎有
关，有"언청이 굴회 마시듯"，比喻怕掉了而呼噜噜地一下子喝进
去的样子；与吃豆粉有关，有"언청이 아가리에 콩가루"，意思是
豁子嘴吃豆粉总会留下痕迹，比喻不论怎么掩饰也会露出马脚；与
吃芋头有关，有"언청이 아가리에 토란 비어지듯"，除了比喻总会
露出马脚外，还用来嘲笑插嘴说话，这与吃芋头时，芋头总会露出
来有关，同时因为嘴也是用来说话的，所以才会比喻插嘴说话。正
因为如此，所以韩国语里用来嘲笑豁子嘴的词语"째보"也用来指

说话冒冒失失、没有分寸、讨人嫌的人。豁子嘴吹乐器非常受限，所以"언청이 퉁소 대듯"比喻随便说一些不着边的话。

上面这些俗语还反映了韩国的其他文化现象，其中，吃生牡蛎、豆粉、芋头等反映的是韩国人的饮食、渔业和种植业，牡蛎、豆粉、芋头都是韩国人代表性的饮食，而吹箫反映的是韩国人的娱乐和曲艺生活。

9.2.5.6 肢体残疾

肢体残疾中代表性的是驼背、鸡胸、手脚残疾、胳膊腿残疾以及瘫子等，这具有文化共性，但不同文化对肢体残疾的认识和关注点并不相同。韩国文化中对肢体残疾非常关注，不但赋予这些肢体残疾词语以比喻意义，还产生了很多俗语。相反，汉语里相关的语言很少产生比喻意义。

1）驼背、鸡胸

韩国语里驼背为"곱사등이、곱사등、곱사、곰배팔이"，是"척추 장애인"的贬称，有俗语"곱사등이 짐 지나 마나"，意思是驼背的人背不背东西都一样。而"대대 곱사등이"比喻父亲的错误被孩子继承下来了，其实这个比喻也反映了韩国人认为鸡胸这种疾病有遗传倾向这一思想认知。

如果驼背的人再有鸡胸，就成了"안팎곱사등이"，近义词还有"안팎곱사、귀흉귀배(龜胸龜背)"，其中两个固有词"안팎곱사등이、안팎곱사"都有比喻意义，比喻里外做的事情都进展不顺利，让人郁闷。俗语"안팎곱사등이 굽도 젖도 못한다"比喻陷入进退两难的困境。

鸡胸韩国语为"새가슴"，比喻胆小、度量小的人。汉字词有

"계흉(鷄胸)、구흉(鳩胸)"，也就是说，在给这种人体畸形命名时，固有词用的是上义词"새"，汉字词用的是下义词"鸡、鸠"。

比较韩国语里驼背和鸡胸两个词所产生的比喻意义，可以发现，驼背的比喻意义更多地来源于外表形象，而鸡胸的比喻意义更多地来源于内心感觉。这两种不同的比喻意义也与这两种疾病的形态特点有关，因为鸡胸外表形态不像驼背那样突出。由此可见，语言的语义与事物给人带来的感觉认知有关，给人带来强烈感觉认知的事物特点容易成为关注的焦点，容易进入语言表达系统，并最终产生语义的变化，而且会产生俗语。

2) 手脚残疾

肢体残疾中还有一种是没有手指或手指伸展不开，这样的人称作"조막손이"，[03] 其中"조막"指比手掌小的肉块。如果因事故或疾病而失去手指称作"몽당손"。如果脚因事故或疾病而没有脚趾则称作"몽당발"。

因为没有手指或伸不开的手拿放东西尤其是拿鸡蛋时非常费力，所以"조막손이 달걀 만지듯"比喻总是摸弄但是拿不住，也比喻做不成某事而长时间犹豫不决。如果拿鸡蛋，结果一般是将鸡蛋掉在地上，所以"조막손이 달걀 놓치듯"比喻拿不住东西或抓不住机会，"조막손이 달걀 떨어뜨린 셈"比喻狼狈不堪。相反意义的"조막손이 달걀 도둑질한다"比喻完成了超出自己能力的事情，也用来反问手伸不开的人连鸡蛋都拿不住怎么能偷鸡蛋呢？

03　"조막손이"还指把箭弄直的工具。

3）胳膊、腿残疾

胳膊和腿最主要的功能是要弯曲，如果胳膊无法弯曲称作"뻗팔이"，也指那样的人。有的人的腿无法蜷缩，只能伸着，这样的腿或有这种腿的人叫做"벋정다리、뻗정다리"，也指变得非常硬，不能自由伸缩的东西。有俗语"뻗정다리 서나 마나"，意思是直腿站不站都一样。

瘸腿称作"절름발이"，可以贬称一条腿短或者受伤而走路身体倾向一侧的人，也指有腿的东西一侧的腿不完整了，如（19a）；也比喻构成事物的各要素不均衡，不协调，如（19bc）。与瘸腿有关，韩国语还有"봉충다리"，指事物或人某一侧较短的腿，没有比喻意义。

(19) a. 절름발이 책상 瘸腿桌子

    b. 절름발이 교육 瘸腿教育

    c. 절름발이 경제 구조 "瘸腿式的"经济结构

与瘸腿有关，韩国语有俗语"절름발이 원행"，指走路不便的人却要走远路，用来嘲笑无能的人却想干超出自己分寸的事情。有时还有"절름발이로 만들다"，比喻使某人或某团体无法发挥作用。也就是说，与"절름발이"有关的俗语都是对瘸腿的人能力的否定，相反与"봉충다리"有关有俗语"봉충다리의 울력걸음"，意思是多人一起走路时，一条腿瘸的人也可以参与进去跟着走，比喻有点问题的人也能参与多人合作的工作，这是对瘸腿之人能力的肯定。这两种不同意义的俗语反映了韩国人对瘸腿人的两种不同角度的认识。

4）瘫子

韩国语里瘫子为"앉은뱅이"，因为瘫子从外表来看个子很矮，

所以"앉은뱅이"也比喻个子矮或高度不够的对象，如"앉은뱅이 거울/시계/바위 台镜/床头钟/矮石头"。俗语"앉은뱅이 앉으나 마나"比喻没什么区别。

其次，从动态的角度来看，瘫子是无法做大范围距离移动的，所以俗语"앉은뱅이 뜀뛰듯、앉은뱅이 암만 뛰어도 그 자리에 있다"比喻虽然努力了，但因能力不足而得不到好的结果。"앉은뱅이 용쓴다"比喻对不可能的事情下功夫，"앉은뱅이 천리 대참"比喻无能之辈想做难以胜任的事情。

对瘫子来说，能干的事情微乎其微，值得自豪的事情也是少之又少，所以俗语"앉은뱅이 무엇 자랑하듯"用来比喻拿着不起眼的东西进行自我吹嘘。而在这种情况下，肯定会招来嘲讽，如俗语"앉은뱅이가 서면 천 리를 가나"就用来嘲笑那些既无能力又无方法但却吹吹乎乎的人。"앉은뱅이의 망건 뜨기"比喻穷酸、猥琐的事情。

9.2.6 内科类

内科医学主要包括消化类、内循环类、传染病、感冒等，从词汇类型角度来看，这类语言中非常突出的现象是汉字词占据了绝对优势，下面具体来分析各类语言的语义和文化性。

9.2.6.1 消化类

消化类的医学语言中代表性的就是上义词"소화하다(消化)"，这个词是多义词，除了指食物的消化外，还有多种比喻意义，具体如下表所示：

[表3] "소화하다"的比喻意义

意义		例句
1	理解、吸收所学的知识。	그는 원서를 한 번 읽고 자기 것으로 척척 소화했다. 他读了一遍原著就都消化(理解、吸收)成自己的东西了。
2	比喻在商品或债券等的买卖中，满足被要求的物质总量。	이곳 농산물 유통 시장은 시에 반입되는 농산물의 60%를 소화하고 있다. 这个地方的农产品流通市场承担/消化了运进市区的60%的农作物。
		자동차 수요가 늘면서 자동차 회사들이 주문량을 소화하지 못해 즐거운 비명을 지르고 있다. 随着汽车需求的增加，汽车公司不能满足订购量，不禁叫苦连天，但心里却很高兴。
3	根据固有的特性，而突出其他特性。	나 핑크색도 잘 소화해요. 我粉色也能穿得出去。
		그 작품은 독창적이어서 소극장이 아니면 소화할 수 없었다. 因为那部作品非常具有独创性，所以如果不是小剧场的话，就无法充分地来表现它。
4	收容到一定场所，在买卖中满足被要求的物质总量。	도로가 워낙 비좁고 중심지에 자리 잡고 있어 늘어나는 교통량을 제대로 소화해 내지 못했다. 道路非常拥挤，又位于中心位置，所以无法承受/承担不断增大的交通流量。
		오만 명 이상을 소화할 수 있는 종합 경기장 能够容纳五万多人的综合赛场
5	比喻解决或处理当前的事。	어려운 주제를 무리 없이 소화해 내다. 轻轻松松地就把很困难的主题解决掉了
		그 피아니스트는 연주하기에 어려운 곡을 무난히 소화했다. 那位钢琴家很容易地就将难以演奏的曲子演绎了出来。
		그는 어떤 역할도 완벽히 소화했다. 他无论是什么样的角色都能完美胜任。
		꼭 촬영이 시작하는데 그 복잡한 소케줄을 소화할 수 있을 것 같아? 《아버지가 이상해, 16회》(电视剧)马上就要开拍了，那么密集的日程安排你吃得消吗？

如上，韩国语"소화"有五类比喻意义，表示理解知识时可与汉语"消化"对应，当用于第5个意义时，动作的主体是人，根据语境有时可以译成"吃得消"，这里的"消"也是消化之意。当"소화"表达其他意义时，汉语多用"承担、满足""能穿、表现""承受、承担、容纳"等。因为汉语"消化"的隐含主语是人，而第2、3、4个意义的主体都不是人，所以无法与汉语"消化"对应。

也就是说，在语义泛化过程中，以意合为最大语言特征的汉语依然受到语义的限制，而作为形态语言的韩国语几乎不受语义的限制，尤其是对主体的语义限制很低，因此可以像第2、3、4个意义那样，将主体"人"泛化为"非人"。

消化类的病症还有前面"9.2.1.3"分析过的"체증(滞症)"，另外还有"식상(食傷)"，这都是中医学病名，指吃得过多或吃生冷食物而引起的消化不良，现代汉语多称作"伤食"。汉语"伤食"一般不用于比喻，但韩国语"식상"有比喻意义，指反复吃同样的事物或接触同样的事物而产生厌烦，如(20)，这是用生理感觉来隐喻心理感觉。汉语一般用"听够、看够"或"听烦、看烦"来表达，这是用直接的听觉或视觉词来表达心理。

(20) a. 아침마다 되풀이되는 김 부장의 잔소리는 이제 식상
　　　이 되어 버렸다. 每天早上金部长都重复那些废话，
　　　现在真是听够/烦了。

　　b. 우리는 매일 나오는 연예인들에게 식상해 있다.(电
　　　视上)每天都出来的演员都让人看够/烦了。

对儿童来说，消化类的病有疳积，是乳食喂养不当导致的，韩国语为"감적(疳積)、감병(疳病)、감(疳)、감기(疳氣)、감질(疳

疾)"。其中"감질"还有另外一个意义,指达不到自己所期望的程度而备受煎熬,如(21a)。词组"감질이 나다 眼馋、艳羡"还发展成了合成词"감질나다",如(21b),汉语根据语境需要意译。

> (21) a. 아이는 감질이 올라서 닿을락 말락 하는 밥그릇을 붙들려고 애를 쓴다. 孩子馋虫上来了,费劲地想够那几乎够不着的饭碗。
>
> b. 감질나게 조금씩 주지 말고 듬뿍듬뿍 주어라. 不要给那么一点,吊人胃口,大把大把地给他们吧。

9.2.6.2 内循环类

与内循环有关代表性的就是说血液不通畅的血栓现象,韩国语称作"경색(梗塞)",除医学意义外,还比喻沟通不顺,如(22)。

> (22) a. 정국 경색을 풀다 打开政治僵局
>
> b. 관계가 경색 국면에 접어들다 关系陷入僵局
>
> c. 분위기가 경색되기 시작했다. 氛围变得紧张起来。

汉语的"梗塞"不用于日常生活,在表达以上意义时,汉语多用"僵局、紧张"等。

9.2.6.3 传染病

传染病的可怕之处是容易传染,所以一旦发现传染病病人就要进行隔离,韩国语用"병막(病幕)"来进行隔离,与此相关有俗语"병막 구경이 장자(長子)",意思是看到慢慢失去生命的传染病患

者，每个人都会首先担心自己的命运，即使又穷又不幸的人都会想到先让自己治好，而不是先把家里传宗接代的长子治好。这反映的其实是人性自私的一面。

1）疟疾

在古代，疟疾引起的死亡率非常高，韩国语里疟疾称作"학"或"학질"，疟疾的症状根据过程的不同而不同，首先是发冷期，之后是高热期，最后是出汗期，而整个过程是疼痛难忍。根据疟疾的这些症状，产生了惯用语"학을 떼다、학질(을) 떼다"，比喻为了摆脱难受、困难的状况而费尽力气，出一身汗；也比喻被折磨得够呛，如(23)。汉语里的"疟疾"没有这样的比喻意义。

(23) a. 그 인간은 여자라면 학을 뗀다면서 이혼을 해 놓으면서 왜 재혼을 하겠대?《우리집 꿀단지, 21회》他说对女人烦透了，所以离了婚，怎么又再婚啊？

b. 이혼하고 위자료까지 다 챙겨.그래도 도윤엄마처럼 그렇게 많이는 안 돼. 내가 그 욕심에 학을 뗐는데.《다시, 첫사랑, 100회》你离婚拿离婚赔偿金就是了。但是不能像道允他妈那样要那么多。她太贪了，我都被她弄得剥了层皮。

c. 나는 학창 시절에 수학이라면 거의 학을 뗐다. 上学期间我都被数学折磨得快疯了。

2）天花

天花是由天花病毒所致的一种烈性传染病，传染性强，病死率高，是古代人非常惧怕的一种疾病，因此韩国语就出现了与瘟神有

关的"두신(痘神)、두신호귀(痘神胡鬼)、강남별성(江南別星)、별성(別星)、호귀별성(胡鬼別星)、호구별성(戶口別星)、온귀(瘟鬼)"等多种称呼。语言形式的丰富反映了天花这种病对古代韩国人所造成的影响之大。从俗语"노염은 호구별성(戶口別星)인가"中可以分析得出,韩国人认为天花是瘟神发怒,所以才产生了这个俗语,现在这个俗语多用来嘲笑爱发火的人。

"在大多数民间故事中,死神是女人,为死者哭泣也属于女人的事,因为死亡是她们的作品"(波伏瓦 2011/2016:208),韩国的瘟神也是女神。因为上述瘟神对韩国人来说都是会带来死亡的象征和恐惧的对象。对这个恐惧的对象,韩国语用尊称"마마(媽媽)",满语也称天花为"mama",这与汉语里称癌症为"肿瘤君"所反映的是同一心理行为。韩国语里得天花的动词为"마마하다(媽媽--)",有时也可称作"손님마마하다、손님하다"。惯用语"마마 그릇되듯"比喻出现了不好的征兆。

天花也称作"열사흘부스럼",之所以有这种称呼,是因为天花十二三天就会痊愈。发病期间因为发烧说胡话,所以俗语"열사흘부스럼을 앓느냐"用来嘲笑那些爱说胡话的人。得天花后的第十三天送瘟神,实际是在第十二天的晚上就开始举行,称作"배송굿"。俗语"별성마마(別星媽媽) 배송 내듯"意思是害怕有后患而好好拜送,现在多比喻心里不欢迎或担心有后患而倍加小心、好好送走的样子。送瘟神时要用胡枝子编成马,意思是把瘟神放在马上送走,这种马称作"싸리말、배송마(拜送馬)"。这种风俗产生了惯用语"싸리말(을) 태우다",比喻把不受欢迎的客人赶出去,如(24)。

此外,还有"마마 손님 배송하듯",意为送瘟神,唯恐瘟神不走,所以好好哄着、骗着,赶紧将其送走。

(24) 며느리를 친정으로 싸리말을 태워 보내니…《이해조, 홍도화》把儿媳妇好生地送到娘家去了……

天花还被称作"역질(疫疾)"，有俗语"역질 흑함(黑陷) 되듯 한다"，意思是出现了不吉利的征兆。因为得天花的后遗症就是面部出现一个个小坑似的塌陷，所以过去有很多麻子脸，因此就有了与此相关的很多俗语。

因为麻子脸很难看，很多俗语嘲笑麻脸难看，如"우박 맞은 잿더미[소똥] 같다"意为就像被冰雹砸了的灰堆或牛粪一样，"우박 맞은 잿더미 같고 활량의 사포 같다"意为就像被冰雹打了的灰堆或阔少的战笠一样，"콩마당에 넘어졌나[자빠졌나]"意为难道你在晒豆子的院子里摔倒了吗？（被豆子硌出了这麽多的坑），这些俗语都用来嘲笑那些脸上麻子非常严重的人。此外，还有俗语"얽거든 검지나 말지"，意思是如果是麻子脸，但不那么黑也行啊，被用来批评本来就有缺点，但是雪上加霜的是又有其他缺点。这些俗语中所出现的"잿더미、소똥、사포、검다"等也反映出韩国人"喜欢皮肤光滑白净"这一外貌观。通过这些俗语可以推测，过去麻子脸比较多，而中国人在提不确定的人时也经常用"张三、李四、王二麻子"。

任何事物都有正反两面，也有俗语对麻子脸进行辩解，如"얽은 구멍에 슬기 든다"，字面义是麻子窝里有智慧，意思是不能以貌取人，这也是为麻子脸的人找面子。而"얽어도 유자"意思是柚子的表面即使坑坑洼洼的，但也是柚子，比喻虽有一点缺陷，但本身有价值的东西是不会受到严重影响的。

得了天花失去生命的小女孩的鬼魂称作"태주"，与此相关有俗语"알기는 태주 같다"，就像鬼魂一样能先知先觉，用来讽刺那些

好像是万事通的人。

3）麻疹

麻疹韩国语为"홍역(紅疫)"。麻疹是麻疹病毒引起的急性呼吸道传染病，单纯麻疹预后良好，重症患者病死率较高。根据这种特点，韩国语惯用语"홍역(을) 치르다"比喻遭受大的磨难或困难，如(25)，汉语需要意译，因为汉语"麻疹"没有比喻意义。

> (25) a. 큰아들의 가출로 온 집안이 홍역을 치렀다. 因为大儿子离家出走，全家人都吃尽了苦头。
>   b. 일본 프로야구계는 1969~1971년 '검은 안개(黑ぃ霧) 사건'으로 불리는 승부조작 스캔들로 홍역을 치렀다. 《동아일보, 2016.11.09》因为1969-1971年间发生的被称作"黑雾事件"的打假球丑闻，日本棒球界遭遇了很大危机。

由于麻疹人群普遍易感，易感者接触病人后90%以上发病(搜狗百科)。所以韩国语产生了俗语"홍역은 평생에 안 걸리면 무덤에 서라도 앓는다"，意思是麻疹不论是谁都会得。正因为麻疹如此可怕，所以成了禁忌语，人们一般将其称作"과거하다"。

4）鼠疮

韩国语里鼠疮为"연주창(連珠瘡)、연주(連珠)"，有俗语"연주창 앓는 놈의 갓끈을 핥겠다"。这个俗语反映了韩国人的传统帽子文化，过去韩国人戴的帽子"갓"都有"갓끈"系在脖子上，正好经过鼠疮的易发部位，所以帽绳就会沾上很多疮脓，因此这个俗语

比喻行为非常吝啬、肮脏。

5) 伤寒

韩国语里伤寒为"염병(染病)"，得伤寒后的症状很多，其中最典型的是畏寒、持续高热，惯用语"염병을 떨다"比喻做奇怪的事情或坏事，如(26)。汉语"伤寒"没有比喻意义。

> (26) 네 엄마가 도망갔는데, 너는 그까짓 화분이 뭐가 중요
> 하다고 품에 안고 염병을 떨고 있어! 你妈逃跑了，那
> 个花盆有什么重要的？叫你抱在怀里不撒手！

高热要降温才可以，如果降不下来就非常危险，俗语"염병에 땀을 못 낼 놈"意思是高热却出不了汗而死期将至的人，用来诅咒人。此外还有了"염병할"，也用来诅咒人、骂人。过去很多人因伤寒而死亡，因此有俗语"염병에 까마귀 소리、돌림병에 까마귀 울음"，意思是让人心烦、不吉利的声音。俗语"염병 치른 놈의 대가리 같다"意思是得伤寒后一般都会掉头发，用来比喻什么都没有了。

得伤寒时要给予高热量，高营养，易消化的饮食，而大麦粥却是非常粗的粮食，因此俗语"염병에 보리죽을 먹어야 오히려 낫겠다"比喻不可理喻，让人连反驳都不想反驳。

9.2.6.4 感冒、发烧、头疼、咳嗽

汉语"感冒"用于否定句时表示不感兴趣。韩国语"감기(感氣)"仅指一种病症，而无比喻意义，不过在新闻中偶尔会形成临时性比喻，如(27)，虽然可以直译成"感冒"，但这与汉语"感冒"的

比喻用法不同。

> (27) 우리 경제가 단순한 감기에 걸린 것인지, 중병에 걸린 것인지, 선진국으로 정상궤도에 진입하여 속도조절을 하고 있는 것인지, 아니면 정상궤도를 완전 이탈하여 추락하고 있는 것인지? 대체 알 수가 없다. 경제 진단…《문화저널 21, 2018.07.30》(例句来自(김해연 2018:111))我们的经济只是得了个小感冒，还是病入膏肓？亦或是在进入发达国家的正常轨道上进行速度调整，还是已经脱离了正常轨道正在坠落？实在是看不透啊。所谓的经济诊断……

与感冒有关，韩国语有俗语"감기 고뿔도 남을 안 준다"，意思是连感冒都舍不得给别人，形容人非常吝啬，这利用的是感冒的传染性。

如果感冒了，现代人都要吃药，甚至打针，过去如何治感冒呢？这从俗语"감기는 밥상머리에 내려앉는다、감기는 밥상머리에서 물러간다[물러앉는다]"中可见一端，也就是说，只要好好吃饭，感冒就自热而然地好了。此外，这两个俗语还比喻感冒了的人一看见饭菜就大吃特吃，一点也不像生病的人。

感冒有时还会发烧，韩国语为"열(熱)"，除了指发烧，还指热情和热忱，如(28)。"열"也指激愤或兴奋的状态。汉语有"发烧友"，用于此意时，韩国语用"매니아"。

> (28) 나는 아이들에게 열과 성을 다해 컴퓨터를 가르쳤다.
> 我充满热情地教孩子们学电脑。

感冒时还有可能咳嗽，韩国语为"기침"，如果咳嗽非常严重，则称作"해수병(咳嗽病)"，或逆序词"수해(嗽咳)"，俗语"알고도 죽는 해수병이라"比喻虽然很清楚结果不好但也不得不去经受。长期患咳嗽病而总是咳咳的人，韩国语称作"콜록쟁이"。

"기침"还指人清嗓子，这是常见的生理现象，有时比喻很小的动作或行为，如(29)，可与汉语"咳嗽"对应。

(29) 익화리는 어떤 땅입니까?...그 익화리가 충원군 기침 한 번에 무너졌습니다.《역적, 8회》益祸里是什么地方啊？……在益祸里那里，只要忠元君一声咳嗽就能使整个地方灰飞烟灭。

感冒还会打喷嚏，一般多用于俗语"기침에 재채기"，比喻祸不单行，也比喻所做的每件事都因有人妨碍而失败。

9.2.6.5 몸살

韩国还有一种特殊的病名，叫作"몸살"，指身体极度疲劳而引起的病，主要表现为四肢酸痛无力，害冷发抖。"몸살을 앓다"可用来指人生病，但也可比喻因某事而备受折磨，如(30)动作的主体是办公室，汉语用"被折腾坏了"。

(30) 이날 …박상기 법무부 장관 사무실은 '손해를 책임질 것이냐'며 반발하는 투자자들의 전화로 몸살을 앓았다.《동아일보, 2018.01.12》这一天，因为不断有反对的投资者打电话质问"我们的损失你们给负责吗？"法

务部长官朴相基的办公室被折腾坏了。

另外，惯用语"몸살(이) 나다"还比喻非常想干某事，控制不住自己，如(31ab)，有时也用于使动结构，如(31c)，比喻使别人心烦受罪。类似的还有"몸살 차살 하다"，比喻坐不住折腾人让人心烦。

(31) a. 여행을 못 가 몸살이 나다. 因为无法去旅行，所以快疯了。

b. 사고 싶은 것을 못 사 몸살이 나다. 买不到想买的东西，烦死了。

c. 가족들이 또 몸살 나게 생겼네요.《사랑이 오네요, 108회》我们一家又该受/遭罪了啊。

如上，"몸살"的惯用语都是借用身体的生理感觉来比喻心理感觉。这与前面的"체증、식상、감질"是一致的。

9.2.7 癌症

韩国语"암(癌)"与汉语"癌症"都指恶性肿瘤。但韩国语"암"还比喻大的障碍或很难改正的坏的弊端，如(32)。派生词"암적(癌的)"意为成为大的障碍或很难改正的弊端的，或那样的事，如(33)。汉语多用口语化的"毒瘤(子)、毒瘤性的"等来表达。

(32) 밀수는 경제 발전의 암이다. 走私是阻碍经济发展的

毒瘤。

(33) a. 암적 요인으로 작용하다 起的就是癌症一样的作用。

b. 술이 기억력과 사고력의 지속에는 암적 존재이다. 在记忆力和思考力的持续维持上，酒是个毒瘤性的存在。

c. 사회의 암적인 존재야.《최고의 연인, 57회》是威胁社会健康的毒瘤子。

此外，韩国还用"암 걸리게"来强调程度强，如(34)。汉语没有这种表达，只能意译。

(34) 에이, 조돌아이 암 걸리게 무섭네.《해피시스터즈, 64회》哎呦，这个赵疯子真是吓死人啊。

现代汉语里还出现了一种新的表达"懒癌"，比喻非常懒惰，是基于"懒惰与癌症一样难以治愈"这一相似性而产生的比喻意义。

9.3 诊断方法

中医学以阴阳五行作为理论基础，将人体看成是气、形、神的统一体，通过望、闻、问、切，四诊合参的方法，探求病因、病性、病位、分析病机及人体内五脏六腑、经络关节、气血津液的变化、判断邪正消长，进而得出病名，归纳出证型。西医在某种程度上也会结合这些中医的诊断方法，但更多地会利用各种仪器。其中

"把脉、听诊、诊断"都产生了比喻意义。

9.3.1 把脉

脉是人体非常重要的一部分，韩国语汉字词"맥(脉)"有很多意义，如下表所示：

[表4]"맥"的意义

	意义	例句
1	气韵、力量	맥이 있다 有力
2	脉络	맥이 통하는 이야기 脉络清晰的故事
3	광맥(鑛脉)	맥을 찾아내다 寻找矿脉
4	맥박(脉搏)	맥을 짚다 把脉 맥을 찾다 找脉搏
5	혈맥(血脉)	의원이 환자의 막힌 맥을 뚫자 환자는 곧 정신이 돌아왔다. 医生把患者的血脉打通后，患者马上恢复了意识。
6	山脉或地势的精气的走向	

如上，"맥"有六个意义，这些意义基本都能与汉语"脉"形成对应，但"맥"用于惯用语时，一般难以与汉语对应，如下表所示：

[表5]"맥"的惯用语

惯用语	意义	例句
맥을 쓰다	发挥效力。	옆에 있는 사내들이 그렇게 맥을 못 쓴다네.《우리집 꿀단지, 13회》听说周围的男人们都一点劲也使不上啊。
맥(을) 놓다	失去紧张感，发蒙。	이렇게 맥 놓고 있을 수가 없잖아?《우리집 꿀단지, 128회》我们不能就这样不管啊？
		시험이 끝났다고 맥을 놓았더니 누적된 피로가 몰려왔다. 考完试一放松，因为一直没休息好，所以感到格外疲劳。
맥(이) 풀리다		시험을 보고 나니 온몸에 맥이 풀리고 잠이 왔다. 考完试觉得身体都瘫了，想睡觉。
맥(이) 나다	浑身无力或失去激情。	한 삼십 리 걸으니 맥이 난다. 走了三十里地，一点劲也没了。
맥 빠지다	没力气，瘫软下来。	맥 빠지는 소리 하지 마라.《우리집 꿀단지, 58회》别说泄气话。

　　如上，这些惯用语大部分都与"맥"的第一个意义"气韵、气力"有关，这也符合惯用语的产生规律，因为一般都是基本义和常用义进入惯用语或俗语。从结构上看，这些惯用语要么多用于否定句，要么表达消极意义。因为从常理来看，正常的身体状态是理想的，也是不需要费心的，而非正常的身体状态是病态的，是需要费心治疗的。表现在语言学上这些非正常的身体状态就成了标志项。

　　与"맥"的第一个意义有关，有副词"맥없이(脉—)"，指没有任何力气地，如(35)，汉语需要意译。

(35) a. 걱정마, 니 엄마 다 생각이 있으니까 절대 맥없이 누구한테 당하지 않을 거야.《별이 되어 빛나리, 107

회》别担心，你妈我心里有数。绝对不会这样坐以
待毙的。

b. 맥없이 주저앉다 一屁股坐在了地上。

中医把脉非常重视脉象，不同的脉象代表不同的疾病。其中一
种脉象就是脉搏没有规律地跳动，韩国语称作"난맥(亂脈)"，用
来比喻没有秩序，到处散落着，或那样的状态，如(36)。与此相关
还有"난맥상(亂脈相)"，指没有任何秩序、毫无章法的事情，如
(37)。汉语"乱脉"用的很少，一般也不用于比喻意义。

(36) 경영의 난맥을 바로잡다 治理经营上的混乱

(37) a. 난맥상이 드러나다 出现乱象/混乱

　　 b. 안 선수 문제가 파벌주의 등 체육계 저변에 깔린 부
　　　 조리와 구조적 난맥상에 의한 것은 아닌지 되돌아봐
　　　 야 한다.《동아일보, 2016.12.14》我们应该反思：
　　　 安选手的问题是不是因为体育界存在的不合理和结
　　　 构无序，如拉帮结派造成的。

　　 c. 만약 또 다른 인사사고가 날 경우 청와대는 인사난
　　　 맥상에 빠져 국정운영 동력은 크게 상실될 수 있
　　　 다.《동아일보, 2017.06.17》如果再出现其他人事事
　　　 故，那么青瓦台就会陷入人事混乱，经营国政的动
　　　 力会遭受很大损失。

"맥(脈)"的贬义词是"매가리"，如(38)。

(38) 눈에 매가리 없어. 一点眼力都没有。

9.3.2 听诊

听诊韩国语为"타진하다(打診--)"，可比喻观察他人的内心或事情，如(39)。汉语"打诊"没有此类意义。

> (39) 그것은 구두를 닦겠느냐고 의사를 타진한다기보다는 자기들에게 구두를 닦으라는 강요의 몸짓이었다.《김용성, 도둑 일기》他们的身体语言是在强迫我同意让他们给我擦皮鞋，而不是在询问我想擦皮鞋吗。

9.3.3 诊断

诊断韩国语为"진단하다(診斷)"，与汉语"诊断"都用于比喻，如(40)。但这些表达还没有固化成为"진단하다"与"诊断"的词典比喻意义。

> (40) 청소년들의 언어문화를 진단하는 동시에… 在对青少年的语言文化作出诊断/评价的同时……

9.4 治疗方法

疾病的治疗方法主要有针灸类、抓药吃药、输血、断指和割肉治疗以及手术治疗等。

9.4.1 针灸、艾灸、热（冷）敷、打针

针灸的工具随着时代的变化有不同的工具，最原始的是石器，称作"砭石"。随着冶金术的发明，针具逐渐发展到了铜针、铁针、金针、银针等金属制针，一直到现代的不锈钢针。虽然"砭石"已经消失，但汉语却留下了"针砭、针砭时弊"等表达。

韩国语里针灸工具称作"침(鍼)"，装针的工具称作"침통(鍼筒)"。在针灸之前一般要晃动针筒来找针，所以韩国语里有了俗语"맥도 모르고 침통 흔든다"，意为还不知道脉在哪里呢，就开始找针，比喻不了解清楚就开始工作。

具体的针灸治疗韩国语称作"침(을) 놓다[주다]"，这个惯用语除了医学意义外，还比喻严肃地告诉或要求对方，使对方屈服，如(41)。

> (41) a. 선생님은 다시 떠들면 벌을 주겠다고 아이들에게 침을 놓았다. 老师吓唬孩子们说，如果他们再闹腾就惩罚他们/让他们难看。
>
> b. 저런 놈은 침 놔줘야 해. 아마 뜨끔했을 거야.《그래 그런 거야, 10회》那种小子得给他点颜色瞧瞧，现在他可能有点感觉了。

与"침"有关，韩国语还有"일침(一鍼)"，意思是一针，比喻令人感到疼痛的忠告或警告，如(42)。汉语可以用"一针见血"，也可用相关的动词"刺痛"或"重重一击、当头一棒"。

> (42) a. 그는 문제의 급소에 일침을 가했다. 他一针见血地指出了问题的核心所在。

b. 선생님의 말씀은 방황하는 나에게 뼈 아픈 일침이 되었다. 老师的话深深刺痛了彷徨不安的我。

c. 이들은 우수한 인재들이 서울에 편중되어 있는 현상에 일침을 놓았다. 《동아일보, 2016.10.03》他们给优秀人才总是偏向去首尔这种现象以重重的一击/当头一棒。

中医还有"(艾)灸",是用燃烧的艾绒熏烤一定穴位的治疗方法,韩国语称作"뜸질","뜸질"也可用于日常生活中,如(43),比喻打人,但这个意义还没有成为词典意义。

(43) 몽둥이 뜸질을 해서라도 애 내쫓아버리든지 해야지.《그래 그런 거야, 2회》哪怕是用棍子打也要把她赶出去啊。

此外,还有"찜질、찜",指用冷敷或热敷的方法来治病,也指泡温泉、热水、热沙子来发汗治病,用于第二种方法时,也称作"한증(汗蒸/汗烝)"。其中"찜질"还俗指挨打,如(44)。

(44) 몽둥이로 찜질을 당하고 싶지 않으면 입 다물고 있어라. 如果不想挨打,就把嘴闭上。

发展到现代医学,治疗方法还有打针,汉语里"打预防针"比喻提前说,韩国语也有类似的用法,如(45)中的"예방주사를 맞다",但这个意义还没有成为词典意义。

(45) 어차피 재판이 진행하게 되면 다 알려질 텐테 예방주사
맞았다고 생각해.《신과의 약속, 44회》反正开始打官
司后(他们)就都知道了，你就当作是给他们打预防针
了吧。

9.4.2 抓药、吃药

9.4.2.1 处方

中医用药一般都是医生开了处方去中药店抓药，韩国语里处方
称作"약방문(藥方文)"，如果处方写得及时、抓药及时那还有救，
否则就会坏大事。但有时就会有这种不祥之事，韩国语有"사후약방
문(死後藥方文)"，意为人死了才写药方，相当于汉语的马后炮，如
(46)。

(46) 오랜 상처의 아픔을 지닌 사람에게 '아프니까 인생이다'
라며 앞을 보고 참고 견디라고 한다면, 또한 삶을 오로
지 굳은 의지로 극복하라고 한다면, '사후 약방문' 식의
위안이 아닐까요.《동아일보, 2016.10.29》如果对经历
了长期痛苦的人说"人生本来就是痛苦的"，让他要面
向未来忍受着，或者说人生本来就是靠坚强的意志来
克服的，这不是"马后炮"式的安慰吗？

韩国语里处方还有"처방(處方)"，指为治病而根据症状去抓
药的方法，如(47a)；也比喻处理一定问题的方法，如(47bc)。汉语

"处方、药方、方子"都可用于比喻意义。

(47) a. 처방을 내리다 写处方

b. 엉터리 통계를 들고 있으면 엉뚱한 경기 처방이나 꺼낼 수밖에 없기 때문이다.《조선닷컴, 2016.10.31》因为如果拿到的是乱七八糟的统计，那么也只能拿出糟糕的经济处方。

c. 하도 주위에서 너 두고 하는 말들이 많길래 내 마음을 너한테 알려주는 게 가장 좋은 처방이라는 생각이 들었다.《돈꽃, 20회》周围有很多人说你的闲话，所以我想把我的想法告诉你是最好的"处方/药方/方子/办法"。

9.4.2.2 江湖卖药、药房

生病吃药，抓药去药房是人人知道的常识，但不论是古代社会还是现代社会，总有一些江湖卖药的，叫做"약장수(藥--)"，这些江湖卖药的多采用花言巧语、耍拳脚、恐吓诈骗等手段来骗取钱财，当然最常用的就是花言巧语，所以"약장수"还用来嘲笑那些能说会道的人，而韩国语里还出现了惯用语"약을 팔다"，比喻花言巧语骗人，如(48)。

(48) a. 니들 뭐야? 어디서 약을 팔아?《동네변호사 조들호, 5회》你们干什么啊？竟敢在这里骗人？

b. 본인은 지시를 내린 것 맞잖습니까? 어디서 약을 팔고 있어?《김과장, 17회》这不都是您下的指示吗？

竟然在这里骗人！？

不过，"약을 팔다"有时也单纯指闲聊，如：

(49) 지금쯤은 저녁 설거지를 마친 아낙들이 한 집에 모여
     한참 약 파는 시간이다. 现在这个时间的话，正是女人
     们把晚饭的饭碗收拾好聚在某一家唠嗑的时候。

　　过去的药房就是诊所，除了卖药，还有医生坐诊治疗，所以
药房里随时会有病人出入，与此相关有俗语"약방에 전다리 모이
듯"，意思是药房里聚满了来针灸的瘸子，比喻触目皆是难看的人。
　　过去吃的药都是中药，中药有的需要切片，有的需要切块，有
的则需要研磨，研磨时就用到小石磨"맷돌"，且用处很大，所以俗
语"약국집 맷돌인가"比喻用处很大的东西。

9.4.2.3 药

1）上义词——药

　　人吃五谷杂粮没有不生病的，所以对人来说，"药"是非常重要
的东西。韩国语里与药有关只有汉字词"약(藥)"。
　　日语里药为"구스리"，冲绳地区还将医生叫作"구스시"，所
以서정범(1986:91)认为"구스리、구스시"都与韩国语的"굿 跳
神"有关，因为现在韩国农村有时在吃饭前会提前拿一点饭撒到四
周，并说："고시내，고시래，고시래"，据说这样吃饭不会噎着，
也不会生病，并且巫师为人趋病而跳神称作"고수리대"，而"고시
내""고수리"与日语的"구스리、구스시"应该是同缘关系。汉语

医的繁体字是"醫"，也可写作"毉"，也与"巫"有关，这都说明医药学过去与"巫"相关。

汉语"药"作名词时，只有两个义项，而韩国语名词"약(藥)"有七个义项，如下表所示：

[表6] "약"的意义

	意义	例句
1	治疗用的物质或消除有害的动植物用的物质。	약을 먹다 吃药
2	火药。	
3	鞋油、牙膏等可让物体发出光泽的东西。	구두약 鞋油、치약 牙膏
4	干电池。	약이 다 돼서 시계가 멈추어 버렸다. 电池没电，手表不走了。
5	比喻对身心有益的东西。	상처 받은 여자한테 선물이 약이고요. 《미워도 사랑해, 23회》对受到伤害的女人来说，礼物最管用。
6	暗指毒品、鸦片、酒。	약도 넘어왔어. 어디 있는지 찾아야 돼. 《연인, 5회》毒品也进来了，要查清在哪儿。
7	作"贿赂、糖衣炮弹"的俗称。	

如上，除第1、2个意义与汉语"药"一致外，"약"还有众多的语义，但这些语义都具有共同的属性"有益"，只是适用对象在扩大，从"对病有益"发展到"对发射有益""对皮鞋、牙齿有益""对照明有益"。在此基础上，"약"的语义从"有益"发展到了"起作用"。

韩国语里"약"还用来作修饰语，如"약수 山泉水""약주 药酒/烧酒""약비 喜雨""약손 能让病好起来的手"，这些表达反映了韩国人认为"山泉水、烧酒、正当时的雨、手"等用处很大这一思想。

"약"还用于多种惯用语中，其中"약을 치다"俗指行贿，如(50a)；有时也指口头上游说，如(50b)。有时也用"약을 뿌리다"，如(51)。

(50) a. 미리 만나서 약 쳐놔.《사랑이 오네요, 84회》你先去见她，把她的嘴堵住。

　　 b. 이여사한테 약 좀 쳤어?《같이 살래요, 4회》你试探过李女士了吧？

(51) 부사장이 무서워서 약 뿌린 거다. 그런데 그걸 고혜라 선배가 덥석 잡으셨고.《미스티, 12회》副社长害怕了，所以抛出了橄榄球。可是高慧兰前辈把那个一下子就接收了？

表达贿赂意义时，汉语一般不用"药"，所以上面的"약"都要根据语境具体翻译。

2) 各种具体的药

药有很多种，与此相关有俗语"병은 한 가지 약은 천 가지"，意思是同一种病治疗方法是多种多样的。不过一般的药方都有一些常备药，例如甘草、白茯苓，有俗语"약방에 감초、건재 약국에

백복령", 比喻总是参与某事的人或必要的东西，[04] 如:

> (52) 최순임: 마원장, 자네 왜 부르지도 않은데 왜 자주 동락
> 당 이 곳에 오는 건가? 马院长，我们又没有叫
> 你来，你怎么总是来我们同乐堂啊？
> 마성남: 그거야 제가 이 동락당의 감초이니까요. 약방
> 에 감초, 동락당에 마성남. 흐흐흐…《오늘부
> 터 사랑해, 101회》这当然是因为我是同乐
> 堂的甘草啊。药房里的甘草，同乐堂的马城
> 南。哈哈哈……

　　韩国语还有"탕약에 감초 빠질까"，不仅用来指甘草的重要性，还用来嘲笑那些到处掺和各种事情的人。

　　中药中还有一种重要的药叫麝香，韩国语为"사향(麝香)"，麝香非常突出的特点就是香气宜人、香味持久，有俗语"싸고 싼 사향도 냄새 난다"，比喻不管再努力地隐藏但终究会暴露的，也比喻有才能与德望的人即使不故意宣传也会被人们知道。类似的还有"싸고 싼 향내도 난다"。汉语类似的有"是金子总会发光的"。

　　中药还有"약쑥(藥-)"，有俗语"약쑥에 봉둥이"，比喻自己治不了自己的病，也比喻自己无法做自己的事情，类似于"理发师不能给自己理发一样"。

　　中药里还有一种药为牛黄，韩国语为"우황(牛黄)"，是牛肝脏的胆结石，也就是说牛生病才会产生牛黄，俗语"우황 든 소 같

04　法语里有"没糖的药房""不识字的教书先生"，所表达的是否定意义，但韩国语的
　　"약방에 감초"表达的是肯定意义。

다"比喻无法平息内心的愤怒而难受得不知如何是好；此外还有"우황 든 소 앓듯"，比喻内心的苦楚无法向他人提起、自己一个人难受担心的样子。类似的有"벙어리 냉가슴 앓듯"。如上，牛生病产生的东西成了人用来治疗疾病的药物。

药品还有麻醉药，韩国语称作"마약(痲藥)"，虽然本身没有比喻意义，但有时有"마약김밥"，意思是紫菜饭团非常好吃，让人上瘾。这是利用了麻醉药的本质特性。被用作麻醉药、镇定剂等的还有"鸦片"，韩国语为"아편(阿片/鴉片)"，俗语"아편 침 두 대에 황소 떨어지듯"比喻因很强的药力而马上失去意识。"아편"有时也用于比喻，如(53)，汉语后面要加上解释性成分"让人上瘾"，否则语义就会显得不明确。

(53) 리더십은 정치인의 아편과 같은 것입니다.《동아일보,
2017.03.25》领导力就像政客们的鸦片让人上瘾。

有很多药品是多种成分合成的，有时有的成分可加可不加，但有的成分是必不可少的，如治疗感冒和疲劳的"패독산(敗毒散)"就必须有"승검초(--草)"，即大齿山芹(根称当归)，因此有了俗语"패독산에 승검초"，比喻总是形影不离的东西或人。

药除了常规药之外，还有"극약(劇藥)"，指比毒药药性弱但即使是少量也会置人(动物)于死地的药品，也比喻极端的解决方式，如(54)，汉语一般意译成"极端"。"극약"还有近义词"사약(死藥)、독약(毒藥)"。

(54) a. 정부는 부동산 투기를 막기 위해서 극약 처방을 내렸
다. 政府为了控制房地产投机而使用了极端措施。

b. 발화(發火) 사고로 인한 리콜 이후 새 제품에서도 같
   은 문제가 불거지면서 단종(斷種)이라는 극약 처방
   을 택했지만 삼성 브랜드의 신뢰 추락은 불가피해 보
   인다.《동아일보, 2016.10.12》(三星电子)因为爆炸
   事故进行赔偿后，新产品也出现了同样的问题，虽
   然采取了"中断生产"这种极端方式，但三星品牌的
   信任指数下降已经是不可避免的了。

　　过去的人只有中药吃，而中药的一个典型特点就是苦，所以就
有了俗语"말 약 먹듯"就像给马喂它不喜欢吃的药一样，比喻勉强
吃东西。

　　对韩国人来说还有两种药，那就是时间与岁月，韩国语为"시
간이 약、세월이 약"意思是不管是多么痛苦的事情随着时间的流逝
也就慢慢忘掉了。这种思想还具有一定的文化共性，例如俄罗斯人
也有这种思想(刘艳春 2014：151)。

　　中药的状态或味道称作"기미(氣味)"，分为"사기(四氣)"和
"오미(五味)"，"기미"还指人的想法或心情、趣味等，如(55)。

(55) a. 그들은 그들의 역사적 과오를 진정으로 뉘우칠 기미
　　　　가 적어도 정치권에서는 없다는 사실이다.《광주매
　　　　일신문, 2018.03.27》事实上，至少在政治圈里，他
　　　　们没有对他们犯下的历史性错误进行悔悟的想法。
　　b. 잦은 산책에도 바람에 익숙해질 기미는 전혀 보이지
　　　　않았다.《미주중앙일보, 2018.03.27》虽然经常散
　　　　步，但是对风没有一点适应的迹象。

有时"기미"也指臭味。惯用语"기미가 통하다"比喻想法和趣味一致或者很相近，互相能理解。"기미를 보다"指在国王吃饭前尚宫先试吃是否含毒。

9.4.2.4 熬药、吃药

吃中药需要用煎锅来进行煎制，韩国语里这种煎药的锅称作"약두구리(藥---)"，这个词也用来嘲笑那些体弱多病药不离口的人，是用工具来转喻人。汉语也有类似用法的"药罐子"。

除了吃煎制的中药外，现在西医治疗一般多是吃药片。但让小孩吃药片不是一件容易的事情，因此大人往往把药片研成粉末加上水，用小勺子舀着往孩子嘴里灌，为了防止孩子闭嘴不吃，需要用筷子把孩子的嘴翘开，起这种作用的筷子在韩国语叫作"전지"，其惯用语"전지를 물리다"比喻强制某人做某事。中国人也有这种喂药方法，但却没有这种词语和惯用语。

生病吃药是谁都不想招惹的事，但有时偏偏有人来惹你，让你生病。这种人实在是太可恶，而可恶之人过后还反过来安慰病人，对这种情况韩国人会说：

(56) 병 주고 약 주는 것도 아닌데.《당신은 선물, 23회》你
　　　这是打一巴掌给个甜枣吃啊？

汉语用"巴掌"和"甜枣"来表达。

另外，上药、用药韩国语里统称为"약질(藥-)、약질하다(藥——)"。

9.2.2.5 药效

药还有药效、药劲的问题，韩国语分别为"약효(藥效)、약기운、약발(藥-)、약력(藥力)"，惯用语"약효를 잃다、약효가/약기운이 떨어지다"可比喻贿赂失去效力，如(57)。"약발을 받다"比喻贿赂起作用，"약발이 떨어지다"比喻不起作用，如(58)。

(57) 회장 자리를 주겠다는 제의도 약효가 떨어졌는지 그는 우리의 요구를 들어주지 않았다. 是不是让他当会长的提议已经不奏效了，他没有答应我们的要求。

(58) 약발이 떨어지기 전에 빨리 써먹어야 할텐데.《김과장, 14회》在(这文件)失去作用前，得赶快把它派上用场。

吃药可以治病，俗语"죽을병에도 살[쓸] 약이 있다"意思是就是绝症也有药可治，比喻不论处于什么困境中都会有希望的，所以不要伤心放弃。类似的还有"죽을 약 곁에 살 약이 있다"，也就意思是说有置人于死地的药，也就有活命的药，所以不要放弃希望。

9.4.3 出血、输血、换血

血液流出血管，称作出血，韩国语为"출혈(出血)"，也比喻牺牲或损失，可用于军事上，如(59a)；也可用于日常生活，(59b)可以对应汉语的"出血"；也可用于经济活动，如(59c-e)，汉语一般用"亏本、赔钱"等。汉语"出血"多用于日常生活比喻花钱，如(60a)，且多比喻人花钱花的不情愿，如(60b)。

(59) a. 어떠한 출혈을 내더라도 이 고지는 지켜야 한다. 不管流多少血/付出多大的牺牲也要把这个高地守住。

b. 비행기 티켓부터 장인 장모님 용돈까지 나 이번 달 출혈이 엄청 심해.《사랑은 방울방울, 13회》飞机票再加上岳父岳母的零花钱，我这个月已经大出血了。

c. 출혈 판매 亏本卖

d. 워낙 재정상태가 좋지 않은 데다가 국내 인지도가 떨어진 상태라 처음엔 출혈이 좀 있었습니다.《아버님, 제가 모실게요, 34회》本来财政状况就不好，并且国内知名度也下降了，所以开始有一些亏本。

e. 출혈하면서까지 그 행사를 할 필요는 없다. 我们没必要赔钱赚吆喝。

(60) a. 钱呢？办公室出血？你这胖处长也太抠了，花它十块八块的还让办公室掏？《迟松年，秋别》

b. 你又要大出血啦？

"출혈"的反义词是"방혈(防血)、지혈(止血)"，这两个词都没有比喻意义。但是相关词"수혈(輸血)"在日常生活中比喻接受外界的帮助。汉语有"换血"，比喻调整、更换组织机构等的成员，如(61)，韩国语用"물갈이"。

(61) 时尚与明星这轮大换血的成果如何？《腾讯娱乐，2017.03.28》

9.4.4 断指、割肉治疗、惊吓

美国拍摄的电影《喜福会》中有一个细节，许安梅亲眼看着母亲从自己手臂上割下一块肉来给病中的姥姥治疗。这源于过去的习俗。在过去，当家里人病情危重时，为了使其痊愈，会有家人斩断或咬破手指用血来喂病人以作治疗，这被称作"단지(斷指)"，如(62a)。有时称作"열지(裂指)"。"단지"还指为了表现坚决的决心而斩断手指、咬破手指，如(62b)。

> (62) a. 형님은 어머니의 중환을 단지로 살리셨다. 哥哥断指
>   治好了妈妈的重病。
>   b. 그는 두 번 다시 도박에 손을 대지 않겠다며 단지까
>   지 해 보았지만 도박의 유혹에서 벗어날 수 없었다.
>   他断指发誓再也不赌博，但是最终没能摆脱赌博的
>   诱惑。

前面分析了天花的症状，治疗天花有民间说法是：如果让天花受惊，病就会好了，所以由此产生了俗语"삼 년 학질에 벼랑 떼밀이"，意思是把孩子推到悬崖下，比喻借助遭受巨大损失来减少担心。

9.4.5 手术、缝合、氧气罩

现代西方医学中最重要的治疗方法是手术，韩国语"수술(手術)"与汉语"手术"都表示在医院接受的手术治疗。但韩国语"수술"还比喻根除某些缺点，如(63)，汉语也有此表达方式，但未被收录到词典中，多加引号来表示比喻意义。

(63) 지금이야말로 사회 전반에 걸쳐 있는 부패를 수술을 해
야 할 시기이다. 现在正是应该对波及全社会的腐败问
题进行"大手术"的时候。

做手术的手术刀韩国语用外来语"메스(<네>mess)"，如(64a)；
"메스"还比喻清除错误事情或弊端的措施，经常与"대다、들이
대다"结合，如(64bc)。"메스"多用于惯用语"메스(를) 가하다"
中，表示做手术，也比喻动手解决错误的事情或弊端，如(64d)，汉
语可以译成"动刀子、举起手术刀"或"大刀阔斧地+动词"，但有
时需要加引号以示是特殊用法。此外，汉语"一把刀"还可比喻医
术高明的人。

(64) a. 메스를 대다 动刀子

b. 정부는 사회 부조리를 척결하기 위해 각 분야에 메스
를 대기 시작했다.政府为了根除社会的不合理现象
开始对各个领域"动刀子"。

c. '이재용 삼성'은 장기간의 성공 신화 뒤에 가려졌던
오만이나 방심, 관료주의, 기술 경시 같은 그늘이 있
다면 개혁의 메스를 들이댈 필요가 있다.《동아일보,
2016.10.28》"李在镕引导下的三星"如果在长期的
成功神话背后隐藏着傲慢、大意、官僚主义或轻视
技术等阴影的话，那么就需要对它"举起手术刀"。

d. 정치권 비리에 대대적인 메스를 가하다. 对政治界的
腐败进行大刀阔斧地查处。

手术结束，需要进行缝合，与此相关的词语"꿰매다、봉합"

都产生了比喻意义，汉字词"缝合（缝合）"可用于日常生活，比喻把事情解决好，如(65)，并且如(65a)所示，"缝合"经常与"葛藤"结合使用，并且经常出现在很多新闻标题里，对此，강재형(2018:18)认为这种搭配不合理，因为矛盾是要解开的，而不是要缝合的。汉语"缝、缝合"都没有比喻意义，所以"缝合"译成汉语时一般对应"解决、收拾"等。

> (65) a. 당내 갈등은 일단 봉합됐다. 党内矛盾短期内被解决了。
>
> b. 이미 소문은 다 났고 어떻게든 빨리 봉합해야 하지 않아?《내 사위의 여자, 46회》传闻已出，不管怎样得抓紧收拾，对吧？

现代医学中如果病人需要吸氧，则需要给病人戴氧气罩，韩国语为"인공호흡기（人工呼吸器）、산소호흡기（酸素呼吸器）"，日常生活中可用于比喻，如(66)，但这种比喻没有被词典收录。

> (66) 죽어가는 강인푸드 인공호흡기 끼고 날개를 한 번 달아봐라.《내 남자의 비밀, 40회》给摇摇欲坠的姜仁食品"输点氧气"，让它振翅高飞！

9.5 治疗时机与效果

生病就要吃药，但在过去，并不是每个人都能吃上药的。但

如果是刚苏醒过来的人遇到了药，那真是不幸中的万幸，所以俗语"살아날 사람은 약을 만난다"比喻命好的人，即使是在不幸的处境中，也会找到摆脱不幸的路。如果人死了再买药就晚了，所以俗语"사후 약방문[청심환]"比喻时机已过，事情黄了之后再寻找对策。

俗语"어질병이 지랄병 된다"强调小病痛如果不治疗的话，最后会成为无法治疗的大病。

9.6 医生与医术

现代医生治病一般都需要听诊器，韩国语为"청진기(聽診器)"，可用来转喻医生工作，如(67)。

(67) 아무래도 청진기 다시 들어야 되지 않아 싶다.《우리 갑순이, 40회》好像我还得继续拿起听诊器当医生。

病能否治好，很关键的一点是医生的医术，因此有了很多与此相关的俗语，如下表所示：

[表7] 与医术有关的俗语

	俗语	意义
1	말똥도 모르고 마의(馬醫) 노릇 한다	比喻滥竽充数的医生。
2	맥도 모르고 침통 흔든다	

3	밥 선 것은 사람 살려도 의원 선 것은 사람 죽인다	饭生点还可以吃，但治病救人的医生如果医术很生、不熟练的话，就会弄出人命。
4	선 의원 사람 죽이고 선무당 사람 살린다	技术不高明无法信赖，比喻与其找医生不如找巫师来跳大神。
5	선무당이 사람 잡는다[죽인다]	比喻医术不高明的话会害死人。
6	어설픈 약국이 사람 죽인다	比喻庸医害人。
7	선병자 의(醫)라	先得过病的人因有经验，可为后来得病的人治疗，比喻有经验的人可以教育后来的人。
8	죽음에는 편작(扁鵲)도 할 수 없다	天下名医——扁鹊面对将死之人也是无能为力，指人在死亡面前的无力感。

　　如上，与医术有关共有八个俗语，其中1-6都与庸医有关，意思是庸医害人。其中俗语4、5与巫师有关，俗语4是对巫师跳神治病的肯定，俗语5是对巫师治病的否定，这都是对过去巫师担任治疗任务这种社会现象的反映。俗语6中是用"약국(藥局)"来转喻医生，也是对庸医的否定。俗语7中"선병자(先病者)"意思是先得了同一种病的人，强调的是经验的重要性。俗语8中提到了古代名医"편작(扁鹊)"，俗语反映了对死亡的无力感。

9.7 中韩医学语言与文化差异

　　韩国语口语具有古朴色彩。因为韩国语里大量的医学语言用于日常生活，尤其是大量医学专用汉字词用于日常生活，而汉语即

使是用医学用语来表达日常生活现象，一般也会换用较口语化的词语，如表达比喻意义时，韩国语用汉字词"약골、병골"，而汉语用"病秧子、药罐子"；韩国语用汉字词"체증(滯症)"，汉语用"堵塞"；韩国语用汉字词"마비(麻痹)"，汉语用"瘫痪"；韩国语用"경색(梗塞)"，汉语用"僵局、紧张"；韩国语用汉字词"암(癌)"，汉语用"毒瘤子"等。当然韩国语有时也有医学用语与俗称的区别，如"간질"的俗称是"지랄병、지랄、지랄증"，但这些俗称都是固有词。

汉字词疾病名称在输入韩国后，表现出了不同的语义发展现象。有的虽然保持了原义，如"진통(陣痛)、유산(流產)"与汉语的比喻意义一致。但很多不可避免地受到韩国文化的影响产生了语义变化，如适用范围的扩大，代表性的就是"소화하다(消化)、체증(滯症)、식상(食傷)、경색(梗塞)、감질(疟疾)"；还形成了很多异于中国文化的汉字词，借助这些异化了的汉字词可以发现韩国人异于中国人的精神世界，代表性的就是"벽(癖)"的合成词；有的汉字词即使意义与汉语相同，但在韩国语里还产生了惯用语、副词、派生词等不同的语法现象，并且会出现语用频率的差异，最终会导致汉字词的语义与汉语越来越远，代表性的就是"맥(脈)"和"난맥(亂脈)"。

很多疾病在中韩不同文化里具有不同的文化意义。例如"혹、안팎곱사/안팎곱사등이、절름발이、앉은뱅이、청맹과니/눈뜬장님、체증(滯症)、식상(食傷)、경색(梗塞)、감질(疟疾)、학/학질、홍역(紅疫)、난맥(亂脈)、타진하다(打診--)"等词语本身产生了比喻意义，但相关的病名在汉语里却没有比喻意义。有的在汉语里根本没有相关的病名，如"몸살"。

面对同样的疾病，中韩两国人有不同的关注点。例如，与白内

障有关，韩国人关注其形态特点，所以有了"굴젓눈이"，中国人关注割除白内障的手术，所以有了"割除白内障——刮目相看"。韩国人还利用人体状态来给事物命名，如"절름발이 책상、앉은뱅이 책상"，而中国人很少用这种命名方式。中韩两国人受民族文化的影响，在面对同样的疾病时会将其与本民族的其他文化联系起来，例如，与眼疾有关，"안질에 고춧가루"反映了韩国特殊的"辣椒"饮食文化；相反，汉语与眼疾有关出现的是俗语"上眼药"。

与治疗方法有关的汉字词与汉语同形词之间出现了类似、不同或交叉对应三种类型。其中"진단(診斷)、처방(處方)、단지(斷指)、예방주사(打預防針)、수술(手術)"在中韩两种文化里意义类似，"출혈(出血)"虽然有时出现一致，但有时也会出现不同。"치료(治療)、약(藥)、약효(藥效)、극약(劇藥)、기미(氣味)、봉합(縫合)"等则更多地表现出了不同。

9.8 小结

医学虽然是专门领域，但关系到人的生老病死，与人息息相关。尤其是相关的病症，韩国人通过对它们的细致观察，总结出了一般的规律和特征以及人们的生理和心理感受，并将其扩大到一般领域，因此形成了现在的比喻意义，代表性的就是与神经科、皮肤科、妇产科、外科(包括五官)、内科以及癌症等有关的病症。

神经性疾病和创伤类疾病多用来比喻心理感情，身体畸形以及眼盲多用来比喻不具备某种能力，与聋人有关的表达多与听力和视觉有关，与兔唇有关的表达多比喻吃饭和说话。

内科类病症中，消化类因为没有明显的外在症状，所以主要是上义词"소화하다"产生了众多比喻意义，并且伤食和痞积更多地会产生心理感受，因此都产生了心理感情意义。在古代生活和医疗条件下，传染病因波及面太广而令人害怕，韩国语里与此相关有五类代表性的传染病，这些传染病给韩国人留下了很多惯用语和俗语，大部分都比喻使人难受、让人感到困难、不吉利、奇怪、脏、丑、骂人等消极意义。

　　不同的疾病产生比喻意义的理据不同。有的利用的是不同感觉之间的通感，如"갈증(渴症)、갈급증(渴急症)、체증(滯症)、멀미、멀미증、식상(食傷)、감질(疳疾)、몸살"等利用的是生理感觉与心理感觉之间的通感；其他大部分利用的是疾病所产生的形态、后果等的相似性，如"진통、유산、혹、근시안、소화하다、경색"，尤其是很多惯用语和俗语都是利用了形态或后果的相似性。

　　有的医学词语具有形态上的有缘性，如"병통、고름통"。

　　病症的诊断方法主要有把脉、听诊，由于中韩两国传统医学都是中医，所以与脉象有关的"맥、난맥、난맥상"产生了很多比喻意义。治疗方法中，与中医有关的针灸、艾炙以及药方、各种中草药，与西医有关的手术、输血、换血以及氧气罩、缝合等也都产生了比喻意义。治疗手段中尤其与药有关，从药房、处方、中药名、抓药、熬药、吃药一直到药费，都有各种相关的表达和比喻意义，并且"약"本身还产生了七类意义。由此可见，服用药物从古至今是最普遍的治疗方法，人们对它的了解也最深。传统治疗手段中还有断指、割肉治疗、惊吓治疗等。

　　医生的医术与治疗效果有直接关系，所以韩国语里有很多关于警戒庸医的俗语，韩国人还借中国古代名医扁鹊表现了在死亡面前的无力感。

从词汇类型来看，本章医学用语中，汉字词的比例超过一半，如果算上混合词，汉字词占了绝大多数。固有词主要集中在表示晕船、皮肤类疾病、脓肿、瘤子、身体畸形以及"몸살"等内容之上，其他各种病症包括诊断、治疗方法等基本都是汉字词。这说明虽然韩国过去也有自己传统的民间医疗，但最终还是接受了中国的医疗理念、技术等，这一文化输入过程最终也表现在语言上并被记录了下来。医学现象具有很强的文化共性，但这些医学现象反映在语言上却表现出很强的民族性和文化性。

医学语言中俗语非常丰富。

第十章

教育与语言

10.1 引论

　　韩国教育可以分为古代教育时代(三国时代初期到统一新罗时期)、中世纪教育时代(高丽初期确立科举制一直到朝鲜高宗13年)、近代教育时代(朝鲜高宗13年到1910年韩日合并)、现代教育时代(日本统治时期一直到现在)(신천식, 1969)。由此可以看出从高丽时期开始，中国的科举制、儒家思想下的教育理念就已经对韩国产生了深远的影响。

　　儒家文化强调学业成绩已是公认的事实。Biggs(1990)发现香港及其他亚洲学生比欧洲学生更注重学业成就(转引自何有晖等2007)。而韩国也毫不例外，韩国语有很多俗语，如：

　　(1) a. 말은 나면 제주도로 보내고 사람은 나면 서울로 보내라

　　　　 b. 마소 새끼는 시골로 사람의 새끼는 서울로

　　　　 c. 사람의 새끼는 서울로 보내고 마소 새끼는 시골[제주]
　　　　　　로 보내라

这些俗语的意思是小马、小牛要送到济州岛、乡下去养，小孩子要送到首尔去学习，这里都是用首尔来比喻大城市、教育发达的地方，这种思想与中国的"孟母三迁"反映的是一个道理。俗语告诉我们韩国人对教育的重视是自古就有的思想。

韩国古代的教育制度代表性的就是科举制，这已经在第六章分析过。本章主要分析韩国的教育热、教育制度、学制与学位、学习生活、学习用品、文凭与就业、高考与祈愿以及教师与送礼等八方面的内容，主要借助与教育有关的语言现象来反观韩国的教育和文化现象。

10.2 读书量与教育热

由中国新闻出版研究院组织的第九次全国国民阅读调查显示，2011年我国人均读书仅为4.3本，远低于韩国的11本，法国的20本，日本的40本，更别提犹太人的64本了，中国是世界人均读书最少的国家之一。虽然韩国人均读书量与犹太人、日本、法国等相比较少，但小学生的读书量却非常高，例如，韩国朝鲜日报2011年2月9日报道称，2010年韩国国民读书实况调查发现，小学生的年读书量(漫画、杂志除外)为每学期人均29.5本，一年约为60本。

韩国人重视读书的这种思想也反映在语言上，例如韩国有一种特殊的眼睛，即"글눈"，指能够理解文章的智慧，有时也称作"글구멍"。当然也有对买了书光是放着不读现象的批判，这种现象被称作"적독(積讀)"。

韩国读书热的背后隐含的是教育热，韩国自古就有俗语"황금

천 냥이 자식 교육만 못하다、돈 모아 줄 생각 말고 자식 글 가르쳐라”，意思是不要只知道攒钱，而应该把钱用在子女教育上，而“사람은 작게 낳아서 크게 길러야 한다” 意思是人要受教育才能成为大人物，所以从小时候起要好好受教育，[01] 这都反映了韩国人对子女教育的重视。

对教育的重视使父母免不了天天唠叨孩子要好好学习，并且经常拿别人的孩子作对比，所以出现了“엄마 친구 딸이…”“엄마 친구 아들이…”类表达，现在还形成了新的缩略词“엄친딸、엄친아(들)”，中国人在这种情况下，会说“别人家的孩子”，如：

(2) 이시영 공부까지 완벽한 엄친딸 인증?《데일리한국，2015.12.01》李诗英，被认定为连学习都是那么完美的“别人家的孩子”。

关于韩国的教育热，首尔大学名誉教授精神分析专家정도언2018年1月16日在《东亚新闻》上发文说：“나는 못 배웠지만 자식만은 제대로 가르쳐서 출세시켜 번듯하게 만들겠다는 농촌 부모의 한 맺힌 노력이 오늘의 대한민국을 만들어낸 힘이었음을 부정하기 어렵습니다. 农村父母们的想法是‘虽然我没文化，但是孩子我一定要教育好，让他们出人头地’，正是他们为此付出的血泪斑斑的努力造就了今天的大韩民国，这一点谁也无法否认。”也就是说，韩国的教育热现象是父母的代理满足使然。

韩国的教育热除了反映出韩国人的这种代理满足，也反映了很多其他社会现象，因为不仅仅是农村父母们热衷于孩子的教育，韩

---

01   当然这个俗语也指孩子小时候个子小，好好喂养的话也能长大。

国富人阶层的教育热更是有过之而无不及，也就是说，教育热并不是哪个阶层的问题，而是整个韩国社会的问题。韩国的教育热反映了韩国社会是个垂直的秩序社会，韩国人非常重视别人的看法，无形中具有与他人进行竞争的意识，而这种思想使得韩国人的教育思想出现了扭曲，最终产生了很多的负面作用。

10.3 公教育与私教育

在过去，受教育主要是依靠私教育，年轻人要想接受教育，就要拜师学艺，那么就要去老师家的门下递书、请求赐教，所以后来"门下"就成了门客、学生之意。

高丽中期私学兴盛，主要教授九经三史(刘畅 2015:105)。韩国高丽时代有著名的十二私学，[02] 其中"홍문공도(弘文公徒)"是礼部尚书"정배걸"设置的私学，因"정배걸"的谥号是"홍문(弘文)"而得名，也称作"웅천도(熊川徒)"。因为在当时的十二所私学中，"弘文公徒"的学问水平最低，所以"웅천(熊川)"被用来嘲笑那些浮夸荒唐的人，如(3)。

(3) 아이고 저런 웅천 좀 봐! 그만 속아 넘어간다.《김정한, 옥심이》哎哟，看看那种傻瓜。就这样被骗了。

02　分别是"문헌공도(文憲公徒)、홍문공도(弘文公徒)、광헌공도(匡憲公徒)、광헌공도(匡憲公徒)、남산도(南山徒)、서원도(西園徒)、문충공도(文忠公徒)、양신공도(良愼公徒)、정경공도(貞敬公徒)、충평공도(忠平公徒)、정헌공도(貞憲公徒)、서시랑도(徐侍郞徒)、구산도(龜山徒)"。

朝鲜时期代表性的私学就是"서당(書堂)"，也称作"글방(-房)、서재(書齋)、사숙(私塾)"，是当时的初等教育机构，不仅接收贵族子女，还接收一般百姓的子女。

随着社会的发展，公教育开始盛行，但韩国仍然是私人教育特别发达的国家，韩国的私人教育称作"학원(學院)"或"과외(課外)"，去学院上学是韩国学生包括一般成人的一般生活方式。韩国的中小学放学都很早，放学后都去"학원"再继续接受补习，有的则回家接受一对一的课外补习。韩国的私人教育培训机构非常发达，已经发展到了不仅是孩子，还是大人，不管是学生考试科目，还是个人教养类的科目，都可以找到相应的培训机构，在这种社会背景下，韩国语的"학원、과외"等也产生了新的用法，如(4)，在对某人的行为表示不满时，就会问"是不是上补习班专门接受培训了?"

(4) a. 노라야, 어떻게 니네 여자들 생각하는 게 똑같냐? 어디 학원에 가서 교육 똑같이 받았냐?《폼나게 살 거야, 46회》奴罗啊，怎么你们女人想的都一样啊？是不是去什么补习班一起培训过，是吧？

b. 너 말 잘한다. 너 어디 학원 나가냐?《우리 갑순이, 3회》你挺会说话啊。你上什么补习班了吗？

c. 어디서 그런 얄미운 짓 하는 것 과외 공부 했나 봐.《최고의 연인, 102회》他是不是去哪儿专门上补习班了啊？怎么光干这种讨人嫌的事啊？

韩国语里公教育学校为"학교(學校)"，此外还指拘留所、监狱等地方，如电视剧《사랑이 오네요, 113회》中，拘留所的人对김상

호 说道：

(5) 그건 우리 학교에서 인기 메뉴야. 那可是我们(拘留所)这
儿的人气菜单啊。

汉语里一般要用语义明确的"工读学校"，而不是模糊地称作
"学校"。

10.4 学制、学位

韩国的学制为小学6年，初中3年，高中3年，大学4年，这与
中国极其相似。韩国语里关于学生的某些表达也比较有意思，例如
"중2병、중3병、고1병"，指在这些年级中的学生会普遍出现的一些
消极的心理或行为倾向。

由于小学是学习的最低阶段，与初中生、高中生相比，小学生
的知识水平是极低的，并且是汲取无限知识的学习阶段，是求知欲
极其旺盛的阶段，所以汉语里"小学生"就成了没文化、热爱学习
的代名词，所以经常说"要愿意当小学生"，表达的也是一种谦虚的
态度。韩国语里也有"초딩"，但一般多用来嘲笑别人没文化，经常
形成"초딩 주제에"类结构。

例如，电视剧《내딸 금사월, 50회》中，当金沙月训斥作为父
辈的强万后无德、罪恶累累时，强万后说道：

(6) 그 입 다물어! 초등학생 주제에 왜 훈장질이야.《내딸 금

사월, 50회》闭上你的嘴！乳臭未干竟想当先生来教训
我啊？

其实剧中的金사월并不是小学生，所以这里的"초등학생"相
当于汉语的"乳臭未干的年轻人"。

韩国语还有"1학년 3반、1학년 2반"这种表达，用来比喻无
知，如电视剧《사랑이 오네요, 51회》中，当신다희让나선영小心，
劝她调查一下自己丈夫的私生女时，나선영毫不相信，说要问问自己
的丈夫，所以신다희说道：

(7) 언니! 1학년 3반이야? 당사자한테 대놓고 물어보면 '오
냐, 내가 그랬어.' 그러겠어? 姐，你是小学生吗？你以为
向当事人一问，他就会说"对，是有这么回事"吗？

韩国有的图书书名就是《1학년 3반, 정태혁 집중력 대장이 되
다!》《1학년 3반 냥파치 선생님!》。韩国搞笑娱乐节目"웃찾사"
中也有一个相关的部分是"1학년 3반"。

有时也用"1학년 2반"，如(8)，也是用一年级二班来表达无知
之意。

(8) 처남이면 그렇게 중요한 일을 하는데 자기 신분을 노출
하겠어? 1학년 2반도 아니고 말이야. 《사랑이 오네요,
95회》如果是小舅子你的话，这么重要的事能暴露自己
的身份吗？又不是1年级的小学生。

韩国学生进入大学后，丰富多彩的大学生活与中国基本没有太

大差别。如果说不太相同的，可能军训算一个。中国大学普遍有军训，当然现在很多地方从初中开始就有军训。而韩国的男人一般都要去服兵役，并且多选择在大学期间去，所以韩国大学一般都不会单独再进行军训。韩国男人服兵役后都要走向社会，成为韩国典型的男性社会的主人，所以大量的军事用语被带到社会上来，因此就导致了韩国日常用语中军事用语的比例非常高。

与大学学习有关，大学里的各个专业称作"과(科)"，同一专业的称作"같은 과"，但是这个表达现在语义已经发生了泛化，经常用于日常生活中，表达"同一类人、一路货色"之意，既可以表达中性意义，也表达消极意义，如(9)。

(9) a. 가만 보면 정비서도 내 과야. 그런 것 닮지 마요.《미워도 사랑해, 11회》仔细看来，郑秘书和我很像啊。不过这一点可不要像我啊。

　　 b. 이래서 사람이 겪어볼 일이라니까. 이제 보니 딱 내 스타일이네…나랑 같은 과라 말이 잘 통하겠다고.《내 남자의 비밀, 10회》所以说，人得交往一下才互相了解。现在看来你正好和我对路啊……我是说，你和我是一路货色，我们肯定很聊得来。

如上，(9a)是剧中本部长具忠书对秘书郑仁贞说的话，意思是两个人在某些方面很像，表达的是中性意义。(9b)是剧中，当进海琳看到仍然处于昏迷状态的未婚夫的情人杨美玲来医院，所以拉着她到了僻静处，给了她一记耳光，所以杨美玲说了上面的话之后，也随手给了进海琳一耳光，这句话里的"같은 과"用的是贬义，所以可以译成汉语的贬义词"一路货色"。

"같은 과"语义的泛化其实也反映了韩国人的"学缘"意识，即在一个系里读书就成了一路人，也就是说"系"给这个群体带来了归属感，并且与过去范围比较狭隘的"学缘"相比，"같은 과"更强调一种"质的归属"，范围可以更加扩大。

很多韩国人大学毕业后会选择读硕士研究生和博士研究生。古代汉语里"博士"的原型意义是博古通今的人，并指专精某种技艺的人，如"茶博士、酒博士"。并且"茶博士"是对陆羽的贬称（杨荫深 2014/2015a:13）。韩国语"박사(博士)"在古代指一种官职，后来才开始指称学位，或具有这种学位的人。因为博士是最高学位，所以与"小学生"相反，"博士"意味着博学多才。韩国现代社会的"박사"不但具有学位意义，还比喻精通或熟悉某种事务的人，用得非常普遍，如(10)，汉语一般用"专家"，也可直译成"博士"。

(10) a. 나 이젠 완전 세탁기 박사야.《부탁해요 엄마, 54회》我现在完全是洗衣机专家了。
b. 그러다 할머니는 요리박사님이 되겠다.《아이가 다섯, 13회》这样下去的话，你奶奶得成料理博士了。

10.5 学习生活

学校的学习生活丰富多彩，但最重要的是五大样：读书、学习、写作业、考试、毕业。

汉语"读书"除了具体的读书外，还转喻学习功课，与韩国语

"공부하다"对应；也转喻上学，是用"学习、上学"的代表性活动
"读书"来转喻整体的事件。但韩国语汉字词"독서、독서하다"都
只表示具体的读书这个动作或活动。

韩国语里打开书本或文件等的动作可用汉字词"피로(披露)"，
如(11)；"피로"还有一个意义指公布、告知。这个意义的产生与过
去古人读书的习惯有关系，因为古人读书都是出声读出来。"피로"
用于第二个意义时产生了两个词"피로연(披露宴)、피로회(披露
會)"，指为庆祝结婚或出生等喜事而举办的宴会或聚会。

> (11) 전원을 모아 놓고 이규의 편지를 피로하는 동시, 세계
> 정세를 아는 대로 설명했다.《이병주, 지리산》把全体
> 人员都集合后，让大家打开李奎的信，同时就世界局
> 势进行了说明。

读书时如果非常流利，韩国语用俗语"당나귀 찬물 건너가
듯"，意思是就像毛驴过冷水河一样非常快速麻利。如果背书背得很
熟练，用"얼음에 박 밀듯"，将读书与毛驴过河、在冰上推葫芦联
系起来，这是典型的韩国人的思维与文化。

学习就要做作业，作业韩国语为"숙제(宿題)"，也指需要思考或
解决的问题，如电视剧《아이가 다섯, 12회》中，当大儿子问安美贞怎
样与两个妹妹说父母已经离婚的事情时，妈妈安美贞说道：

> (12) 잘 모르겠어. 그건 엄마한테 가장 큰 숙제야. 我不知
> 道，那是妈妈的一个最大的难题啊。

学生考试的答题纸，汉语为"答卷"，如"交一份满意的答

卷"，除了指考试外，还比喻圆满完成一件事情。韩国语的"정답(正答)、답안지(答案紙)"有时也用来比喻人生，如：

(13) 학도: 절대로 조금도 나한테 줄 마음이 없다는 게 정답
이 아닐 수도 있잖아? 확실하게 다시 한번 테스트
해 보는 거 어때? 你说你对我一点想法都没有，
说不定这不是正确答案。我们正儿八经地测试
一下，怎么样？
춘향: (머뭇) 마음이라는 게 답안지 있는 거두 아닌데,
어떻게요?《쾌걸 춘향, 7회》(迟疑地说)想法又
没有什么标准答案，怎么测啊？

韩国人过去读私塾时如果学完一本书会有庆祝活动，其中之一就是给老师和同学分发年糕，称作"책씻이"。现代教育中学习到一定阶段会面临毕业。韩国语毕业为"졸업(卒業)"，指某一阶段学习的结束，还指熟悉、精通某些事情、技术或学问等，如(14)。汉语"毕业"也可引申指了结、终止，两者的这种意义变化是一种隐喻引申，因为结束某种事情与从学校毕业的结果具有相似性，都会达到对某些事情熟悉、精通的程度。

(14) 막내, 오늘 신입이 왔으니까 화장실 청소 졸업. 이 놈이
알아서 할 거야.《사랑이 오네요, 113회》老幺，今天
有新人来了，你的厕所清扫可以结束了。这小子会看
着办的。

韩国语"졸업"还有了新的用法，可以与人、职务、身份等结

合，表示结束，如(15a)中"자식한테서 졸업하다"指不再为孩子服务，去过属于自己的人生，(15b)中的"가장 졸업"指不再当家长。(15c)中的"남자 졸업"意为离开男人，不再找男人。"졸업하다"如果与物品结合，则表示结束使用某物，如(16)中的"청소기를 졸업""전자레인지를 졸업"指的是不再使用吸尘器与微波炉。

(15) a. 자식한테서 졸업하고 싶다. 我不想再为孩子操心了。

　　 b. 나 이젠 이 집 가장 졸업이야.《황금빛 내 인생, 30회》我现在不想再当这个家的家长了。

　　 c. 아이구, 남자 졸업을 못하고 남편 죽고 벌써 몇이냐? 셀 수도 없다야. 지저분한 계집애.《그래 그런 거야, 50회》哎哟，你真是离了男人活不了啊。老公死了，这是第几个男人了啊？数都数不过来了。脏死了。

(16) 청소기를 졸업했더니 청소가 좋아졌고, 전자레인지를 졸업했더니 밥이 맛있어졌다.《문화일보, 2018.02.09》不用吸尘器了，卫生更好了，不用微波炉了，饭更好吃了。

　　除以上用法之外，现在还出了新的合成词"졸혼"，电视剧《사랑이 오네요, 91회》中就对此做出了解释，一般指的是结束婚内同居状态，但不离婚。

(17) 호영: 요새 졸혼이란 게 있대. 听说现在有"卒婚"这种说法。

　　 아영: 그게 뭔데? 那是什么？

　　 호영: 결혼을 졸업하는 것. 이혼은 아니지만 상대에게

결혼제도라는 굴레에서 벗어나게 해주는 거라잖
아. 就是结婚毕业的意思。虽然不是离婚，但是
说是可以让双方摆脱结婚制度这个枷锁。

아영: 그래? 是吗？

호영: 우리 엄마도 빨리 졸혼했으면 좋겠다. 咱妈要是
早点卒婚就好了。

10.6 学习用品

学习用品主要涉及课本、笔、墨汁和墨水、纸、书桌/书橱/书
包等。

10.6.1 课本

韩国语里课本为"교과서(教科書)"，与汉语"教科书"同
义，两者还比喻值得作为某个领域典范的事实。"교과서"还有派
生词"교과서적(教科書的)"，当表示"成为典范的"意义时，如
(18ab)，是积极意义，对应汉语"教科书似的、经典、典范"等；当
表示"呆板，没有现实性的"意义时，如(18cd)，表达的是贬义，对
应汉语"教条的、教条式的"等。"교과서적"的两种正相反的意义
反映了韩国人对教科书作用正反两面的反思。

(18) a. 모든 음악인의 교과서적인 작품이죠.《동아일보,
2017.01.31》这是可以成为所有音乐人教科书似/典

范的作品。

b. 유언비어에는 늘 사회와 정치에 대한 국민들의 항의
와 염원이 함께 담겨 있음은 교과서적 설명을 빌릴
것도 없다.《한겨레신문, 사설(91)》不需借助经典
说明，我们也能知道流言蜚语常常隐藏着国民们对
社会与政治的抗议和祈愿。

c. 교과서적인 신문의 가치 教条式的新闻价值

d. 모든 중·장기 계획이 그렇듯이 방향제시나 목표설정은
사실상 교과서적이므로 그 자체가 잘못되기는 어렵다.
就像所有的中长期计划那样，方向的制定或目标的
设定由于都是教条式的，所以一般不会出错。

课本的辅助是"독본(讀本)"，指用来理解文章内容的书，如
(19a)；也指为让一般人了解专门知识而制作的入门书籍或释疑书，
如(19b)；有时也可用于比喻，如(19c)。

(19) a. 한문 독본 汉文读本

b. 의학 독본 医学参考书

c. 최태민의 다섯째 부인의 셋째 딸은 복잡한 가정환경
을 인생독본으로 삼아 기민하게 살아가는 처세술을
익혔다.《동아일보, 2016.12.07》崔泰民的第五任妻
子所生的第三个女儿将复杂的家庭环境作为人生读
本，学会了机敏的处世哲学。

学习时还需要练习册，高丽时代孩子们练字用的书叫作"흑
책(黑冊)"，之所以有这样的名字是因为这种书是用厚纸涂上墨、

油做成的。与此相关，有"흑책정사(黑册政事)、흑책공사(黑册公事)"，意思是负责管理任命的台账涂得一块黑一块白的，部门业务非常乱，这样的事情主要发生在高丽忠肃王"정방정치(政房政治)"时期。现在主要被用来比喻官吏的任免非常混乱。相关的还有"흑책질"，比喻用狡猾的手段来妨害别人的事情。

10.6.2 笔

笔作为一种重要的书写工具，在韩国语里有多种表达方式，并且很多产生了比喻意义，也产生了很多惯用语来表达抽象意义。

首先，不同时代有不同的笔。韩国人与中国人过去都用毛笔，称作"붓"，后来统指所有的书写用笔。因为写字要提笔，所以表示提笔动作的"붓을 대다、붓을 들다"都被用来比喻写字或写文章，而"붓을 들다"还比喻开始写作。形容写作顺利多用"붓이 가볍다、붓이 나가다"。如果写作结束，则用"붓을 놓다"，"붓을 놓다"也指不再进行写作活动，表达此意时，还用"붓을 꺾다[던지다]"。"붓을 꺾다[던지다]"还比喻放弃从事写作的希望而从事其他事情。这都是用与笔相关的动作来转喻人的行为。

与笔有关还有产生年代较晚的"펜 笔、연필 铅笔、볼펜 圆珠笔、만년필 钢笔"，这些词都没有产生比喻意义，不过"연필"或者"펜"也可形成与"붓"类似的惯用语，表达类似的比喻意义。

第二，笔的各个组成部分也产生了相关表达。与毛笔有关的汉语有"两把刷子"，现在多用来比喻有能力，有才能。韩国语里没有类似表达，但是与"펜"有关产生了"펜대(pen-)"，指笔杆，惯用语"펜대(를) 놀리다[굴리다]"转喻从事写文章的事情，如(20)，

汉语用"耍笔杆子"。此外，名词形式的"笔杆子"转喻从事文字工作的人。

> (20) 책상 앞에서 펜대만 굴리는 것보다 오달님씨는 현장 경험도 있고 식재료에 대한 이해력도 높아서 잘 해낼 걸 믿어요. 与坐在桌子前耍笔杆子的人相比，吴月既有基层工作的经验，又非常了解食材，我相信她会干好的。

韩国语里笔盖用"뚜껑、두겁"，因为笔盖是最顶端的东西，所以"두겁조상"比喻祖先中名声最盛的人，也俗指"중시조(中始祖)"，意为使已经败落的家族重振门户的人。

笔还有笔头，汉语笔头没有比喻意义，但韩国语有汉字词"필두(筆頭)"，除了指具体的笔头外，还用于"…을 필두로"形式，比喻列举时写在或说在最前面的人或团体，如(21ab)。不过，用于此意义时，不只用于说或写，还可用来指动作，如(21c)。"필두"也比喻全体或活动里主帅类的人物，如(21d)。烂笔头韩国语用"둔필(鈍笔)"表达，有俗语"총명이 둔필만 못하다"，相当于汉语的"好脑瓜不如烂笔头"，比喻不管什么要想记住的话，必须用笔记下来。

> (21) a. 이에 강 장관을 필두로 참석자들의 웃음이 터지면서 회담장은 웃음바다가 됐다.《동아일보, 2017.07.09》就这样，以康长官为引子，参加人员都大笑起来，整个会场笑成了一团。
> b. 재벌개혁을 필두로 한 경제혁명 以财阀改革为起点的经济革命
> c. 전라남도 선수들을 필두로 하여 각 도의 선수들이

차례로 입장하기 시작했다.以全罗南道的运动员为
首，各道的选手们开始次序入场。

d. 우리 부서 직원들은 이번 사업의 성공을 위하여 과장
님을 필두로 최선의 노력을 하고 있다.为了推进这次
事业成功，我们部门的员工们在课长的带领下正在
奋力工作。

韩国语还有与笔的状态有关的汉字词表达，其中有"대필(大
筆)"指很大的毛笔，也指写得很大的书法、写得很好的书法、书法
写得很好的人。此外还有"명필(名筆)"，指写得很好的书法，也指
书法家。而"휘호(揮毫)"主要指艺术作品，如(22)，是用动作来转
喻作品，但汉语"挥毫"只有动作意义。

(22) 박 대통령에겐 '총화전진'이라고 쓰인 고(故) 박정희 대
통령의 1979년 마지막 신년 휘호보다 더 값진 선물이었
던 것 같다.《주간동아, 2016.09.09》对朴(槿惠)总统来
说，这个礼物好像比已故朴正熙总统写于1979年的最
后的新年墨宝"总合前进"更贵重。

10.6.3 墨汁、墨水

与墨汁有关的汉字词"먹(墨)"本身没有比喻意义，但可用
于俗语中，如"먹을 가까이하면 검어진다"，意为近朱者赤近墨者
黑。此外，由于墨汁是黑色的，所以"먹"发展成了前缀"먹-"，表
示黑色的，如"먹구름"意为黑云，"먹붕장어"意为黑海鳗，这都

是命名意义，此外还有"먹방(-房)"，意思是像泼了墨水一样漆黑的房间，比喻不开灯一团黑的房间。

与墨有关，还有墨水"먹물"，因为墨水是过去学习必备的物品，所以惯用语"먹물(을) 먹다、먹물(이) 들다"指读书学习。"먹물"也比喻学识丰富的人或文章写得好的人，也比喻有文化、有学识的人，都是用墨水转喻人的学识和文化，汉语里有类似的"喝墨水多的人"。

因为墨水是黑的，所以"먹물을 뿌린 듯"比喻非常黑的状态。与墨水有关，朝鲜语里有"먹물 먹은 노끈이 재목을 가리지 않는다"，告诫人们不要对人进行分类。

与墨有关的还有"먹칠"，可以指用墨来漆东西，也指像墨一样黑的漆，也比喻给名誉、体面抹黑，如(23)。类似的还有"똥칠"。

(23) a. 태호씨 그런 자리에 두는 건 제 얼굴에 먹칠을 하는
일이에요.《우리집 꿀단지, 22회》让泰浩呆在那样
的位置上，是给我的脸上抹黑。
b. 추잡하고 유치한 꼴로 우리 가족들 얼굴에 먹칠할 생
각하지 마.《우리집 꿀단지, 56회》别想让你那肮脏
幼稚的样子给我们一家人脸上抹黑。

研墨的时候都用水，水放多了，则墨色很淡，韩国语称这样的墨为"수묵(水墨)"，这与汉语的"水墨"不同，汉语"水墨"等同于"水墨画"，一般指用水和墨所作之画。因为墨可以掩盖其他东西，作画时，如果不小心画错了也不要紧，因为用墨可以再进行发挥而把错的地方改过来，所以韩国语"수묵(을) 치다"就有了两个意义，可以指把水墨涂在错误的地方进行掩盖，也可比喻悄悄地把

错误删掉、藏起来。汉语里类似的是"雌黄"，写错的字用雌黄就盖住了，所以就有了"信口雌黄"，指乱说话，说了就改。图画或字被水浸湿会出现花花搭搭的一片，韩国语称作"수묵(이) 지다"，如(24)。

(24) 눈물이 떨어져 편지가 수묵 지다. 眼泪掉到信纸上，信全花了。

墨水在韩国语里还有外来语"잉크"，"잉크"本身没有比喻意义，但在惯用语"잉크도 안 마른 게"中，表示时间很短，如(25ab)。有时也用"잉크도 안 마른 게"比喻年龄小，即出生后上户口还没过去多长时间呢，如(25c)。

(25) a. 면허증에 잉크도 안 마른 게 위험하게 무슨 드라이브야.《쾌걸 춘향, 5회》驾驶证上的墨水还没干呢。去兜什么风啊？太危险了。

b. 뭐? 결혼? 이혼서류에 아직 잉크도 안 말랐는데.《가화만사성, 26회》什么？结婚？离婚证上的墨水还没干呢。

c. 호적에 잉크도 안 마른 게 벌써부터 남자를 만나고 돌아다녀요.你才多大啊，就开始交男朋友？

类似的用法还有"인주/도장밥도 안 말랐다"。

10.6.4 纸

"纸"也是文具中的重要一项，韩国人对纸有非常细致的观察，包括纸的状态、颜色、厚度、作用等都被韩国人拿来用作了比喻。

首先看白纸，韩国语为"백지(白纸)"，因为白纸的形态特点是一无所有，根据这个特点，不仅"백지"产生了丰富的比喻意义，而且派生词"백지화(白纸化)"和合成词"백지상태(白纸状态)"也产生了比喻意义，如下表所示：

[表1] 与白纸有关的词语

词语	意义	例句
백지 (白纸)	比喻什么都不知道的状态，或者返回到那种状态，也可比喻成为或恢复到做某事之前的那种状态。	우리가 가지고 있는 증거를 백지로 만들 다른 꿈수를 또 준비하고 있다면 어쩌겠냐구?《우리집 꿀단지, 120회》如果他们正在准备使我们的证据变为泡影的其他伎俩，我们怎么办呢？
	成为或恢复没有杂念和成见的状态。	당신 인생을 백지로 만들어줄 게. 아무 것도 기억나지 않아. 《푸른 바다의 전설, 17회》我来把你的人生变成白纸，（以后）你什么也不会想起来的。
	比喻将与某对象或事情相关的事实消灭或使之无效。	이때까지 해 온 것을 모두 백지로 돌리고 싶다. 我想把现在做的一切都退回到原来的状态。
백지화 (白纸化)	比喻将与某对象或事情相关的事实消灭或使之无效。	재개발 사업이 주민들의 반발로 사실상 백지화되었다. 再开发事业因为居民们的反对事实上已经不能再进行了。

백지상태 (白紙狀 態)	比喻成为或恢复到做 某事之前的那种状 态。	과장의 실수로 모든 일이 백지상태로 돌 아갔다. 因为课长的失误所有的工作又回归 到了原点。
	比喻什么都不知道的 状态。	백지상태에서 지원자를 면접하다. 在对 应聘人员一无所知的情况下进行面试。

如上，三个词语中，"백지"的语义最丰富，其中第2个比喻意义与汉语"白纸"可以对应，并且汉语"白纸"更多地是强调什么都不知道，如(26a)，虽然韩国语"백지、백지상태"都可以比喻一无所知，但指的是对对方一无所知，而汉语"白纸"指的是对一般事情一无所知，所以两者并不一致。汉语"白纸"还比喻一无所有，如(26bc)，这与"一穷二白"意义相通，韩国语"백지、백지상태"没有此意。

(26) a. 孩子是一张白纸，我们在上面涂什么样的颜色？
《北大中文语料库》

b. 我们是一张白纸，如果和别人一样的政策、一样的节奏、一样的方法，你就永远别想画出超过别人的图画。《北大中文语料库》

c. 但前半个多世纪，发展甚慢，几乎是一张白纸。
《北大中文语料库》

韩国语还有"백지장(白紙張)"，指白色的纸，也比喻苍白没有血色的脸，如(27)，汉语"白纸"也有此类用法，并且可以直接形成"脸色像白纸一样"这类表达，如(28)，不过"白纸"也可比喻无力，如(29)。

(27) 얼굴이 백지장처럼 하얀데 얼른 방으로 데려가서 눕혀.《월계수 양복점 신사들, 47회》这脸就像白纸一样惨白啊，赶快带她到房里，让她躺下休息。

(28) 媚兰侧身躺在床上，脸色像白纸一样。《北大中文语料库》

(29) 然而，他错了，在族权面前权力苍白得如一张白纸。《北大中文语料库》

纸中还有草纸，韩国语为"초지(草紙)"，指打草用的纸，用于此意时，还有"초고지(草稿紙)"；"초지"也指非常薄、不好的纸，也指稿纸"원고용지"。与草纸有关，韩国语还有"초지장(草紙張)"，指单张的草纸，也指非常薄的纸，也比喻苍白的脸，如(30)。

(30) 너무 놀라 얼굴이 초지장 되다 吓得脸像白纸一样煞白。

纸的特点是很薄，与此相关有很多俗语，如下表所示：

[表2] 与纸有关的俗语

	俗语	意义
1	초지 한 장이 바람을 막는다	比喻不起眼的东西只要用的得当，也能干大事。
2	백지장도 맞들면 낫다	比喻同心协力会使事情变得非常容易。
3	백지 한 장도 맞들면 낫다	
4	종잇장도 맞들면 낫다	
5	초지장도 맞들면 낫다	
6	백지장에 물 한 방울 떨어지듯	比喻虽然非常微小但也会留下痕迹。

如上，这六个俗语主要表达三类意义，其中俗语1-5都是对薄纸作用的肯定，其中俗语1是对一张纸作用的肯定，俗语2-5是对集体力量的肯定。俗语6是对水对纸的侵蚀作用的肯定。

虽然同是关注纸薄这一特点，但韩国语里还有"습자지(習字纸)"，指练习写字时的薄纸，这个词可用来比喻人的耳朵，如(31)，这是利用了韩国语惯用语"귀가 얇아"表示"耳朵根子软"的用法，因为汉语不用"耳朵根子薄"，所以译成汉语时要译成"非常软"。

(31) 귀가 습자지예요. 너무너무 얇아.《김과장, 18회》他的耳朵根子就是习字纸，非常软(别人的话一说就相信)。

书或账簿、纸张的一面为"페이지、쪽"，与"페이지"有关有惯用语"역사의 한 페이지를 장식하다"，比喻纪念或记录重要的事情，如(32)。

(32) 이번 쾌거는 역사의 한 페이지를 장식할 사건으로 기억될 것이다.这一痛快的事件会被历史记录下来的。

书是用纸印刷出来的，所以可以用纸价来转喻书价，因此汉语有了"洛阳纸贵"，而韩国语有"종잇값을 올리다、지가를 올리다"，也都比喻书非常畅销。

10.6.5 书桌、书橱、书包

韩国语里书桌为"책상(冊床)",指用来读书或办公的地方,一般读书办公时都坐在桌子的一边,称作"책상머리(冊床--)",也称作"안두(案頭)"。"책상머리"多用于惯用语中,其中,"책상머리나 지키다、책상머리에만 앉아 있다"比喻没有责任感、不贴近现实,只是蹲在办公室看文件,虚度岁月。现在还出现了"책상머리지식인",如(33)。有时"책상머리"也可用来指这样的一类人,如(34),汉语多用"坐办公室的"。

(33) 책상머리 지식인의 좌절 埋头于书堆的知识分子的挫败

(34) 그런 책상머리 놈들의 가장 취약한 것은 바로 굴욕감이지.《훈장 오순남, 24회》那种天天坐办公室的人最不能容忍的就是屈辱感啊。

书橱韩国语称作"서궤(書櫃)、서상(書箱)、책궤(冊櫃)、서록(書籠)",其中"서궤"还比喻在各个领域博学多识的人,"서록"比喻虽然读了很多书却没有理解的人。

书包韩国语为"책가방(冊--)",韩国人经常用书包带的长短来比喻文化的深浅,其中,"가방 끈이 짧다"意为学问浅,"가방 끈이 길다"意为学识广,不过一般前者用的较多,如(35a),汉语用"喝墨水的多少"来比喻学问的高低,因为"墨水"也是学习用品之一。韩国语里有时也直接用"짧다"来表达文化水平浅,如(35b)。

(35) a. 내가 가방끈이 짧아서 못 읽어보고 금액은 대충 알아듣겠는데.《우리집 꿀단지, 81회》我没文化读不

懂，但是金额大致能听懂。

b. 제가 배운 게 짧아서 은조한테 그렇게밖에 못해요.《미워도 사랑해, 1회》我没多少文化，所以对银朝只能做到那样，（别的做不了）。

10.7 文凭与就业

从韩国大学生的比例来看，25-34岁的韩国人中98%具有大学专科或本科学历，是全球比例最高的国家（图德 2015:87）。所以，要想在这众多的学生中胜出，就要进入一流大学。

在韩国，进入一流大学是通往最好的工作、最好的人际关系和最好婚姻的门票，而韩国最有名的大学当属"首尔大学、高丽大学、延世大学"，被称作韩国的"SKY"。韩国最大规模企业总裁的70%、80%的司法机构公务员来自这三所大学（图德 2015:30）。毕业于这三所学校的学生称作"S대생"，类似于中国人所说的"985"毕业生，如(36)。

(36) 저도 학부는 S대로 나와서 오래만에 후배 얼굴도 볼 겸 실은 공짜 점심 먹으러 갑니다.《밥상 차리는 남자, 26회》我的大学也是在S大学上的，正好顺便去看看小师弟(妹)，还能吃顿免费午餐。

这三所大学中尤其以首尔大学最为有名。首尔大学学位所具有的"品牌价值"相当于拎着3000美元的手提包，或者是在首尔瑞草

区拥有一套大房子所获得的地位价值(图德 2015:94)。相反，如果在非首都圈的其他地区上大学则会让人感觉低人一等，例如，电视剧《아버님, 제가 모실게요, 7회》的对话就对这种现象进行了刻画：

(37) 서혜주(형님): 꼭 공부 잘해야 행복하냐? 꼭 SKY 나와
야 출세해? 必须学习好才幸福吗？必须是毕业
于SKY三所大学才能成功吗？

강희숙(아래동서): 형님 상관하지 말라고 했어요. 嫂
子，我已经说过了，不要你管。

...

서혜주: 야, 너도 솔직히 지방대에서 나왔잖아? 지방대
를 나왔어도 지금 강남 45평 빌라 떡하니 차지
하고 잘 먹고 잘 사는데. 야, 지훈이 전교 3등이
면 정말 잘한 거지? …나 널 정말 이해가 안 돼.
이해가. 呀，说实话，你上的不也是地方大学
吗？虽然你是地方大学的，但是现在不是在
江南也有45坪(150平方)的大房子住着，有吃
有喝的吗？呀，志勋全校第三名的话，做的
够好的了。……我真是不理解你，不理解。

...

강희숙: 지금 뭐라고 하셨어요? ... 어떻게? 어떻게 애들
앞에서 그런 식으로 제 과거를 들춰요. 어떻게?
어떻게 제가 지방대를 나왔다는 말, 그런 소리
를 해요? 네?! 您这是说什么呢？……你怎么，
怎么能在孩子们面前用这种方式来抖露我的
过去啊？怎么能这样啊？怎么能把我上的是

地方大学这事说出来啊？啊？

上面对话的起因是兄弟媳妇강희숙因为儿子지훈从全校第二名掉到了全校第三名，所以对儿子连骂带打，嫂子서혜주来劝架，说难道只有毕业于"SKY"这三所大学才幸福吗？并且把兄弟媳妇毕业于地方大学的事情给抖露了出来，当孩子们走了后，弟媳妇강희숙大发雷霆，指责嫂子为什么把自己毕业于地方大学的事情告诉了孩子们。

강희숙之所以发这么大的火，是有缘由的，因为在韩国一般人都认为出身地方大学是很丢人的，并且在职场上会受到很多不公正待遇，如同集电视剧中在想起以前的职场生活时，강희숙说了下面这番话：

(38) 제가 지방대 나와서 승진이 안 되나봐요…저도 알아요. 다들 기라성 같은 명문대에서 나왔는데 저만 이름없는 지방대에서 나왔잖아요.《아버님, 제가 모실게요, 7회》我无法升职可能是因为我上的是地方大学吧……我也知道，大家上的都是绮罗星似的名牌大学，只有我是地方大学的。

地方大学尚且如此，如果是高中毕业，找工作那更是难于上青天，如《아버님, 제가 모실게요, 14회》中，방미주对오동희说了这样一番话：

(39) 고졸 출신인 동희씨가 우리 회사에 들어왔다는 건 정말 낙타가 바늘구멍을 통과하는 것만큼 불가능한 일인데.

高中毕业的东姬你能进入我们公司工作那比骆驼通过
针眼还难啊。

电视剧《전생에 웬수들, 26회》中，当高中毕业的최고야去面
试时，面试官就说道：

(40) 학력이 좋아야 일도 잘하는 법입니다…우리 대졸 이상
만 뽑습니다. 学历好了，才能工作好啊。……我们只
要大学毕业生。

如上，这些说法都代表了社会上一般人的普遍观点，也就是学
历高即能力高，学历低了，大学名气不好，都影响就业和人生。因
此，对一般韩国人来说，都拼命想让孩子上大学，并且要把孩子送
到首尔的大学，可能的话都想进入前三位的"SKY"大学。韩国学生
为了进入好大学拼命学习自是不必说，而睡觉时间是最能反映努力
程度的，韩国语有词语"4당5락(四當五落)"，意思是每天睡4个小时
就能考上好大学，睡5个小时就会落榜。2018-2019年JTBC播放的电视
剧《SKY캐슬》就赤裸裸地反映了韩国人追求名牌大学的这一社会现
实，也揭露了进入名牌大学的难度之大，在韩国引起了极大反响，
收视率一度达到23.8%。

大学是学习知识的高等教育机构，多用"상아탑(象牙塔)"来
做比喻，而即使进入韩国大学，昂贵的学费也让很多韩国家庭不堪
重负，所以韩国大学的俗称为"우골탑(牛骨塔)"，意思是用贫困农
民卖牛所得交的学费建起来的大楼。卖了用来交学费的牛也产生了
专门的名称，如"건들망치、풀밥통、메뚜기"等，分别是京畿道高
阳、京畿道水源、忠清北道镇川等地的方言，其中"건들망치"是根

据人们学习时会摇头晃脑的形象特点产生的；"풀밥통"源于"풀"是可以粘住的（붙다），利用的是胶水与"붙다"的多义性；"메뚜기"的产生是因为人们经过时蚱蜢会飞走，而牛也因为孩子的学费"飞了"（서정범 2005:71），利用的是蚱蜢的形象特点以及"날아가다"的多义性。但这些都是过去的说法，因为过去韩国大部分都是农民，还有牛可卖。现在大部分韩国人已经不是农民，已无牛可卖，所以出现了新的戏谑说法为"인골탑（人骨塔）"，意思是大学是用韩国父母的骨头堆起来的。

10.8 高考与祈愿

正因为韩国人对教育的重视以及大学文凭的重要，所以对全体韩国人来说高考是至关重要的。这种重视表现在多方面。其中有社会的公开支持，例如，每年一度的高考前，有的地方企业就以赠送相关礼物的方式来为高考生加油助威，2015年11月8日，韩国江原道旌善郡郡守与旌善山牛蒡蒸糕名品公司事业团对辖区内的7所高中的高三学生赠送了"정선수리취떡 旌善郡山牛蒡蒸糕"，借此祝高三学生高考成功。当然最重要的就是家人的支持，韩国人家里如果有高考生，很多妈妈们就会到寺庙里进行祈愿，有的甚至会磕头磕一千次。

韩国人对高考的重视还表现在高考文化市场的发达之上，例如韩国市场出现了很多"수능맞춤형 도시락 高考定制盒饭""총명탕聪明汤""수능 사과 高考苹果""수능 양말 高考袜子""수능 체온계 高考体温计"等实用性商品。此外还有一些被寄与了浓厚寓意的

礼物性商品。

　　韩国的高考礼物除了传统的"엿、찹쌀떡"之外，随着社会的发展而变得更加丰富多彩，很多一般性的商品都被赋予了文化意义，如(41)。

　　(41) a. 고릴라 목거리、풀、성냥
　　　　 b. 포크、다트(飞镖盘)、카메라 필름
　　　　 c. 족집게
　　　　 d. 두루마리휴지、테이프、실패(缠线板)
　　　　 e. 주사위、타이어、볼링공
　　　　 f. 야구방망이、테니스 라켓、도끼、북
　　　　 g. 열쇠고리
　　　　 h. 손거울
　　　　 i. 푸선껌
　　　　 j. 카스텔라
　　　　 k. 젖병(젖 먹던 힘까지 내라)…

　　如上，这些日常的食物、用品等都寄予了"高考一定要成功"这种美好的祝愿，那么为什么偏偏是这些东西获得了这些寓意呢？这主要是借助了韩国语"同音词多、多义词丰富"这一特性。

　　其中，"엿、찹쌀떡"与(41a)中的"고릴라 목거리、풀"意为"엿/찹쌀떡/고릴라/풀처럼 찰싹 붙어라"，因为麦芽糖、糯米年糕、胶水的特点是非常黏，而考拉熊的特点是长时间趴在树上一动不动，用韩国语表达是"나무에 잘 붙어 있다"，这与考试成功"시험에 붙었다"用的都是一个动词"붙다"。而"성냥"的意义也是"시험에 확 붙어라"，因为火柴最大的功用就是点火，如"성냥을

그어 불을 붙이다" 中的动词 "붙이다" 是 "붙다" 的使动词。

再看(41b)。现在考试形式多由以前的笔写改为打钩或填写答题卡，表达为 "정답을 찍다"，根据这一特点，现在考试礼物有的发展出了送 "叉子(포크)"，因为叉子是用来插东西吃的，如 "포크로 찍어서 먹다"，根据这一动作相似性，"포크" 也就有了文化意义。但这一般是送给学习较差的同学。类似的还有 "카메라 필름、다트" 等的寓意也是 "잘 찍으라"，因为韩国语里在使用这些东西时，搭配的动词也都是 "찍다"，如 "카메라로 잘 찍어줘 用照相机照" "화살은 다트에 잘 찍었다 箭牢牢地射插在了转盘上"。

再看(41c)。送 "족집게" 意为 "족집게처럼 잘 맞추라 像镊子一样找到正确答案做对题"，因为 "족집게" 主要是用来拔汗毛或刺的小器具，也就是说 "족집게" 适合精细动作，另外，要想把细小的东西拔出来，要先找到准确的位置，如果位置找好了，那么就一切万事大吉，所以 "족집게" 产生了比喻意义，指能够正确指出某种事实或能够正确猜中的人，如(42)。

(42) a. 족집게 도사 神算子道士
      b. 족집게 과외 高命中率的辅导

再看(41d)。送 "휴지、테이프、실패" 等意为 "잘 풀어라 好好解题"，因为韩国语里打开这些东西为 "휴지를 풀다 打开卫生纸" "테이프를 풀다 放磁带" "실패를 풀다 把线板解开"，都用动词 "풀다"，与解题意义的动词 "풀다" 是一个词。

再看(41e)。送 "주사위、타이어、볼링공" 意为 "잘 굴려라. 好好动脑筋"，因为 "주사위를 굴리다" 意为打算盘，"타이어" 与 "볼링공" 也都可与 "굴리다" 结合表示滚动，这与 "머리를 잘

굴리다 动脑筋/脑袋瓜动得快"用的动词都是"굴리다"。

再看(41f)。送"모형 야구방망이、테니스 라켓、도끼、북"意为"잘 치라 好好考试",因为打棒球"야구를 치다"、打网球"테니스를 치다"、抢斧头"도끼를 치다"以及敲鼓"북을 치다"都是用动词"치다",而韩国语里考试"시험을 치다"也用动词"치다"。

再看(41g)。送"열쇠고리"意为"대학에 꼭 들어가라. 一定要考上大学",因为用钥匙开门"열쇠로 열다"与打开大学之门"대학의 문을 열다"所用的动词都是"열다"。(41h)送"손거울"意为"잘 보라 好好看题或好好考",因为韩国语"照镜子""看"以及"考试"都用动词"보다"。(41i)送"풍선껌"意为"점수가 부풀기를 바란다",即祝愿多考分,因为泡泡糖的状态是"잘 부풀다"。

以上这些高考礼物寓意的生成分别利用了韩国语动词"붙다、찍다、맞추다、풀다、굴리다、치다、열다、부풀다"等的多义性。

韩国高考礼物还有"카스텔라(castela)"(41j)与"젖병"(41k),因为考试时要尽最大努力,所以"젖병"意为"젖 먹던 힘까지 내라",即把吃奶的劲儿也要使出来。送"카스텔라"意为"가서 돼라",因为"카스텔라"是用面粉、鸡蛋、糖等做好并放在烤箱里烤制而成的面包,即需要经过烤箱这一煎熬才能出炉成为食物,而高三学生只有经历高考这一熔炉的考验才能成为大学生,所以两者也被"拉郎配"了。当然从发音上看,"카스텔라"与"가서 돼라"的发音也很接近。

如上,根据这种多义词与实际事物之间的关系,还可以延伸出其他的高考礼物,例如"피아노",因为"弹钢琴 피아노를 치다"用的动词也是"치다"。不过送什么样的礼物,除了要利用好多义词、谐音等知识外,也与其他文化知识有关,如"锻剑 칼을 치다"

在韩国语里用的动词也是"치다",寓意可定位为"千锤百炼",但是韩国人并不送剑,这可能是因为锻剑不是一朝一夕就可以完成的,所以容易让人产生误解:高考考不好可以再弄几年,并且剑的联想意义更多的是一种危险。

当然,这些祈愿礼物有没有效果不得而知,但韩国人却深信不疑。例如,电视剧《빛나라 은수, 20회》在男朋友수호考试前,은수往수호嘴里塞了一根麦芽糖,说道:

(43) 합격엿이에요. 먹고 한 방에 꼭 끝내야 돼요. 이것은 能让
你及格的麦芽糖,吃了,一定要一次就合格啊。

《월계수 양복점 신사들, 42회》中当听说男朋友태양教师资格考试笔试合格后,효원说道:

(44) 제일 어려운 심험 붙었는데 2차, 3차는 자동 합격하는
거죠. 역시 내가 교문에다가 엿을 딱 붙여놓고 기도하
는 효험이 있나 봐요. 最难的的考试都合格了。第二
次、第三次考试肯定会自动合格的。看来我往学校大
门上粘麦芽糖并做的祈祷显灵了啊。

现在不仅仅是高考,只要是重要考试,如公务员考试、就业招聘考试等,就连公布成绩的前几天,韩国人也会极其注意,如电视剧《아버지가 이상해, 29회》有这样的对话:

(45) 변한수(아빠): 찰밥이네. 是糯米饭啊。
나영실(엄마): 네. 오늘 찰밥이에요. 오늘 다들 밥 한톨

도 남기지 말고 다 먹어야 돼. 아, 준영아, 잡채 끊어서 먹지 말고 그대로 먹어. 음, 今天吃糯米饭。今天的米饭大家都要吃干净，一粒也不要剩。啊，俊英啊，凉拌粉条夹起来直接吃，不要弄断啊。

변미영(둘째딸): 아, 맞다. 내일 오빠 발표지? 啊，对，明天哥哥的成绩就出来了啊？

변한수: 그래서 찰밥을 했구나! 所以说吃糯米饭啊。

김유주(며느리): 아? 찰떡같이 붙고 끊어떨어뜨리지 말라고. 걱정하지 마세요. 어머니. 설마 올해 합격하겠죠? 그렇지? 준영씨. 啊？意思是像糯米饭那样粘住别掉下来，(粉条整根吃)不要中间断了滑下来？不用担心。妈。今年应该能合格的。是吧？俊英啊？

변준영(둘째 아들): 그래야죠.(잡채를 그대로 먹는다)今年一定得合格。(夹起长长的粉条放进嘴里)

나영실: 봤지. 다들 이렇게 오늘과 내일까지는 국수나 면 같은 것 먹을 때 절대 끊어먹지 말고 먹어.看到了吧？大家今明两天吃面条等面食时一定记着绝对不能弄断了吃。

　　根据上面的对话可以看出，韩国的父母在孩子适逢重要考试或考试结果公布的日子里，会做糯米饭，这用的是糯米具有粘性，与意为考试通过的"붙다 粘住"意义相同，而吃粉条、面条等条状食物时不要弄断，与"끊어 떨어뜨리지 않는다"同义，由此可见韩国父母的良苦用心。

前面第一章已分析过，韩国人考试时避免吃裙带菜汤，如电视剧《전생에 웬수들, 26회》中，侄女최고야去考试的那一天，小姑子看到嫂子煮了裙带菜汤不禁气急败坏地说道：

(46) 시험 보는 날 미역국 끓이는 사람 어딨어요? 谁会在考试的日子里煮裙带菜汤喝啊？

如果总是考试不中，则被视作白白浪费年糕、麦芽糖等，如电视剧《내 남자의 비밀, 6회》中，二女婿已经升职成为课长了，而大女婿还没找到工作，所以丈母娘모진자说风凉话，如(47)，意思是找不到工作，光浪费麦芽糖了。

(47) 과장은 어디야? 누구는 아직 찹쌀엿만 축내고 있어. 能当上课长就很好了。不像某些人光浪费麦芽糖(却找不到工作)。

中国也有类似的风俗，例如2017年9月2日凤凰网报道了一则新闻，说9月1日幼儿园开学第一天，常熟的一位小朋友全副武装来到了幼儿园，因为根据常熟的风俗，在开学第一天，娘舅会送书包给小外甥，里面装有葱(寓意聪明)、板刷(寓意"板定识")、烤果(寓意考试必过)、菱角(寓意伶俐可人)、手上是某品牌儿童手表(寓意天才)。[03] 但这种文化并没有蔓延并形成全国性的文化。

不过文化自古以来就是互相影响和融合的。新浪新闻中心2018

03　https://www.baidu.com/home/news/data/newspage?nid=15272658344200911117&n_type=0&p_from=1&dtype=-1

年1月25日报道了一条新闻《初中生带条鱼上期末考场 期待"咸鱼翻身"?!》，[04] 新闻中的"咸鱼"实际是咸鱼笔袋，中国淘宝上有售，但标注的是"韩版"。经笔者检索也发现韩国确有"붕어필통"(如下图所示)，并且显示至少2015年10月份之前就上市了。[05] 此外还有各种鱼型的笔筒(如牙鲆鱼[06])和钱包。

图片来自网络

但是在韩国这样的笔袋、钱包并不是祈愿礼物，他们主要着眼于笑点，并且强调的是这些鱼儿是食物这一特点，这从副包装"小餐桌(有盛放芥末和其他调料的小碟子、筷子)上可以看出来。但是这些"鱼儿们"漂洋过海来到中国后却与"咸鱼翻身"这样的文化结合具有了"考试祈愿"这一新的中国文化意义。

04 http://news.sina.com.cn/o/2018-01-26/doc-ifyqyesy2217464.shtml

05 https://blog.naver.com/wanrang/220521072634

06 https://yegist.blog.me/220538335360

10.9 教师与送礼

教育离不开老师，在韩国尊师重教传统里，教师成了人人艳羡的职业，也成了韩国人结婚选对象的职业之一。

例如，电视剧《전생에 웬수들, 3회》中，최찬들的妈妈因为自己儿子是老师这一点，就经常自豪地说：

(48) 이 동네에 교사 아들 둔 사람이 있으면 나와보라고 그
래. 나는 있어요… 우리 소구리에 아들이 선생님 하는 사람은 나와
出来。我有(这样的儿子)啊。

教师是受人尊敬的职业，汉语有"一日为师，终生为父"，韩国忠清南道公州方言[07]中把教师称作"어멈"，即认为教师如同母亲(서정범 2005:134)。韩国标准语里与老师和老师妻子有关的称呼为"선생님(先生-)、사모님(師母-)"，并且都被用来当作敬称称呼他人，都发生了语义的泛化，成了一般称谓语。

表达教师这种职业除了"교사、선생님"外，还有很多惯用语，而这些惯用语都与教师周围的事物有关，如"분필 가루를 먹다吃粉笔灰""교편을 잡다 拿教杆的""강단에 서다 站讲台的"等都比喻做教师，如(49)，这都是用教师特定的动作、行为来转喻职业。

(49) a. 나 박사 소지자야. 대학 강단에 내 청춘을 다 바쳤
다.《미워도 사랑해, 4회》我可是有博士学位的。我
把自己的青春都播撒在大学讲台上了。

---

07   主要是位于社会底层的屠夫们的方言。

b. 우리 산들이가 아침마다 그렇게 쫙 빼입고 교편 잡으러 가는 걸 볼 때마다 여기가 복차오르는데.《전생에 웬수들, 4회》看着我们山野每天早上西装革履地去学校上课，我心里就激动得不行。

韩国中小学课程与中国差不多，但有的名称不太一样，例如中国的"思想品德"课程，韩国称作"윤리(倫理)"或"도덕(道德)"，任课老师被称作"윤리 선생"或"도덕 선생"，因为在这样的课程上多讲授一些有关道德伦理方面的内容，所以韩国语里"도덕 선생"还被用于日常生活中，比喻总是把大道理挂在嘴边上的人，如(50)，汉语可以译成"孔夫子"。

(50) 내 뒤통수 칠 때 언제고 이제 와서 무슨 도덕선생님이 됐어?《달콤한 원수, 114회》不久前刚给了我一闷棍，现在怎么又成了孔夫子给我讲大道理啊？

韩国语里还有"반면교사(反面教師)"，意思是从反面给与帮助的人或事情，汉语一般用"反面教材"，如(51)。

(51) 페트리 교수는 '독일의 사례를 반면교사 삼아 한국은 원자력발전의 대안이 생긴 뒤 정책을 세우는 것이 이상적인 순서라고 생각한다'고 밝혔다.《조선닷컴, 2017.07.11》培德瑞教授说："我认为韩国应该以德国的事例为反面教材，在准备好核发电的对策后再制定相关政策是比较理想的顺序。"

教师这个职业意味着责任，所以韩国语里有"훈장 똥은 개도 안 먹는다"，意思是每天着急上火的人拉的大便是苦的，比喻教师这个职业非常辛苦。

在韩国尊师重教的氛围下韩国人还会给老师一些表示谢意的小东西，称作"촌지(寸志)、촌의(寸意)、촌정(寸情)、손씻이"，指含有心意的小礼物。"촌지"还指为表达心意而给的钱，主要指给老师、记者的钱，如(52a)，但有时也可扩展到医生，如(52b)。

> (52) a. 촌지 같은 것 받으면 안 돼. 그것 받으면 기자 생명은
> 끝이야. 《솔약국집 아들들, 1회》不要收红包。要收
> 了那个，你的记者就别当了。
> b. 환자에게서 절대 촌지를 받지 않는다. 《닥터스, 10
> 회》绝对不收患者的红包。

就像汉语说"送红包"一样，韩国人送钱时一般用信封，只是颜色不同，一般都用外部为白色、内有蓝色隔层的信封，所以"봉투를 돌리다"也被用来转喻行贿。

10.10 小结

韩国古代社会的教育在政治法律部分已经分析了科举制，本章内容主要与韩国现代教育有关。韩国的教育热表现在方方面面，其中阅读量尤其是小学生的阅读量要远远高于中国。

与中国公教育发达相反，韩国的私教育非常发达，与私教育有

关的"학원(學院)、과외(課外)"等都发生了语义泛化。韩国语里与小学有关的表达多用来比喻没文化、无知，与汉语"小学生"表达谦虚不同。韩国大学里的"과(科)"也被用来表达同一类人。学位的最高点"박사(博士)"成了精通的代名词。毕业意义的"졸업(卒業)"可以比喻结束，与汉语有类似之处，亦有不同。汉语"读书"可以转喻学习，韩国人将读书与驴过河、冰上推葫芦联系了起来，韩国语里翻书的动作"피로(披露)"产生了众多意义和表达。与作业有关的韩国语的"숙제(宿題)"比喻难题，与答案有关的"정답(正答)、답안지(答案紙)"可比喻人生。韩国语里与学习用品有关的"课本、笔墨纸张、书橱、书柜、书包"等都无一例外地产生了比喻意义或比喻表达，尤其是与笔墨纸张有关的表达非常丰富，这说明这些物品对人们的重要性和熟悉程度。

韩国大学文凭尤其是名牌大学的重要性主要表现在人们的思想观念上，正因为如此，韩国人对高考极度重视，在韩国形成了独具特色的高考市场，代表性的就是给考生送各种具有寓意的小礼物。这些礼物寓意的产生充分体现了语言学中同音词、多义词与文化的融合。

处于教育核心的是教师，教师在韩国是令人艳羡的职业。与教师相关有很多表达，用的都是转喻手法。韩国的"윤리 선생、도덕 선생"常用来比喻爱说大道理的人，而"반면교사(反面教師)"相当于汉语的"反面教材"。

从语言形式来看，教育语言中汉字词占了近一半。惯用语主要与笔墨纸张和教师职业有关。

参考文献

中文文献

蔡镜浩, 汉语与中国文化[A], 顾嘉祖、陆昇, 语言与文化[C], 上海:上海外语教育出版社, 1988:147-161.

陈建民, 现代汉语礼俗词语与社会文化的关系[A], 陈建民、谭志明, 语言与文化多学科研究[C], 北京:北京语言学院出版社, 1993:146-155.

费孝通, 土地里长出来的文化[A], 1946, 文化与文化自觉[C], 北京:群言出版社, 2016/2017.

费孝通, 中华民族的多元一体化格局[A], 1988, 文化与文化自觉[C], 北京:群言出版社, 2016/2017.

何有晖、彭泗清、赵志裕, 世道人心—对中国人心理的探索[M], 北京:北京大学出版社, 2007.

黄时鉴、龚缨晏, 佛国寺双塔与中国古塔的比较研究[A], 黄时鉴, 东西交流史论稿[C], 上海:上海古籍出版社, 1998.

黄树先, 比较词义探索[M], 成都:四川出版集团, 2012.

蒋 勋, 蒋勋说红楼梦(第五辑)[M], 上海:上海三联出版社, 2014/2015.

金文学, 丑陋的韩国人[M], 贵阳:贵州人民出版社, 2011.

李 倩, 回锅肉和香菇菜心的语言等级[M], 北京:商务印书馆, 2015.

梁漱溟, 中国文化要义[M], 上海:世纪出版集团上海人民出版社, 2011/2015.

廖文豪, 汉字树(5)——汉字中的建筑与器皿[M], 北京:中国商业出版社, 2015.

刘 畅, 从韩国古代文人名字组合看中华文化的影响[J], 洌上古典研究, 2015(45):91-118.

刘 畅, 走读韩国[M], 广州:暨南大学出版社, 2012.

刘亚琼, 从"X帝"等看敏感事件投射命名[J], 当代修辞学, 2012(2):10-18.

刘艳春, 俄语语言世界图景中的"时间"观念[J], 齐齐哈尔师范高等专科学校学报,

2014(03):150-151.

刘英凯、钟尚离, 股市语中军事语泛化的语言学分析[J], 深圳大学学报(人文社会科学版), 2005(6):112-117.

罗常培, 语言与文化[M], 北京:语文出版社, 1989.

吕叔湘, 语文杂记[M], 北京:生活·读书·新知三联出版社, 2008/2011.

马未都, 都嘟(第一季)[M], 北京:新星出版社, 2015/2017.

马未都, 都嘟(第二季)[M], 北京:新星出版社, 2016.

马未都, 醉文明+收藏马未都(1)[M], 北京:中信出版社, 2017.

马未都, 醉文明+收藏马未都(2)[M], 北京:中信出版社, 2017.

马未都, 醉文明+收藏马未都(3)[M], 北京:中信出版社, 2017.

孙隆基, 中国文化的深层结构(第二版)[M], 北京:中信出版集团, 2015/2017.

孙汝建, 汉语性别语言学[M], 北京:科学出版社, 2012.

邵敬敏, 前言[A], 文化语言学中国潮[C], 北京:语文出版社, 1995.

唐晓峰, 文化地理学释义[M], 北京:学苑出版社, 2012.

汪 郎, 食之白话[M], 北京:中国林业出版社, 2006.

汪榕培、杨彬, 高级英语词汇学[M], 上海:上海词汇学研究, 2011.

王 芳, 韩国语前缀语义系统研究[M], 青岛:中国海洋大学出版社, 2013.

吴承仕, 吴承仕文录[M], 北京:北京师范大学出版社, 1984.

伍铁平, 比较词源研究[M], 上海:上海外语教育出版社, 2011/2015.

邢福义, 文化语言学(修订本)[M], 武汉:湖北教育出版社, 2000.

许嘉璐, 中国古代衣食住行[M], 北京:北京出版社, 2011/2016.

许烺光, 祖荫下——中国乡村的亲属·人格与社会流动[M], 王芃、徐隆德合译, 台北:南天书局有限公司, 2001.

杨荫深, 饮料食品(事故典故丛谈)[M], 上海:上海辞书出版社, 2014/2015a.

杨荫深, 居住交通(事物掌故丛谈：戊)[M], 上海:上海辞书出版社, 2014/2015b.

咬文嚼字编辑部, 咬文嚼字2005合订本[M], 上海:上海锦绣文章出版社, 2015.

叶舒宪, 高唐神女与维纳斯[M], 西安:陕西人民出版社, 2005a.

叶舒宪, 中国神话哲学[M], 西安:陕西人民出版社, 2005b.

叶舒宪, 原型与跨文化阐释[M], 西安:陕西师范大学出版社, 2018.

叶永烈, 这就是韩国[M], 上海:上海交通大学出版社, 2010.

游汝杰, 中国文化语言学刍议[A], 邵敬敏, 文化语言学中国潮[C], 北京:语文出版社, 1995:1-15.

张博宇, 社会语言学探析[M], 哈尔滨: 东北林业大学出版社, 2015.

赵永新, 科学与传统, 神似与形似, 整体与局部[A], 陈建民、谭志明, 语言与文化多学科研究[C], 北京:北京语言学院出版社, 1993:54-60.

朱 跃、朱小超、鲍曼, 语言与社会[M], 北京:北京大学出版社, 2015.

中文译著

(奥)弗洛伊德, 精神分析引论[M], 高觉敷译, 北京:商务印书馆, 1984.

(德)J·G·赫尔德, 论语言的起源[M], 姚小平译, 北京:商务印书馆, 2011.

(德)爱娃·海勒, 色彩的性格[M], 吴彤译, 北京:中央编译出版社, 2017.

(德)威廉·冯·洪堡特, 论人类语言结构的差异及其对人类精神发展的影响[M], 姚小平译, 北京:商务印书馆, 2011.

(法)丹尼斯·库什, 社会科学中的文化[M], 张金岭译, 北京:商务印书馆, 2016.

(法)让·安泰尔姆·布里亚·萨瓦兰, 厨房里的哲学家[M], 敦一夫、付丽娜译, 南京:译林出版社, 2017.

(法)西蒙娜·德·波伏瓦, 第二性Ⅰ[M], 郑克鲁译, 上海:上海译文出版社, 2011/2016.

(韩)韩基宗, 朝鲜朝经国大典与中国传统法律思想[D], 国立台湾大学博士学位论文, 1992.

(韩)金慧媛, 中韩文化谈[M], 北京:北京大学出版社, 2013.

(韩)李御宁, 韩国人的手, 韩国人的心[M], 田建国、田建华译, 北京:中国出版集团现代出版社, 2015.

(加)达琳·M·尤施卡, 性别符号学——政治身体/身体政治[M], 程丽蓉译, 南京:译林出版社, 2015.

(美)C·恩伯、M·恩伯, 文化的变异——现代文化人类学通论[M], 杜彬彬译, 沈阳:辽宁人民出版社, 1988.

(美)爱德华·霍尔, 无声的语言[M], 何道宽译, 北京:北京大学出版社, 2010/2015.

(美)段义孚, 空间与地方——经验的视角[M], 王志标译, 北京:中国人民大学出版社, 2017.

(美)卡罗尔·恩贝尔、梅尔文·恩贝尔, 人类文化与现代生活——文化人类学精要(第三版)[M], 周云水等译, 北京:电子工业出版社, 2016.

(美)克利福德·格尔茨, 地方知识——阐释人类学论文集[M], 杨德睿译, 北京:商务印书馆, 2014.

(美)肯尼思·本迪纳, 绘画中的食物——从文艺复兴到当代[M], 谭清译, 北京:电子工业出版社, 2016.

(美)理查德·尼斯贝特, 思维版图[M], 李秀霞译, 北京:中信出版社, 2017.

(美)罗伯特·瑞德菲尔德, 农民社会与文化——人类学对文明的一种诠释[M], 王莹译, 北京:中国社会科学出版社, 2013/2015.

(美)玛格丽特·维萨, 饮食行为学——文明举止的起源、发展与含义[M], 刘晓媛译, 北京:电子工业出版社, 2015.

(美)任韶堂, 食物语言学[M], 王琳淳译, 上海:上海文艺出版社, 2017.

(美)威廉 A·哈维兰、哈拉尔德 E·L·普林斯、邦尼·麦克布莱德、达纳·沃尔拉斯, 文化人类学——人类的挑战[M], 陈相超、冯然译, 北京:机械工业出版社, 2014.

(美)西敏司, 饮食人类学——漫话餐桌上的权力和影响力[M], 林为正译, 北京:电子工业出版社, 2015.

(美)亚瑟·史密斯, 中国人的素质[M], 梁根顺译, 西安:太白文艺出版社, 2010.

(美)约翰·R·霍尔、玛丽·乔·尼兹, 文化:社会学的视野[M], 周晓红、徐彬译, 北京:商务印书馆, 2009.

(美)约翰·麦奎德, 品尝的科学[M], 林东涵、张琼懿、甘锡安译, 北京:北京联合出版公司, 2017.

(美)赵志裕、康萤仪, 文化社会心理学[M], 刘爽译, 北京:中国人民大学出版社, 2011/2015.

(日)内山完造, 中国人的生活风景——内山完造漫语[M], 吕莉译, 北京:中国出版集团现代出版社, 2015.

(意)翁贝托·艾柯, 丑的历史[M], 彭淮栋译, 北京:中央编译出版社, 2012/2015.

(英)L·R·帕默尔, 语言学概论[M], 李荣等译, 北京:商务印书馆, 2016.

(英)丹尼尔·图德, 太极虎韩国[M], 于志堂、江月译, 重庆:重庆出版社, 2015.

(英)克莱尔·吉普森, 如何读懂符号——思索触类旁通的标志意义[M], 张文硕译, 沈阳:辽宁科学技术出版社, 2018.

(英)马修·萨伊德(Matthew Syed), 黑匣子思维——我们如何更理性地犯错[M], 孙鹏译, 南昌:江西人民出版社, 2017.

(英)麦克斯·缪勒, 宗教的起源与发展[M], 金泽译, 上海:上海人民出版社, 2010/2014.

韩文文献

강명관, 조선풍속사(1)[M], 서울:푸른역사, 2010/2011.

강재형, 강재형의 말글살이[M], 서울:기쁜하늘, 2018.

규장각한국학연구원, 조선여성의 일생[M], 파주:글항아리, 2010/2011.

김광언, 한·중·일 세 나아의 농기구 상징 연구[A], 내산한상복교수정년기념논업간행위원회, 한국 문화인류학의 이론과 실천[C], 서울:도서출판 소화, 2000:429-456.

김대행, 언어교육과 문화인식[J], 한국언어문화학, 2008(1):1-62.

김동진 저, 조항범 편석, 선인들이 전해 준 어원이야기[M], 서울:태학사, 2001.

김명희·정은임·김연숙·박현숙, 문학으로 본 옛여성들의 삶[M], 서울:이화문화사, 1992.

김미형·엄소영·임혜원·전영옥·전정미, 인간과 언어:본능과 능력 사이[M], 서울:도서출판 박이정, 2005.

김미형, 우리말의 어제와 오늘—정신의 변화를 안고 흐른 국어의 역사[M], 서울:제이앤씨, 2012.

김수남, 몸과 언어의 만남--독일어 신체관련 관용어를 중심으로[A], 성광수.조황제.류분순, 몸과 몸짓 문화의 리얼리티[C], 서울:소명출판, 2003:166-216.

김용중, 조선시대 '김치(沈菜)' 문화의 원형연구[J], 비교문화연구, 2017(3):113-142.

김은정·임린, 역사속의 우리옷 변천사[M], 광주:전남대학교출판부, 2009.

김해연, 야구 용어의 비유적 의미의 은유 이론적 분석[J], 언어, 2016a(2):217-237.

김해연, 언론담화 선거기사의 비유적 표현의 은유 이론적 분석[J], 어학연구, 2016b(3):393-420.

김해연, 신문 보도 기사 텍스트의 전달 구문 분석[J], 텍스트언어학, 2017a(42):1-29.

김해연, 언론 담화에서의 항해 비유 표현의 은유 이론적 분석[J], 담화와 인지, 2017b(4):43-64.

김해연, 언론 담화에서 경제 불황 묘사 의학 용어의 비유적 사용에 대한 은유 이론적 분석[J], 텍스트언어학, 2018(45):97-214.

김환표, 드라마, 한국을 말하다[M], 서울:인물과사상사, 2012.

남경숙, 한국전통가구[M], 서울:한양대학교 출판부, 2008/2010.

민충환, 박완서 소설어사전[M], 서울:백산출판사, 2003.

박갑수, 우리말 우리 문화(상)[M], 서울:역락, 2014a.

박갑수, 우리말 우리 문화(하)[M], 서울:역락, 2014a.

박갑수, 한국인과한국어의 발상과 표현[M], 서울:역락, 2014b.

박갑수, 언어·문학·문화, 그리고 교육 이야기[M], 서울:역락, 2015.

박기복, 철학은 엄마보다 힘 쎄다[M], 인천:행복한 나무, 2011.

박명숙, 현대문화: 극문화에 나타난 병리적 상상력과 질병의 스토리텔링[J], 배달말, 2014(54):225-249.

박영수, 우리말 뉘앙스 사전-유래를 알면 헷갈리지 않는[M], 서울:북로드, 2007/2013.

박태순, 장인[M], 서울:현암사, 2009/2010.

서정범, 어원벼곡[M], 서울:범조사, 1986.

서정범, 한국 특수어 연구[M], 서울:유씨엘, 2005.

신천식, 한국교육사의 시대구분문제[J], 한국교육사학, 1969(1):24-37.

신현숙, 한국어 복식명칭의 언어학적 분석[J], 가정문화연구, 1992(9):43-60.

오주석, 옛 그림 읽기의 즐거움(2)[M], 서울:솔, 2006/2011.

우미영, 근대 초기 소설에 나타난 '질병'의 의미[J], 현대소설연구, 2004(24):115-138.

이 경, 토지에 나타난 질병의 젠더화 연구[J], 현상과 인식, 2007(1):153-175.

이 경, 질병의 은유로 「토지」 읽기[J], 현상과 인식, 2008(4):110-129.

이규태, 한국인의 의식구조(2)[M], 서울:신원문화사, 1983/2011.

이규태, 한국인의 의식구조(3)[M], 서울:신원문화사, 1983/2011.

이규태, 한국인의 의식구조(4)[M], 서울:신원문화사, 1983/2011.

이규태, 한국인의 버릇[M], 서울:신원문화사, 1991.

이규태, 한국인, 이래서 잘산다[M], 서울:신원문화사, 1999/2000.

이기문, 속담사전[Z], 서울:민중서관, 1962.

이시송, 점복에서 파생된 어휘의 함의 연구[D], 공주대학교 박사학위논문, 2013.

이어령, 뜻으로 읽는 한국어사전[M], 서울:문학사상, 2002/2011.

이어령, 흙 속에 저 바람 속에[M], 서울:문학사상, 2002/2018.

이어령, 이어령의 보자기 인문학[M], 서울:마로니에북스, 2015.

임희섭, 한국의 사회변동과 가치관[M], 서울:나남출판, 1994/2003.

장승욱, 재미나는 우리말 도사리[M], 서울:하늘연못, 2004/2005.

전혜영, 은유 표현을 통해 본 한국인의 질병관[J], 한국문학연구, 2016:30:133-161.

정태경, 현대국어 <음식물>명칭의 분절구조 연구-, <식사 음식>을 중심으로[D], 고려대학교 박사학위논문, 2005.

조항범, 국어 어원론(개정판)[M], 청주:충북대학교출판부, 2014.

조현용, 한국어, 문화를 말하다--한국어 문화 언어학 강의[M], 서울:도서출판 하우,

2017.

주간형, 우리문화의 수수께기(2)(개정판)[M], 서울:한겨레신문사, 2004.

주남철, 한국 건축사[M], 서울:고려대학교출판사, 2006.

천소영, 한국어와 한국문화[M], 서울:도서출판 우리책, 서울:2005.

천소영, 우리말의 문화 찾기-고유어 어원에 담긴 한국문화[M], 서울:한국문화사, 2007/2010.

최지훈, 한국어 관용구의 은유·환유 연구[M], 서울:혜안, 2010.

최창렬, 우리 속담 연구[M], 서울:일지사, 1999.

최창렬, 어원의 오솔길[M], 서울:한국학술정보(주), 2002/2003.

최창렬, 어원산책[M], 서울:한국학술정보(주), 2006.

한승억, 가련하고 정겨운 조선-프랑스인 본 한국[A], 김태준 외, 문학지리·한국인의 심상공간[C], 서울:논형, 2005:424-443.

홍윤표, 살아있는 우리말의 역사[M], 서울:태학사, 2009/2010.

黑田勝弘(구로다 가쓰히로), 한국인 당신은 누구인가[M], 조양욱 옮김, 서울:모음사, 1983/1985.

其他外文文献

Biggs, J.B. Effects of language medium of instruction on approaches to learning[J], Educational Research Journal, 1990(5):18-28.

Goheen, M., Men own the fields, women own the crops:Gender and power in the Cameroon grassfields[M]. Wisconsin:University of Wisconsin Press. 1996.

Nisbett, R.E., Violence and U.S.regional culture[J]. American Psychologist, 1993(48):441-449.

Nisbett, R.E.and Cohen, D., Culture of honor:The psychology of violence in the South[M], Boulder, CO:Westview Press, 1996.

王芳(왕방)

1975年生，女，山东泰安人，文学博士，现为山东师范大学副教授，硕士生导师。主要研究方向为语义学、中韩语言对比。

近年来，在《外语教学与研究》《解放军外国语学院学报》《东疆学刊》以及韩国核心期刊上发表论文多篇。在商务印书馆出版《韩国语汉字词与汉语词对比研究》(专著)、《韩国语汉字词学习词典》(编著)，在中国海洋大学出版社出版《韩国语前缀语义系统研究》(专著)。先后主持两项国家社科基金后期资助项目，分别是《韩国语汉字词与汉语词的对比研究》(2015-2018)、《认知语言学视域下的韩国语研究》(2020，在研)，主持并完成"海外韩国学"项目"以中国人为对象的韩国语汉字词学习词典的编撰及相关课程的开设"(2012-2015)。

王波(왕파)

1975年生，男，山东诸城人，教授，特殊教育学博士，现为潍坊学院特教幼教师范学院副院长，主要研究方向为特殊教师教育、特殊教育。

近些年来，在《光明日报(理论版)》《中国特殊教育》等发表专业论文30余篇，主持2017年度国家社科基金后期资助项目《特殊教育教师评价》一项、2017年度中国残联盲文项目一项，参与课题项目10余项。

韩国生活文化语言学

초판 인쇄 2022년 1월 10일
초판 발행 2022년 1월 20일

지 은 이　왕방(王芳) 왕파(王波)
펴 낸 이　이대현

책임편집　이태곤
편　　집　문선희 권분옥 임애정 강윤경
디 자 인　안혜진 최선주 이경진
기획/마케팅　박태훈 안현진

펴 낸 곳　도서출판 역락
주　　소　서울시 서초구 동광로46길 6-6 문창빌딩 2층(우06589)
전　　화　02-3409-2055(대표), 2058(영업), 2060(편집) FAX 02-3409-2059
이 메 일　youkrack@hanmail.net
홈페이지　www.youkrackbooks.com
등　　록　1999년 4월 19일 제303-2002-000014호
字　　數　381,169字

ISBN 979-11-6742-210-1　93710